U0815126

心理学研究方法系列

新世纪
高等学校教材

TYPICAL CASES IN PSYCHOLOGICAL EXPERIMENTS

心理学经典实验案例

[第二版]

周仁来 主编

北京师范大学出版集团
BEIJING NORMAL UNIVERSITY PUBLISHING GROUP
北京师范大学出版社

图书在版编目（CIP）数据

心理学经典实验案例/周仁来主编．—北京：北京师范大学出版社，2013.6（2017.1 重印）

（心理学研究方法系列教材）

ISBN 978-7-303-12005-5

Ⅰ．心…　Ⅱ．①周…　Ⅲ．①实验心理学—案例—研究　Ⅳ．①B84

中国版本图书馆 CIP 数据核字（2010）第 260358 号

营销中心电话　010-58809014
北师大出版社教育科学分社网　http：//jykx. bnup. com
电子信箱　jiaoke@bnupg. com

出版发行：北京师范大学出版社　www. bnupg. com
北京市海淀区新街口外大街 19 号
邮政编码：100875
印　　刷：北京东方圣雅印刷有限公司
经　　销：全国新华书店
开　　本：730 mm×980 mm　1/16
印　　张：23.75
字　　数：391 千字
版　　次：2013 年 6 月第 2 版
印　　次：2017 年 1 月第 3 次印刷
定　　价：48.00 元

策划编辑：周雪梅　　责任编辑：周雪梅　陈红艳
美术编辑：毛　佳　　装帧设计：王齐云
责任校对：李　菡　　责任印制：陈　涛

再版前言

《心理学经典实验案例》出版一年多以来，收到了许多读者包括研究人员、硕博士生、本科生以及其他感兴趣读者的邮件，尤其受到了那些尚没有足够资金购买高端设备而又要进行心理学实验的学校的欢迎。本书通过介绍如何使用 E-Prime 软件对这些经典心理实验案例进行实验编程，再配合光盘提供的实验材料和程序，使学生们得以在计算机上重现这些经典心理实验过程，促进了学生对心理学实验过程的理解和运用。但是，由于 E-Prime 软件没有中文版，对于那些英语基础薄弱或外语不是英语的老师和学生而言，学习过程中还是存在一定的理解困难，同时，由于 E-Prime 软件本身对汉字实验材料的兼容性不够，有些以汉语作为刺激材料的实验不能像英语材料一样被顺利呈现，我们因此想到了国内第一款专门指向心理学实验设计的中文软件 DPES。因此，《心理学经典实验案例》（第 2 版）在旧版的基础上，介绍了如何使用 DPES 对原有的每个实验案例进行编程，同时，我们会提供光盘，呈现使用 DPES 软件对每个案例进行编程的实验程序，详细介绍 DPES 软件的特点和使用方法，我在这里也参照这个介绍进行简要复述。

DPES（Designable Psychology Experiment System）是第一款由国内技术人员开发的用于心理学实验设计的可视化专用软件，使用中文，兼容英文。在由我们课题组完成的 2011 年出版的《高级心理实验方法培训手册》一书中介绍了 4 款专用心理实验设计软件，这 4 款软件都来自国外，DPES 与其中的 E-Prime 软件具有很大程度的可比性。但是，E-Prime 并不能很好地兼容中文，虽然有的时候能够运行以 txt 格式输入的中文，但常易导致死机。一个替代办法是将中文采用图片的方式呈现，虽然解决了运行问题，但是，一方面图片格式使刺激容量相对增大，增加了内存的占用；另一方面，txt 格式被转换成图片格式后容易失真，降低刺激的质量。这是 E-Prime 的一个软肋。DPES 是由国内心灵方舟科技有限公司开发的产品，在该产品的研发过程中，我们课题组的成员对这款产品进行了试用，提出了不少改进意见。负责该软件开发的杨书冰女士，既有心理学的学科背景，也有计算机的学科背景，她经常来课题组解答我们使用过程中提出的问题，并不断改进各种细节。经过这几年的不断改进，该软件得到了进一步的完善，能像其他软件一样有效地进行心理学的实验。因此，我请杨书冰女士参考《心理学经典实验案例》一书介绍的每个实验范式的基本格式，一一对应介绍了使用DPES进行编程的过程。希望通过采用DPES对每个实验案例进行编程的介绍，使国内的研究者能更方便地学习和掌握该软件，也能更好地运行以中文为刺激的心理学实验。

最后，再次感谢参加本书以前各章节实验范式撰写的人员！也感谢对我们的工作不断给予中肯反馈的各位读者和同行！特别感谢杨书冰女士的辛勤工作！我们也将继续虚心听取各位同行和读者对本书的意见和建议，使更多的对心理学实验感兴趣的读者了解和掌握DPES等心理学实验设计软件的使用，方便地在自己的电脑上运行心理学实验，体验心理学实验的严谨、客观，并从中体验心理学实验的乐趣，推动心理学实验的大众化和普及化。

周仁来

2012年9月于北京师范大学新主楼1408室

前 言

科学的问题、合理的假设、巧妙的方法是一项科学研究走向成功的三个基本要素。某种程度上，方法常常扮演着某一学科领域取得突破性进展的发动机角色。心理学领域尤其如此。

心理学的发展历史，很大程度上是心理学研究方法的发展历史。早期费希纳构建的心理物理学方法奠定了心理学实证研究的基础。艾宾浩斯的节省法和无意义音节的使用确立了人们对高级心理过程进行实证研究的信心。G. 斯珀林采用部分报告法提供了感觉记忆存在的证据。这些例证不胜枚举。

随着计算机技术的不断进步，借助专用心理学实验设计软件，许多经典的心理学实验在计算机上得以实现。俗话说，“熟读唐诗三百首，不会作诗也会吟”。对于心理学专业的本科生，在学会使用这些专用设计软件的基础上，通过对这些实验进行拆分、重构和复现，可以体会这些经典实验设计的内在逻辑、科学原理和创造魅力。

确切地说，该书强调的经典实验更多地指不同领域以往研究中使用的实验范式（Paradigm）。同一种范式，应用于研究不同的内容，又发展出不同的变式。例如，关于内隐社会认知的研究，典型的是内隐联想测验范式（Implicit Association Test，IAT），同时又存在各种 IAT 的变式，如 GNAT（Go/NoGo Association Test）、EAST（Extrinsic Affective Simon Task）等。因此，来自心理学不同领域的实验范式多达数百种。

要想在本科心理学实验教学中，将数百种实验范式一一讲解是很难做到的。不同的实验范式指向不同领域问题的研究，而对不同领域产生兴趣的学生，需要了解该领域相关的实验范式，以获取得心应手的实验手段。于是，我们想到尝试将一些实验范式集成书加以传播。但是，要想在一本书里将数百种实验范式都加以展现，短时间内不但人力物力耗费巨大，篇幅也过长。最初我们打算主要依据实验心理学课程中的主要领域如感知觉、注意、记忆、情绪、语言、思维等进行粗略的划分，搜集这些领域的相关实验范式，但实际操作起来，才发现远比想象的困难，这需要不同领域专家之间的通力合作。因此，我们退而求其次，转而主要以我的课题组涉足的主要研究领域和关联紧密的相邻领域为主进行实验范式的搜集和整理。

在搜集整理之初，我们提出，每一个实验范式的搜集要依据下列几个基本原则：第一，是某一领域较为典型的通用实验范式；第二，必须提供所编写实验范式依据的原文，并在课题组内对原文进行全面讲解；第三，给出所编写实验范式实验逻辑与原理的详细说明；第四，依据编写的实验程序，进行部分数据搜集，然后在课题组内进行实验程序的演示、数据的提取、分析和结果说明。实验范式的具体文字编写，要求遵循下列几条原则：第一，实验目的与功能；第二，实验来源与范式选择依据；第三，实验逻辑；第四，实验设计；第五，实验材料；第六，实验步骤；第七，统计方法；第八，参考文献。

对于每个实验范式的实验程序的编写，有多个专用心理实验设计软件供选择：E-Prime、DMDx、Inquisit、SuperLab、Presentation 等，这些软件各有所长。我们考虑到，E-Prime 在国际心理学实验研究中应用相对较为普遍，同时也考虑到不同软件的使用可能给学生的学习带来不便，最终确定所有编程一律使用 E-Prime 软件。

这本书共呈现了 34 个实验范式，主要涉及记忆、注意、反应时、心理物理法等领域。有些范式由于涉及多个方面，也很难说就是目录中所划分的确切领域。所编写的这些实验范式基本在近年我所负责讲授的实验心理学教学中得以实现，实际运行效果值得肯定。

书中讲解的是每个实验范式的基本逻辑与原理，编写的实验程序却没法在书中加以演示。因此，我们将每个实验范式的实验程序、指导语、实验材料等集中刻录在光盘上，本书需要配合光盘加以使用，需要光盘请联系作者，邮箱 rlzhou@bnu. edu. cn 。各使用单位和个人可能需要通过商业渠道购买正版的 E-Prime 软件，才能运行光盘上的程序。关于 E-Prime 软件的使用方法，可参考该书的姊妹篇《高级心理实验技术培训手册》，该书中介绍了 E-Prime、DMDx、Inquisit、SuperLab 等软件的使用方法。

参加编写的人员全部来自我课题组的博士生、硕士生和本科生，具体人员有：韦义平（现为广西师范大学副教授，博士）、张晶（现为北京师范大学认知神经科学与学习国家重点实验室博士生）、姚茹（现为北京师范大学认知神经科学与学习国家重点实验室博士生）、原琳（现为北京师范大学心理学院博士生）、高鑫（现为东南大学学习科学研究中心博士生）、董云英（现为东南大学学习科学研究中心博士生）、刘攀（现为加拿大 McGill 大学博士生）、刘潇楠（现为美国卡耐基梅隆大学博士生）、祝勋（现在方正集团工作）、惠颖（现在有色金属研究院工作）、甯波（现在中国国际技术智力合作公司工作）、李馨（现在北森心理测评公司工作）、彭明（现为北京师范大学心理学院硕士生）、刘丹玮（现为北京师范大学心理学院硕士生）、许翱翔（现为北京师范大学认知神经科学与学习国家重点实验室硕士生）、于靓（现为东南大学学习科学研究中心硕士生）。虽然在编写过程中向他们支付了一定报酬，但并不足以平衡他们付出的努力。在这里，对他们的辛勤工作再次表达衷心感谢！

促成本书构想的主要来源之一是北京师范大学教务处这几年在本科实验教学上的大力改革举措。涂青云教授、赵欣如教授、范英教授、高红教授、方瑾教授、冉俐楠老师等给予了大力支持和鼓励。借本书出版之际，向他们表示衷心感谢！也特别感谢北京师范大学出版社周雪梅编辑对心理学著作的情有独钟和热情支持！

虽然付出了很大努力，距离编写本书的最初目标还是有不小的差距。现在拿出来，算是抛砖引玉，希望有助于推动国内各高校实验心理学的教学，促进本科生心理学实验技能的掌握与提高，对研究生、教师等的教学与科研工作有所帮助。同时也希望本书出版后，能得到各单位和个人的使用意见和建议，我们期望在不久的将来改进和完善原有的实验案例，继续补充、增加更多的其他实验案例。让我们共同期待！

周仁来

2010年12月于北京师范大学励耘8楼寓所

目 录

第一章 反应时

减法反应时范式

实验目的与功能

减法反应时（subtractive reaction time）也称为减数法（subtractive method），经常用于测量辨别、选择等心理过程所需要的时间。

实验来源与范式选择依据

减数法又称唐德斯 ABC 反应时（Donders ABC of reaction time）或唐德斯三成分说，是一种用减法方法将反应时分解成各个成分，然后来分析信息加工过程的方法。它是荷兰生理学家 F. Donders 于 1868 年首先提出来的，故又称唐德斯减数法（Donders subtractive method）。20 世纪 70 年代初，库柏和谢波德（1973）用减数法反应时实验证明了心理旋转的存在，实验获得了可喜结果，有力地验证了心理旋转过程的存在。也就是说，在我们每人的头脑里，都有事物的映象；人们都有心理的眼睛（mind's eye）。20 世纪 90 年代初波斯纳等人（Posner 等，1990）的实验，利用减数法，表明短时记忆信息（如字母）可以有视觉编码。他们所依据的就是减数法反应时实验的结果。

实验逻辑

减数法的反应时实验的逻辑是：如果一种作业包含另一种作业所没有的某个特定的心理过程，且除此过程之外二者在其他方面均相同，那么这两种反应时的差即为此心理过程所需的时间。

减数法的这种逻辑可以通过唐德斯设计的三种反应时任务来加以说明和验证。如上所述，唐德斯减数法把反应分为三类，即 A、B、C 三种反应。

A 反应（A-reaction），又称简单反应（simple reaction）（见图 1）。A 反应一般只有一个刺激和一个反应，例如对于呈现的一个光刺激，被试立即按键作出反应。唐德斯认为，A反应是最简单的反应，也是复杂反应的成分或基本因素。一个复杂的反应在包含A反应中所没有的认知操作的同时也包含了A反应中的各种活动。A反应时也称为基线时间（baseline time）。因此，A反应时为复杂反应的反应时提供了一个基线。

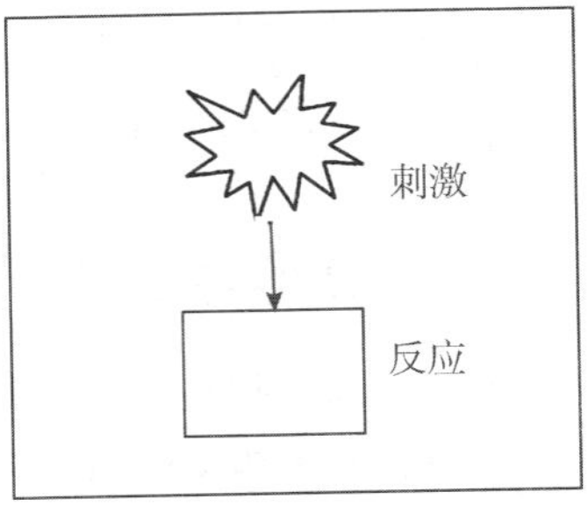

图1　唐德斯A反应任务示意图

B反应（B-reaction），又称选择反应（choice reaction）（见图2）。它是复杂反应中的一种，在这类反应中，有两个或两个以上的刺激和相应于刺激的反应数。也就是说，每一个刺激都有它相应的反应。如在一个实验中，对红光信号灯按A键，对绿光信号灯按B键，对蓝光信号灯按C键，对白光信号灯按D键，共四个刺激和四个对应的反应，在这样的选择反应中，不仅要区别信号，而且还要选择反应。因而在B反应中除了基线操作外还包括了刺激辨认和反应选择的心理操作。

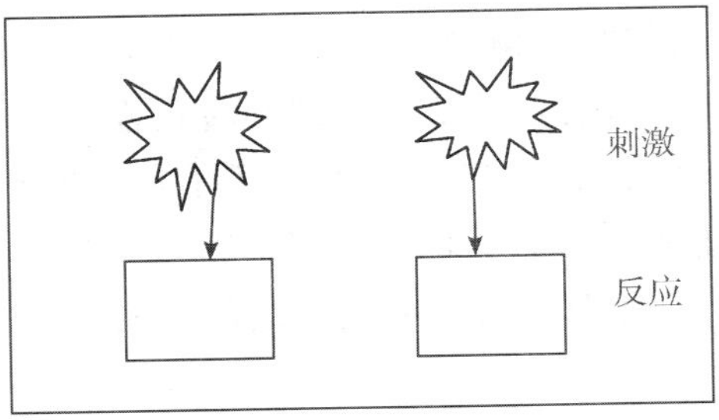

图2　唐德斯B反应任务示意图

C反应（C-reaction），又称辨别反应（identification reaction）。它是另一种形式的复杂反应（见图3）。C反应和B反应有相同点：具有两个或两个以上的刺激。C反应和B反应也有区别之处：C反应中只有一个刺激是要求有反应的，而其余刺激是不要求作出

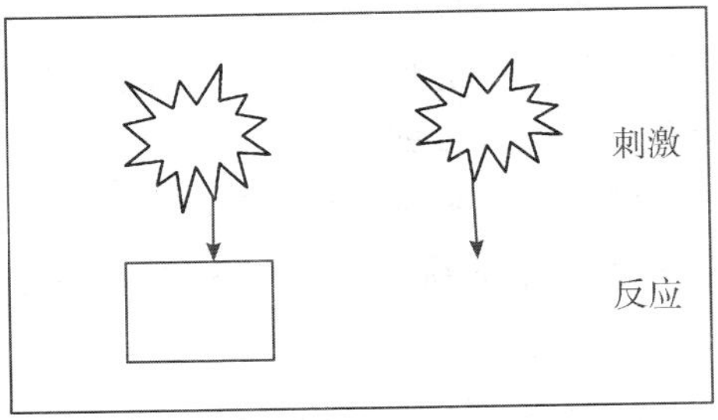

图3　唐德斯C反应任务示意图

反应的，即不要求做任何事。B 反应既有刺激的辨别，又有反应的选择。而 C 反应仅有刺激的辨别，而没有反应的选择。因此，C 反应是在基线操作中加入了刺激辨别的过程，但不包含反应的选择。

根据三类反应包含的加工过程多少可预期：B 反应时最长，C 反应时次之，而 A 反应时最短，实际情况也是如此的。那么，通过对各反应时进行减法运算，我们可以对认知操作所需的时间加以估算了。A 反应时是基线时间，而 C 反应时测量的是刺激辨别时间加上基线时间。因此，C 反应时减去 A 反应时得到的是刺激辨别所需的时间，这个时间称为辨别时间（identification time）。类似地，由于 B 反应时包含刺激辨别、反应选择和基线时间，而 C 反应时只包含刺激辨别和基线时间，因此 B 反应时减去 C 反应时得到的是对反应选择时间的估计，这个时间称为选择时间（selection time）。它们之间的关系可从图 4 上看到。

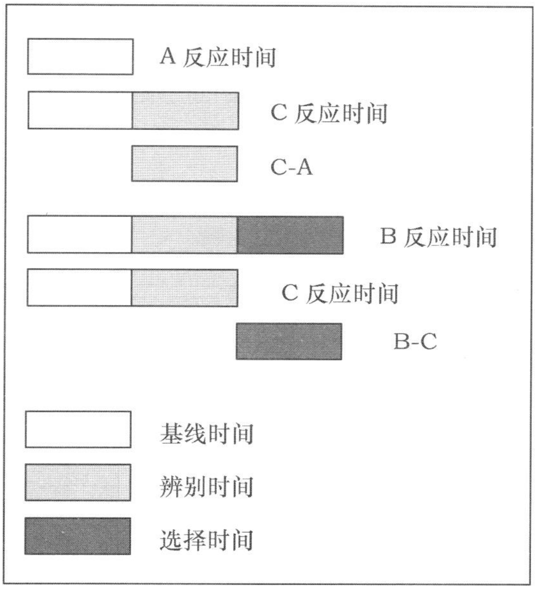

图 4 唐德斯减数法图解

减数法的逻辑是两个任务的心理过程差异可以通过反应时之差来推断。但是，需要说明的是，ABC 反应时任务是减数法范式最基本的任务原型，而实际研究中的反应时任务要比它们复杂得多。可以看到，在 ABC 反应时任务中，由于 ABC 三类任务比较简单明了，因此研究者事先已经比较清楚地掌握了ABC三类反应所包含的认知操作，然后再对反应时进行减法操作，获得不同认知操作所需的时间，这样很好地说明了不同任务的加工过程和反应时差别之间的关系。也就是说，ABC反应的心理过程对研究者来说并不是“黑箱”。而在实际研究中，研究者往往并不太清楚任务中所包含的认知过程，因此他们只能尽可能地使两项任务中的一项包含某个预期的心理过程，除此之外，两项任务的条件完全相同。然后对这些不同任务的反应时做减法运算，通过反应时之差的特征来推断该认知加工过程的存在。也就是通过反应时之差来推测“黑箱”中的心理过程。

实验设计

A类反应为反应的基线时间，然后用C类反应的反应时减去A类反应时，结果就是辨别过程需要的反应时；同理，用B类反应的反应时减去C类反应的反应时，其结果为选择过程的反应时。因变量为按键反应时。

在正式任务阶段，记录被试每一次按键的反应时。

实验流程图

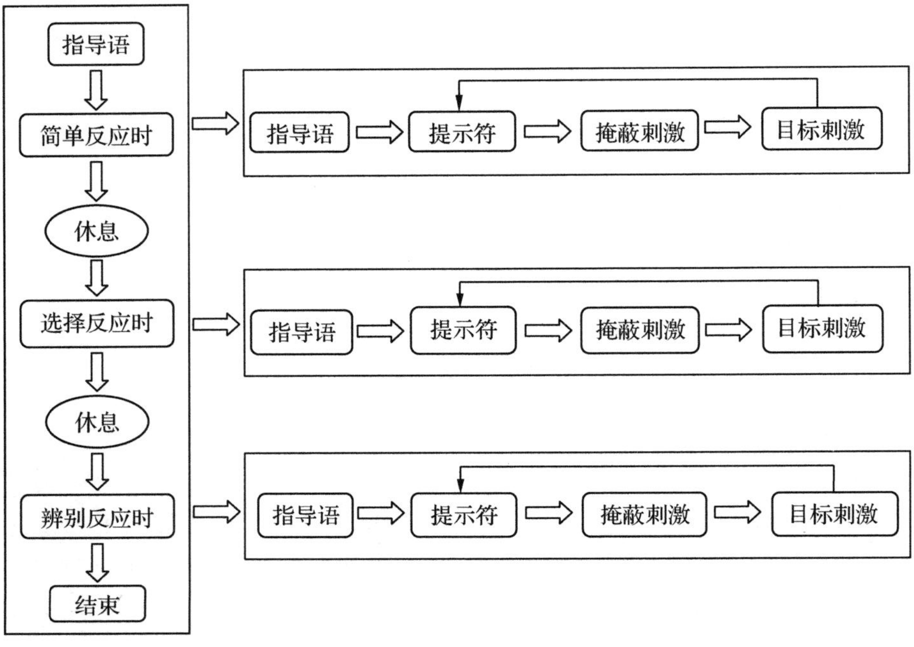

实验过程

Step1：建立实验外层框架

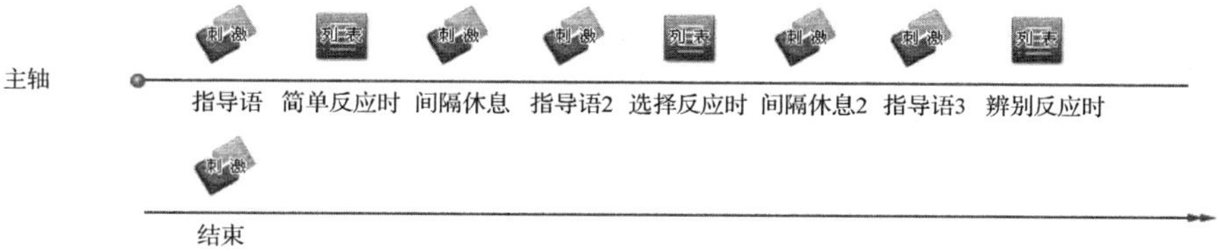

Step2：设置每个控件

◇　指导语：

用“刺激”控件呈现“指导语”。

用“图片”控件呈现指导语的内容，用“反应键”控件结束指导语界面的呈现。

◇　简单反应时：

本实验有 3 种实验模式，分别用 3 个“试次列表”控件来管理。先介绍“简单反应时”Block。

1. 建立数据行。

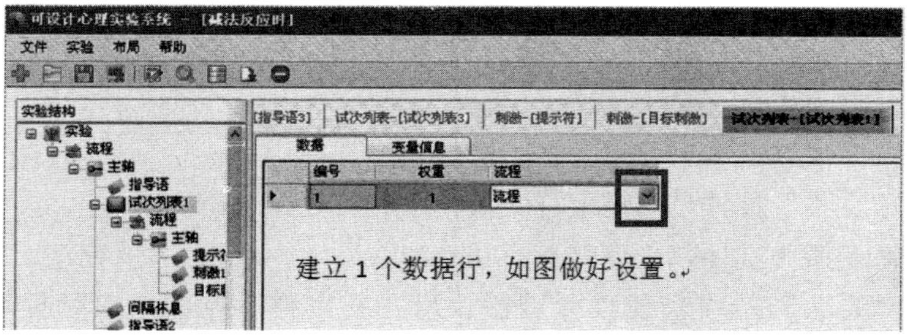

2. 将“简单反应时列表”的“取样方式”设为“无放回取样”。

由于实验要重复 10 次，所以将权重改为“10”。

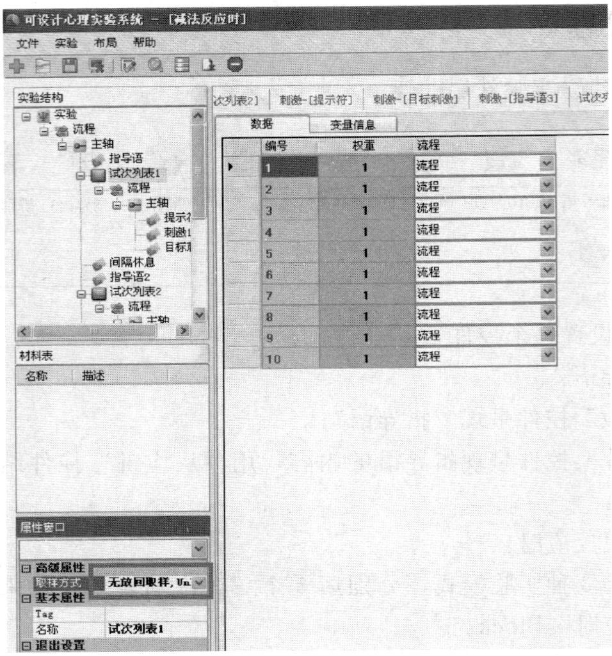

3. 列表的主轴上，放上提示符、掩蔽刺激、目标刺激，全部用“刺激”控件呈现。

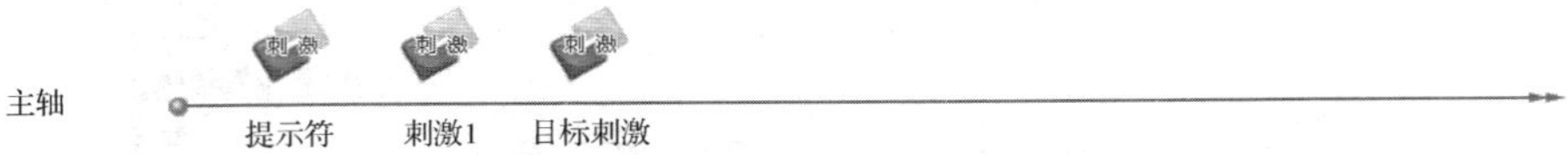

用“文本”控件呈现提示符的内容，呈现时长 800ms。

掩蔽刺激为空屏，呈现时长 500ms。

用“形状”控件呈现目标刺激，用“反应键”控件结束目标刺激的呈现。

“目标刺激”的结束方式：不限定呈现时间，被试按键后结束。

“持续时间”，设为“－1”，即不限定“目标刺激”界面的呈现时间。

◇　间隔休息：

用“刺激”控件呈现“间隔休息”。

用“图片”控件呈现间隔休息的内容，用“反应键”控件结束间隔休息界面的呈现。

◇　指导语 2：

用“刺激”控件呈现“指导语 2”。

用“图片”控件呈现指导语的内容，用“反应键”控件结束指导语界面的呈现。

• 选择反应时：

1. 建立数据行。

方法同“简单反应时”，建立3个数据行。

2. 添加两列变量，分别为“颜色”和“正确”，设置或填写好两列变量。

由于每种颜色的实验都要重复10次，所以将每种颜色的权重改为“10”。

将“选择反应时列表”的“取样方式”设为“无放回取样”。

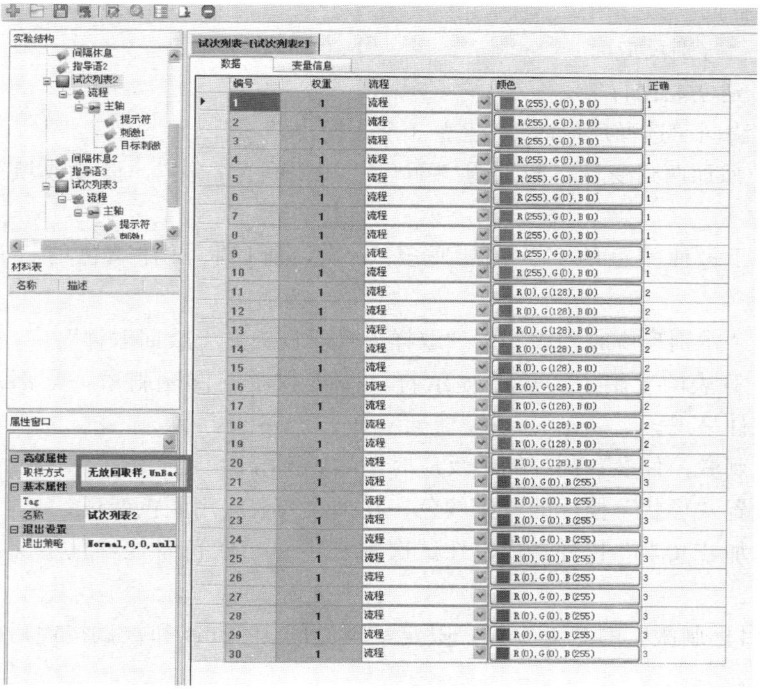

3. 列表的主轴上，放上提示符、掩蔽刺激、目标刺激，全部用“刺激”控件呈现。

各刺激控件参数同“简单反应时”相应部分。

设置“形状”控件的背景颜色，在试次列表引用颜色变量。

使用“反应键”控件控制被试反应。

• 将F键的返回值设为“1”，H键的返回值设为“2”，K键的返回值设为“3”。

• 从“试次列表”引用“正确反应”，这样系统可以判断被试按键的正误。

• 本实验要记录反应时数据，由于“反应键”默认的“计时起点”是实验开始的时间，所以要设置“计时起点”为“目标刺激”开始的时间。

“目标刺激”的结束方式：不限定呈现时间，被试按键后结束。

“持续时间”，设为“−1”，即不限定“目标刺激”界面的呈现时间。

◇ 间隔休息2：

设置同“间隔休息”。

◇ 指导语3：

设置同“指导语2”。

◇ 辨别反应时：

1. 建立数据行。

方法同“选择反应时”，建立3个数据行。

2. 添加两列变量，分别为“颜色”和“颜色备注”，设置或填写好两列变量。

由于每种颜色的实验都要重复10次，所以将每种颜色的权重改为“10”。

将“辨别反应时列表”的“取样方式”设为“无放回取样”。

3. 列表的主轴上，放上提示符、掩蔽刺激、目标刺激，全部用“刺激”控件呈现。

各刺激控件参数同“简单反应时”相应部分。

设置“形状”控件的背景颜色，在试次列表引用颜色变量。

添加“文本”控件，内容在试次列表中引用颜色备注，且将文本设为不可见。

“目标刺激”的结束方式：限定呈现时间1000ms和被试按键后结束两者兼有。

◇ 结束：

用“刺激”控件呈现结束界面，用“反应键”控件结束语界面的呈现。

Step3：设置结果记录

在“实验”菜单中打开“设置结果记录”，勾选“简单反应时”、“选择反应时”、“辨别反应时”Block中“目标刺激”界面下需要记录的数据。

注意事项

反应键的“计时起点”，注意设置为目标刺激所在的界面。

实验材料

三张图片：背景均为黑色，分别是蓝色的圆、绿色的圆和红色的圆。

实验步骤

对于本实验程序而言，在Block A中，被试首先会看到一系列红色的圆，被试的任务是每次看到一个红色的圆，就按F键，此对应唐德斯的A反应。接下来Block B，被试会看到红色、绿色和蓝色三种不同的圆，任务是看到红色圆按F，看到绿色圆按H，看到蓝色圆按K，此对应唐德斯的B反应。接下来Block C，被试会看到红色、绿色和蓝色三种不同的圆，任务是看到红色圆按F，看到绿色圆和蓝色圆不按键，此对应唐德斯的C反应。

统计方法

在分别得出反应基线、刺激辨别和反应选择的反应时间以后，就可以针对具体实验情境的不同，进行具体的统计分析。

数据导出

在程序结束之后，E-Prime 会生成一个名字为“substract-1-1. edat”的文件，双击将其打开，如下图所示。

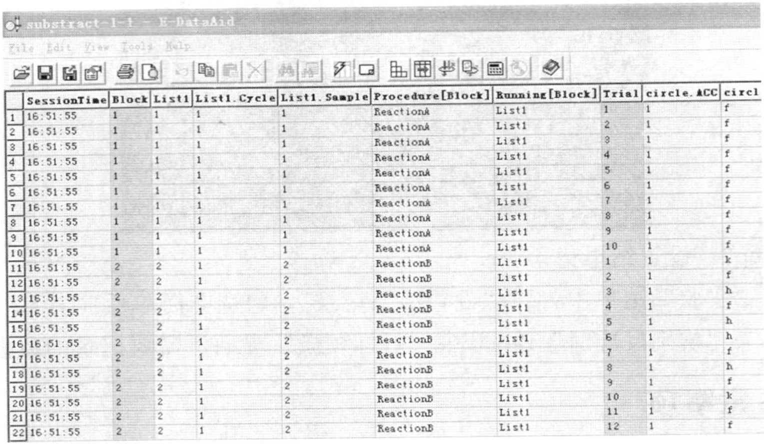
substract-1-1 - E-DataAid

File Edit View Tools Help

	SessionTime	Block	List1	List1. Cycle	List1. Sample	Procedure[Block]	Running[Block]	Trial	circle. ACC	circl
1	16:51:55	1	1	1	1	ReactionA	List1	1	1	f
2	16:51:55	1	1	1	1	ReactionA	List1	2	1	f
3	16:51:55	1	1	1	1	ReactionA	List1	3	1	f
4	16:51:55	1	1	1	1	ReactionA	List1	4	1	f
5	16:51:55	1	1	1	1	ReactionA	List1	5	1	f
6	16:51:55	1	1	1	1	ReactionA	List1	6	1	f
7	16:51:55	1	1	1	1	ReactionA	List1	7	1	f
8	16:51:55	1	1	1	1	ReactionA	List1	8	1	f
9	16:51:55	1	1	1	1	ReactionA	List1	9	1	f
10	16:51:55	1	1	1	1	ReactionA	List1	10	1	f
11	16:51:55	2	2	1	2	ReactionB	List1	1	1	k
12	16:51:55	2	2	1	2	ReactionB	List1	2	1	f
13	16:51:55	2	2	1	2	ReactionB	List1	3	1	h
14	16:51:55	2	2	1	2	ReactionB	List1	4	1	f
15	16:51:55	2	2	1	2	ReactionB	List1	5	1	h
16	16:51:55	2	2	1	2	ReactionB	List1	6	1	h
17	16:51:55	2	2	1	2	ReactionB	List1	7	1	f
18	16:51:55	2	2	1	2	ReactionB	List1	8	1	h
19	16:51:55	2	2	1	2	ReactionB	List1	9	1	f
20	16:51:55	2	2	1	2	ReactionB	List1	10	1	k
21	16:51:55	2	2	1	2	ReactionB	List1	11	1	f
22	16:51:55	2	2	1	2	ReactionB	List1	12	1	f

首先计算 A 类反应的反应时，通过“Filter”工具把 A 类反应对应的 trial 挑出，其筛选条件是“Procedure [Block] =ReactionA”，如下图所示。

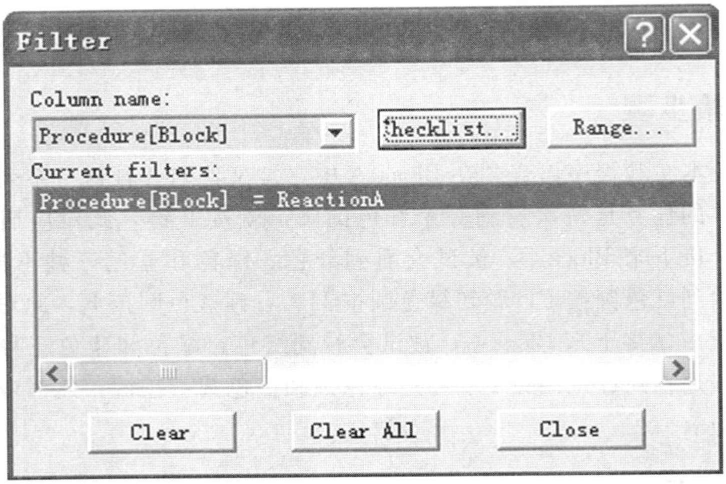

单击“Close”后在下方的“Filters”选项卡中就会出现该筛选条件“Procedure [Block] =ReactionA”。

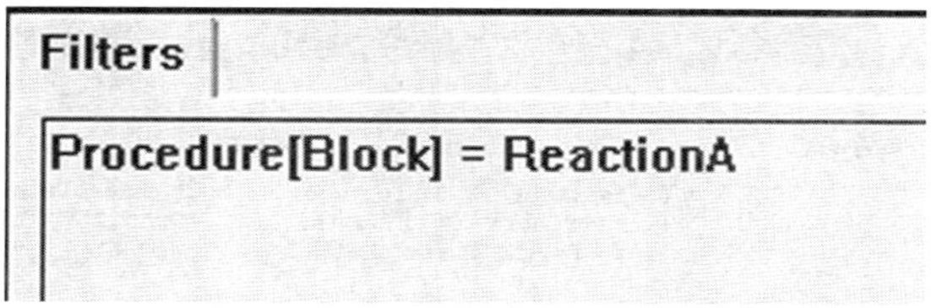

单击工具栏上的“Analyze”图标，出现“Analyze”窗口。

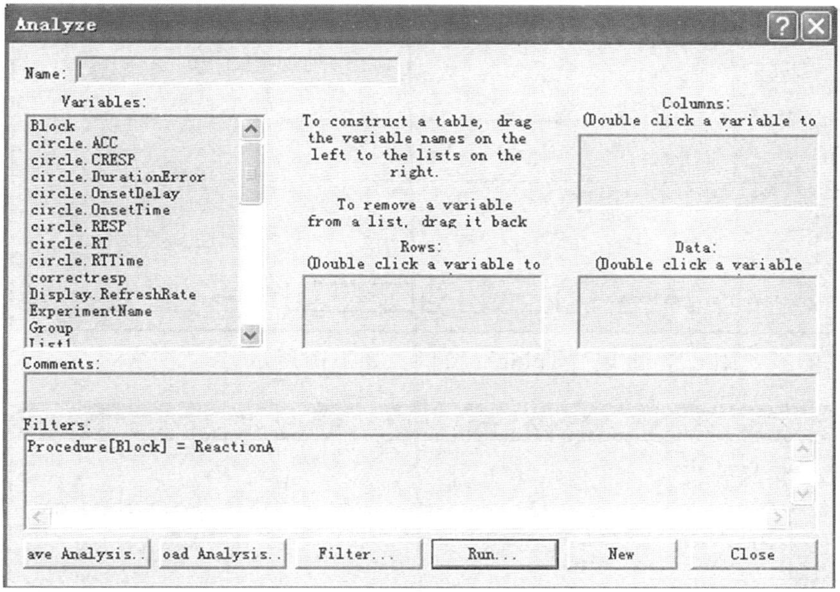

从“Variables:”一栏中，把“Subject”拖到“Rows:”框内，把“circle. RT”拖到“Data:”框内，如下图所示。

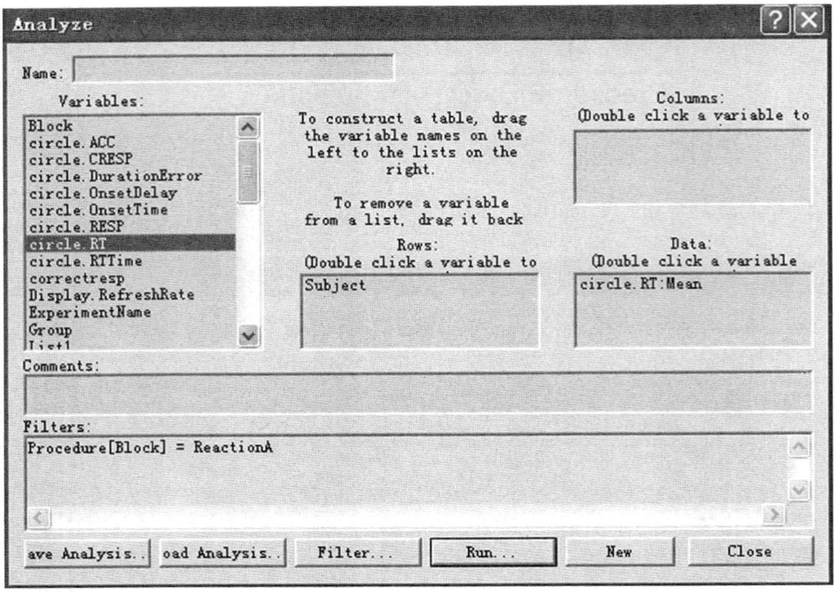

单击“Run”，出现“Table”窗口，如下图所示。

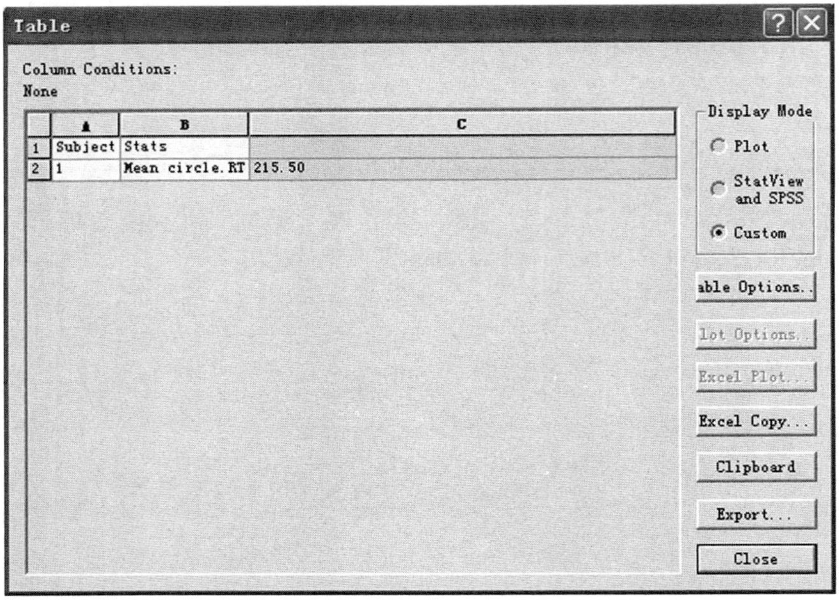

这个就是该名被试 A 类反应的反应时结果。

B 类反应和 C 类反应的反应时计算方法与上述过程类似，唯一的不同在于在筛选条件的地方。B 类反应的筛选条件是“Procedure [Block] =

ReactionB”，C类反应的筛选条件是“Procedure [Block] =ReactionC”。

三类反应的反应时都计算出了以后，就可以计算选择过程和判别过程的反应时了。当整合了多个被试选择过程和判别过程的反应时之后，就可以在SPSS中进行统计分析了。

参考文献

[1] 郭秀艳．实验心理学．北京：人民卫生出版社，2007.

[2] 杨博民．心理实验纲要．北京：北京大学出版社，1989，353-357.

[3] M. I. Posner & S. E. Petersen. The Attention System of the Human Brain. *Annual Review of Neuroscience*, 1990, 13: 25-42.

[4] Cooper, L. A. Mental Rotation of Random Two-dimensional Shapes. *Cognitive Psychology*, 1975, 7: 20-43.

[5] Cooper, L. A. & Shepard, R. N.. Chronometric Studies of the Rotation of Mental Images. In W. G. Chase (Ed.), *Visual information processing* (pp. 75-176). New York: Academic Press, 1973.

短时记忆编码范式

实验目的与功能

短时记忆编码（Short-term Memory Encoding）范式，是探讨短时记忆编码方式的一种经典范式，其功能在于利用减法反应时法探讨短时记忆进行编码的方式——视觉编码和听觉编码。

实验来源与范式选择依据

20世纪60年代以来，人们通常认为短时记忆信息是以听觉形式来编码的。但是70年代初Posner等人（1970）的实验表明，短时记忆同样会涉及视觉编码。他们利用减法反应时法，对短时记忆的编码过程进行了有力的说明。

实验设计

本实验为两因素被试内实验设计，2（字母组合方式：音形相同、音同形不同）× 4（时间间隔：0ms、500ms、1000ms、2000ms）。

在每个 trial 中，相继或同时呈现两个字母，然后要求被试判断这两个字母是否相同。

记录被试进行判断的反应时和正确率。

实验流程图

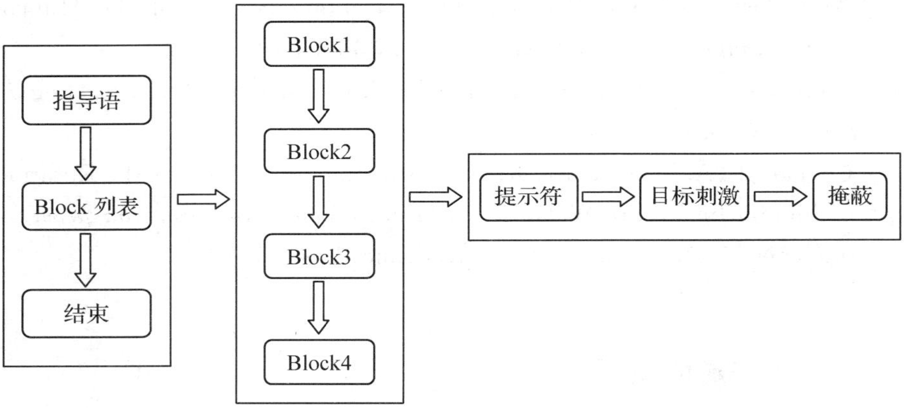

实验过程

Step1：建立实验外层框架

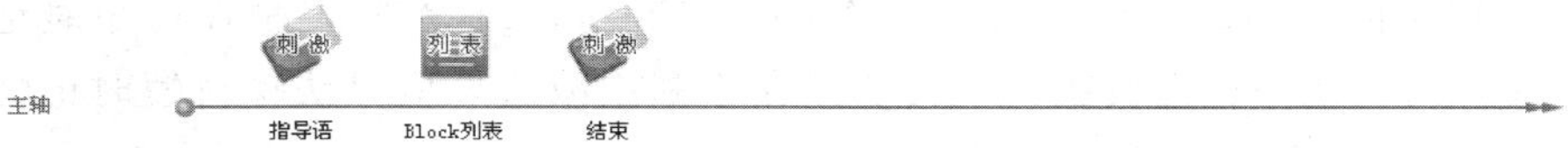

◇ 指导语：

用“刺激”控件呈现“指导语”。

用“文本”控件呈现指导语的内容，用“按钮”控件结束指导语界面的呈现。

◇ Block 列表：

本实验有四个 Block，用“试次列表”控件来管理。

建立四个流程，分别命名为“Block1、Block2、Block3、Block4”，对应四种不同的时间间隔。

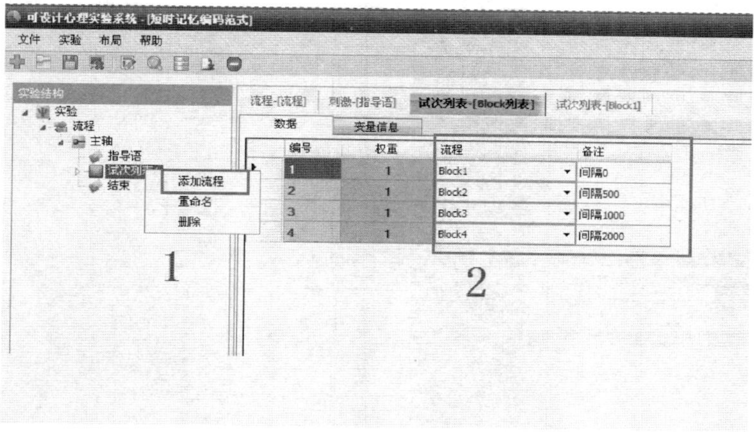

◇　结束：

用刺激控件呈现结束界面，呈现时长 3000ms。

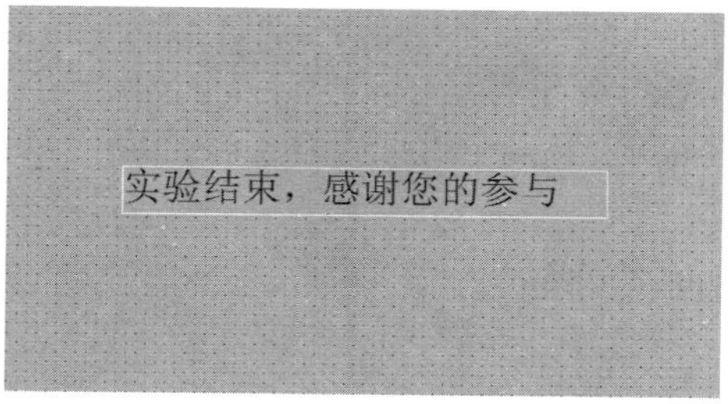

Step2：Block1

◇　Block1：

双击“Block1”进行编辑，写入如下信息，设置“Block1”的取样方式，设置为“无放回取样”。

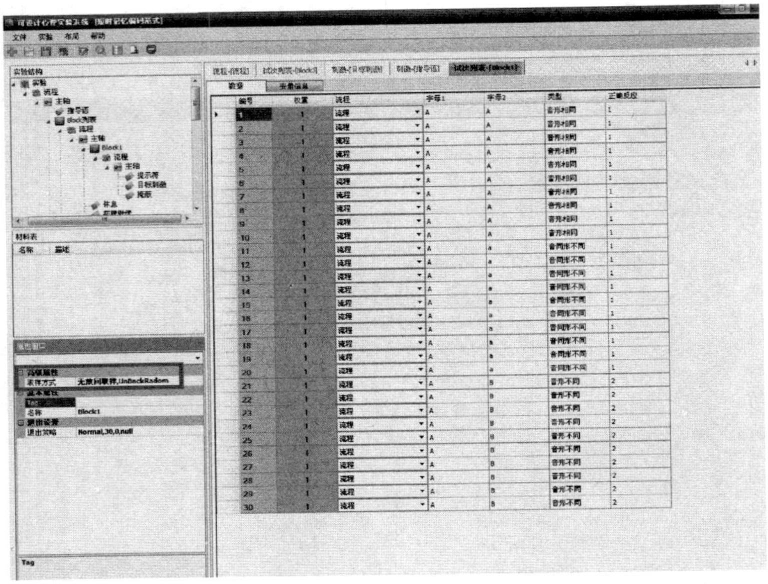

Block1 核心流程：

1. 提示符。

呈现“+”，时间 200ms。

2. 目标刺激。

呈现字母：用两个“文本”控件呈现“字母 1”和“字母 2”，文本内容从试次列表“Block1”中引用“字母 1”和“字母 2”。

被试反应：用“反应键”控件。

- 将 F 键的返回值设为“1”，J 键的返回值设为“2”。
- 从“试次列表”引用“正确反应”，这样系统可以判断被试按键的正误。
- 本实验要记录反应时数据，由于“反应键”默认的“计时起点”是实验开始的时间，所以要设置“计时起点”为“目标刺激”开始的时间。

“目标刺激”的“持续时间”：设为“−1”。

“目标刺激”的结束方式：设为按键结束。

3. 掩蔽。

不用放置任何子控件，呈现时间设为 500ms。

◇ 休息。

持续时间：60000ms。

呈现内容：使用“文本”控件呈现如下信息。

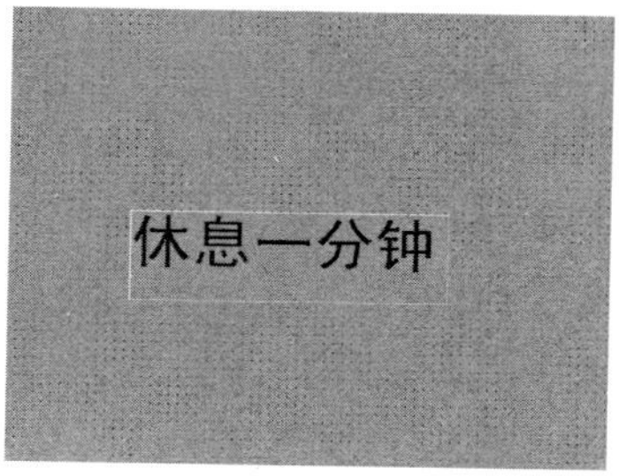

◇ 按键继续。

持续时间：不限定，设为“－1”。

呈现内容：使用“文本”控件呈现如下信息。

结束方式：按 C 键结束。

Step3：Block2

Block2 的实现方式同 Block1 类似，唯一不同的是字母 2 比字母 1 晚出现 500ms。所以，在此会重点讲述如何实现字母 2 延迟出现的问题。

Block2 的核心流程图：

我们通过 3 步来实现字母 2 延迟出现。

· 在“目标刺激”界面，将 mytext2（用于呈现字母 2）的“是否显示”设为“False”，即不可见。

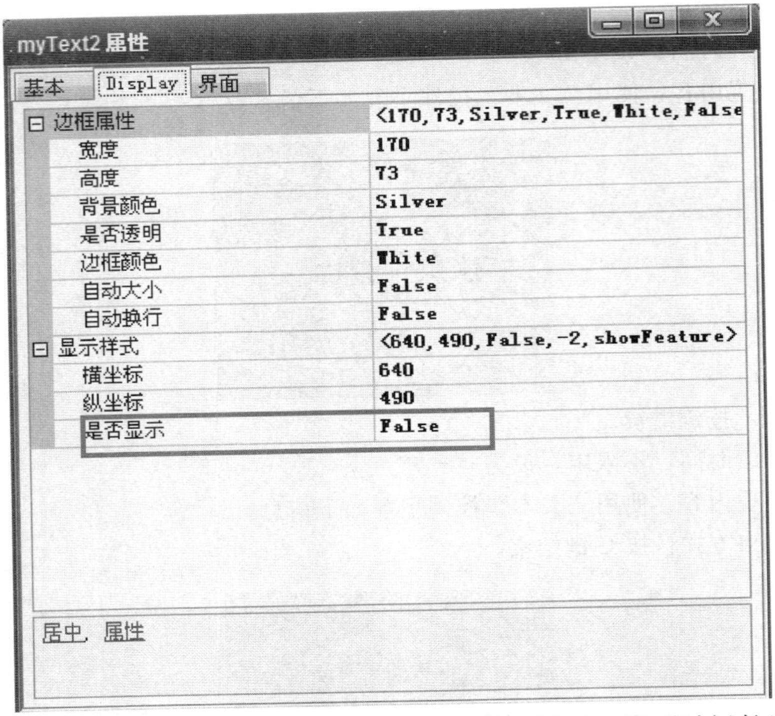

• 拖动一个“计时”控件到“目标刺激”界面，将“时间长度”设为“500”。

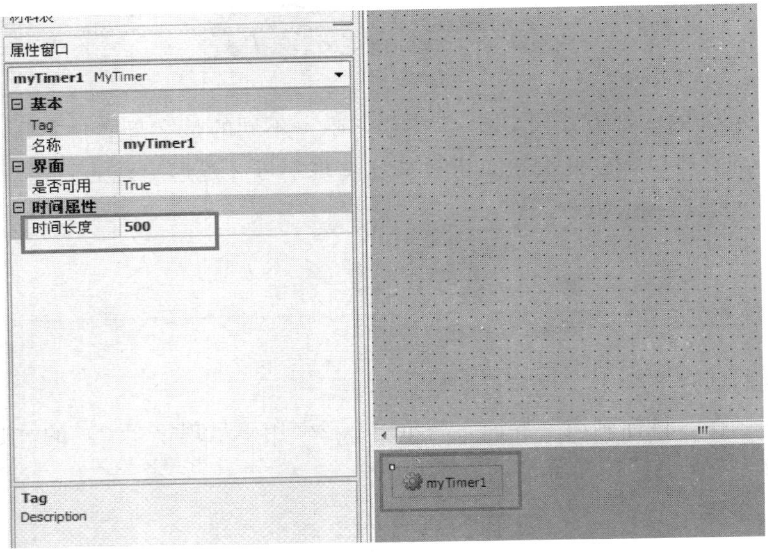

• 在主轴上放置一个动作控件，命名为“呈现第二个字母”。

在这里，我们用“动作”控件来显示字母 2。

1. 设置“触发条件”为：“目标刺激”界面的“计时”控件计时结束，即走完 500ms。

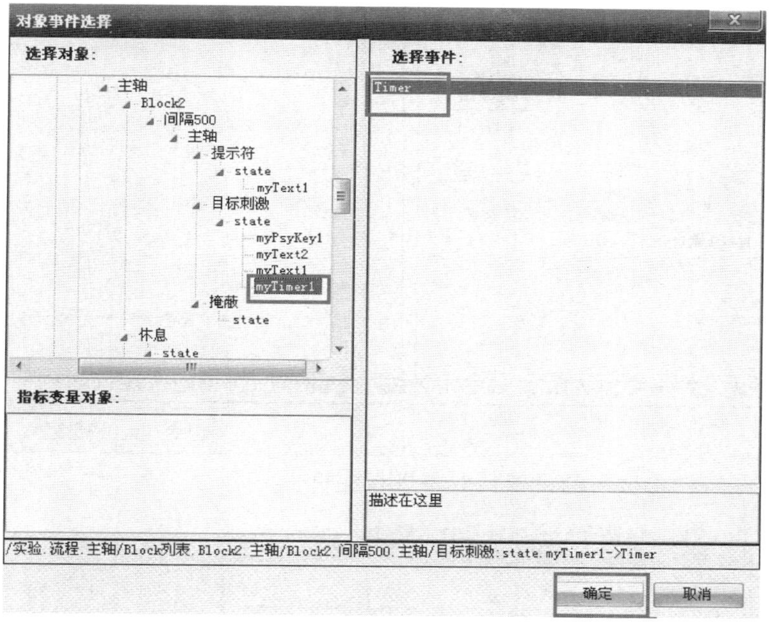

2. 在“动作列表”的空白处点右键，添加动作。

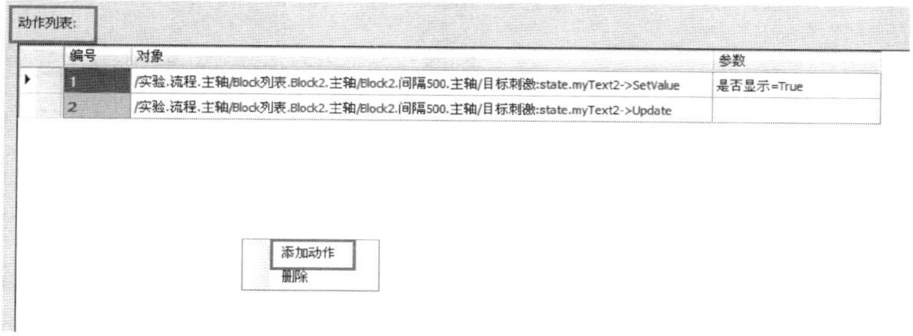

第一行“对象”的设置：双击进行编辑。

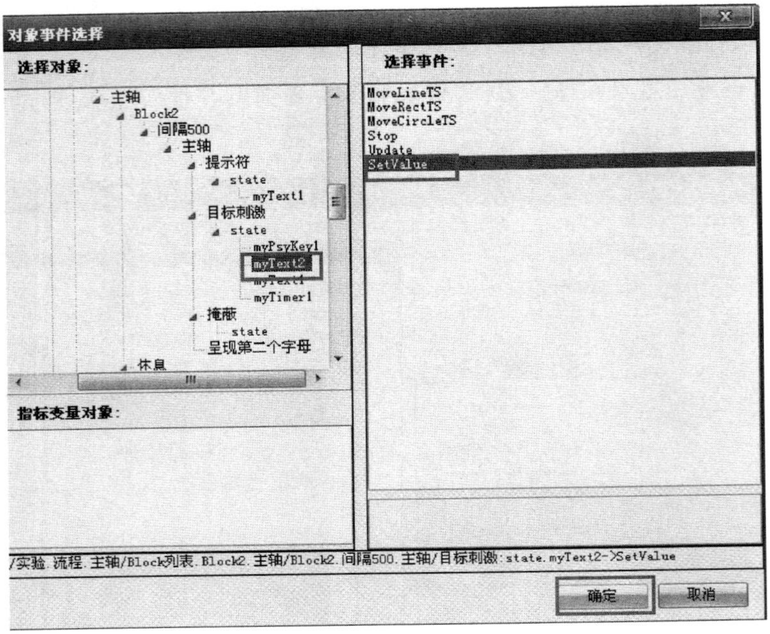

第一行“参数”的设置：双击进行编辑。

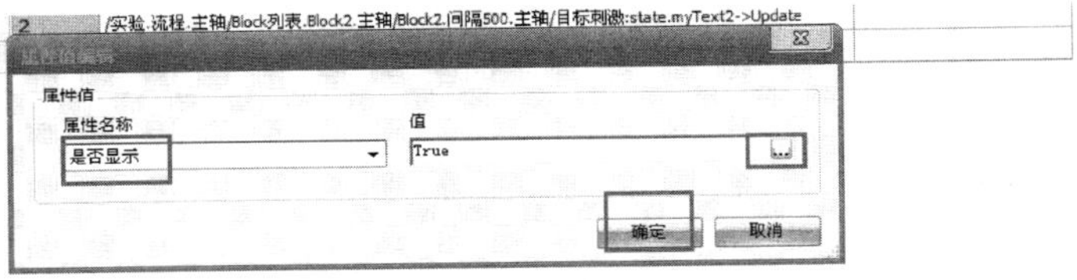

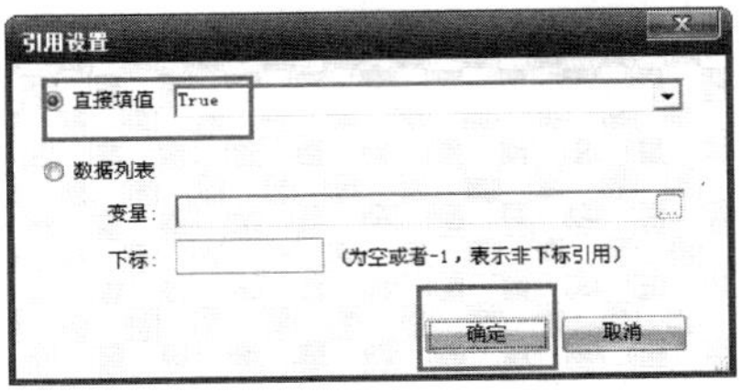

第二行“对象”的设置：由于改变了 mytext2 的属性（setvalue），所以要使用 update 刷新一下。

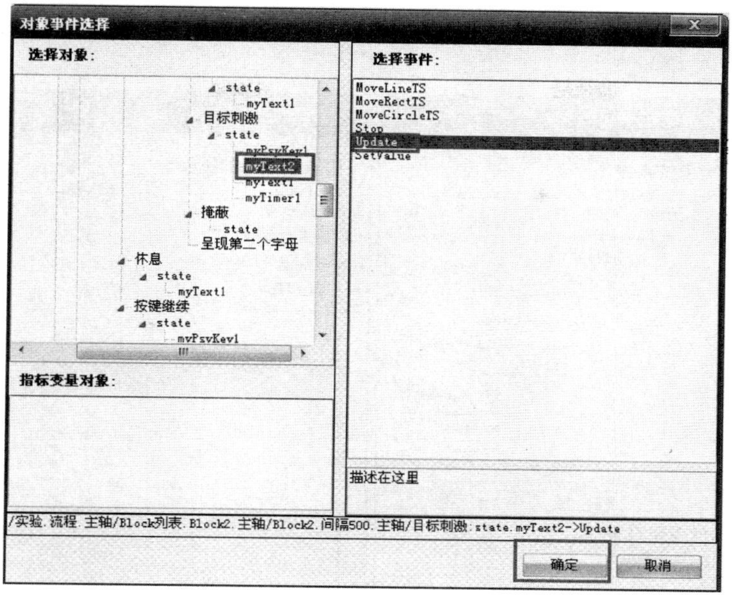

Step4：用同样的方法实现 Block3 和 Block4。Block3 中，两个字母出现的时间间隔为 1000ms；Block4 中，两个字母出现的时间间隔为 2000ms。

Step5：设置结果记录。

- 点击“实验”菜单，选择“设置结果记录”。

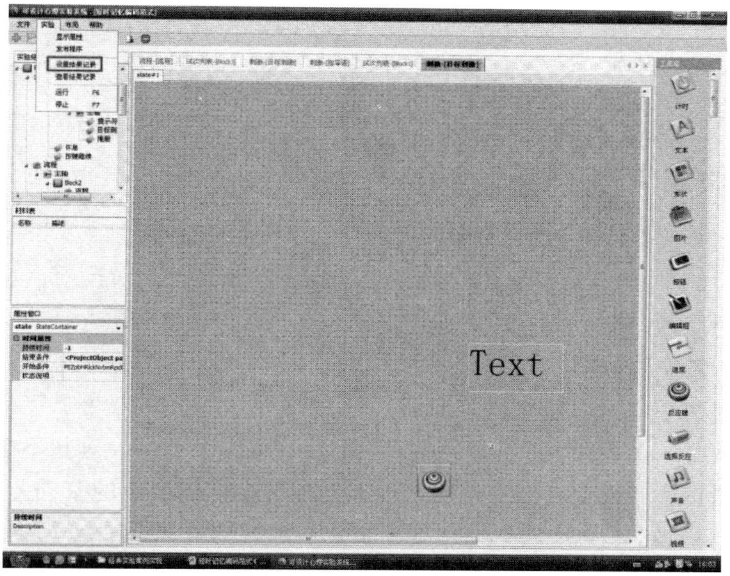

• 在树形结构中找到Block1的“目标刺激”页面，勾选需要记录的数据。

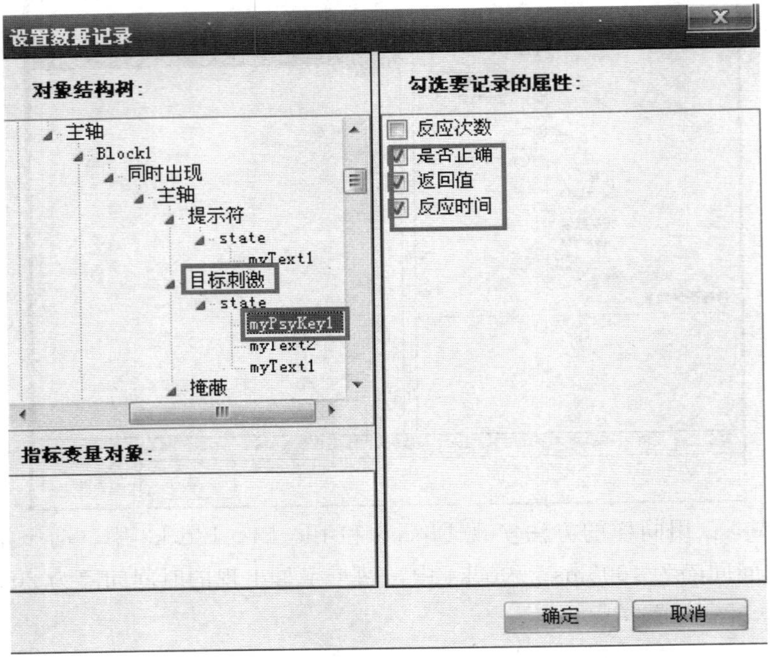

注意事项

使用“动作”控件修改某个控件属性之后，注意使用“update”刷新，使改动生效。

实验逻辑

根据减法反应时逻辑，对实验结果可以作如下解释：

第一，当两个字母同时呈现时，Aa对的反应时大于AA对。根据减法反应时的逻辑，这个反应时之差反映了对Aa对的加工中包含了对AA对的加工中所没有的过程。Posner等人认为，既然AA对与Aa对的区别只在于前者的两个字母写法相同，而后者写法不同，那么，当两个字母同时呈现给被试时，AA对字母可以直接根据写法来比较，但Aa对却不能根据写法而必须按读音来比较。这说明AA对匹配是在视觉编码的基础上进行的，而Aa对匹配必须从视觉编码过渡到听觉编码，这样就包含了更多的加工，因此需时也较多。

第二，AA 对同时呈现的反应时小于继时呈现的反应时，继时呈现的反应时与 Aa 对趋同，这说明随着时间的延长，AA 对的加工过程与 Aa 对趋于一致；而 Aa 对的反应时受同时或继时呈现的影响很小。根据这个结果可以推测，短时记忆时，先发生的是视觉编码，在一段短暂的时间过后，才发生了听觉编码。因此，对于 AA 对来说，随着两个字母之间时间间隔的逐渐增大，视觉编码的效应逐渐消失，听觉编码的作用逐渐增强，其反应时间便也逐渐增大，从而缩小了与 Aa 对反应时的差别。

实验材料

大写字母和小写字母。每两个字母组合在一起，包括 3 种形式：写法和发音均相同（如 AA）；写法不同、发音相同（如 Aa）；写法、发音均不同（如 Ab）。两个字母之间的时间间隔包括 4 种：0s、500ms、1000ms、2000ms。

实验步骤

在每个 trial 中，相继或同时呈现两个字母，然后要求被试判断这两个字母是否相同。每个 trial 的流程如下图所示。

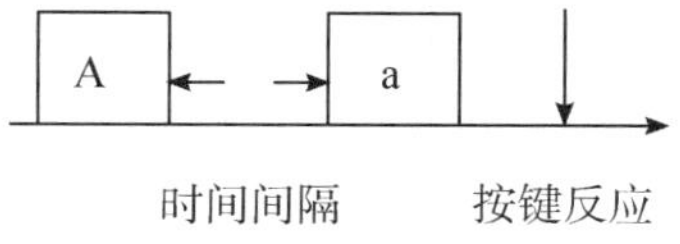

图 1　短时记忆编码实验流程图

整个实验分为 4 个 Block，分别对应 4 种时间间隔。每个 Block 包含 40 个 trial，其中包括音形相同、音同形不同、音形不同 3 种情况。各 Block、各 trial 的顺序随机呈现。

统计方法

记录被试进行判断的反应时和正确率。对正确反应的反应时进行 2×4 两因素重复测量方差分析，分析字母组合方式、时间间隔的主效应及二者的交互作用。主要关注这两个因素的交互作用，根据上述实验逻辑，预期交互作用显著。

数据导出

完整运行完程序后，会在程序所在的文件夹中，生成一个 E-DataAid 文件，该文件即是数据文件。生成任务的数据文件名为“短时记忆编码-1-1.edat”，其中第一个数字“1”指第 1 个被试，第二个数字“1”指第 1 个 session。

直接双击打开该 E-DataAid 文件，打开看到如图所示的数据文件。

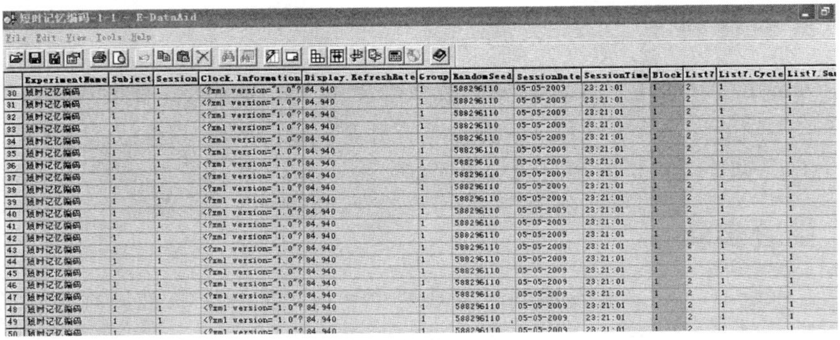

该文件中全面地记录了被试的所有信息。

为了进一步分析数据，将该数据文件导入 SPSS。单击 File，然后选择 Export，选择 StatView and SPSS，即可输出 .txt 文件，如下图：

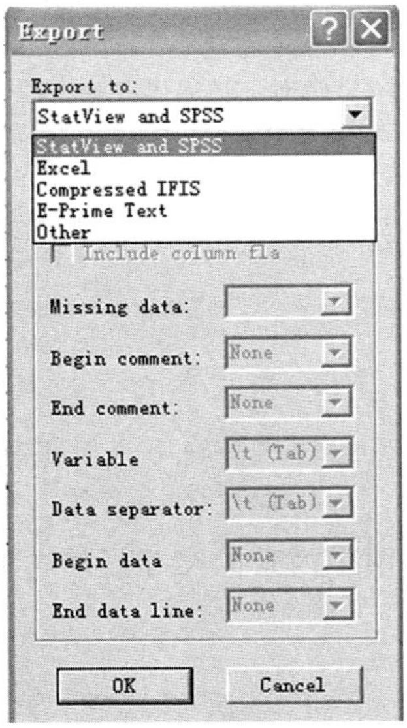

然后打开 SPSS 软件，单击 File-Open-Data，选择刚才输出的 .txt 文件，即可导入 SPSS 中。

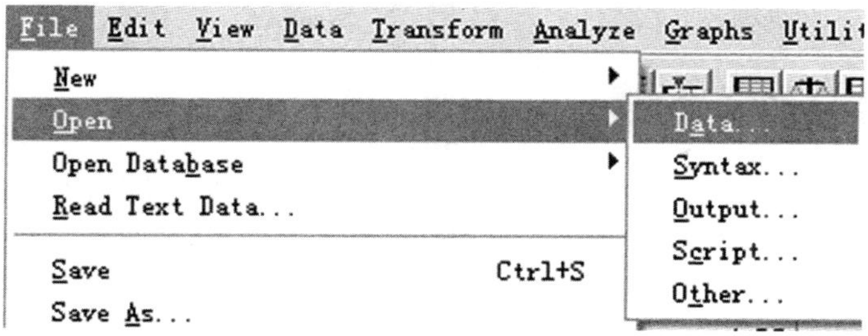

在获得的 SPSS 数据中，TextDisplay1. RTTime、TextDisplay2. RTTime、TextDisplay4. RTTime、TextDisplay6. RTTime 这四列数据为四种不同时间间隔下的反应时。YX 一列数据则为两个字母的音形关系：1 为音形相同；2 为音同形不同；3 为音形俱不同。将其他无关数据列删除，将此五列数据根据 8 种实验条件转置为 8 列数据，然后进行 3×4 重复测量方差分析。

参考文献

[1] Posner M I, Boies S J, Eichelman W, &Taylor R L. Retention of Visual and Name Codes of Single Letters. *Journal of Experimental Psychology*, 1969, 73: 8-38.

[2] 郭秀艳. 实验心理学. 北京：人民卫生出版社，2007，205-207.

[3] 莫雷. 关于短时记忆编码方式的实验研究. 心理学报，1986，2，166-173.

[4] 郑涌. 关于英文词的短时记忆编码方式的实验研究. 心理科学，1991，3，49-50.

加法反应时范式

实验目的和功能

加法反应时（additive reaction time）是测量反应时的一种直接的方法，通常用于测量各种信息加工的反应时。

加法反应时的思想是由斯腾伯格（Sternberg）于1969年通过一个对于短时记忆搜索模式的实验而得出来的。该实验就是采用相加因素法的理论假设研究短时记忆信息的搜索模式是平行的还是系列的，这个实验不仅仅是为斯腾伯格的加法反应时思想提供了支持，而且还对后来的短时记忆模式的研究产生了很大的影响。

实验来源与范式选取依据

任何心理活动都需要一定时间。因此几乎所有的心理学研究，都可以应用反应时的原理和方法。反应时（reaction time，RT）可以说是心理学中最常用的反应变量之一，它不是指执行反应的时间，而是指刺激施于有机体之后到明显反应开始所需要的时间。它包含以下几个时段：第一时段，刺激使感受器产生了兴奋，其冲动传递到感觉神经元的时间；第二时段，神经冲动经感觉神经传至大脑皮质的感觉中枢和运动中枢，从那里经运动神经到效应器官的时间；第三时段，效应器官接收冲动后开始效应活动的时间。

反应时实验是随着心理学的发展而发展起来的。在行为主义心理学占主导的年代里，行为主义者倡导心理学研究对象是刺激一反应（S-R），而忽略对内部心理过程的探讨。在这种背景下，反应时法很少用于研究人的内部心理过程，而只是用于测量运动速度和个体差异。从20世纪50年代中期开始，随着认知心理学的兴起，反应时实验开始被作为中枢加工过程的研究手段而加以应用。与行为主义不同，认知心理学强调研究内部心理过程。但是，这个心理过程是看不见的，对于研究者来说它是一个“黑箱”，只能根据“黑箱”前后的输入和输出（刺激和反应）过程来推断这个黑箱中的过程。那么，此时反应时实验恰好可以为此提供极为重要的客观资料，即通过反应时间的测量可以推断黑箱中的信息加工过程。

反应时实验主要有三种形式：减数法、加因素法（additive factors

method）和开窗实验（open window experiment）。减数法是由唐德斯奠定基础的，又称唐德斯ABC反应时或唐德斯三成分说。1969年，斯腾伯格继承了减数法的逻辑，提出了加因素法。此后又发展出一种能比较直接地测量每个加工阶段的时间和比较明显看出这些加工阶段的研究方法，即开窗实验。以下我们就加法反应时加以介绍。

加法反应时是在减法反应时的基础上于1969年由认知心理学家斯腾伯格提出来的，它不是否定减法反应时，而是减法反应时的发展和延伸。

本实验是根据提出加法反应时的斯腾伯格的“短时记忆的信息提取”进行编写，此范式能够把加法反应时逻辑表达的最为清楚而不掺入其他不必要的因素，是使用加因素分析心理过程的一个典型实验，所以我们在这里依据此范式进行介绍和编写。当时斯腾伯格分别做了4个实验，分别探讨了刺激的长短、项目的质量、反应类型、反应类型的频率对于短时记忆信息搜索的影响。这里重点选择测定被试对于不同长度识记数字的检查项目的再认，重复斯腾伯格记忆搜索方式的实验，学习记忆搜索方式的研究方法。

实验逻辑

斯腾伯格认为，人的信息加工过程是系列进行的而不是平行发生的。人的信息加工过程是由一系列有先后顺序的加工阶段组成的。这是加因素法的一个基本前提，加因素法的采用是在假定这个前提成立的条件下进行的。因此，在加因素法反应时间的实验中，研究者通常认定，完成一个作业所需的时间是这一系列信息加工阶段分别需要的时间总和。加因素法反应时间实验的逻辑是：如果两个因素的效应是互相制约的，即一个因素的效应可以改变另一因素的效应，那么这两个因素只作用于同一个信息加工阶段；而如果两个因素的效应是分别独立的，即可以相加，那么这两个因素是各自作用于不同的加工阶段的。也就是说，加因素法假设：如果两个因素有交互作用，那么它们是作用于同一个加工阶段的；而如果两个因素不存在交互作用，即相互独立，那么它们则作用于不同的加工阶段。

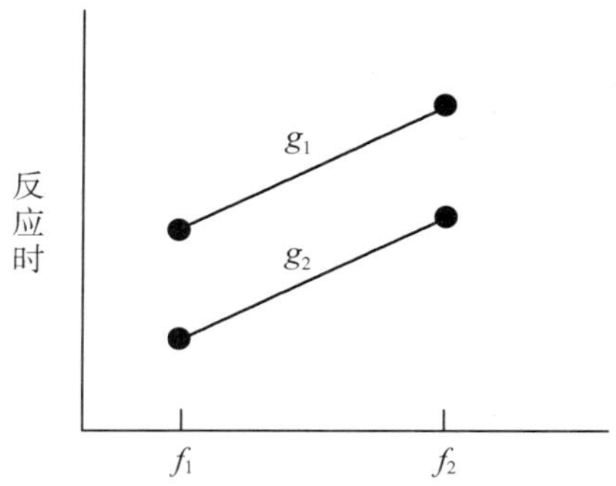

根据这个逻辑，在应用加因素法进行实验时，研究者在影响反应时间的各种因素（变量）中找出其中独立的因素。如果发现可以影响完成作业所需时间的一些因素，那么单独地或成对地应用这些因素进行实验，就可以观察到完成作业时的时间变化。当两个实验因素影响两个不同的阶段时，它们将对总反应时间产生独立的效应，即不管一个因素的水平变化如何，另一个因素对反应时间的影响是恒定的（模式如右图，图中 g_1、g_2 为 g 因素的两个水平，f_1、f_2 为 f 因素的两个水平）。这样称两个因素的影响效应是相加的。加因素法就是这样通过探索有相加效应的因素，来区分不同的加工阶段，从而尝试找出某信息加工的所有阶段，以推断整个的信息加工过程。可见，加因素法实验所侧重的，不是区分出每个阶段的加工时间，而是证实不同加工阶段的存在，以及辨认它们各自的前后顺序。

实验设计

实验采取单因素被试内设计，自变量为字母系列的长度，自变量有 3 个水平：1、2、4。被试接受所有条件下的实验处理，因变量为被试按键反应时。

正式实验中记录每个被试对数字再认判断的反应时。

实验流程图

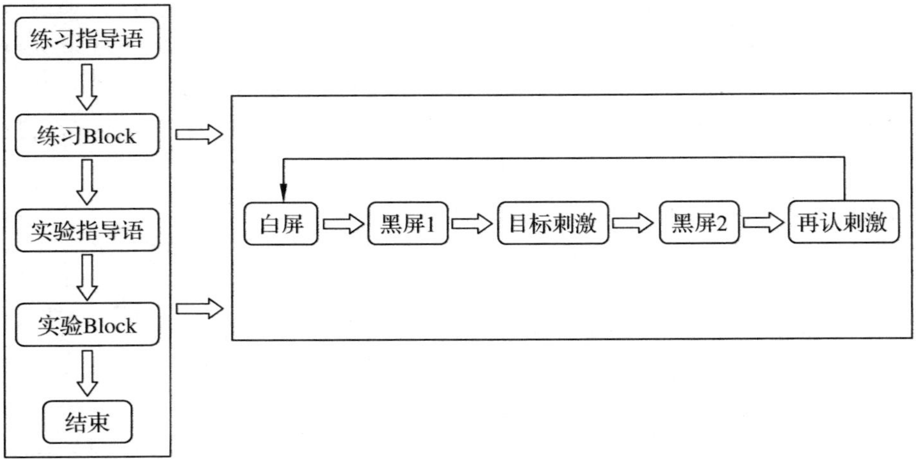

实验过程

Step1：建立实验外层框架

◇ 指导语：

包括练习指导语和正式实验指导语。

用“刺激”控件呈现“指导语”。

用“图片”控件呈现指导语的内容，用“反应键”控件结束指导语界面的呈现。

- 样例中按“B”键开始实验，结束指导语的呈现，将“B”键的返回值设为1。
- “指导语”界面持续时间设为“－1”，结束条件为按下“B”键。
- 如下为练习阶段指导语，正式实验指导语的设置及呈现方式类同。

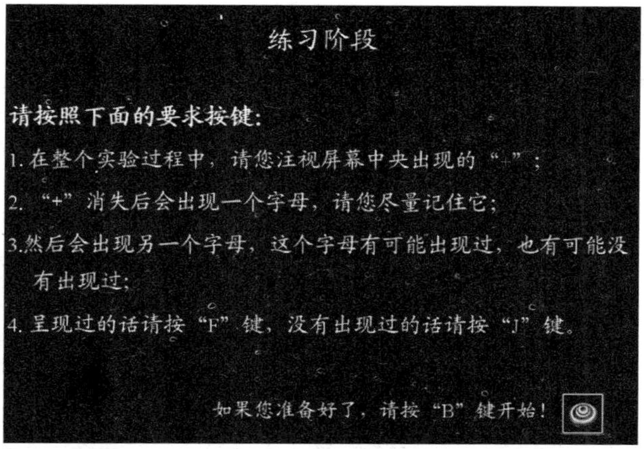

◇ 练习 Block：

双击“练习 Block”，进行编辑，写入如下信息。

编号	权重	流程	first	later	answer
1	1	流程	[RES]a.JPG	[RES]a.JPG	1
2	1	流程	[RES]b.JPG	[RES]w.JPG	2
3	1	流程	[RES]c.JPG	[RES]c.JPG	1
4	1	流程	[RES]d.JPG	[RES]y.JPG	2
5	1	流程	[RES]e.JPG	[RES]x.JPG	2
6	1	流程	[RES]f.JPG	[RES]f.JPG	1

◇ 实验 Block：

双击“实验 Block”，进行编辑，输入如下信息。

编号	权重	流程	first	later	answer
1	1	流程	[RES]x. JPG	[RES]c. JPG	2
2	1	流程	[RES]b. JPG	[RES]b. JPG	1
3	1	流程	[RES]c. JPG	[RES]c. JPG	1
4	1	流程	[RES]w. JPG	[RES]w. JPG	1
5	1	流程	[RES]e. JPG	[RES]a. JPG	2
6	1	流程	[RES]f. JPG	[RES]k. JPG	2
7	1	流程	[RES]g. JPG	[RES]g. JPG	1
8	1	流程	[RES]s. JPG	[RES]q. JPG	2
9	1	流程	[RES]i. JPG	[RES]i. JPG	1
10	1	流程	[RES]j. JPG	[RES]j. JPG	1
11	1	流程	[RES]k. JPG	[RES]r. JPG	2
12	1	流程	[RES]l. JPG	[RES]v. JPG	2
13	1	流程	[RES]m. JPG	[RES]m. JPG	1
14	1	流程	[RES]n. JPG	[RES]x. JPG	2
15	1	流程	[RES]o. JPG	[RES]o. JPG	1
16	1	流程	[RES]p. JPG	[RES]y. JPG	2
17	1	流程	[RES]gw. JPG	[RES]g. JPG	1
18	1	流程	[RES]oa. JPG	[RES]o. JPG	1
19	1	流程	[RES]ft. JPG	[RES]f. JPG	1
20	1	流程	[RES]rf. JPG	[RES]r. JPG	1
21	1	流程	[RES]pg. JPG	[RES]v. JPG	2
22	1	流程	[RES]az. JPG	[RES]w. JPG	2
23	1	流程	[RES]wh. JPG	[RES]x. JPG	2
24	1	流程	[RES]iq. JPG	[RES]y. JPG	2

◇ 结束：

用“刺激”控件呈现结束界面，呈现时长 5000ms。

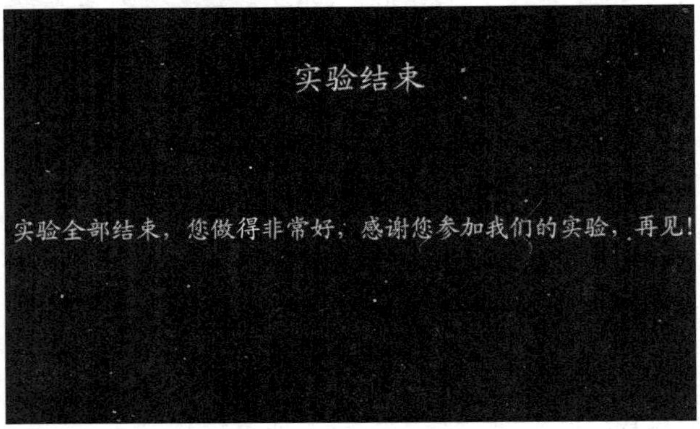

Step2：练习 Block

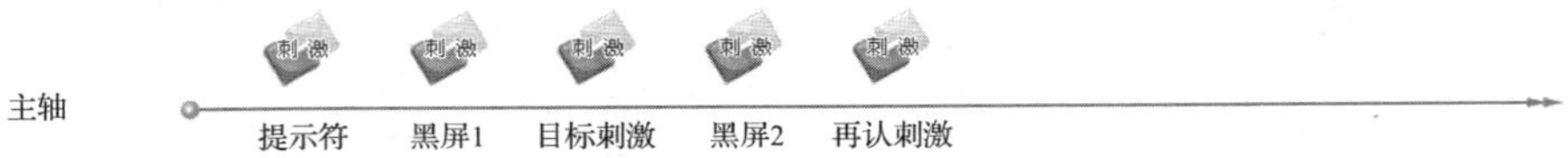

◇ 提示符：

用“刺激”控件呈现“提示符”。

用“文本”控件呈现提示符：“+”，呈现 2000ms。

◇ 黑屏 1：

用“刺激”控件呈现黑屏。

目标刺激呈现前有500ms的黑屏，目标刺激呈现后是1000ms的黑屏。

◇ 目标刺激：

目标刺激为字母，使用“图片”控件，从练习Block的“试次列表”中引用“first”变量（因字母刺激数量不等，为使刺激每次呈现在屏幕的中央，将每个刺激做成图片格式）。字母呈现500ms。

◇ 再认刺激：

呈现字母：使用“图片”控件，从练习Block的“试次列表”中引用“later”变量。

被试反应：使用“反应键”控件。

· 将F键的返回值设为“1”，Q键的返回值设为“2”。

· 从练习Block的“试次列表”引用“answer”变量，这样系统可以判断被试按键的正误。

· 本实验要求记录反应时数据，由于“反应键”默认的“计时起点”是实验开始的时间，所以要设置“计时起点”为“再认刺激”开始呈现的时间。练习阶段该项可以不进行设置。

“再认刺激”的结束方式：不限定呈现时间，被试按键后结束。

“持续时间”设为“－1”，即不限定“再认刺激”界面的呈现时间。

Step3：实验Block

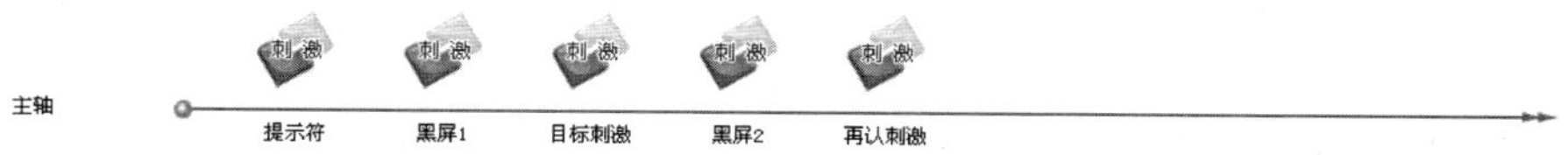

实现过程与“练习Block”一致，目标刺激、再认刺激及反应键正确反应均需从实验Block的“试次列表”中引用相关的变量。

正式实验中需要记录反应时数据，再认刺激界面中“反应键”的“计时起点”设置“计时起点”为“再认刺激”开始呈现的时间。

Step4：设置结果记录

在“实验”菜单中打开“设置结果记录”，勾选“实验Block”中“再认刺激”界面下需要记录的数据。此处可记录按键“是否正确”、“返回值”“反应时间”。

注意事项

反应键的“计时起点”，注意设置为目标刺激所在的界面。

实验材料

实验材料为字母材料，实验材料一共是 3 套，识记的长度分别为 1、2、4 个字母的刺激系列，识记的字母材料套数、识记的卡片数与再认卡片数，以及再认字母在识记卡片中的字母中的系列位置，数量分配情况如下：

刺激长度	识记卡片		再认卡片	
	数量	单张	与识记字母相同	与识记字母不同
1	16	1	8	8
2	16	2	4 个与 NO. 1 相同 4 个与 NO. 2 相同	8
4	16	4	2 个与 NO. 1 相同 2 个与 NO. 2 相同 2 个与 NO. 3 相同 2 个与 NO. 4 相同	8

具体字母选择：

识记：

长度为 1：x、b、c、w、e、f、g、s、i、j、k、l、m、n、o、p

长度为 2：gw、oa、ft、rf、pg、az、wh、iq、vr、yk、bm、kb、sd、dn、js、xu

长度为 4：aycl、tcas、zfhj、gkxe、qutg、klib、ngdp、uivt、ohgw、vjri、ymjz、jvky、calr、hopd、ipoh、lquc

再认：

实验步骤

练习阶段：

在正式实验之前，让被试完成一个练习的 Block。共有 6 个 trial。让被试熟悉我们的任务要求。

练习阶段 trial 流程如下：

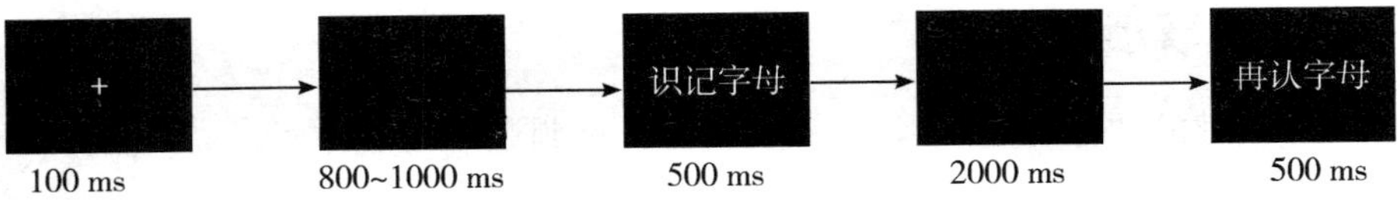

正式实验阶段：

正式实验分为 48 个 trial，有三种字母长度，随机呈现。

单个 trial 中首先是 100ms 的＋，然后是 800～1000ms 的空屏。然后给被试呈现一个或者几个字母，然后相隔 2000ms 之后，再呈现一个字母，让被试判断开始有没有呈现过，记录被试反应时。

正式实验阶段 trial 流程如下：

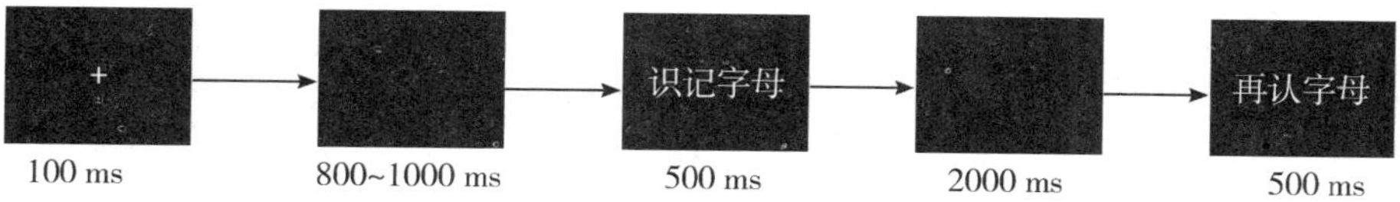

统计方法

分别记录被试在不同字母长度下做“是”和“否”的再认平均反应时和正确率，然后以识字字母数为横轴，再认的正确平均反应时为纵轴，画出识记字母数与再认反应时之间的关系曲线。

通过方差检验，不同长度材料之间的正确反应时是否存在显著差异，可以建立识记字母数与再认反应时之间的线性方程，比较被试做“是”和“否”的正确反应时的变化趋势是否相同。

数据导出

完整运行完程序后，会在程序所在的文件夹中，生成一个 E-DataAid 文件，该文件即是数据文件。本实验的数据文件名为“加法反应时-1-1. edat”，其中第一个数字“1”指第 1 个被试，第二个数字“1”指第 1 个 session。

直接双击打开该 E-DataAid 文件，打开看到如图所示的数据文件。

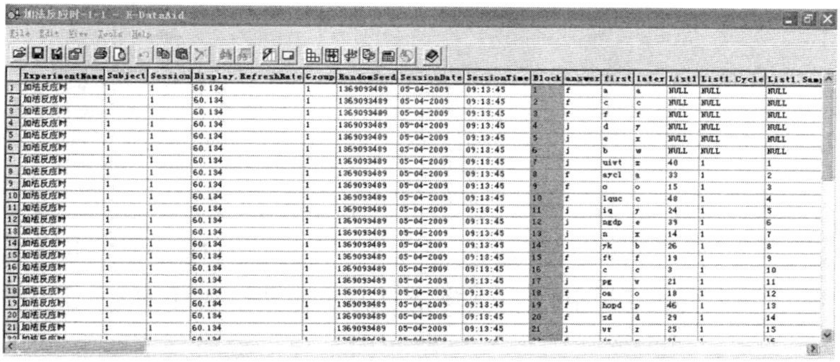

	ExperimentName	Subject	Session	Display.RefreshRate	Group	RandomSeed	SessionDate	SessionTime	Block	answer	first	later	List1	List1.Cycle	List1.Sam
1	加法反应时	1	1	60.134	1	1369093489	05-04-2009	09:13:45	1	f	a	a	NULL	NULL	NULL
2	加法反应时	1	1	60.134	1	1369093489	05-04-2009	09:13:45	2	f	c	c	NULL	NULL	NULL
3	加法反应时	1	1	60.134	1	1369093489	05-04-2009	09:13:45	3	f	f	f	NULL	NULL	NULL
4	加法反应时	1	1	60.134	1	1369093489	05-04-2009	09:13:45	4	j	d	y	NULL	NULL	NULL
5	加法反应时	1	1	60.134	1	1369093489	05-04-2009	09:13:45	5	j	e	x	NULL	NULL	NULL
6	加法反应时	1	1	60.134	1	1369093489	05-04-2009	09:13:45	6	j	b	w	NULL	NULL	NULL
7	加法反应时	1	1	60.134	1	1369093489	05-04-2009	09:13:45	7	j	uivt	z	40	1	1
8	加法反应时	1	1	60.134	1	1369093489	05-04-2009	09:13:45	8	f	aycl	a	33	1	2
9	加法反应时	1	1	60.134	1	1369093489	05-04-2009	09:13:45	9	f	o	o	15	1	3
10	加法反应时	1	1	60.134	1	1369093489	05-04-2009	09:13:45	10	f	lquc	c	48	1	4
11	加法反应时	1	1	60.134	1	1369093489	05-04-2009	09:13:45	11	j	iq	y	24	1	5
12	加法反应时	1	1	60.134	1	1369093489	05-04-2009	09:13:45	12	j	ngdp	e	39	1	6
13	加法反应时	1	1	60.134	1	1369093489	05-04-2009	09:13:45	13	j	n	x	14	1	7
14	加法反应时	1	1	60.134	1	1369093489	05-04-2009	09:13:45	14	j	yk	b	26	1	8
15	加法反应时	1	1	60.134	1	1369093489	05-04-2009	09:13:45	15	f	ft	f	19	1	9
16	加法反应时	1	1	60.134	1	1369093489	05-04-2009	09:13:45	16	f	c	c	3	1	10
17	加法反应时	1	1	60.134	1	1369093489	05-04-2009	09:13:45	17	j	pg	v	21	1	11
18	加法反应时	1	1	60.134	1	1369093489	05-04-2009	09:13:45	18	f	oa	o	18	1	12
19	加法反应时	1	1	60.134	1	1369093489	05-04-2009	09:13:45	19	f	hopd	p	46	1	13
20	加法反应时	1	1	60.134	1	1369093489	05-04-2009	09:13:45	20	f	zd	d	29	1	14
21	加法反应时	1	1	60.134	1	1369093489	05-04-2009	09:13:45	21	j	vr	z	25	1	15

该文件中全面地记录了被试实验中的所有信息。

我们的实验根据不同的字母长度有三种条件，首先我们需要在 E-Prime 中进行数据的初步筛选。筛选有两种方法，一种是单击 Toolbar—Filter；一种是直接单击快捷键工具栏中（即如下图所示的横条工具栏）左起第十七个按钮（下图中放大了的按钮）。单击筛选键后，弹出如图：

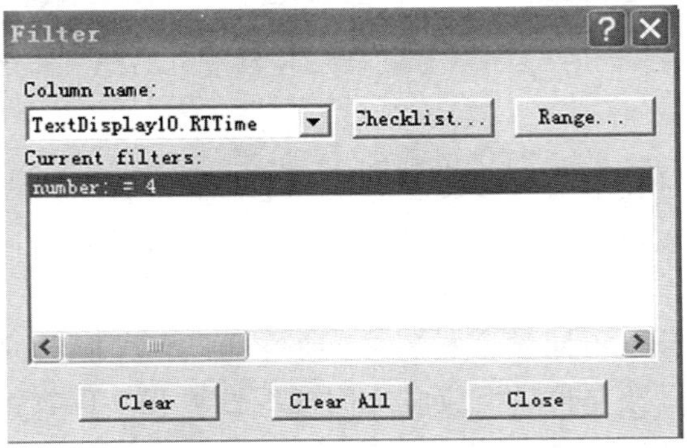

在 Column 中选取 number（这一属性是我们开始在 list 中设置好的，目的就是为了后面的时候筛选数据），然后根据我们现在想要分析的条件，上图选取的是 4，意思就是现在选取的是字母长度为 4 的 trials，选取之后界面变为下图：

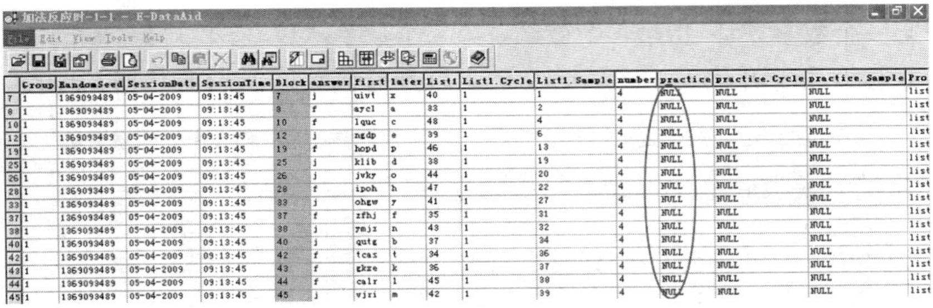

只会存在字母长度为 4 的 trials，然后再导出数据。

将该数据文件导出为 SPSS 或 Excel 文件。导出的具体方法有两种，第一种是单击 File，然后选择 Export；第二种是直接单击快捷键工具栏（即如下图所示的横条工具栏），其中的左起第三个按钮即是导出按钮（下图中放大了的按钮，软盘上带一个蓝色箭头的图标）。单击导出键后，弹出如图所示窗口：

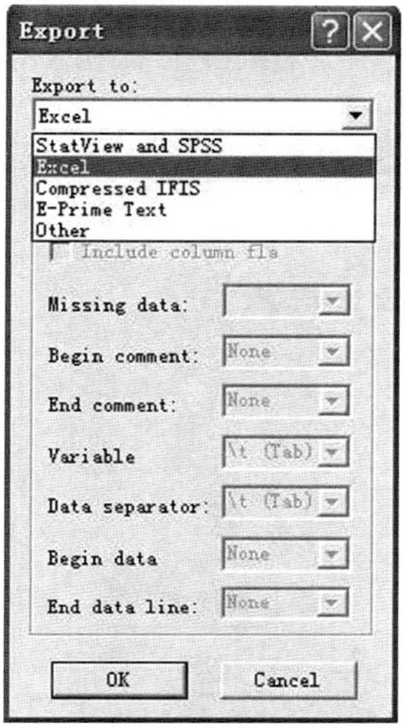

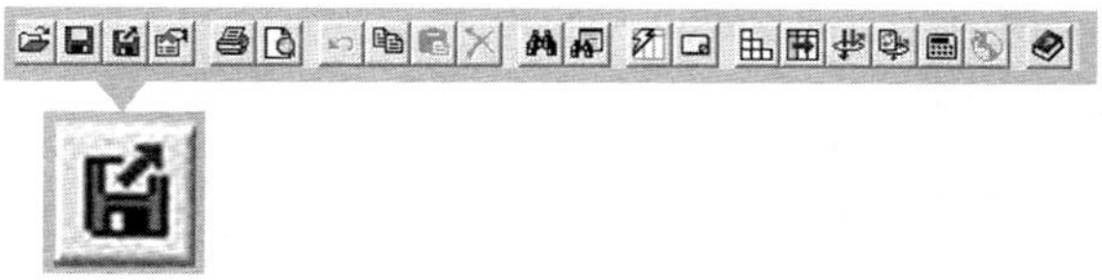

单击下拉菜单，即可选择需要导成的文件。我们选择“Excel”，单击“OK”，即可弹出一个保存窗口：输入希望保存的文件名，选择想保存的位置。然后关闭这份 E-DataAid 文件。

在你选择导出 Excel 数据的文件夹中，可看到一个“. txt”的文本文档，右击该文档，在“打开方式”中，选择 Excel 为打开方式，将其打开。

在该 Excel 文档中，可以看到与在 E-DataAid 文件中完全一样的被试信息。其中“TextDisplay10. ACC”列，是被试在正式实验阶段每次反应是否正确的数据，1 为正确反应，0 为错误反应。将该列求和即可知道被试在测验阶段的正确次数。具体方法：选中该列中所有数据，单击“自动求和”快捷键的下拉按钮，单击其中的“求和”，即在该列数据最下方生成被试在正式实验中总共的正确反应次数。将该数据除以该条件下的总 trial 数 16，所得的即为该被试的正确率。

“TextDisplay10. RT”列，是被试每次的反应时数据，单位为 ms。注意其中为 0 的，代表被试没有及时做出反应，应将其视为 miss 的数据，计算平均反应时的时候，不应计算在内。具体方法：首先选中该列的所有数据，单击“编辑”，选择其中的“替换”，“查找内容”中写 0，“替换为”什么都不填，为空。然后再次选中该列的所有数据，单击“自动求和”快捷键的下拉按钮，单击其中的“平均值”，即在该列数据最下方生成被试在正式实验中的平均反应时。

其他字母条件的数据分析方法相同。

如果需要直接导入为 SPSS，则可以重复上面的导出步骤，不过在导出时选取 StatView

and SPSS，如右图：

然后按要求保存为 .txt 格式的文件：

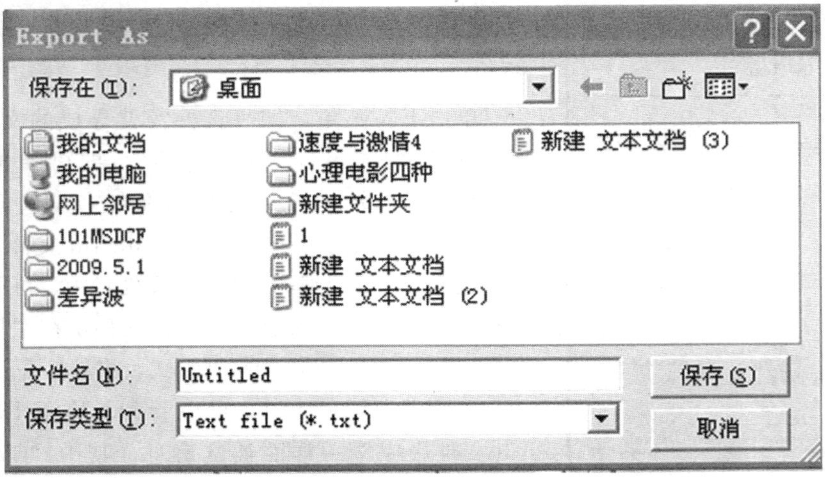

保存好之后用 SPSS 软件直接打开即可。

见下图：

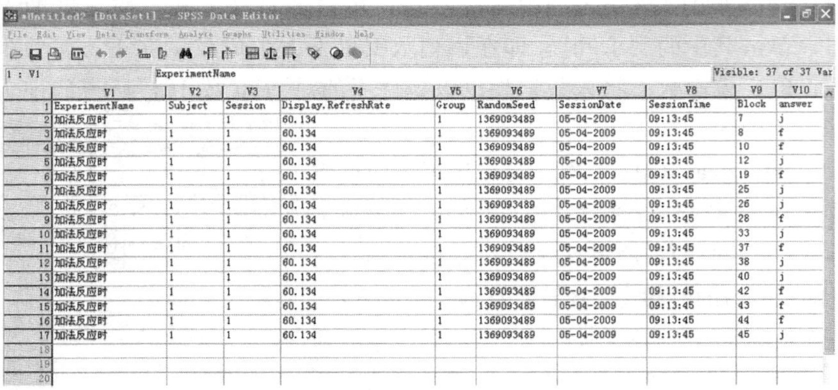

	V1	V2	V3	V4	V5	V6	V7	V8	V9	V10
1	ExperimentName	Subject	Session	Display.RefreshRate	Group	RandomSeed	SessionDate	SessionTime	Block	answer
2	加法反应时	1	1	60.134	1	1369093489	05-04-2009	09:13:45	7	j
3	加法反应时	1	1	60.134	1	1369093489	05-04-2009	09:13:45	8	f
4	加法反应时	1	1	60.134	1	1369093489	05-04-2009	09:13:45	10	f
5	加法反应时	1	1	60.134	1	1369093489	05-04-2009	09:13:45	12	j
6	加法反应时	1	1	60.134	1	1369093489	05-04-2009	09:13:45	19	f
7	加法反应时	1	1	60.134	1	1369093489	05-04-2009	09:13:45	25	j
8	加法反应时	1	1	60.134	1	1369093489	05-04-2009	09:13:45	26	j
9	加法反应时	1	1	60.134	1	1369093489	05-04-2009	09:13:45	28	f
10	加法反应时	1	1	60.134	1	1369093489	05-04-2009	09:13:45	33	j
11	加法反应时	1	1	60.134	1	1369093489	05-04-2009	09:13:45	37	f
12	加法反应时	1	1	60.134	1	1369093489	05-04-2009	09:13:45	38	j
13	加法反应时	1	1	60.134	1	1369093489	05-04-2009	09:13:45	40	j
14	加法反应时	1	1	60.134	1	1369093489	05-04-2009	09:13:45	42	f
15	加法反应时	1	1	60.134	1	1369093489	05-04-2009	09:13:45	43	f
16	加法反应时	1	1	60.134	1	1369093489	05-04-2009	09:13:45	44	f
17	加法反应时	1	1	60.134	1	1369093489	05-04-2009	09:13:45	45	j
18										
19										
20										

注意：强烈建议用 Excel 进行先期的预处理，如求和与求平均数，尤其是一些简单的统计，因为 Excel 使用起来很方便，在查找修改数据方面也很有优势，而 SPSS 主要是用于计算统计，这样的搭配比较高效。

如果需要对所有被试不同字母长度条件下进行反应时或正确率的差异检验，只需要将每个条件下的正确率和平均反应时输入 SPSS 中，进行独立样本 T 检验。

参考文献

[1] 张学民，舒华．实验心理学纲要．北京：北京师范大学出版社，2005.
[2] 朱滢．实验心理学．北京：北京大学出版社，2000.
[3] 杨治良，郭力平．记忆心理学．上海：华东师范大学出版社，1999.
[4] 彭聃龄．普通心理学．北京：北京师范大学出版社，2001.

序列反应时范式

实验目的与功能

序列反应时（Serial Reaction Time，SRT）任务是序列学习范式中的经典任务之一，它以反应时作为反应指标，以序列规则下的操作成绩和随机序列下的操作成绩之差来表示内隐学习的学习量，从而研究人们对序列规则的无意识获得。

实验来源与范式选择依据

序列反应时范式是尼森（Nissen，M. J.）和比勒姆（Bullemer，P.）于1987年提出的。这种研究范式以反应时为指标，整个实验过程十分类似一个选择反应时实验：处于不同空间位置的视觉刺激分别对应不同的反应键，每次呈现一个视觉刺激，被试按相应键尽快予以反应，该刺激随即消失，短暂的时间间隔后出现下一个视觉刺激。而SRT的特点在于，整个实验中刺激的呈现序列是有规律的。Nissen和Bullemer（1987）考察了健忘症病人完成序列反应时任务的情况，他们发现健忘症病人与同年龄的普通被试成绩一样好。Willingham等人（1989）用实验重复了这种研究，并在一星期后又对他们进行测试，发现两组被试经过一个星期的延迟之后都没有表现出遗忘。Cohen、Ivry和Keele（1990）的研究进一步拓展了Nissen和Bullemer的结果，发现在分散注意条件下（第二任务同样是音调计数任务），对多可能联结序列的学习需要注意，而固定联结序列的学习则不需要注意。

实验逻辑

在尼森和比勒姆（1987）的实验中，屏幕上从左到右的四个位置依次被设定为位置1、2、3、4，每个位置都对应着一个按键。视觉刺激是一个星状图形，并按固定的位置序列（4-2-3-1-3-2-4-3-2-1）呈现。一般来说，固定序列循环6～10次构成一个组段。在实验前，被试只被告知将要进行的是反应时测试，他们不知道在任务中刺激是按某个固定但不明显的模式依次呈现的。主试会在多次重复该固定位置序列的情况下（通常是8～12个组段）插入一个随机的位置序列，之后再恢复固定的位置序列。

结果发现，尽管被试没有意识到序列规则的存在，其反应时还是会随着固定序列的重复而逐渐下降，但这并不一定代表被试对序列规则发生了学习，因为反应动作的练习效应也是可能的解释。研究者必须比较被试对固定序列和对随机序列的反应时。当后者的反应时要显著大于对前者的反应时，才说明序列学习发生了。

不难发现，SRT对内隐学习的揭示符合减数法的基本逻辑：反应时的差异对应着心理过程的差异。在SRT实验中，对固定序列和随机序列的反应都是对同样刺激的同样规则的选择反应任务，因此两者的反应时差异只可能说明，被试在固定序列中作出选择反应的心理过程被易化了。即对固定序列中的目标刺激做出反应相对容易，从而使反应时缩短；而对于随机序列，选择反应的心理过程没有易化，反应较为困难，因此反应时相对较长。通常，这种心理过程的易化只能是由个体的学习所引发。又由于本实验中被试并没有外显地意识到固定序列的规则，因此这种学习就是内隐学习。

为了用减数法逻辑推出内隐学习的发生，研究者还必须尽力控制好实验条件，使得两种实验条件下有差异的那个心理过程必须而且只能是内隐的。也就是说，在序列反应时实验中，就必须使被试在一个条件下不发生任何学习，而在另一个条件下只发生内隐学习，不能发生外显学习；因为，如果没有排除外显学习，那么反应时的差异就不能简单地解释为内隐学习了。因此，反应时任务结束后，被试还要接受测量外显知识的任务，通常是生成任务（generate task），即刺激位置仍按固定序列顺序呈现，但被试要根据屏幕上出现的刺激位置，预测下一个刺激出现的位置。这个任务的指标是准确度，它反映了被试的外显序列知识。如果反应时任务的反应时差异与生成任务的准确度相关很低，说明发生的是内隐学习。

实验设计

样例为两个程序：序列反应规则和随机反应规则。实验为混合设计，实验情境（序列顺序、随机顺序）为被试间变量，Block（Block1—Block8）是被试变量。以反应时作为反应指标，以序列规则下的操作成绩和随机规则下的操作成绩之差来表示内隐学习的学习量，即人们对序列规则的无意识获取。

实验流程图

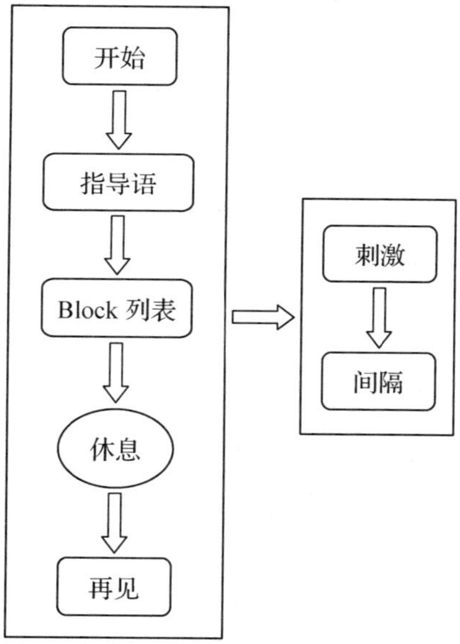

实验过程

Step1：建立实验框架

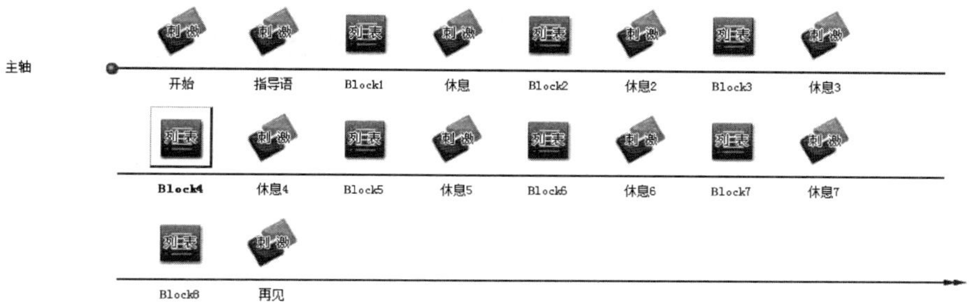

◇　开始：

用“刺激”控件呈现“开始”。

用“图片”控件呈现指导语的内容。

◇　指导语：

用“刺激”控件呈现“指导语”。

用“图片”控件呈现指导语的内容。

用“按钮”控件结束指导语界面的呈现。

◇　Block 列表：

本实验有 8 个 Block，用“试次列表”控件来管理。

序列反应程序将“Block 列表”的“取样方式”设为“顺序”。

随机反应程序将“Block 列表”的“取样方式”设为“无放回取样”。

试次列表写入如下信息：

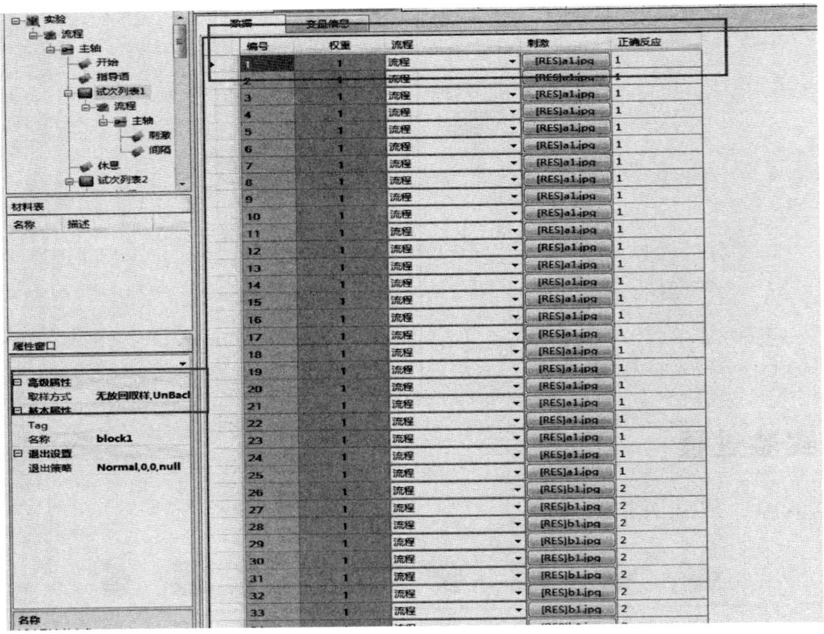

◇　休息：

用“刺激”控件呈现“休息”。

用“图片”控件呈现“休息”的内容。

呈现时长 1000ms。

◇　再见：

用“刺激”控件呈现“休息”。

用“图片”控件呈现“休息”的内容。

呈现时长 1000ms。

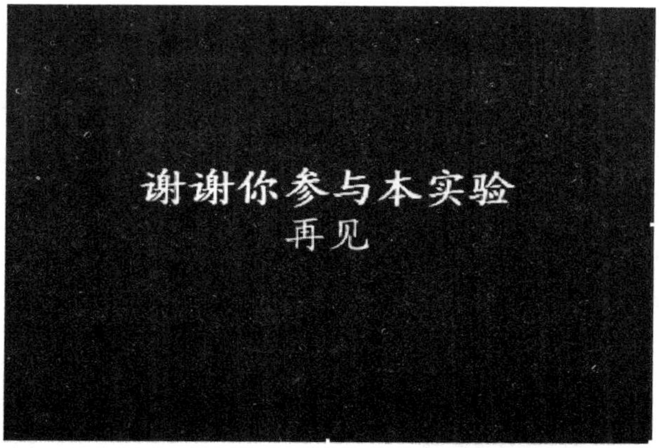

Step2：核心 Block

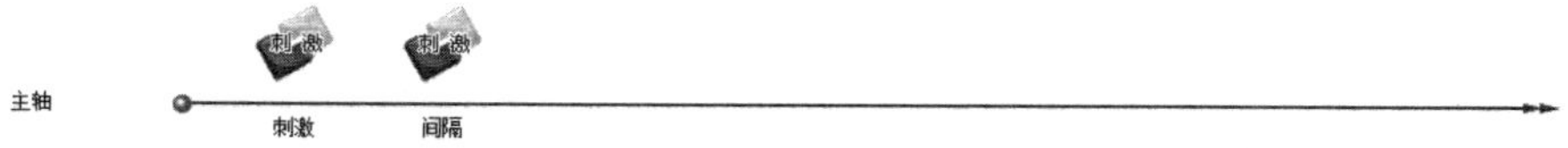

◇　刺激：

用“刺激”控件呈现“指导语”。

用“图片”控件呈现“指导语”的内容：从“Block 列表”的“刺激”变量中调取。

◇ 间隔：

用“刺激”控件呈现“间隔”。

将时间属性设置为1000ms。

注：

随机反应范式与序列反应范式基本流程相同，不同之处在于“Block列表”中刺激呈现顺序：随机程序为随机呈现，序列程序按一定顺序规则呈现。

对于大量由一定规则构成的Block列表可通过材料表进行输入。

1. 在材料表中添加规则顺序的trail命名Block为“刺激”。

在右面列表中添加变量补充顺序列表的Block。

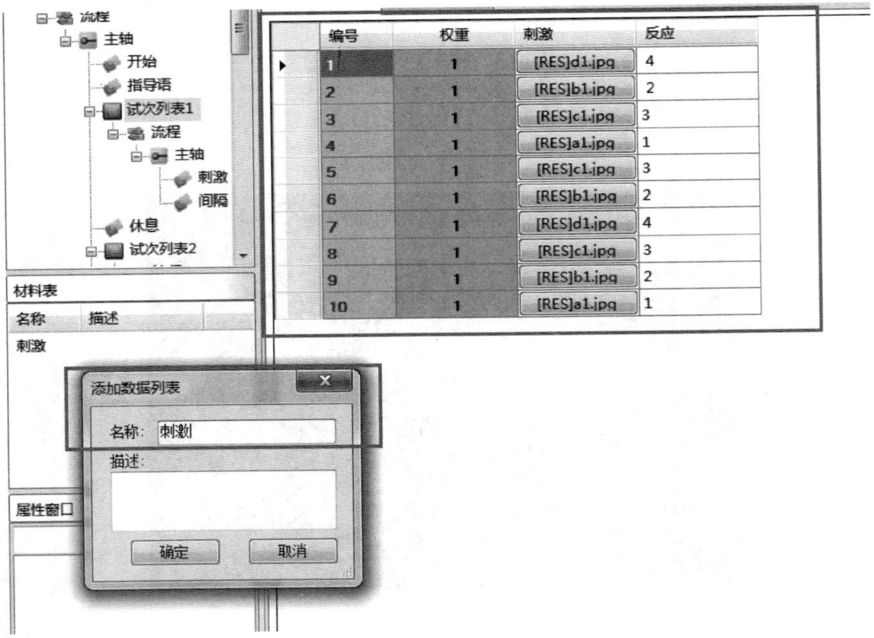

2. 打开试次列表，添加完所有的变量后，利用“导入”功能将“刺激”列表重复导入。

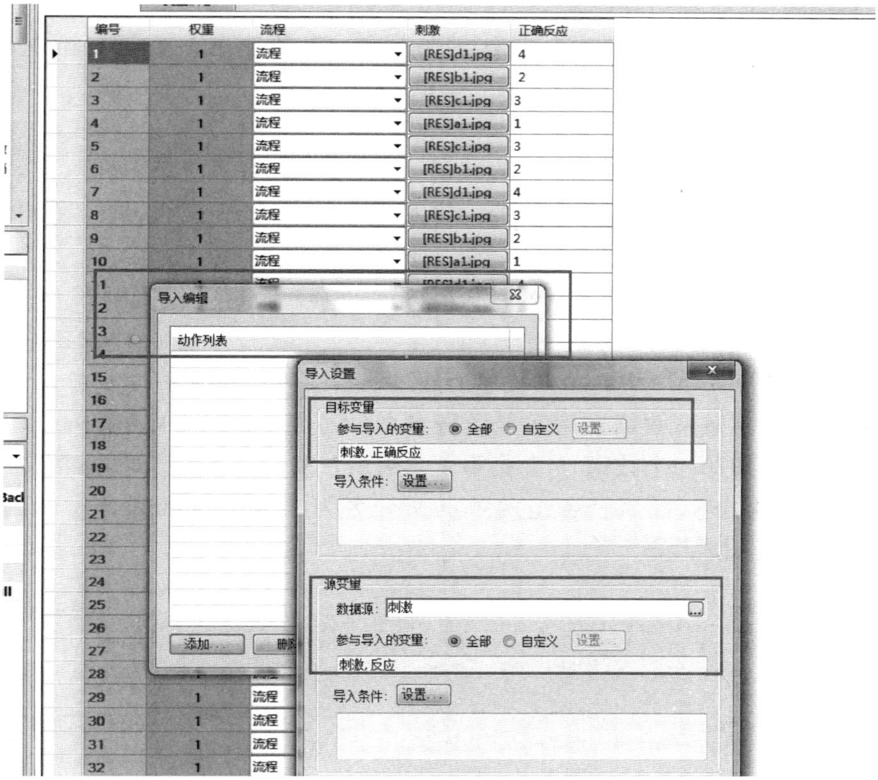

实验材料

四张黑底白颜色的图片，如下图所示。

A　　　B　　　C　　　D

实验步骤

把被试分成两个部分，一部分完成重复任务，一部分完成随机任务。在重复任务中，一共有 8 个 Block，每个 Block 有 100 个 trial，这 100 个 trial 以

10 个为一组，按着 D-B-C-A-C-B-D-C-B-A 的图片顺序呈现，每个 Block 把这个序列重复 10 遍。而在随机任务中，Block 和 trial 的设置是一样的，但是图片的呈现顺序是随机的，唯一的限制是相邻两张图片不能重复。

统计方法

做两因素 16 水平的方差分析，其中 Block（Block1～Block8）是被试内变量，实验情境（重复任务、随机任务）是被试间变量。

数据导出

完整运行完程序后，会在程序所在的文件夹中，生成一个 E-DataAid 文件，该文件即是数据文件。生成任务的数据文件名为“SRT-repeat-1-1. edat”，其中第一个数字“1”指第 1 个被试，第二个数字“1”指第 1 个 session。同样的，随机任务组的数据文件名为“SRT-random-1-1. edat”。打开文件后，如下图所示。

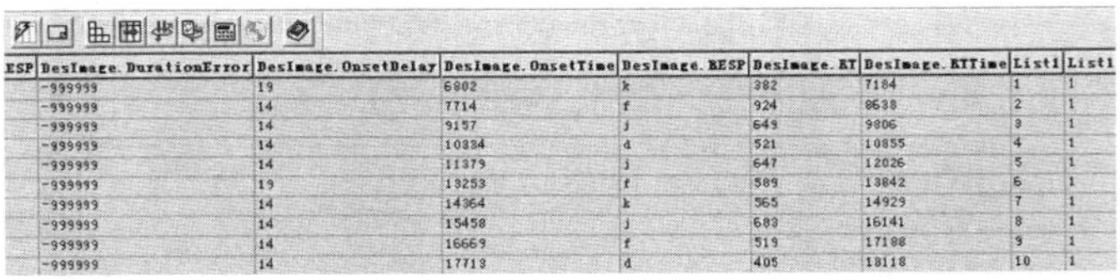

ESP	DesImage.DurationError	DesImage.OnsetDelay	DesImage.OnsetTime	DesImage.RESP	DesImage.RT	DesImage.RTTime	List1	List1
	-999999	19	6802	k	382	7184	1	1
	-999999	14	7714	f	924	8638	2	1
	-999999	14	9157	j	649	9806	3	1
	-999999	14	10334	d	521	10855	4	1
	-999999	14	11379	j	647	12026	5	1
	-999999	19	13253	f	589	13842	6	1
	-999999	14	14364	k	565	14929	7	1
	-999999	14	15458	j	683	16141	8	1
	-999999	14	16669	f	519	17188	9	1
	-999999	14	17713	d	405	18118	10	1

计算反应时的方法：因为人的反应时有一个下限，不会太小，所以应该加一个限制条件，比如说反应时小于 50ms 的一律不考虑。可以这样：单击，出现“Filter”对话框，如下图所示。

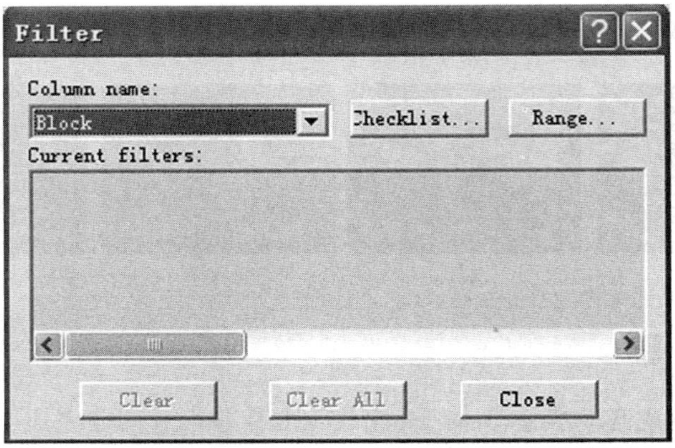

从“Column name”的下拉菜单中选择“DesImage. RT”，再单击

“Range…”，出现“Range”对话框，如下图所示。

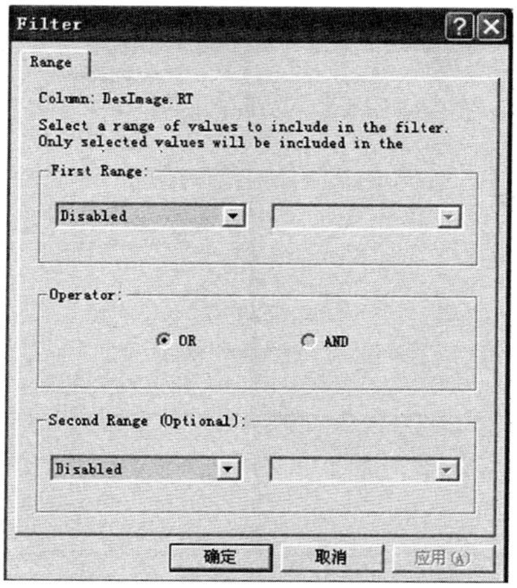

在“First Range”的下拉菜单中选择“（>）Greater than”，在后面的输入框中输入“50”，如下图所示。

单击“确定”，然后单击“Filter”对话框的“Close”按钮，下方的“Filters”一栏中就会出现“DesImage.RT>50”，如下图所示。此时出现的反应时都是大于50ms的。

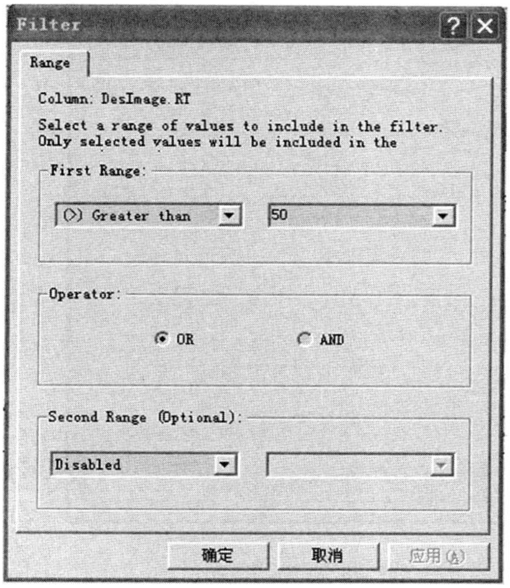

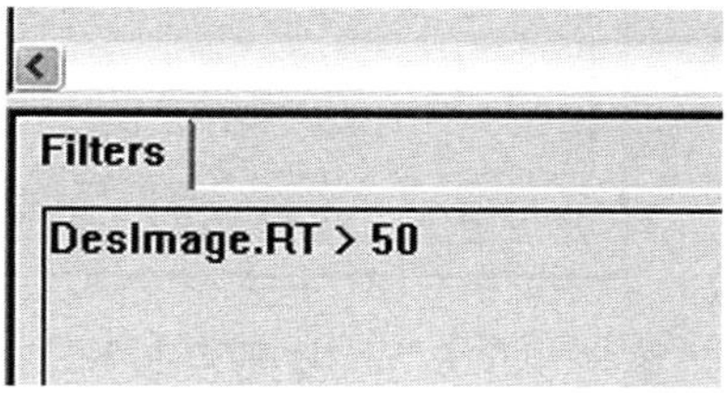

此时单击工具栏上的“Analyze”图标，出现Analyze对话框，如下图所示。

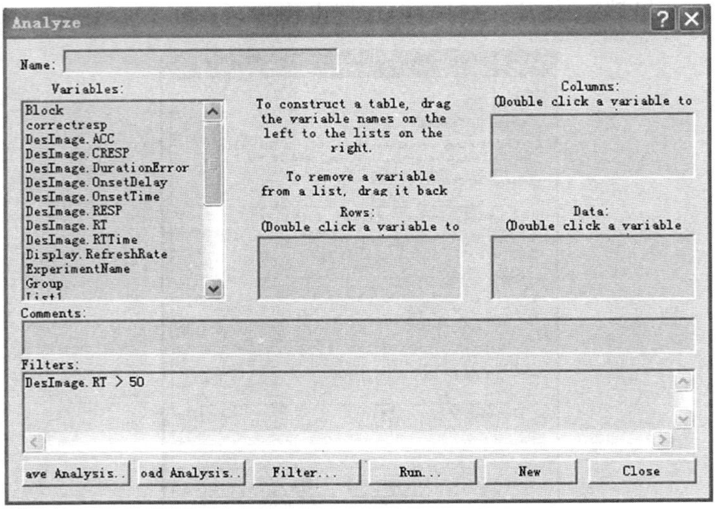

从左方的“Variables:”一栏中选中“Block”，把其拖到“Rows:”一栏中；再从“Variables:”一栏中选中“DesImage.RT”，把其拖到“Data:”一栏中，如下图所示。

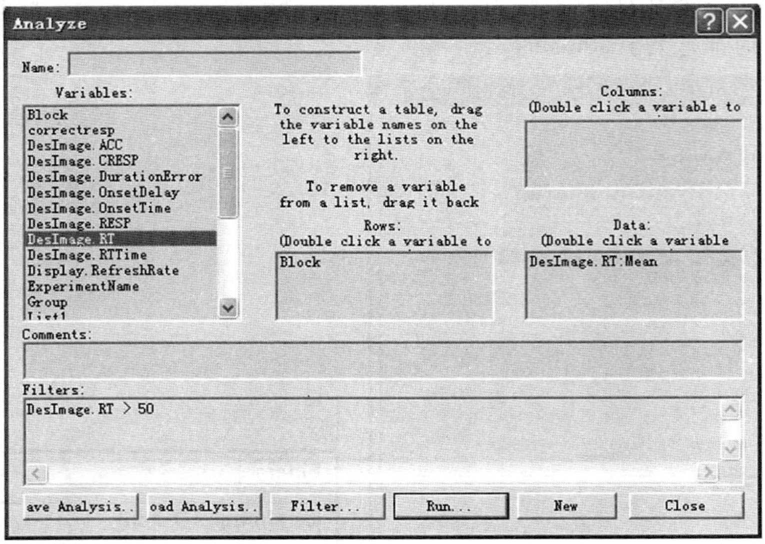

单击“Run”，出现“Table”对话框，此即为该名被试在10个Block中的反应时。如下图所示。

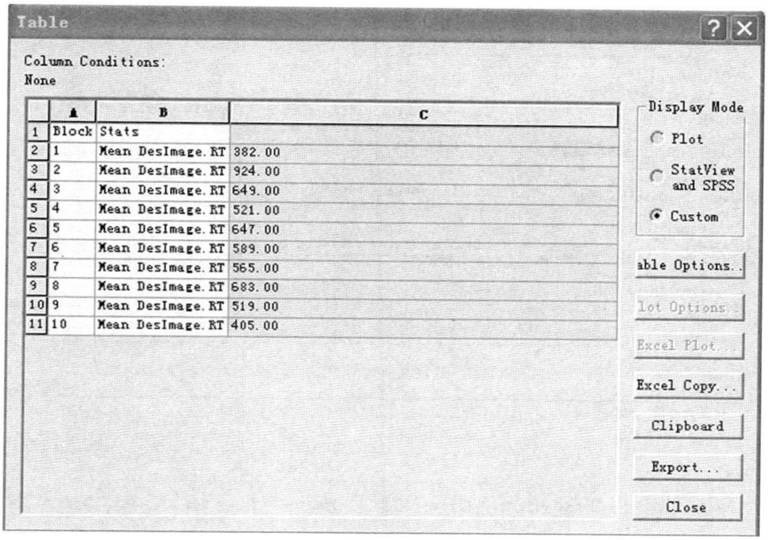

单击“Excel Copy...”，就可将这些反应时结果复制到 Excel 表格中。如下图所示。

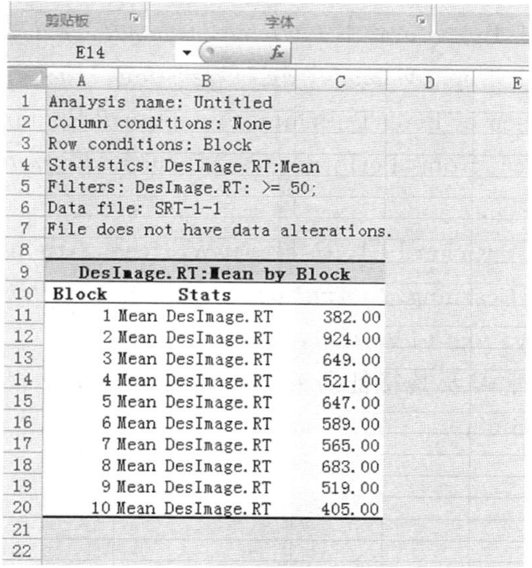

再把 A11～A20、C11～C20 的数据复制到 SPSS 中，就是该名被试在 10 个 Block 中的反应时。

在计算正确率时，基本步骤与此相似，唯一的不同在于需要把“DesImage.ACC”拖到“Data:”一栏中，如下图所示。其余和上述步骤一样。

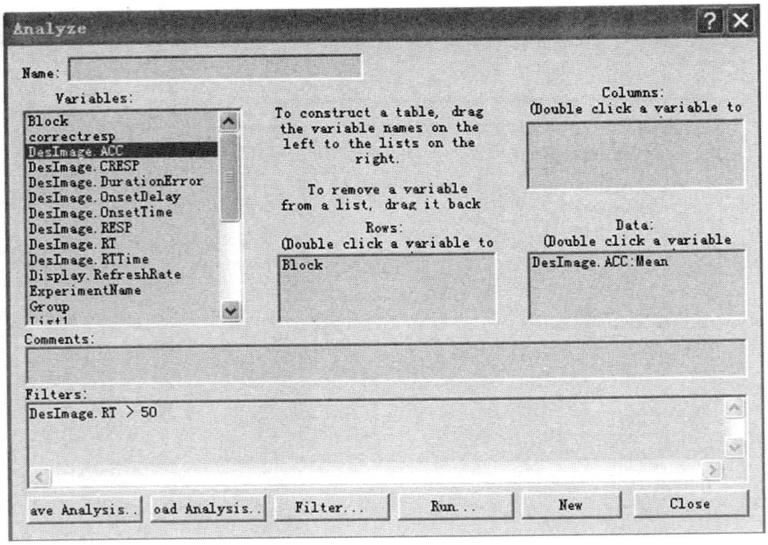

参考文献

[1] Daniel B, Willingham, Mary Jo Nissen, & Peter Bullemer. On the Development of Procedural Knowledge. *Journal of Experimental Psychology: Learning, Memory, and Cognition*, 1989, 15, 1047-1060.

[2] Mary Jo Nissen & Peter Bullemer. Attentional Requirements of Learning: Evidence from Performance Measures. *Cognitive Psychology*, 1987, 19, 1-32.

[3] Asher Cohen, Richard I I, & StevenW. Keele. Attention and Structure in Sequence Learning. *Journal of Experimental Psychology: Learning, Memory, and Cognition*, 1990, 16, 17-30.

[4] 张卫．内隐学习及其特征研究．华东师范大学学报（教育科学版），2001，19，56-63.

IAT 范式

实验目的与功能

内隐联想测验（IAT 测验）被用来评估自我状态与情感状态之间的关联。作为一种测量内隐过程的工具，IAT 的信度和效度已经在多个研究中得到证实（e. g. , Cunningham, Preacher & Banaji, 2001）。

实验来源与范式选择依据

IAT 测验的一个基本假设是：相比关联较弱的或是含义相反的词对，有密切关联的属性—概念的词对更容易被归类到一起（Farnham, Greenwald & Banaji, 1998）。在本研究中，对表述自我的和表述愉快情感的单词进行快速分类（反应速度用反应时来测量），而不是将表述自我的和表述不愉快情绪的单词放到一起。这样的做法将提供在自我与居于主导作用的欢愉的情绪基调之间自动关联程度的证据。同时也会采集被试自我报告的、外显的情绪状态评估数据（自我与欢愉情绪之间自动关联的程度；自我报告的情绪状态与内隐情绪的一致程度）。

实验逻辑

标准的 IAT 任务（Greenwald et al. , 1998）包括四组词集，分别归入两个概念配对组中。举例而言，自我概念组包括：用自我相关的单词（I, me 等）代表自我概念，并以非自我相关的单词（they, them 等）与之对照。情绪概念词包括用一组积极情绪词（happy, joyful 等）和一组消极情绪词（sad, afraid 等）。实验任务中包括一个目标概念（自我）和一个属性概念（情绪），通过两两组合可以检测出被试内隐的积极或消极的情绪状态。

在练习中，被试首先通过按键反应（按下计算机键盘左侧或右侧的某个键）将概念词归入它们相应的单词组中。例如，看到“me”这类词就按左侧键，看到“not me”这类词就按右侧键。在另一个 trial Block 中，看到积极情绪词就按左侧键，看到消极情绪词就按右侧键。在启动任务中，要求被试尽快做出反应，以避免与刺激相关的意识作用或有控制的认知过程。

在正式实验中分为两个 Block，Block1 中，目标概念和属性组合呈现，这样被试将自我相关的单词或是正性情绪词归入一组（如按左键代表将其归入该组），而将非自我相关单词或负性情绪词归入另一组（如按右键代表将其归入该组）。在 Block2 中进行反向配对。刺激呈现与反应要求见下表。

如果某人具有在自我概念与积极情绪之间存在内隐关联，那么在 self＋positive或是 nonself＋negative 的 Block 中的反应时会快于（短于）在 self ＋ negative 或是 nonself ＋ positive 的 Block 中的反应时。IAT 效应用这两个关键的 Block（combined concept trial Blocks）的平均反应时之间的差来代表。

self ＋ positive ——意味着对 self 和对 positive 的按键反应是一样的，或者说，将它们归入一类。

nonself ＋ negative——意味着对 nonself 和对 negative 的按键反应是一样的，或者说，将它们归入一类。

IAT 测验在 PC 机上用 E-prime 软件完成（Schneider，Eschman & Zuccolotto，2002）。分类任务使用 5 个有关自我的刺激词（I，me，my，mine，and the participant's name 即我，我自己，我的，我自己的，自己）和 5 个与自我无关的刺激词（they，them，their，it，and other 即他，她，他们，她们，其他人）。这些刺激词与 Farnham 等人（1998）使用的刺激词非常相似。为了评估情绪，我们使用与前述 Diener 和 Emmons（1984）所使用的自我报告量表中一样的形容词。在情绪的外显和内隐测评上使用相同的项目可以保证两种测量结果之间的差异不是因为它们分属不同的情绪维度而导致的。

IAT 任务包括 5 个由快速分类任务组成的 Block。在每一个 Block 中，被试被要求尽可能快速地进行分类，分类对象是呈现在计算机屏幕中央的单词（分类刺激），要将该单词归类到计算机屏幕左上角和右上角的两个类别之中。当右手食指按下位于计算机键盘右侧的"6"键的时候，分类刺激单词被归如右边的类别中；当左手食指按下位于计算机键盘左侧的"A"键的时候，分类刺激单词被归如左边的类别中。3 个 Block 包括由 20 个试验（trial）组成的 Block，在这样的 Block 中是对自我相关的（类别标签是 me）和与自我无关的（类别标签是"not me"）刺激词进行分类、对愉快（"pleasant"）与不愉快（"unpleasant"）的情绪词进行归类、以及组合类别分类。

两个关键的数据采集 Block（Block 3 和 Block5）包含有 40 个分类试验（trial）。这些试验任务的顺序是平衡的。一半被试首先会被要求对愉快情绪或自我相关的单词与不愉快情绪或非自我相关的单词做分类（"pleasant or me" vs. "unpleasant or not me")；另一半被试则是首先呈现相反的组合：愉快情绪词或非自我相关的单词，与不愉快情绪词或自我相关的单词("pleasant or not me" vs. "unpleasant or me")。在Block5，要求每个被试完成的分类任务与Block3中的分类相反。每一个trial Block中，所有的刺激项目都随机出现，直到在某单词重复出现之前所有单词都已经呈现完毕。

序列	1	2	3	4	5
任务描述	首次的靶词辨别分类	情绪形容词的辨别分类	首次的组合任务	反转的靶词辨别分类	反转的组合任务
任务指令	* 自我相关 自我无关 *	* 愉快的 不愉快的 *	* 自我相关 * 愉快的 自我无关 * 不愉快的 *	自我相关 * * 自我无关	自我相关 * * 愉快的 自我无关 * 不愉快的 *

实验设计

采用被试间设计，自变量为被试类型，因变量为产生的IAT效应值。

样例程序由7个Block组成，其中练习1、2、4为练习Block，练习3-1、3-2、5-1、5-2的反应数据记录下来进行分析。

实验流程图

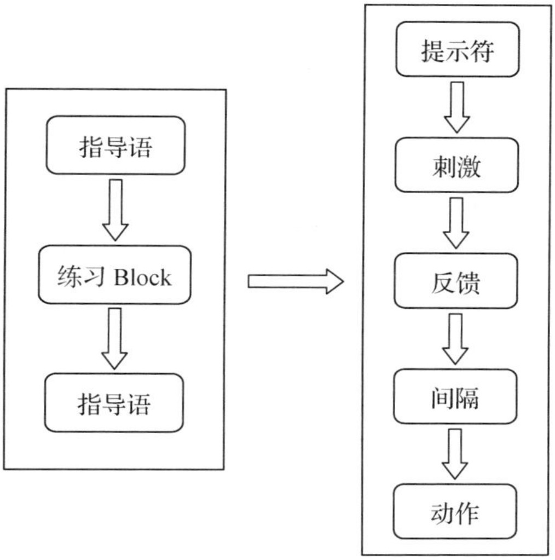

实验过程

Step1：建立实验框架

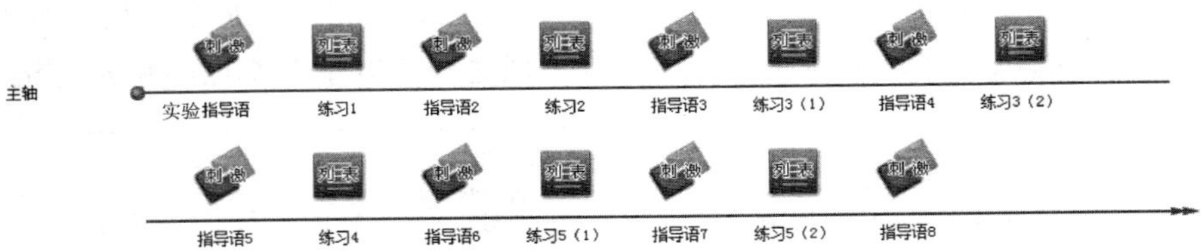

◇ 指导语：

用“刺激”控件呈现“指导语”。

用“文本”控件呈现指导语的内容。

用“按钮”控件结束指导语界面的呈现。

◇ Block 列表：

本实验有 7 个 Block，用“试次列表”控件来管理。

编辑试次列表，添加以下列信息：

将 F 键的返回值设为“1”，J 键的返回值设为“2”。

编号	权重	流程	左上角	右上角	刺激	正确反应
1	1	流程	自我相关	自我无关	我	1
2	1	流程	自我相关	自我无关	我自己	1
3	1	流程	自我相关	自我无关	我的	1
4	1	流程	自我相关	自我无关	我自己的	1
5	1	流程	自我相关	自我无关	自己	1
6	1	流程	自我相关	自我无关	他	2
7	1	流程	自我相关	自我无关	她	2
8	1	流程	自我相关	自我无关	她们	2
9	1	流程	自我相关	自我无关	他们	2
10	1	流程	自我相关	自我无关	其他人	2

Step2：核心流程

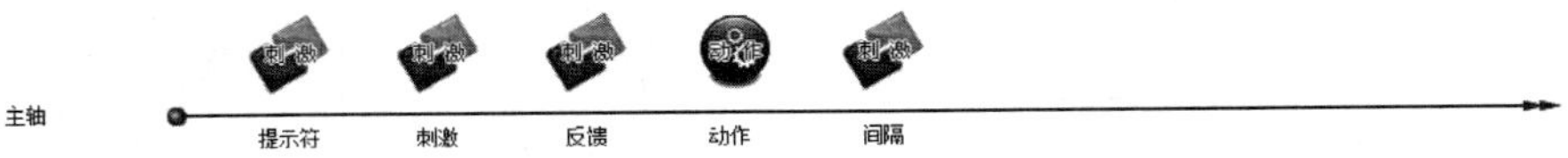

◇ 提示符：

用“刺激”控件呈现“指导语”。

用“文本”控件呈现提示符的内容：“＋”。

持续时间属性设置为 1500ms。

◇ 刺激：

用“刺激”控件呈现“刺激”。

用“文本”控件呈现“左上角”、“右上角”、“刺激”的内容；

内容信息从试次列表中读取。

用“按钮”控件结束指导语界面的呈现。

从“试次列表”引用“正确反应”，这样系统可以判断被试按键的正误。

本实验要记录反应时数据，由于“反应键”默认的“计时起点”是实验开始的时间，所以要设置“计时起点”为“目标刺激”开始的时间。

“目标刺激”的结束方式：不限定呈现时间，被试按键后结束。

“持续时间”，设为“－1”，即不限定“目标刺激”界面的呈现时间。

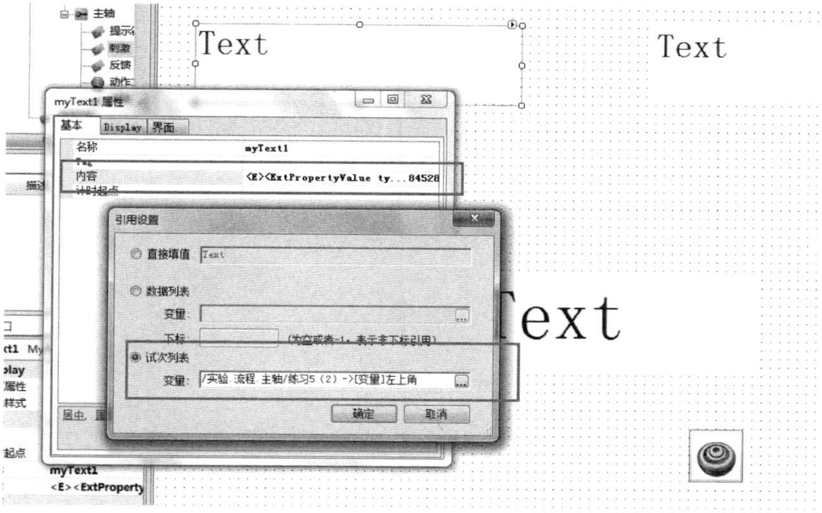

◇　反馈：

使用“刺激”控件。

被试按键正确时，不呈现反馈；被试按键错误时，呈现“错误”反馈。

双击“刺激”打开，在右键菜单中点击“添加状态页”，在这个新状态页上呈现“错误”反馈。

调用错误反馈。

在“反馈”界面有两个状态页，第一个状态页是空屏，第二个状态页是错误反馈。在没有其他条件的情况下，程序默认执行状态页 1，那么我们需要做的是在被试按键错误的时候，显示状态页 2。

使用“动作”控件调用错误反馈。

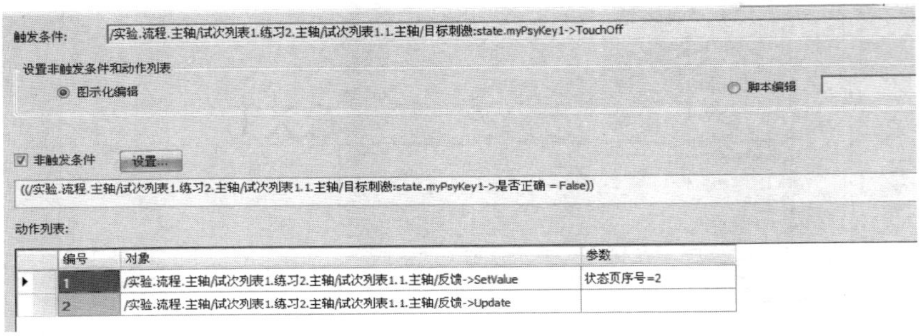

◇　间隔：

用“刺激”控件呈现间隔界面，呈现时间为 400ms。

注意事项

1. 反应键的“计时起点”，注意设置为目标刺激所在的界面。

2. 设置结果记录。

在“实验”菜单中打开“设置结果记录”，勾选练习 3-1、3-2、5-1、5-2 中“目标刺激”界面下需要记录的数据。

实验材料

1. 靶词

自我相关与自我无关的词各 5 个。

自我相关：I，me，my，mine，and the participant' s name

我，我自己，我的，我自己的，自己

自我无关：they，them，their，it，and other

他，她，他们，她们，其他人

2. 情绪形容词

从 Diener 等（1984）所选用的情绪形容词中筛选：

pleasant	unpleasant	pleasant	unpleasant
高兴的	生气的	Happy	Angry
欢快的	焦虑的	Joy	Fearful/anxious
愉悦的	沮丧的	Pleased	Frustrated
开心的	抑郁的	Enjoyable/Funny	Depressed
快乐的	烦恼的	Glad	Annoyed
愉快的	悲伤的	Delighted	Sad
满足的	忧愁的	Contented	Gloomy

a）指导语

b）刺激呈现时间

c）收集的数据

Trial Blocks：

所有的任务都包含在有 20 或 40 个 trials 的 Blocks 中（练习 Block 中有 20 个 trial，数据采集 Block 中有 40 个 trial）。每一个 trial Block 都从一段指导语开始，指导语中描述了本 Block 中类别划分的要求，并说明如何对不同类别做出正确的按键反应。每一个 Block 进行的过程中，类别名称的提示都始终显示在屏幕左边或右边的相应位置上。被试对数据采集 Block（被试完成对组合呈现的刺激进行分类的任务，Block3-1、Block3-2 和 Block5-1、Block5-2）的反应数据被记录下来用做以后的分析。Block3-1 和 Block3-2 以及 Block5-1 和 Block5-2 中，相连两个 trial 呈现的时间间隔不同。

Timing details：

在提示符出现之后 1500ms 第一个 trial 开始。刺激以黑色字母呈现在浅灰色屏幕背景的正中位置，并且保持到被试做出按键反应为止。被试的按键反应到下一个 trial 的刺激呈现之间的时间是 intertrial interval。所有的简单分类 trial 以及组合任务的练习 trial 的间隔都是 400ms，组合任务的数据采集 Block 的 trial 间隔分别是 100ms、400ms。一半的被试按照 trial 间隔上升的顺序依次完成 Block；另一半的被试按照相反的顺序进行。实验过程中，如果被试做出了错误反应，那么会有 Error 覆盖刺激词并呈现 300ms，从而使 trial 间隔延长了 300ms。在每一个 40-trial 的 Block 结束之后，会给被试显示一个反馈，反馈内容包括有他/她的平均反应时，做出正确判断的比例。

Stimuli：

刺激词从词库中随机选择出现，并且不会重复，除非为某一任务所提供的备选用词已经都被使用过了。在这种情况下，如果仍然有更多的 trial 需要完成的话，就再从词库中重复随机选择的过程。

在单一分类任务中，在每个类别包含 5 个项目的条件下，这两类中的 10 个刺激词每个都分别被使用 1 次。每类包含 5 个项目的条件下，选择 5 项目子集可以平衡（counterbalance）以便每一个刺激词可以均等地出现在实验中。

在组合分类任务中（按照之前的设计，组合分类任务共有 4 个 Block——正向 2 个，反转 2 个），在每个类别包含有 5 个项目的条件下，20 个备选刺激词每个分别出现 2 次（在每一个 Block 中）。在所有的组合任务中，进行靶词分类和属性词分类的词目轮流出现（appeared on alternating trials）。

实验步骤

被试在一个单独的实验单元中同时完成自我报告的测评和单机版 IAT 测验。被试单独完成学习进行 IAT 的测验任务，并且除了提供最初的指导语外，实验主试就只坐在实验室外面。在主试向被试介绍完 IAT 程序后，被试就按照指导语在计算机上完成 IAT 任务。实验设计中对自我报告和 IAT 任务进行均衡，例如，一半被试先完成自我报告的测评然后完成 IAT 任务；另一半的被试则是先完成 IAT 任务然后进行自我报告。

外显测评：

通过某种外显特质量表对被试进行分组，最终依据此指标区分被试。

从 Diener 和 Emmons（1984）中选取并略做调整的当前情绪状态测评量表。

该量表的指导语是："对于下列一些情绪，您目前所体验到的程度如何？"

被试在一个 7 点 Likert 量表上做出评定，1——根本没有体验到，7——极为强烈地体验到。

从下表中表示愉快或不愉快的形容词中分别选出 5 个：

pleasant	unpleasant	pleasant	unpleasant
Happy	Angry	高兴的	生气的/气恼的
Joy	Fearful/anxious	欢快的	焦虑的
Pleased	Frustrated	愉悦的	沮丧的
Enjoyment/Fun	Depressed	开心的	抑郁的
Glad	Annoyed	快乐的	烦恼的
Delighted	Sad	愉快的	悲伤的
Contented	Gloomy	满足的	忧愁的

为了得到整体的情绪效价分，会用表述愉快的情绪形容词平均分减去不愉快的情绪形容词上的平均分：

序列	Block1	Block2	Block3-1	Block3-2	Block4	Block5-1	Block5-2
任务描述	首次的靶词辨别分类	情绪形容词的辨别分类	首次的组合任务	组合任务分类同 3-1	反转的靶词辨别分类	反转的组合任务	反转的组合任务同 5-1
trial 的呈现间隔（详细见 Timing details）	400ms	400ms	400ms	100ms	400ms	400ms	100ms

续表

序列	Block1	Block2	Block3-1	Block3-2	Block4	Block5-1	Block5-2
trial 数量	20	20	40	40	20	40	40
任务指令	* 自我相关 自我无关 *	*愉快的 不愉快的 *	* 自我相关 * 愉快的 自我无关 * 不愉快的 *	* 自我相关 * 愉快的 自我无关 * 不愉快的 *	自我相关 * * 自我无关	自我相关 * * 不愉快的 自我无关 * 愉快的 *	自我相关 * * 不愉快的 自我无关 * 愉快的 *

Block1、Block2、Block4 是练习任务，Block3-1、Block3-2、Block5-1、Block5-2 是实验任务。

这些试验任务的顺序是平衡的。以 Block3-1、Block3-2 为例，一半被试首先会被要求对愉快情绪或自我相关的单词与不愉快情绪或非自我相关的单词做分类（“pleasant or me” vs. “unpleasant or not me”）；另一半被试则是首先呈现相反的组合：愉快情绪词或非自我相关的单词，与不愉快情绪词或自我相关的单词（“pleasant or not me” vs. “unpleasant or me”）。在 Block5，要求每个被试完成的分类任务与 Block3 中的分类相反。

一半被试首先对从“pleasant”中随机抽取的词与从“me”中随机抽取的词所构成的组合任务进行分类；然后再对从“unpleasant”中随机抽取的词与从“not me”中随机抽取的词所构成的组合任务进行分类。

另一半被试首先对从“pleasant”中随机抽取的词与从“not me”中随机抽取的词所构成的组合任务进行分类；然后再对从“unpleasant”中随机抽取的词与从“me”中随机抽取的词所构成的组合任务进行分类。

每一个 trial Block 中，所有的刺激项目都随机出现，直到在某单词重复出现之前所有单词都已经呈现完毕。

统计方法

1. 数据导出

完整运行完程序后，会在程序所在的文件夹中，生成一个 E-DataAid 文件，该文件即是数据文件。

直接双击打开该 E-DataAid 文件，该文件中全面地记录了被试的所有信息。

为了进一步分析数据，将该数据文件导出为 SPSS 或 Excel 文件。导出的具体方法有两种，第一种是单击 File，然后选择 Export；第二种是直接单击快捷键工具栏（即如下图所示的横条工具栏），其中的左起第三个按钮即是导出按钮（下图中放大了的按钮，软盘上带一个蓝色箭头的图标）。单击导出键后，弹出如图所示窗口：

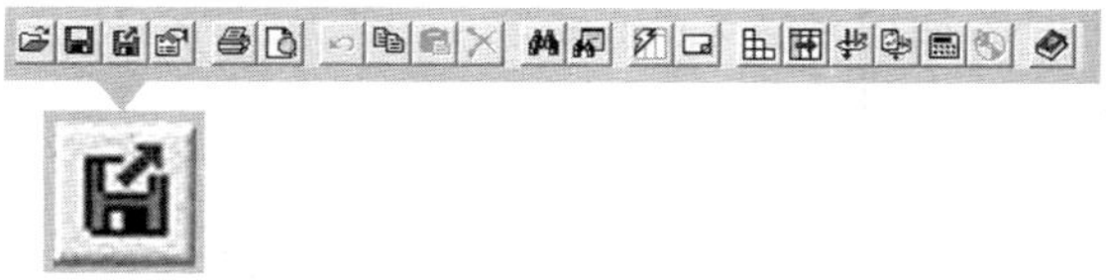

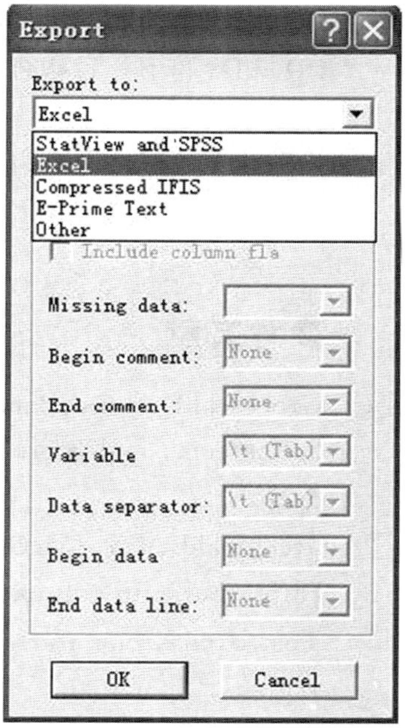

单击下拉菜单，即可选择需要导成的文件。我们选择“Excel”，单击“OK”，即可弹出一个保存窗口：输入希望保存的文件名，选择想保存的位置。然后关闭这份 E-DataAid 文件。

在你选择导出 Excel 数据的文件夹中，可看到一个“.txt”的文本文档，右击该文档，在“打开方式”中，选择 Excel 为打开方式，将其打开。

在该 Excel 文档中，可以看到与在 E-DataAid文件中完全一样的被试信息。其中“*.ACC”列表示的是被试在各阶段每次反应是否正确的数据，1 为正确反应，0 为错误反应。将该列求和即可知道被试在测验阶段的正确次数。具体方法：选中该列中所有数据，单击“自动求和”快捷键的下拉按钮，单击其中的“求和”，即在该列数据最下方生成被试在正式实验中总共的正确反应次数。将该数据除以正式实验的总 trial 数 40，所得的即为该被试的正确率。

“*.RT”列，是被试每次的反应时数据，单位为 ms。注意其中为 0 的，代表被试没有及时做出反应，应将其视为 miss 的数据，计算平均反应时的时候，不应计算在内。具体方法：首先选中该列的所有数据，单击“编辑”，选择其中的“替换”，“查找内容”中写 0，“替换为”什么都不填，为空。然后再次选中该列的所有数据，单击“自动求和”快捷键的下拉按钮，单击其中的“平均值”，即在该列数据最下方生成被试在正式实验中的平均反应时。

2. IAT 效应计算

（1）只选取两个测试阶段的数据；

（2）删除联合任务测试中的前两次试验，即表中第 4 步和第 7 步中第 1 次、第 2 次试验数据；

（3）将短于 300ms 的反应时记为 300ms，长于 3000ms 的反应时记为

3000ms，不对错误试验的反应时进行任何处理，也不删除任何极端被试的数据；

(4) 对反应时进行自然对数转换；

(5) 求两个测试阶段反应时的均值；

(6) 相容和不相容联合测试反应时均值相减即为所求的IAT效应。

3. 实验统计

分别计算两组被试IAT效应结果，使用SPSS统计软件包进行独立样本T检验，进行统计差异检验。

参考文献

[1] Greenwald A G, Banaji M R. Implicit Social Cognition: Attitudes, Selfesteem, and Sterotypes. *Psychological Review*, 1995, 102 (1): 4-27.

[2] Greenwald A G, McGhee D E, Schwarz J L K. Measuring Individual Difference in Implicit Cognition: The Implicit Associa-tion Test. *Journal of Personality and Social Psychology*, 1998, 6, 1464-1480.

[3] 徐大真，杨治良. 内隐社会认知中攻击性行为的性别差异研究. 河南大学学报（社会科学版），2001 (04).

GNAT 范式

实验目的与功能

GNAT (Go/NO-Go Association Test) 范式的主要目的是为了弥补IAT (Implicit Association Test) 范式的不足，是这一范式的变式，它主要的目的是为了测试受试者的内隐态度。它的一个理论基础是信号检测论。

与IAT一样，GNAT也是通过评价概念词和属性词之间自动联系的强度来确定内隐态度的。但是，GNAT考察的是目标类别（如水果）和属性维度（如积极和消极评价）概念之间的联结强度，既能在实验设计中提供类别维度，又能对某一对象（如花或昆虫）做出评价的限制。

也就是说GNAT可以对比多个对象，或者单个对象，而不会像IAT

一样必须要两个对应的事物，而且比较出来的结果也只是这两个对象之间的一个相对的关系。

实验来源与范式选取依据

内隐联结测验（Implicit Association Test，IAT）是由Greenwald等人在1998年提出的。是以反应时为指标，通过一种计算机化的分类任务来测两类词（概念词和属性词）之间的自动化联系的紧密程度，继而对个体的内隐态度等内隐社会认知进行测量。所谓内隐态度是指人们内在的对某一事物的评价，这一评价是内在的，因为社会称许或者其他的原因人们不会表达出来。还有的情况下它虽然存在并且对人们的行为产生巨大的影响，但是人们甚至是不清楚自己对于某一事物的态度。它是人们真实的看法并且影响着人们的判断，以前我们是通过传统的投射测验或者情境测验来看人们的内隐态度，但是这些方法都无法量化。内隐领域的研究方法虽然能够量化，但是很难直接借鉴到态度、观念等社会认知研究中，直到IAT的出现。IAT的基本原理是当两个概念相似或者在被试的记忆中有联系的时候，比两个概念不相似，在记忆中没有联系的时候反应快。

在IAT的应用中，研究者们逐渐意识到IAT的两大缺陷：首先，忽略了速度—精确性权衡原则，根据这个原则，个体在反应速度上的增长势必导致总体反应精确性的降低，这是所有基于反应时范式的研究必须考虑的问题，而在IAT中只使用反应时作为考察指标，就有可能忽略错误率所包含的信息；其次，只能考察被试对两个对象的相对态度，而不能测量被试对某一对象的态度，如花虫IAT中，IAT效应的显著性只表示相对于虫来说，人们对花更积极，或者相对于花来说，人们对虫的态度更为消极，而不能说明人们对花的态度到底是消极的还是积极的。因此，为了弥补这一不足，诺塞克和巴那吉（Nosek & Banaji，2001）提出了GNAT测验，它仍保留了IAT的两个关键任务，但用信号检测论中的辨别力指数作为指标。

综上所述，本研究采用GNAT范式，依据Nosek和Banaji（2001）文献中测量被试对于水果和昆虫的内隐态度。

实验逻辑

GNAT方式不是对于IAT范式的否定而是补充，所以它基本的实验逻辑与IAT是一致的，即是通过对被试在完成不同概念词和属性词的配对反应时任务上的差异来推断出联系是否存在以及联系的紧密程度。如概念词

（花和虫）和属性词（积极评价和消极评价），如果发现当花与积极词配对和虫与消极词配对时反应时短，而当花与消极词和虫与积极词配对时反应时长，那么说明花与积极评价联系较为紧密，而虫与消极评价联系较为紧密。IAT 实验中采用 IAT 效应（ IAT Effect）作为考察指标，是指前后两个联合任务中个体平均反应时的差值，如果 IAT 效应在一定显著性水平上大于 0 ，就能证明实验假设；若小于 0 则说明假设不成立，应将类别与属性的关系反转；若与 0 没有显著差异，则说明类别与属性两个维度之间没有所预期的联系存在。

GNAT 考察的是目标类别（如水果）和属性维度（如积极和消极评价）概念之间的联结强度，弥补了 IAT 实验设计中需要提供类别维度，不能对某一对象（如花或昆虫）做出评价的限制。GNAT 还吸收了信号检测论的思想，实验中包括目标刺激（信号）和分心刺激（噪声），如目标类别（Fruit）和积极评价（Good）作为信号而将目标类别（Bugs）和消极评价（Bad）作为噪声。当呈现 Fruit 和 Good 时被试按空格键做出反应（称为 Go），当呈现 Bugs 和 Bad 时被试不做出反应（称为 No-Go）。对于以个体反应时作为指标的心理任务而言，个体在反应速度上的增长会导致总体反应精确性的降低，速度—精确性平衡是每个研究者所关注的问题。在 IAT 中，研究者通常使用反应时作为考察指标，从而可能丧失错误率所包含的信息。通过信号检测论可以区分出两个指标 β 和 d'，其中 d' 运算中包含着错误率，它能有效地表明个体的分辨能力。在 GNAT 中通过对不同任务中 d' 值的比较，来分析个体记忆中类别与不同评价间的联结强度。

下面我们就根据最初的 GNAT 范式进行介绍（B. A. Nosek，& M. R. T. Banaji，2001）

实验设计

实验采取的是 2（目标词：水果、昆虫）×2（属性词：积极、消极）×4（刺激呈现时间：1000ms、833ms、666ms、500ms）的三因素重复测量实验设计。因变量为配对条件下被试按照实验任务要求按键的反应时。

实验流程图

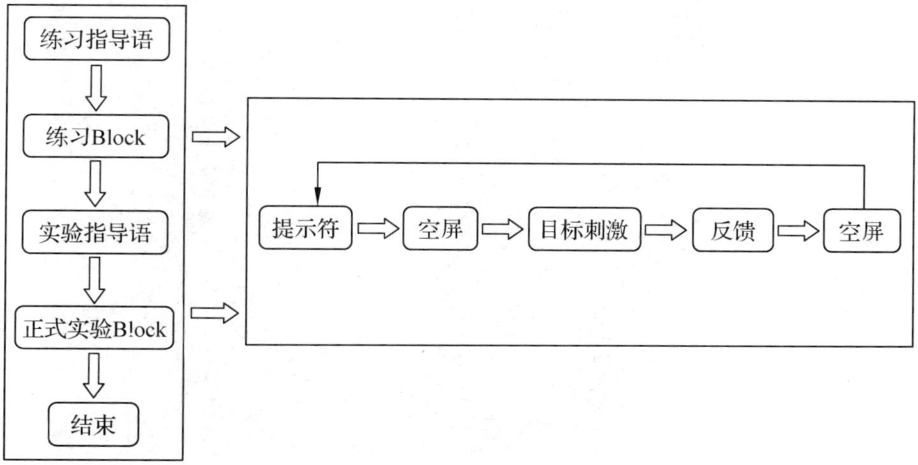

实验过程

Step1：建立实验外层框架

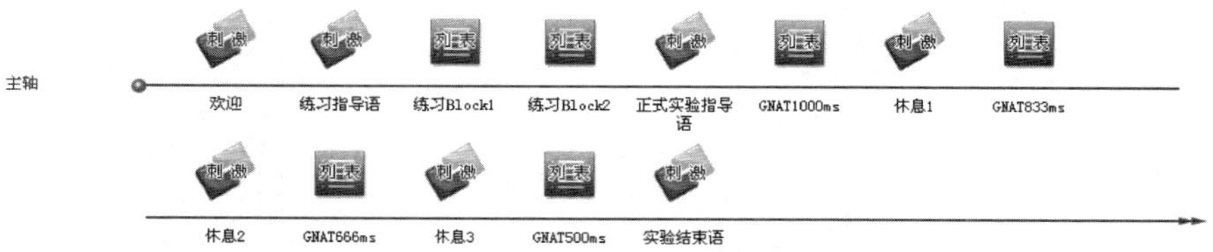

◇ 欢迎、练习指导语：

用“刺激”控件呈现“指导语”。

用“图片”控件呈现指导语的内容，用“反应键”控件结束指导语界面的呈现。

界面“持续时间”设为“－1”，“结束条件”为反应键按键反应。

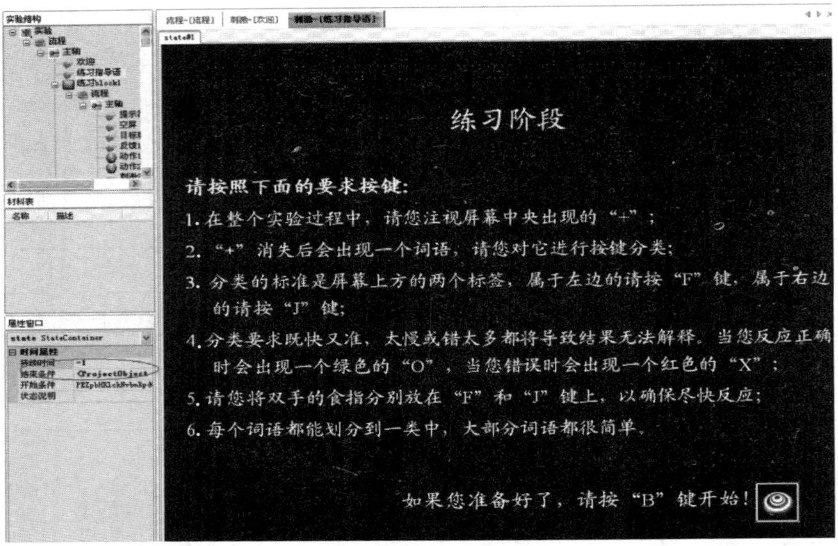

◇ 练习 Block：

双击“练习 Block1”，进行编辑，写入如下信息。“练习 Block2”类似。

编号	权重	流程	刺激	正确反应
1	1	流程	苹果	1
2	1	流程	杏子	1
3	1	流程	香蕉	1
4	1	流程	猕猴桃	1
5	1	流程	蓝莓	1
6	1	流程	樱桃	1
7	1	流程	哈密瓜	1
8	1	流程	荔枝	1
9	1	流程	蚂蚁	2
10	1	流程	蚜虫	2
11	1	流程	蜜蜂	2
12	1	流程	甲虫	2
13	1	流程	蝉	2
14	1	流程	毛毛虫	2
15	1	流程	蜈蚣	2
16	1	流程	蟑螂	2

◇ 正式实验指导语：

用“图片”控件呈现指导语内容，用“反应键控件”结束指导语的呈现。呈现及设置方式类同“练习指导语”。

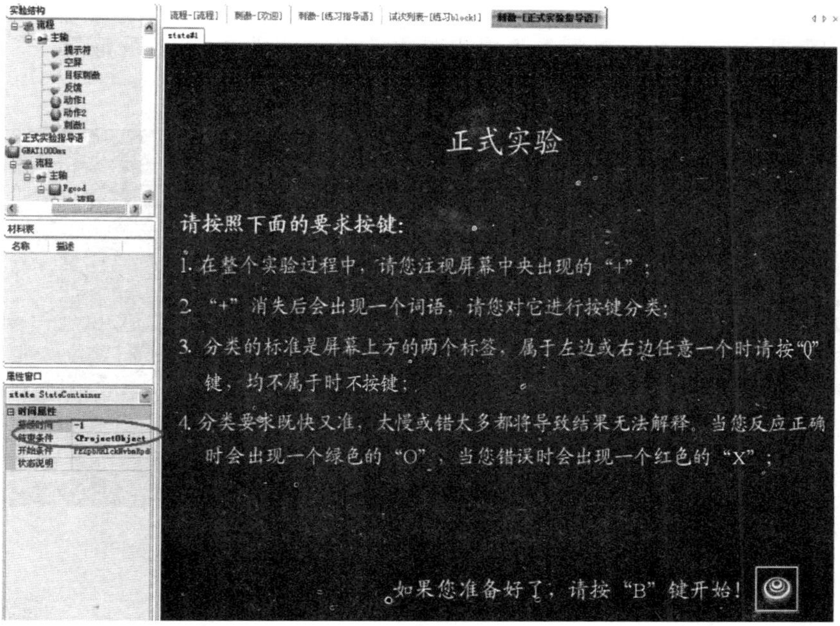

◇ GNAT 1000ms、GNAT 833ms、GNAT 666ms、GNAT 500ms Block

本实验有 16 个 Block，每种呈现时间下有 4 个 Block（FG、FB、BG、BB)，用“试次列表”控件来管理。以 GNAT1000ms Block 列表为例进行说明。

- 建立 4 个数据行，每个数据行实施一个 Block。
- 将“GNAT Block”的“取样方式”设为“无放回取样”，即 4 个 Block 之间顺序随机。

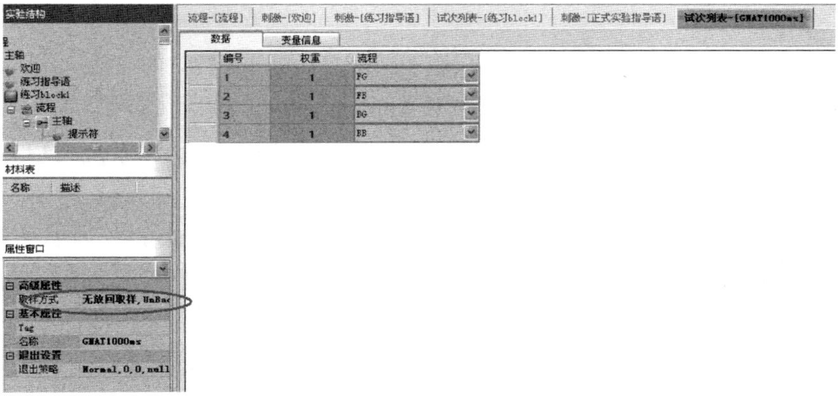

◇ 休息：

Block之间有休息时间，利用“图片”控件呈现内容，“反应键”结束界面的呈现。

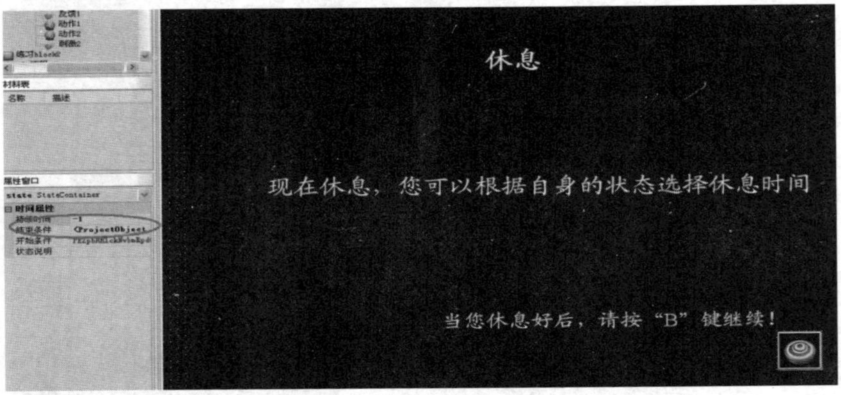

◇ 实验结束：

用“刺激”控件呈现结束界面。

Step2：练习Block1

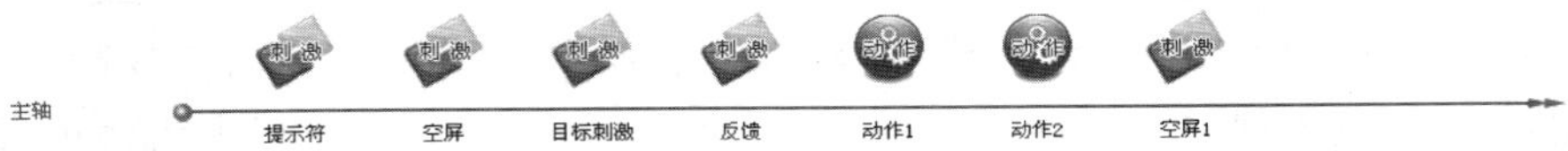

◇ 提示符：

呈现“+”，呈现时间300ms。

◇ 目标刺激：

呈现刺激：屏幕左右上角出现提示本组信号的目标词或属性词，屏幕中央出现目标刺激。目标刺激是从练习Block1的“试次列表”中引用“刺激”变量。

被试反应：使用“反应键”控件。

- 将F键的返回值设为“1”，J键的返回值设为“2”。
- 从练习Block1“试次列表”引用“正确反应”，这样系统可以判断被试按键的正误。
- 本实验要记录反应时数据，由于“反应键”默认的“计时起点”是实验开始的时间，所以要设置“计时起点”为“目标刺激”开始的时间。练习中本项可以不进行设置，正式实验必须设置。

◇ 反馈：

使用“刺激”控件。

被试没有按键时，呈现反馈“未检测到按键反应”；被试按键正确时，呈现正确反馈“O”；被试按键错误时，呈现错误反馈“X”。

双击“刺激”打开，利用“文本”控件呈现右键菜单中“未检测到按键反应”反馈；在空白处右击，点击“添加状态页”，在这个新状态页上呈现“O”正确反馈；再次添加状态页，呈现“X”错误反馈。反馈呈现时间为100ms。

◇　动作：

在“反馈”界面有三个状态页，第一个状态页是“未检测到按键反应”；第二个状态页是错误反馈；第三个状态页为正确反馈。在没有其他条件的情况下，程序默认执行状态页1，那么我们需要做的是在被试按键错误的时候，显示状态页2，被试按键正确时，显示状态页3。

使用“动作1”控件调用错误反馈。

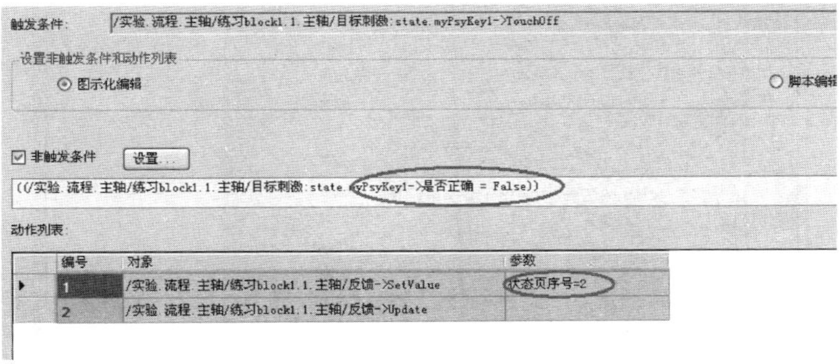

使用“动作2”控件调用正确反馈。

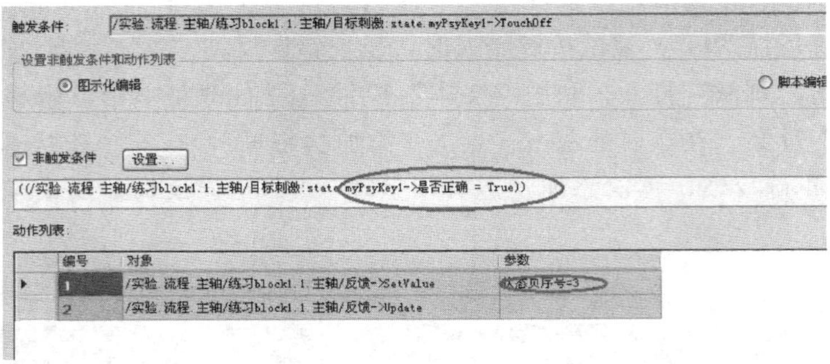

Step3：练习 Block2

实现过程与“练习 Block1”一致，只是目标刺激界面呈现的词语有所差异，注意从“试次列表”中引入对应的变量。

Step4：正式实验

实现过程与“练习 Block1”一致，只是正式实验包含 4 个列表，每个列表有 4 个 Block。

以下是 GNAT1000ms 列表中的 Fgood Block 试次列表，其他类似。注意在“目标刺激”界面引用相关的变量。

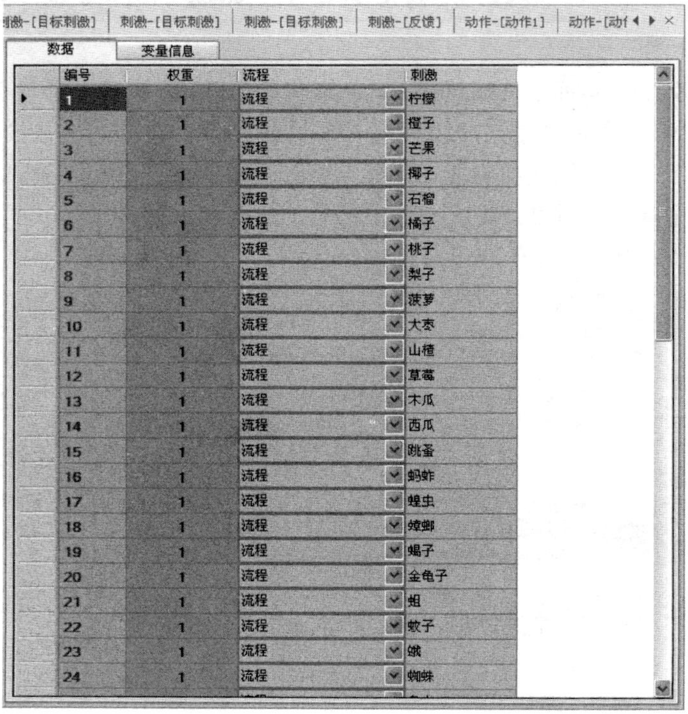

编号	权重	流程	刺激
1	1	流程	柠檬
2	1	流程	橙子
3	1	流程	芒果
4	1	流程	椰子
5	1	流程	石榴
6	1	流程	橘子
7	1	流程	桃子
8	1	流程	梨子
9	1	流程	菠萝
10	1	流程	大枣
11	1	流程	山楂
12	1	流程	草莓
13	1	流程	木瓜
14	1	流程	西瓜
15	1	流程	跳蚤
16	1	流程	蚂蚱
17	1	流程	蝗虫
18	1	流程	蟑螂
19	1	流程	蝎子
20	1	流程	金龟子
21	1	流程	蛆
22	1	流程	蚊子
23	1	流程	蛾
24	1	流程	蜘蛛

正式实验与练习的区别之处有以下几点：

◇ 练习中被试是选择反应（F/J 键）；正式实验中被试反应为Go/No-Go，即有的刺激需要被试按键反应，有的刺激不需要被试反应。

◇ 练习反馈包含 3 种情况："未检测到被试的反应"、"O"（正确反应)、"X"（错误反应)；正式实验反馈包括两种情况"O"（正确反应）和"X"（错误反应)。

因此，正式实验与练习只是在反应键和反馈设置上有些差异，其他过程都相同。

Step5：设置结果记录

在"实验"菜单中打开"设置结果记录"，勾选"正式实验"Block 中"目标刺激"界面下需要记录的数据。此处为目标刺激界面反应键的"反应时"、"是否正确"、"返回值"三个属性。

注意事项

反应键的"计时起点"，注意设置为目标刺激所在的界面。

实验材料

96 个汉字词语：24 个水果的名词（如苹果、梨)、24 个昆虫的名词（如蟑螂、蚊子)、24 个代表正性的形容词（如快乐、高兴)、24 个代表负性的形容词（如悲伤、残忍)。正性词与负性词选自 Bellezza、Greenwald、和 Banaji (1986)，水果和昆虫名词选自 Battig 和 Montague (1969)。水果词和昆虫词作为目标词，正性词与负性词作为属性词。目标词和相应的标签呈现时均为蓝色，属性词及其标签呈现时均为白色。

实验步骤

实验练习阶段：

练习阶段分为两个 Block，被试在练习中学习如何区分两个项目——水果和昆虫、好和坏。一共有 32 个 trail，一半是目标，一半是干扰。刺激呈现时间是 1000ms。

练习阶段的 trial 流程如下：

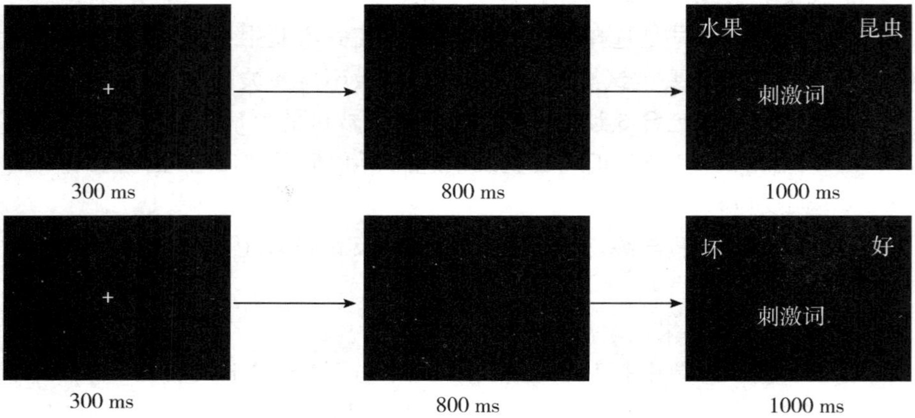

正式实验阶段：

正式实验阶段被试一共要完成 8 个 GNAT，每一个 GNAT 包括两个对应的 Block，分别是同一个目标词与正性词和负性词的配对（如水果——正性词、水果——负性词）。这 8 个 GNAT 其中四个是测试被试对于水果的内隐态度，另外四个是测试被试对于昆虫的内隐态度。对应于每一个目标词的 4 个 GNAT 在刺激内容上完全一样，唯一区别在于刺激的呈现时间上一共有四种呈现时间——1000ms、833ms、666ms、500ms。

具体 GNAT 安排上是按照刺激呈现时间由长到短顺序进行，实验任务难度依次加大。在同一种呈现时间条件下，Block 的呈现是随机的，即是每一种呈现时间条件会包括四个配对条件：水果——正性词；水果——负性词；昆虫——正性词；昆虫——负性词，这四个 Block 的呈现是随机的。

每一个 Block 包括 56 个 trial，前 16 个作为适应阶段不做分析。屏幕中央先出现 300ms 的“＋”号，接着是 800ms 的空屏，随后在屏幕中央出现刺激，为 36 号宋体汉字词语，同时屏幕左右上角会出现提示本组信号的目标词和属性词，如左上角为“水果”，右上角为“正性词”均为 16 号宋体汉字词语。如果刺激词属于屏幕上方两个类别中的一个，要求被试按空格键（Go）；如果刺激词不属于上面标识的范畴，被试不做反应（No-Go）。实验时要求被试尽可能又快又准地反应，被试按键后刺激会消失，如果被试没有按键，刺激词会在当前 GNAT 规定的呈现时间之后消失。之后给出反应对错。反应正确的话会在刺激词下面出现一个 100ms 的绿色“O”，如果反应错误的话会出现一个红色的“X”。trial 之间的间隔为固定的 150ms。

正式实验阶段 trial 流程：

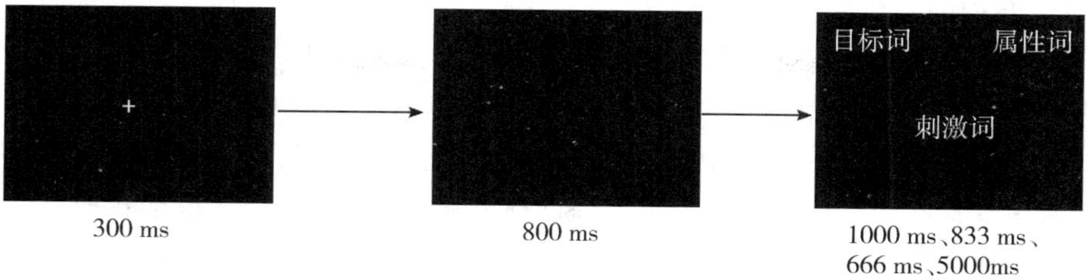

在完成了所有的 GNAT 之后，要求被试完成对于水果和昆虫的内隐态度评定量表（在 0～100 之间评定对象给人的温暖程度），并且提供人口学信息。

统计方法

Analysis of SDT. 计算 d’（Green & Swets，1996）。

分为以下几个步骤：

1. 是计算各个目标词的击中率（正确 Go 的反应）、虚报率（不正确的 Go 反应）并且转换为 Z 分数。

2. 然后是 Z 分数的相减就得出了 d’。

如果这个分数是等于或者小于零，说明被试可能是没有懂得任务要求没有做任务，或者说被试没有分辨信号和噪声的能力。

数据导出

完整运行完程序后，会在程序所在的文件夹中，生成一个 E-DataAid 文件，该文件即是数据文件。本实验的数据文件名为“GNAT-1-1. edat”，其中第一个数字“1”指第 1 个被试，第二个数字“1”指第 1 个 session。

直接双击打开该 E-DataAid 文件，打开看到如图所示的数据文件。

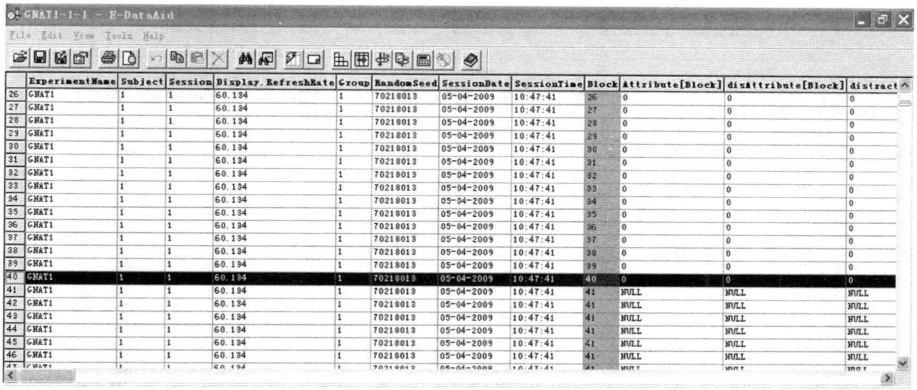

	ExperimentName	Subject	Session	Display. RefreshRate	Group	RandomSeed	SessionDate	SessionTime	Block	Attribute[Block]	disAttribute[Block]	distract
26	GNAT1	1	1	60.134	1	70218013	05-04-2009	10:47:41	26	0	0	0
27	GNAT1	1	1	60.134	1	70218013	05-04-2009	10:47:41	27	0	0	0
28	GNAT1	1	1	60.134	1	70218013	05-04-2009	10:47:41	28	0	0	0
29	GNAT1	1	1	60.134	1	70218013	05-04-2009	10:47:41	29	0	0	0
30	GNAT1	1	1	60.134	1	70218013	05-04-2009	10:47:41	30	0	0	0
31	GNAT1	1	1	60.134	1	70218013	05-04-2009	10:47:41	31	0	0	0
32	GNAT1	1	1	60.134	1	70218013	05-04-2009	10:47:41	32	0	0	0
33	GNAT1	1	1	60.134	1	70218013	05-04-2009	10:47:41	33	0	0	0
34	GNAT1	1	1	60.134	1	70218013	05-04-2009	10:47:41	34	0	0	0
35	GNAT1	1	1	60.134	1	70218013	05-04-2009	10:47:41	35	0	0	0
36	GNAT1	1	1	60.134	1	70218013	05-04-2009	10:47:41	36	0	0	0
37	GNAT1	1	1	60.134	1	70218013	05-04-2009	10:47:41	37	0	0	0
38	GNAT1	1	1	60.134	1	70218013	05-04-2009	10:47:41	38	0	0	0
39	GNAT1	1	1	60.134	1	70218013	05-04-2009	10:47:41	39	0	0	0
40	GNAT1	1	1	60.134	1	70218013	05-04-2009	10:47:41	40	0	0	0
41	GNAT1	1	1	60.134	1	70218013	05-04-2009	10:47:41	41	NULL	NULL	NULL
42	GNAT1	1	1	60.134	1	70218013	05-04-2009	10:47:41	41	NULL	NULL	NULL
43	GNAT1	1	1	60.134	1	70218013	05-04-2009	10:47:41	41	NULL	NULL	NULL
44	GNAT1	1	1	60.134	1	70218013	05-04-2009	10:47:41	41	NULL	NULL	NULL
45	GNAT1	1	1	60.134	1	70218013	05-04-2009	10:47:41	41	NULL	NULL	NULL
46	GNAT1	1	1	60.134	1	70218013	05-04-2009	10:47:41	41	NULL	NULL	NULL

该文件中全面地记录了被试实验中的所有信息。

我们的实验根据词语的不同分为属性词、目标词等条件，首先我们需要在 Eprime 中进行数据的初步筛选。筛选有两种方法，一种是单击 Toolbar—Fliter（如下图）；一种是直接单击快捷键工具栏中（横条工具栏）。单击筛选键后在 Column 中选取 Running［Block］（这一属性是我们开始在 list 中设置好的，目的就是为了后面的时候筛选数据），然后根据我们现在想要分析的条件，下图选取的是 GNAT1000ms，意思就是现在选取的是呈现时间为 1000ms 的 GNATBlock，选取之后界面变为下图：

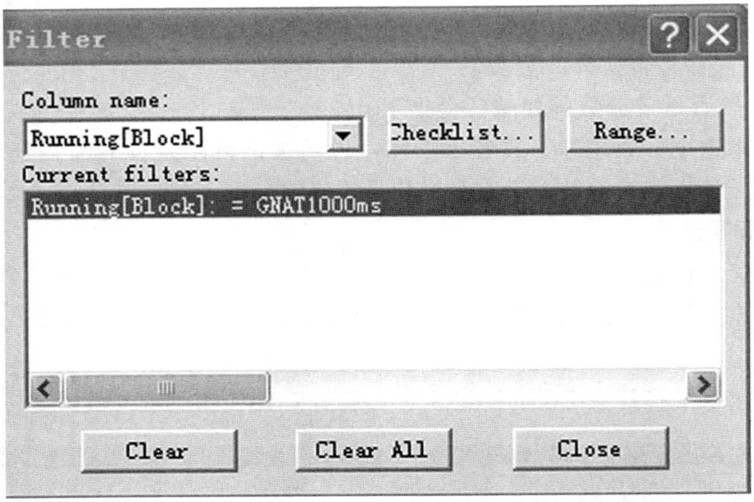

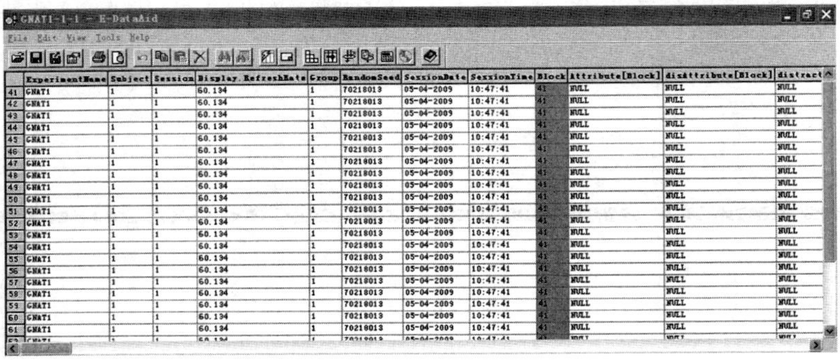

只存在 GNAT1000ms 这一 Block，然后再导出数据。

将该数据文件导出为 SPSS 或 Excel 文件。导出的具体方法有两种：第一种是单击 File，然后选择 Export；第二种是直接单击快捷键工具栏（即如下图所示的横条工具栏），其中的左起第三个按钮即是导出按钮（下图中放大了的按钮，软盘上带一个蓝色箭头的图标）。单击导出键后，弹出如图所示窗口：

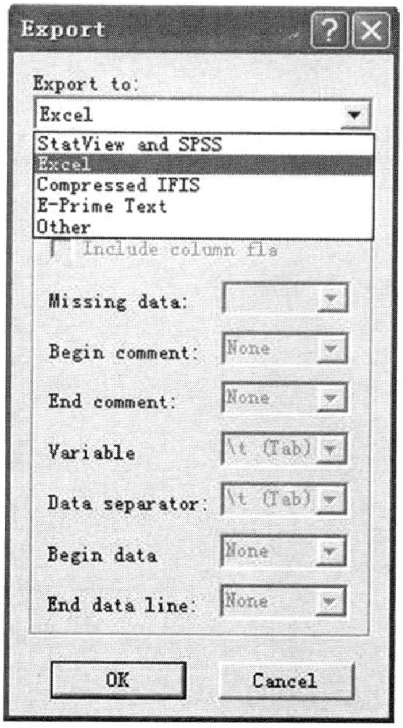

单击下拉菜单，即可选择需要导成的文件。我们选择“Excel”，单击“OK”，即可弹出一个保存窗口：输入希望保存的文件名，选择想保存的位置。然后关闭这份 E-DataAid 文件。

在你选择导出 Excel 数据的文件夹中，可看到一个“. txt”的文本文档，右击该文档，在“打开方式”中，选择 Excel 为打开方式，将其打开。

在该 Excel 文档中，可以看到与在 E-DataAid 文件中完全一样的被试信息。其中“BgoodSlide. ACC”列，是被试在正式实验阶段每次反应是否正确的数据，1 为正确反应，0 为错误反应。将该列求和即可知道被试在测验阶段的正确次数。具体方法：选中该列中所有数据，单击“自动求和”快捷键的下拉按钮，单击其中的“求和”，即在该列数据最下方生成被试在正式实验中总共的正确反应次数。将该数据除以该条件下的总 trial 数，所得的即为该被试的正确率。

“BgoodSlide. RT”列，是被试每次的反应时数据，单位为 ms。注意其中为 0 的，代表被试没有及时做出反应，应将其视为 miss 的数据，计算平均反应时的时候，不应计算在内。具体方法：首先选中该列的所有数据，单击“编辑”，选择其中的“替换”，“查找内容”中写 0，“替换为”什么都不填，为空。然后再次选中该列的所有数据，单击“自动求和”快捷键的下拉按钮，单击其中的“平均值”，即在该列数据最下方生成被试在正式实验中的平均反应时。

以上只是以昆虫一好属性配对在 1000msGNAT 下举例，其他的条件步骤相同。

如果需要对不同条件进行反应时或正确率的差异检验，只需要将每个条件下的正确率和平均反应时输入 SPSS 中，进行独立样本 T 检验。

如果需要直接导入为 SPSS，则可以重复上面的导出步骤，不过在导出时选取 StatView and SPSS，如下图：

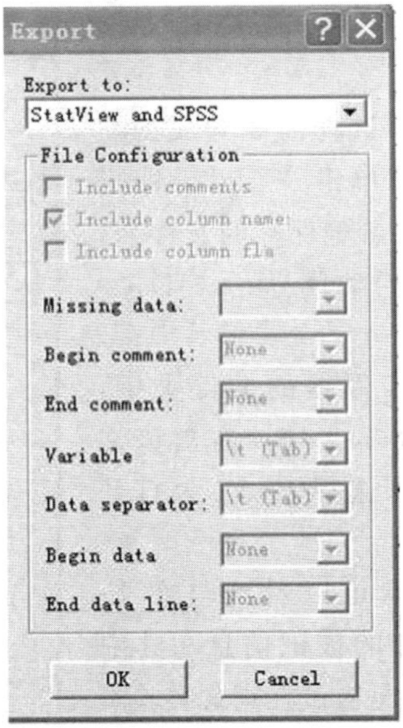

然后按要求保存为 . txt 格式的文件：

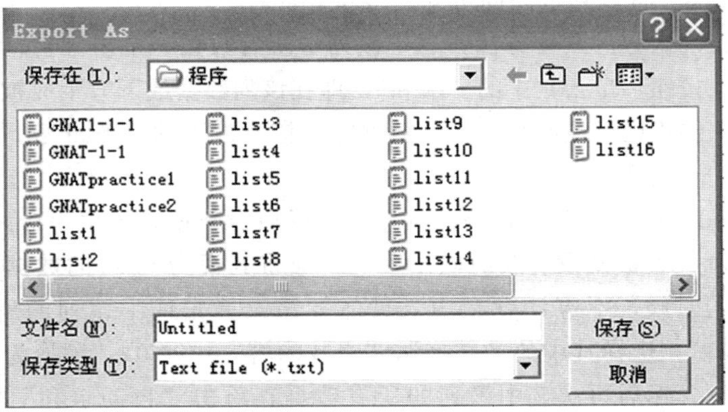

保存好之后用 SPSS 软件直接打开即可。见下图：

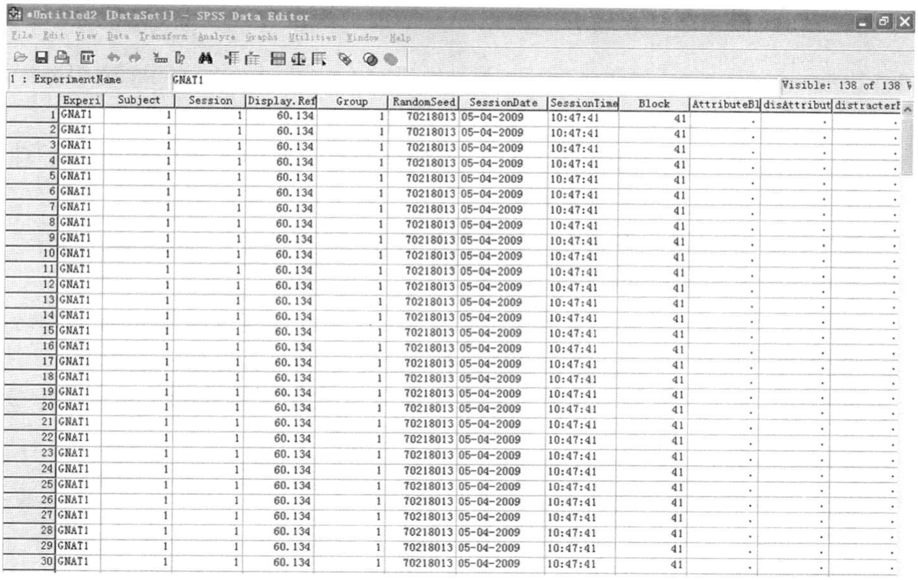

	Experi	Subject	Session	Display.Ref	Group	RandomSeed	SessionDate	SessionTime	Block	AttributeBl	disAttribut	distracterI
1	GNAT1	1	1	60.134	1	70218013	05-04-2009	10:47:41	41	.	.	.
2	GNAT1	1	1	60.134	1	70218013	05-04-2009	10:47:41	41	.	.	.
3	GNAT1	1	1	60.134	1	70218013	05-04-2009	10:47:41	41	.	.	.
4	GNAT1	1	1	60.134	1	70218013	05-04-2009	10:47:41	41	.	.	.
5	GNAT1	1	1	60.134	1	70218013	05-04-2009	10:47:41	41	.	.	.
6	GNAT1	1	1	60.134	1	70218013	05-04-2009	10:47:41	41	.	.	.
7	GNAT1	1	1	60.134	1	70218013	05-04-2009	10:47:41	41	.	.	.
8	GNAT1	1	1	60.134	1	70218013	05-04-2009	10:47:41	41	.	.	.
9	GNAT1	1	1	60.134	1	70218013	05-04-2009	10:47:41	41	.	.	.
10	GNAT1	1	1	60.134	1	70218013	05-04-2009	10:47:41	41	.	.	.
11	GNAT1	1	1	60.134	1	70218013	05-04-2009	10:47:41	41	.	.	.
12	GNAT1	1	1	60.134	1	70218013	05-04-2009	10:47:41	41	.	.	.
13	GNAT1	1	1	60.134	1	70218013	05-04-2009	10:47:41	41	.	.	.
14	GNAT1	1	1	60.134	1	70218013	05-04-2009	10:47:41	41	.	.	.
15	GNAT1	1	1	60.134	1	70218013	05-04-2009	10:47:41	41	.	.	.
16	GNAT1	1	1	60.134	1	70218013	05-04-2009	10:47:41	41	.	.	.
17	GNAT1	1	1	60.134	1	70218013	05-04-2009	10:47:41	41	.	.	.
18	GNAT1	1	1	60.134	1	70218013	05-04-2009	10:47:41	41	.	.	.
19	GNAT1	1	1	60.134	1	70218013	05-04-2009	10:47:41	41	.	.	.
20	GNAT1	1	1	60.134	1	70218013	05-04-2009	10:47:41	41	.	.	.
21	GNAT1	1	1	60.134	1	70218013	05-04-2009	10:47:41	41	.	.	.
22	GNAT1	1	1	60.134	1	70218013	05-04-2009	10:47:41	41	.	.	.
23	GNAT1	1	1	60.134	1	70218013	05-04-2009	10:47:41	41	.	.	.
24	GNAT1	1	1	60.134	1	70218013	05-04-2009	10:47:41	41	.	.	.
25	GNAT1	1	1	60.134	1	70218013	05-04-2009	10:47:41	41	.	.	.
26	GNAT1	1	1	60.134	1	70218013	05-04-2009	10:47:41	41	.	.	.
27	GNAT1	1	1	60.134	1	70218013	05-04-2009	10:47:41	41	.	.	.
28	GNAT1	1	1	60.134	1	70218013	05-04-2009	10:47:41	41	.	.	.
29	GNAT1	1	1	60.134	1	70218013	05-04-2009	10:47:41	41	.	.	.
30	GNAT1	1	1	60.134	1	70218013	05-04-2009	10:47:41	41	.	.	.

注意：强烈建议用 Excel 进行先期的预处理，如求和与求平均数，尤其是一些简单的统计，因为 Excel 使用起来很方便，在查找修改数据方面也很有优势，而 SPSS 主要是用于计算统计，这样的搭配比较高效。

其后的检验步骤见统计方法。

附录（刺激材料）

昆虫：蚂蚁、蚜虫、蜜蜂、甲虫、蝉、毛毛虫、蜈蚣、螳螂、蟋蟀、蜻蜓、跳蚤、蚂蚱、蝗虫、蝎子、金龟子、蛆、蚊子、蛾、蟑螂、蜘蛛、臭虫、白蚁、虱子、黄蜂

水果：苹果、杏子、香蕉、猕猴桃、蓝莓、哈密瓜、樱桃、荔枝、葡萄、柚子、柠檬、橙子、芒果、椰子、石榴、橘子、桃子、梨子、菠萝、枣、山楂、草莓、木瓜、西瓜

好：美丽、庆祝、快乐、优秀、兴奋、惊人、友好、开心、高兴、愉快、欢乐、兴高采烈、大笑、喜欢、爱、非凡、愉悦、微笑、辉煌、华丽、天堂、很棒、成功、极好

坏：生气、有害、残忍、摧毁、肮脏、灾难、厌恶、不喜欢、邪恶、粗俗、憎恨、可怕、羞辱、污秽、有毒、痛苦、反感、作呕、骇人、悲惨、丑陋、不高兴、讨厌、恶心

参考文献

[1] Brian A. Nosek，Mahzarin R. Banaji. The Go/No-go Association Task. *Social Cognition*，2001，19（6）：625-664.

[2] 杨海波，李梦丽，白学军. 不同年级学生数学内隐态度的特点．心理学探新，2008，28（105）.

[3] 梁宁建，吴明证，高旭成. 基于反应时范式的内隐社会认知研究方法．心理科学，2003，26（2）.

[4] 侯舒艨，周蔚，郭小迪，周仁来. 内隐联结测验下单纯呈现效应与积极情感的产生．心理科学，2008 ，31（5）：1108-1111.

[5] 张艳盛. 内隐社会认知的研究内容及方法综述．阴山学刊，2008，2（21）.

[6] 郭秀艳．实验心理学. 上海：华东师范大学出版社，2001.

[7] 张学民，舒华．实验心理学纲要. 北京：北京师范大学出版社，2005.

停止任务范式

实验目的与功能

停止任务（stop task）测量的是停止一件正在执行的任务加工的时间。通过这一任务可以研究与执行功能密切相关的抑制控制（inhibitory control）。停止任务是一种研究多动症儿童与正常儿童反应抑制差异的经典模型。

停止任务是指通过计算机向被试呈现一系列刺激，并告诉他们，如果屏幕上出现某个刺激（如大写字母“X”或“O”），就按键盘上标注的相应的“←”键或者“→”键，要求被试快速而准确地执行这个行动。如果听到作为停止信号的声音，就停止按任何一个键。停止任务的几个重要变量是：停止任务反应时（go signal reaction time，GSRT）和反应率（reaction probability，PR），反应任务反应时（stop signal reaction time，SSRT）和抑制率（inhibition probability，PI），停止信号延迟（stop signal delay，SSD）。其中的 SSRT 不能通过直接测量得到，只能通过反应时和抑制的成功或者失败来间接得到。SSD是指靶刺激和停止信号间的时间距离。抑制率与停止信号延迟有关，如果停止信号延迟时间增长，相应的会引起反应率增加，抑制率降低。在停止任务中，通过测量出被试的反应速度，来评估其抑制能力。

实验来源与范式选择依据

停止任务最早由Logan（1990）使用，在计算机的特定认知实验情境中，呈现任务刺激字母（靶刺激）“X”和“O”。特定认知实验情境要求计算机能够对呈现的刺激作精确的控制，并记录反应时。每一个字母随机出现在屏幕中心注视点的左边或右边。被试必须在字母出现后立即按键。如果在按键前忽然出现一个停止信号，那么被试必须停止按键。

其后的研究主要在刺激材料和SSD的设置方面存在差异（见表1）。

刺激材料主要是字母，有些实验中采用图形（Pratesi，2001）。停止信号一般都采用声音刺激，不过也有实验采用视觉刺激，比如王勇慧等人（2005）目标刺激为五角星形，而停止刺激为小太阳图形。样例范式依旧采用的还是经典字母刺激，停止信号也是采用的与目标刺激不是同一感觉通道的听觉刺激。

人们认为SSRT是恒定的，发生在SSRT这个点之前的反应是无法抑制的，而发生在这个点之后的反应则能够成功被抑制。所以，对于SSRT的计算是通过从反应任务反应时分布的百分位值中估计出来的。Logan等人将SSD设为被试能够成功抑制50%（具体百分率根据实验要求来定）的停止任务时的信号延迟时间。而后，SSRT为恒定的这一假定受到怀疑，人们开始用追踪算法来计算SSRT，这一方法更加简单和精确。也有些研究总结前人的研究（王勇慧等人，2005），将SSD设为100ms，250ms，400ms，随机变化。在样例范式中，对于SSRT的计算还是采用了追踪法。因为追踪法不仅计算精确、简单，而且它也考虑了被试在反应任务中可能运用策略来提高反应速度，尽量减少被试的策略对反应时的影响。

表 1　对几项停止任务实验的比较

研究者	时间	刺激		实验 trial		停止信号延迟（SSD，ms）
		目标	停止	总次数	停止比例（%）	
Logan 等	1990 年	字母	声音	1800	39	依具体要求而定 *
Logan 等	1995 年	字母	声音	288	25	50，200，350，500
Williams 等	1999 年	字母	声音	256	25	追踪法
Pratesi 等	2001 年	图形	声音	240	50	0，32，64，128，192，256，320
王勇慧等	2005 年	图形	图形	240	50	100，250，400

注：* 指在 Logan1990 年的实验中将三种信号延迟时间分别是能使被试抑制 71%、50%和 29%的停止信号。

当然，这一研究的被试不仅局限于 ADHD 儿童和正常儿童的比较，Patricia Sagaspe 等人 2007 年就用这一范式来研究了睡眠方面存在障碍的人与正常人在反应抑制上的差异。所以，只要设计好实验程序，停止范式可以用来检验认为存在反应差异的两组被试之间是否真的存在差异。

实验逻辑

这个范式的基本假设有两个：①反应任务和停止任务之间是互相独立的。②停止信号加工的时间是恒定的。在这两个假设下，人们可以通过反应时函数和停止任务抑制率，来估计停止任务反应时。如下图所示，停止信号的反应时函数可以分为两个部分：函数左边是反应率（response rate），表示个体对停止信号进行了按键反应；函数右边是抑制率（inhibition rate），表示个体成功对停止信号进行了抑制。两段函数的分界点（finishing time），也就是个体能够对停止信号进行抑制的开始点，这一分界点会处在函数的哪个位置上，取决于停止信号延迟（SSD，即 SOA）和停止信号反应时（SSRT）。

对于反应任务来说，反应过程是一种选择操作，包括对刺激的认知、反应的选择和反应的准备与执行；而对于停止任务来说，这一过程就包括了检测到停止信号以及对反应的抑制。

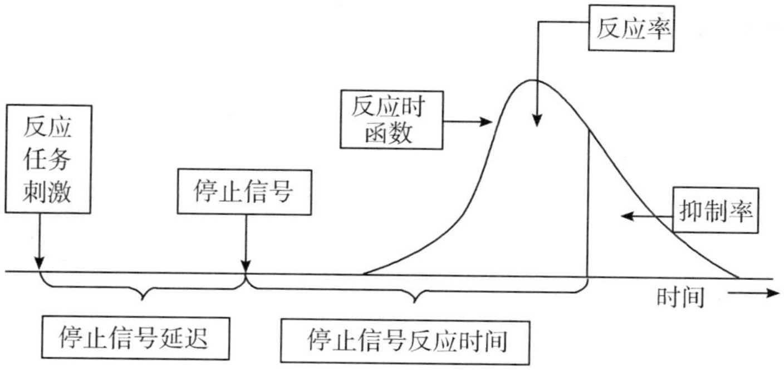

资料来源：Guido P. H. Band，Maurits W. van der Molen，Gordon D. Logan. Horse-race Model Simulations of the Stop-signal Procedure. *Acta Psychologica*，2003，12：105-142

实验设计

停止任务（stop task）测量的是停止一件正在执行的任务加工的时间。通过这一任务可以研究与执行功能密切相关的抑制控制（inhibitory control）。停止任务是一种研究多动症儿童与正常儿童反应抑制差异的经典模型。

样例程序为单因素重复测量实验设计，以“停止信号延迟”（stop signal delay，SSD）为自变量，初始值设为250ms，根据上一次抑制反应的成功与否，自动加减50ms，为下一个trial的SSD。因变量为“停止任务反应时”(go signal reaction time，GSRT)，反应率（reaction probability，PR），停止任务反应时（stop signal reaction time，SSRT），抑制率（inhibition probability，PI）。停止反应时间SSRT不能直接测量，而是通过被试的反应时间GSRT与SSD来计算。

停止信号出现的概率为25%。

实验流程图

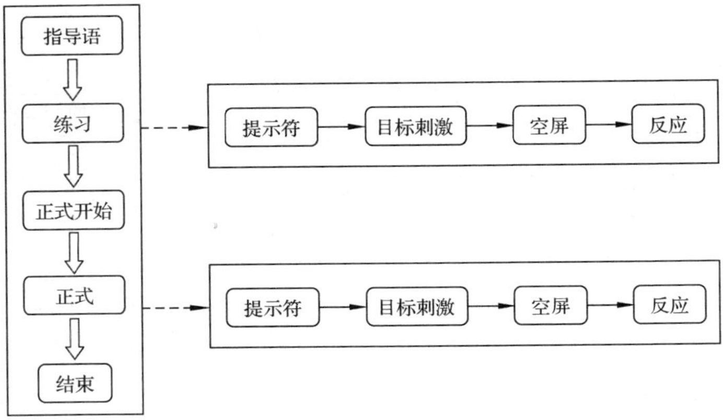

实验过程

Step1：建立实验外层框架

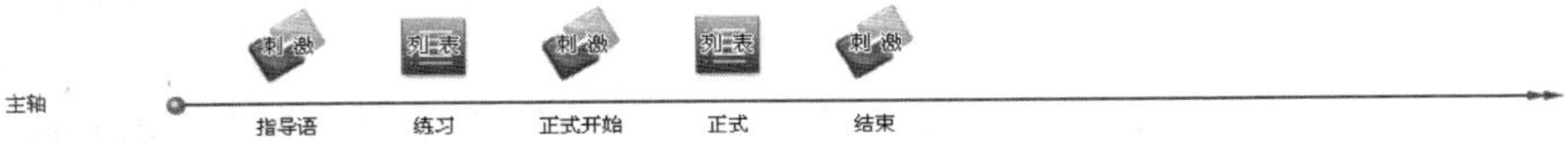

◇ 指导语：

用“刺激”控件呈现“指导语”。

用“图片”控件呈现指导语的内容，用“按钮”控件结束指导语界面的呈现。

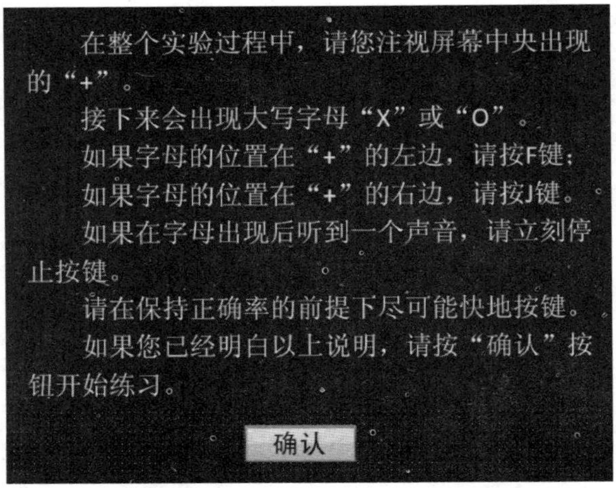

◇ 练习：

在“练习”试次列表中，读入本 Block 中所需要呈现的刺激，如下图所示。

编号	权重	流程	目标刺激	停止信号	正确反应
1	1	流程	[RES]停止任务范式（O右）.jpg	有	3
2	1	流程	[RES]停止任务范式（X左）.jpg	有	3
3	1	流程	[RES]停止任务范式（O左）.jpg	有	3
4	1	流程	[RES]停止任务范式（X右）.jpg	有	3
5	1	流程	[RES]停止任务范式（O右）.jpg	无	0
6	1	流程	[RES]停止任务范式（O右）.jpg	无	0
7	1	流程	[RES]停止任务范式（X左）.jpg	无	1
8	1	流程	[RES]停止任务范式（X左）.jpg	无	1
9	1	流程	[RES]停止任务范式（O左）.jpg	无	1
10	1	流程	[RES]停止任务范式（O左）.jpg	无	1
11	1	流程	[RES]停止任务范式（X右）.jpg	无	0
12	1	流程	[RES]停止任务范式（X右）.jpg	无	0

◇ 正式开始：

提示被试下面将要进入正式实验。

用“图片”控件呈现提示的内容，用“按钮”控件结束本界面的呈现。

◇ 正式：

在“正式”试次列表中，读入本 Block 中所需要呈现的刺激，共有 128 个 trial。

◇ 结束：

用刺激控件呈现结束界面。

呈现内容：见示意图

结束方式：“持续时间”2000ms

Step2：建立“练习”核心流程

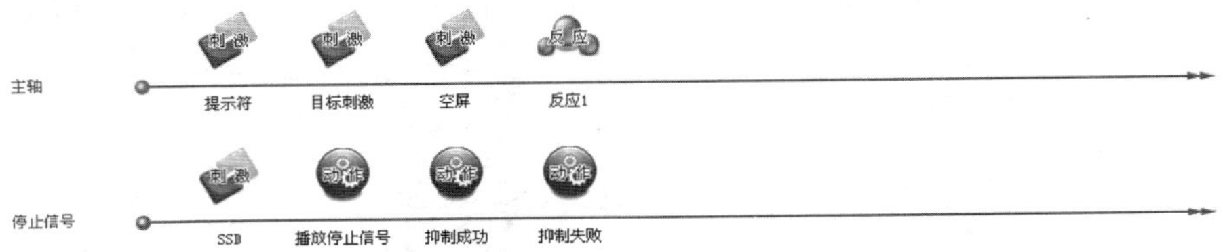

主轴部分

◇ 提示符：

呈现内容：呈现“+”。

持续时间：500ms。

◇ 目标刺激：

呈现内容：在本界面，使用“图片”控件刺激，图片路径从试次列表引用。

持续时间：1000ms。

◇ 空屏：

呈现内容：无。

持续时间：1000ms。

◇ 反应：

本界面用来接收被试的按键反应，使用“反应”控件。

在“反应”界面中，使用“反应键”控件。F键的返回值设为“1”，J键的返回值设为“0”。

停止信号（辅轴）

使用辅轴来控制SSD的时间和播放停止信号。当抑制成功时，使用动作控件增加SSD的时间；当抑制失败时，使用动作控件减少SSD的时间。

Step3：建立“正式”核心流程

“正式”Block的实现同“练习”一样。

Step4：设置结果记录

本实验中需要记录的数据是被试在“正式”Block中的按键反应十分正确。

实验材料

实验材料：实验开始注视点为白色“+”，位于屏幕中央，视角为0.76°×0.8°，然后在“+”字左或右0.8°视角处随机出现白色大写字母“X”和“O”，字母视角为0.8°。

停止信号为一个 1000Hz，100ms 的声音，响度以耳朵舒适为准。

实验步骤

总共有四个 Block，每个 Block 中有 128 个 trials（其中包含 96 个反应 trials，占 75%，“X”与“O”出现的概率一样；32 个停止 trials，占 25%）。

第一个 Block 是练习实验，其结果不计入统计分析里。

实验中被试坐在离计算机显示器 70cm 处，屏幕的背景为黑色。其中一个 trial 的流程如下图所示，黑屏上正中央出现 500ms 白色“+”，接着呈现白色字母“X”或者“O”，持续 1000ms。被试要求在此期间做出反应，接着黑屏，进入下一个 trials。

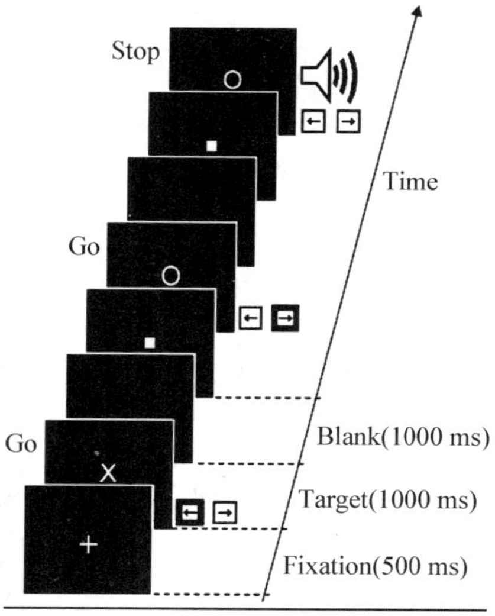

资料来源：Patricia Sagaspe, Pierre Philip and Sophi E. Schwartz, Inhibitory Motor Control in Apneic and Insomniac Patients: A Stop Task Study. *J. Sleep Res.* 2007, 16: 381-387.

伴随有停止信号出现的停止 trial 中，字母与声音之间的 SSD 初始值为 250ms，如果第一次停止 trial 的抑制成功，则下一次的 SSD 变为 300ms；如果抑制失败，则下一次的 SSD 变成 200ms。依此类推，每一次的 SSD 都根据上一次的抑制成功或者失败自动加减 50ms。

统计方法

完整运行完程序后，会在程序所在的文件夹中，生成一个 E-DataAid 文件，该文件即是数据文件。数据文件名为“estest-1-1. edat”，其中第一个数字“1”指第 1 个被试，第二个数字“1”指第 1 个 session。

直接双击打开该 E-DataAid 文件，打开看到如图所示的数据文件。

该文件中全面地记录了被试的所有信息。

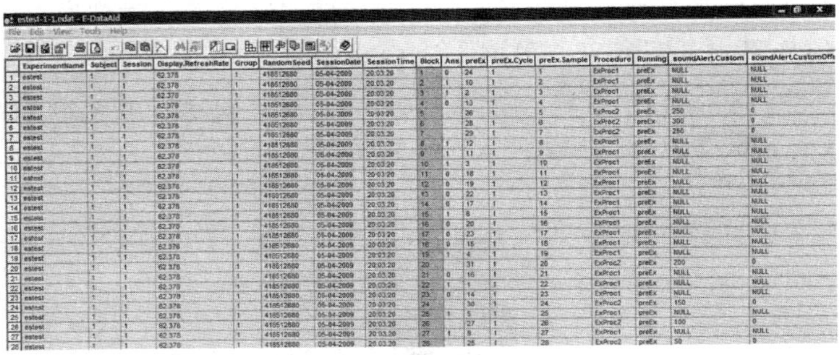

为了进一步分析数据，将该数据文件导出为 SPSS 或 Excel 文件（教室的电脑中一般没有 SPSS，最好选择导出为 Excel）。导出的具体方法有两种：第一种是单击 File，然后选择 Export；第二种是直接单击快捷键工具栏（即如下图所示的横条工具栏），其中的左起第三个按钮即是导出按钮（下图中放大了的按钮，软盘上带一个蓝色箭头的图标）。单击导出键后，弹出如图所示窗口：

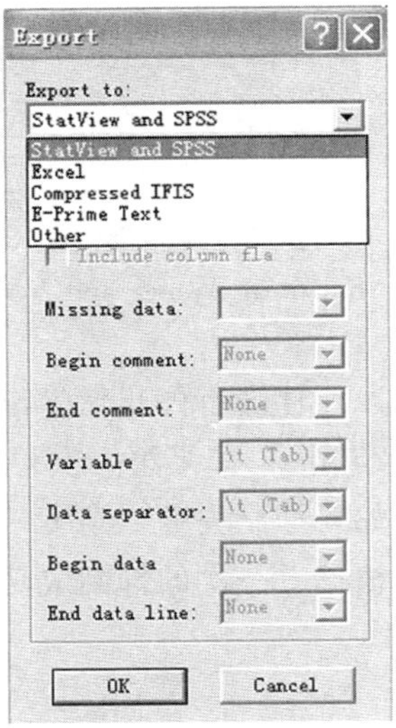

单击下拉菜单，即可选择需要导成的文件。我们选择“StatView and SPSS”，单击“OK”，即可弹出一个保存窗口：输入希望保存的文件名，选择想保存的位置。然后关闭这份 E-DataAid 文件。

在你选择导出 SPSS 数据的文件夹中，可看到一个“. txt”的文本文档，右击该文档，在“打开方式”中，选择 SPSS 为打开方式，将其打开。

在该 SPSS 文档中，可以看到与在 E-DataAid

文件中完全一样的被试信息。

其中“Procedure”列中，ExProc1 是 GO trial，ExProc2 是 STOP trial。

1. 将数据分组。

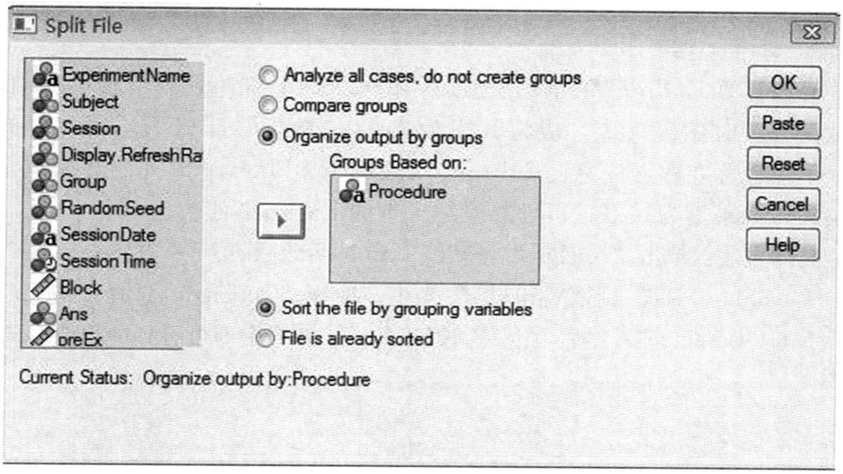

具体方法：单击“Data”→“Split File”将“Procedure”选至“Groups Based on”，然后单击“OK”。后面的数据计算时会自动分为 ExProc1 和 ExProc2 组。

2. 计算被试正确率和成功抑制百分率。

“textShow. ACC”列代表被试的正确反应或成功抑制（ExProc1 对应的 1 代表正确反应，ExProc2 对应的 1 代表成功抑制）。

具体方法：在 SPSS 数据文件中依次单击“Analyze”→“descriptives”，将“textShow. ACC”选到“variables”，在“options”里选中“sum”，单击“Continue”，再单击“OK”，可获得结果。具体如图所示：

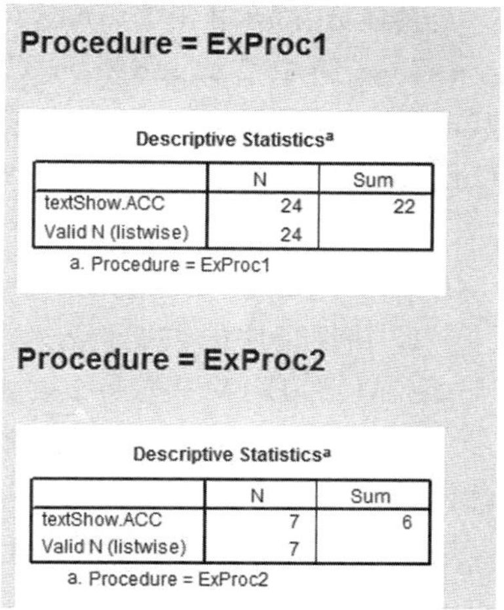

Procedure = ExProc1

Descriptive Statistics[a]

	N	Sum
textShow.ACC	24	22
Valid N (listwise)	24	

a. Procedure = ExProc1

Procedure = ExProc2

Descriptive Statistics[a]

	N	Sum
textShow.ACC	7	6
Valid N (listwise)	7	

a. Procedure = ExProc2

将 ExProc1 对应的总数 sum 除以正式实验的 Go trial 数 N，所得的即为该被试正确反应率。

将 ExProc2 对应的总数 sum 除以正式实验的 Stop trial 数，所得的即为该被试成功抑制的百分率。

3. 计算 SSRT

其中"textShow. RT"列，是被试每次的反应时数据，单位为 ms。

"soundAlert. CustomOffset"列式被试每次声音呈现与字母呈现的 SSD 数据，单位为 ms。

A. 计算平均 GSRT

可以计算 ExProc1 的平均反应时，即 GSRT，如果这列出现 0，则代表被试没有及时做出反应，应将其视为 miss 的数据，计算平均反应时的时候，不应计算在内（注意：ExProc2 对应的 textShow. RT 列的数据应全部为缺失，如果不为缺失，可以忽略结果中的 ExProc2 的数据）。

具体方法：单击"Analyze"→"Descriptive statistics"→"Descriptives"→选中"textShow. RT"到"Variables"当中，选择"Options"，选择"Mean"选项，单击"Continue"，然后单击"OK"，在 output 当中即可看到平均值 GSRT。

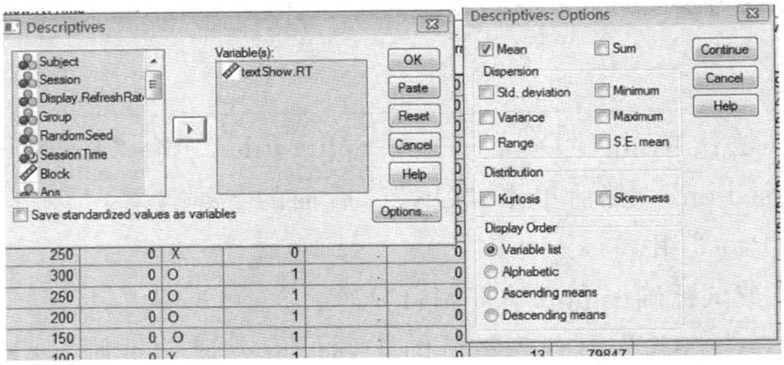

B. 计算平均 SSD

（note：soundAlert. CustomOffset 列中 ExProc1 数据应该全部为缺失）

具体方法：单击"Analyze"→"Descriptive statistics"→"Descriptives"→选中"soundAlert. CustomOffset"到"Variables"当中，选择"Options"，选择"Mean"选项，单击"Continue"，然后单击"OK"，在 Output 当中即可看到平均值 SSD。

C. 用得到的 GSRT 减去 SSD 即得到被试的 SSRT

此外，在数据处理过程中，以下数据需要剔出，不在统计分析的范围内：

1. 错误反应的数据；

2. M±3SD（M 表示每个被试总平均反应时，SD 表示标准差）以外的数据；

3. 每个被试被删除的 trial 数超过总 trial 数 10%时，整个被试的数据被删除。

最后，用剩下的有效数据对 ADHD 组和正常组被试进行独立样本 T 检验。

参考文献

[1] Patricia Sagaspe, Pierre Philip, Sophi E. Schwartz. Inhibitory Motor Control in Apneic and Insomniac Patients: A Stop Task Study. *J. Sleep Res*. 2007, 16: 381-387.
[2] Frederick Verbruggen1, Gordon D. Logan. Response Inhibition in the Stop-signal Paradigm. *Trends in Cognitive Sciences*, 2008, 12 (11): 418-424.
[3] 王勇慧，周晓林，王玉凤，张亚旭．两种亚型 ADHD 儿童在停止信号任务中的反应抑制．心理学报，2005，37，178-188.
[4] 郑碧波．基于信号停止任务的 ADHD 亚型反应抑制能力研究．硕士毕业论文，金华：浙江师范大学，2006.

Go/NoGo 范式

实验目的与功能

Go/NoGo 范式（Go/NoGo paradigm）经常用来考察被试的反应抑制能力水平，因为其经典形式对认知和行为的能力要求最小。

需要被试反应的刺激叫做 Go 刺激，也即靶刺激；不需被试反应的刺激叫做 NoGo 刺激，也即标准刺激。两种刺激之间没有大小概率的差别，二者的概率相等，又叫做 GO 与 NoGO 作业。该范式的特点是排除了刺激概率对 ERP 的影响，由于没有大小概率之分，大大节省了实验时间，这是它突出的优点；但也丢掉了因大、小概率差异而产生的 ERP 数据。

实验来源与范式选择依据

在 Go-NoGo 任务中，会给被试呈现两种不同的视觉刺激（如字母 X 和 Y），要求被试在看到某种刺激时（如 X）就按键，而在看到另一种刺激的时候（Y）就不按键。在视觉的 Go-NoGo 任务中，相关的 ERP 成分主要是中央额区的 N2（NoGo-N2）。经典的关于 NoGo-N2 的解释是它反映的是 Go-NoGo 任务中的抑制过程（Joda & Kayama，1992；Eimer，1993；Kopp，Mattler，Goertz & Rist，1996；Falkenstein，Hoorman & Hohnsbein，1999）。同样的观点也被动物试验者支持。Gemba 和 Sasaki 的工作组发现，刺激猴子的回间沟的背侧（猴脑中相当于人类前额叶的地方），可以导致本来应该出现的行为反应的延迟或者是完全的抑制。其他研究者发现，同样是这个区域，有类似人脑中 N2 的成分出现。一项关于人类老化的研究发现，与青年人相比，老年被试的 NoGo-N2 的波幅会更低。

实验逻辑

本研究的假设是，在标准刺激的出现的频率大于靶刺激出现的频率时，被试对于标准刺激的正确率会比对靶刺激的正确率高，也就是说，在高频率的标准刺激的大环境下，被试更倾向于把靶刺激当做是标准刺激来做出反应。反应时方面，标准刺激中被试的反应时比较长，而在靶刺激中被试的反应时比较短，这也可以理解为被试有一种对标准刺激进行反应的反应冲动。

实验设计

本研究采用 2×2 的两因素重复测量实验设计，其中两个变量分别是实验情境（标准刺激 vs. 靶刺激）和刺激概率（60％vs. 80％），这两个变量都是被试内变量，因变量是被试在标准刺激和靶刺激中的正确率和反应时，分析方法采用重复测量方差分析。

实验流程图

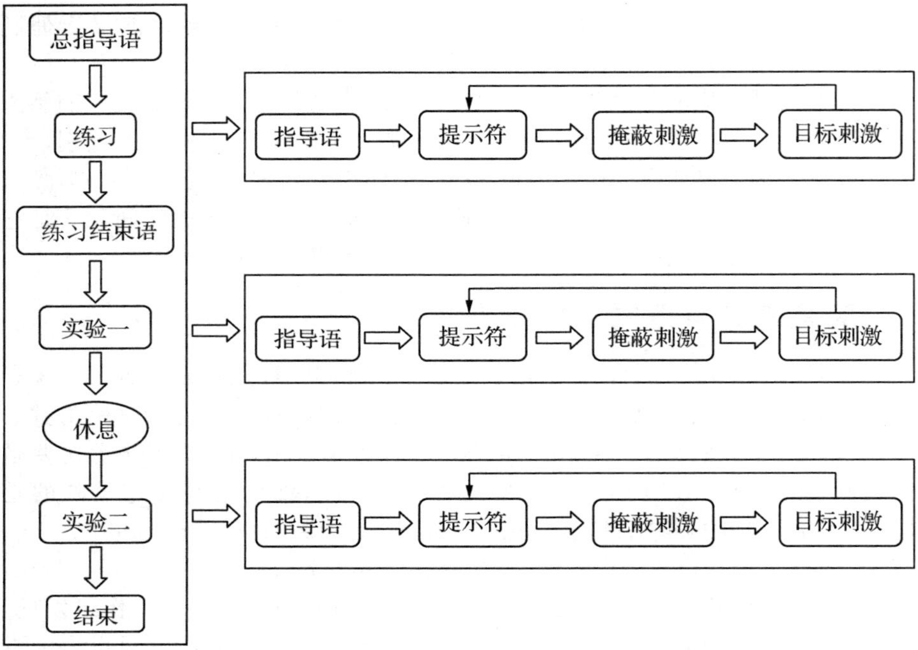

实验过程

Step1：建立实验外层框架

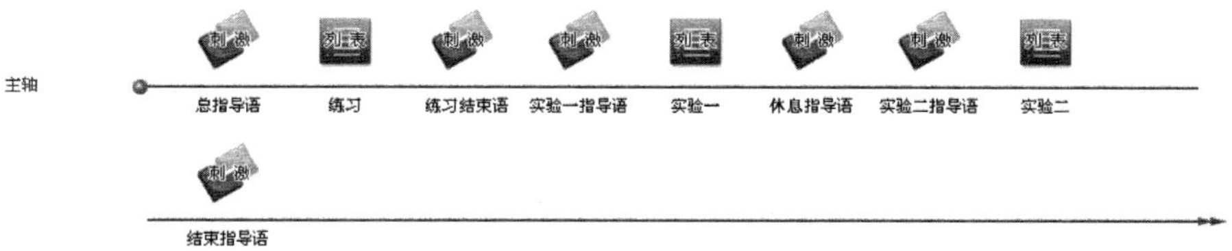

Step2：设置每个控件

◇　总指导语：

用“刺激”控件呈现“总指导语”。

用“图片”控件呈现指导语的内容，用“反应键”控件结束指导语界面的呈现。

◇　练习：

1. 双击“练习”列表，写入如下信息。

刺激-[总指导语]　刺激-[提示符]*　刺激-[掩蔽刺激]*　刺激-[刺激]*　试次列表-[练习]　刺

数据　变量信息

编号	权重	流程	内容	正确值
1	1	流程	X	1
2	1	流程	X	1
3	1	流程	X	1
4	1	流程	X	1
5	1	流程	X	1
6	1	流程	X	1
7	1	流程	X	1
8	1	流程	X	1
9	1	流程	X	1
10	1	流程	Y	
11	1	流程	Y	
12	1	流程	Y	
13	1	流程	Y	
14	1	流程	Y	
15	1	流程	Y	
16	1	流程	Y	
17	1	流程	Y	
18	1	流程	Y	
19	1	流程	Y	
20	1	流程	Y	

2. 将“取样方式”设为“无放回取样”。

3. 列表的主轴上，放上提示符、掩蔽刺激、目标刺激，全部用“刺激”控件呈现。

用“文本”控件呈现提示符的内容，呈现时长 500ms。

掩蔽刺激为空屏，呈现时长 200ms。

用“文本”控件呈现目标刺激，从“试次列表”中引用“内容”变量，用“反应键”控件结束目标刺激的呈现。

使用“反应键”控件控制被试反应。

· 将 F 键的返回值设为“1”。

· 从“试次列表”引用“正确反应”，这样系统可以判断被试按键的正误。

· 本实验要记录反应时数据，由于“反应键”默认的“计时起点”是实验开始的时间，所以要设置“计时起点”为“目标刺激”开始的时间。

“目标刺激”的结束方式：限定呈现时间 1500ms 和被试按键后结束两者兼有。

◇ 练习结束语：

用“刺激”控件呈现“练习结束语”。

用“图片”控件呈现练习结束语的内容，用“反应键”控件结束练习结束语界面的呈现。

◇ 实验一指导语：

用“刺激”控件呈现“实验一指导语”。

用“图片”控件呈现指导语的内容，呈现时长为 1000ms。

◇ 实验一：

所有设置同“练习”，目标刺激个数和比例不同。

编号	权重	流程	内容	正确
1	1	流程	X	1
2	1	流程	X	1
3	1	流程	X	1
4	1	流程	X	1
5	1	流程	X	1
6	1	流程	X	1
7	1	流程	X	1
8	1	流程	X	1
9	1	流程	X	1
10	1	流程	X	1
11	1	流程	X	1
12	1	流程	X	1
13	1	流程	X	1
14	1	流程	X	1
15	1	流程	X	1
16	1	流程	X	1
17	1	流程	X	1
18	1	流程	X	1
19	1	流程	X	1
20	1	流程	X	1
21	1	流程	X	1
22	1	流程	X	1
23	1	流程	X	1
24	1	流程	X	1
25	1	流程	X	1
26	1	流程	X	1
27	1	流程	X	1
28	1	流程	X	1
29	1	流程	X	1
30	1	流程	X	1
31	1	流程	X	1
32	1	流程	X	1
33	1	流程	X	1
34	1	流程	X	1
35	1	流程	X	1
36	1	流程	X	1
37	1	流程	X	1
38	1	流程	X	1
39	1	流程	X	1
40	1	流程	X	1
41	1	流程	X	1
42	1	流程	X	1
43	1	流程	X	1
44	1	流程	X	1
45	1	流程	X	1
46	1	流程	X	1
47	1	流程	X	1
48	1	流程	X	1
49	1	流程	X	1
50	1	流程	X	1
51	1	流程	X	1
52	1	流程	X	1
53	1	流程	X	1
54	1	流程	X	1
55	1	流程	X	1
56	1	流程	X	1
57	1	流程	X	1
58	1	流程	X	1
59	1	流程	X	1
60	1	流程	X	1
61	1	流程	Y	
62	1	流程	Y	
63	1	流程	Y	
64	1	流程	Y	
65	1	流程	Y	
66	1	流程	Y	
67	1	流程	Y	
68	1	流程	Y	
69	1	流程	Y	
70	1	流程	Y	

71	1	流程	Y	
72	1	流程	Y	
73	1	流程	Y	
74	1	流程	Y	
75	1	流程	Y	
76	1	流程	Y	
77	1	流程	Y	
78	1	流程	Y	
79	1	流程	Y	
80	1	流程	Y	
81	1	流程	Y	
82	1	流程	Y	
83	1	流程	Y	
84	1	流程	Y	
85	1	流程	Y	
86	1	流程	Y	
87	1	流程	Y	
88	1	流程	Y	
89	1	流程	Y	
90	1	流程	Y	
91	1	流程	Y	
92	1	流程	Y	
93	1	流程	Y	
94	1	流程	Y	
95	1	流程	Y	
96	1	流程	Y	
97	1	流程	Y	
98	1	流程	Y	
99	1	流程	Y	
100	1	流程	Y	

◇　休息指导语：

设置同“总指导语”。

◇　实验二指导语：

设置同“实验一指导语”。

◇　实验二：

所有设置同“实验一”，目标刺激内容和比例不同。

编号	权重	流程	内容	正确反映
1	1	流程	0	1
2	1	流程	0	1
3	1	流程	0	1
4	1	流程	0	1
5	1	流程	0	1
6	1	流程	0	1
7	1	流程	0	1
8	1	流程	0	1
9	1	流程	0	1
10	1	流程	0	1
11	1	流程	0	1
12	1	流程	0	1
13	1	流程	0	1
14	1	流程	0	1
15	1	流程	0	1
16	1	流程	0	1
17	1	流程	0	1
18	1	流程	0	1
19	1	流程	0	1
20	1	流程	0	1
21	1	流程	0	1
22	1	流程	0	1
23	1	流程	0	1
24	1	流程	0	1
25	1	流程	0	1
26	1	流程	0	1
27	1	流程	0	1
28	1	流程	0	1
29	1	流程	0	1
30	1	流程	0	1
31	1	流程	0	1
32	1	流程	0	1
33	1	流程	0	1
34	1	流程	0	1
35	1	流程	0	1

36	1	流程	0	1
37	1	流程	0	1
38	1	流程	0	1
39	1	流程	0	1
40	1	流程	0	1
41	1	流程	0	1
42	1	流程	0	1
43	1	流程	0	1
44	1	流程	0	1
45	1	流程	0	1
46	1	流程	0	1
47	1	流程	0	1
48	1	流程	0	1
49	1	流程	0	1
50	1	流程	0	1
51	1	流程	0	1
52	1	流程	0	1
53	1	流程	0	1
54	1	流程	0	1
55	1	流程	0	1
56	1	流程	0	1
57	1	流程	0	1
58	1	流程	0	1
59	1	流程	0	1
60	1	流程	0	1
61	1	流程	0	1
62	1	流程	0	1
63	1	流程	0	1
64	1	流程	0	1
65	1	流程	0	1
66	1	流程	0	1
67	1	流程	0	1
68	1	流程	0	1
69	1	流程	0	1
70	1	流程	0	1
71	1	流程	0	1
72	1	流程	0	1
73	1	流程	0	1
74	1	流程	0	1
75	1	流程	0	1
76	1	流程	0	1
77	1	流程	0	1
78	1	流程	0	1
79	1	流程	0	1
80	1	流程	0	1
81	1	流程	Q	
82	1	流程	Q	
83	1	流程	Q	
84	1	流程	Q	
85	1	流程	Q	
86	1	流程	Q	
87	1	流程	Q	
88	1	流程	Q	
89	1	流程	Q	
90	1	流程	Q	
91	1	流程	Q	
92	1	流程	Q	
93	1	流程	Q	
94	1	流程	Q	
95	1	流程	Q	
96	1	流程	Q	
97	1	流程	Q	
98	1	流程	Q	
99	1	流程	Q	
100	1	流程	Q	

◇　结束：

用“刺激”控件呈现结束界面，用“图片”控件呈现结束指导语内容，用“反应键”控件结束语界面的呈现。

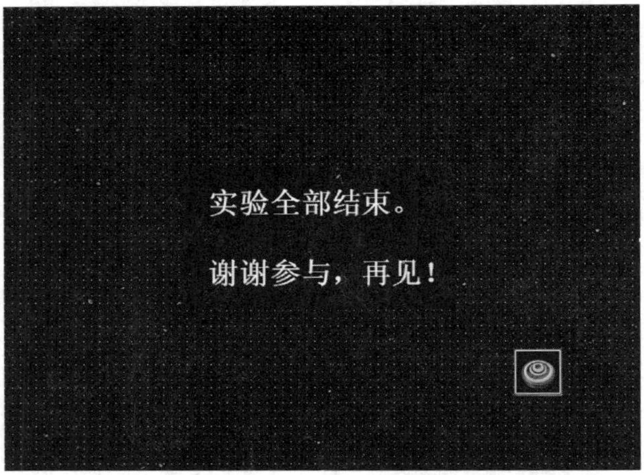

Step3：设置结果记录

在“实验”菜单中打开“设置结果记录”，勾选“实验一”、“实验二”Block 中“目标刺激”界面下需要记录的数据。

注意事项

1. 反应键的“计时起点”，注意设置为目标刺激所在的界面。
2. 目标刺激随机呈现。
3. 目标刺激界面，规定时长和按键结束界面两种呈现方式并存。

实验材料

刺激材料采用两对不同的英文字母（X-Y，O-Q），选择这两对字母的原因是这两对字母的外形比较接近，另外，两对不同的字母也可以给被试带来一定的新鲜感，避免被试疲劳。

实验步骤

实验有两个 Block，标准刺激分别是 60％和 80％的情况。60％的概率中，标准刺激是字母 X，而靶刺激是字母 Y；80％的概率中，标准刺激是字母 O，而靶刺激是字母 Q；刺激样式如下图所示。

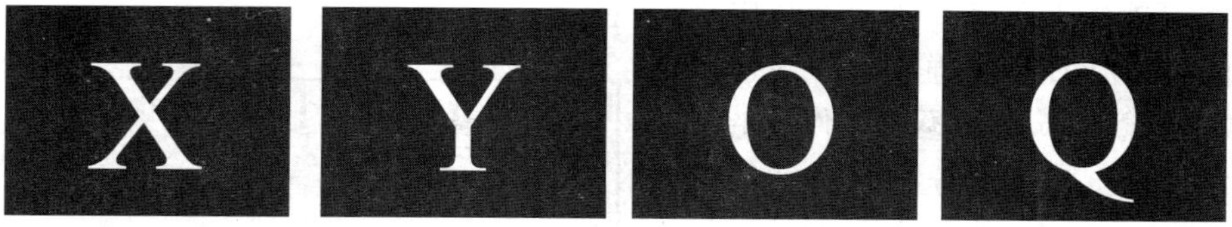

在第一个 Block 中，共有 100 个 trial，其中 60 个 trial 为字母 X，另外 40 个 trial 为字母 Y，在本 Block 正式开始之前有另外 20 个 trial 作为练习实验。每个 trial 的流程如下：

200 ms　　500~1000 ms 随机　　600 ms　　500 ms

第二个 Block 与第一个 Block 的结构比较接近，也是一共有 100 个 trial。不过，其中 80 个 trial 的字母是 O，而另外 20 个 trial 的字母是 Q。

统计方法

在 SPSS 中，对正确率和反应时进行 2×2 的重复测量方差分析，分别对实验情境和刺激概率进行主效应分析，并对实验情境和刺激概率进行交互作用分析。

程序结束后，会生成一个名字是"go-nogo-1-1. edat"的结果文件，双击将其打开，如下图所示。

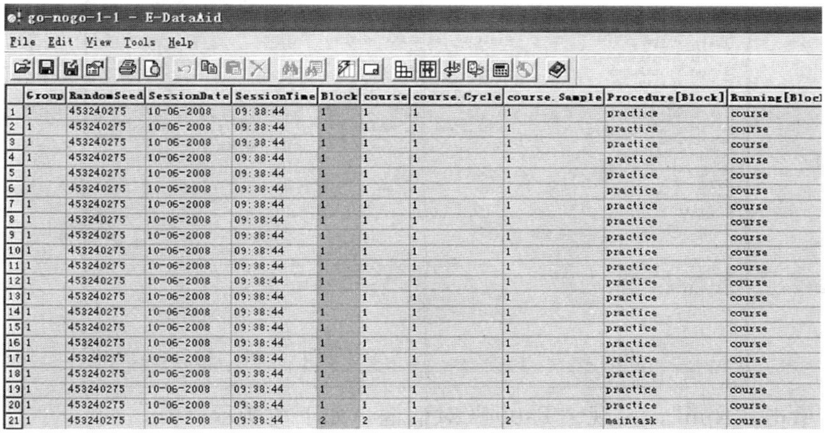
go-nogo-1-1 - E-DataAid

File Edit View Tools Help

	Group	RandomSeed	SessionDate	SessionTime	Block	course	course. Cycle	course. Sample	Procedure[Block]	Running[Bloc
1	1	453240275	10-06-2008	09:38:44	1	1	1	1	practice	course
2	1	453240275	10-06-2008	09:38:44	1	1	1	1	practice	course
3	1	453240275	10-06-2008	09:38:44	1	1	1	1	practice	course
4	1	453240275	10-06-2008	09:38:44	1	1	1	1	practice	course
5	1	453240275	10-06-2008	09:38:44	1	1	1	1	practice	course
6	1	453240275	10-06-2008	09:38:44	1	1	1	1	practice	course
7	1	453240275	10-06-2008	09:38:44	1	1	1	1	practice	course
8	1	453240275	10-06-2008	09:38:44	1	1	1	1	practice	course
9	1	453240275	10-06-2008	09:38:44	1	1	1	1	practice	course
10	1	453240275	10-06-2008	09:38:44	1	1	1	1	practice	course
11	1	453240275	10-06-2008	09:38:44	1	1	1	1	practice	course
12	1	453240275	10-06-2008	09:38:44	1	1	1	1	practice	course
13	1	453240275	10-06-2008	09:38:44	1	1	1	1	practice	course
14	1	453240275	10-06-2008	09:38:44	1	1	1	1	practice	course
15	1	453240275	10-06-2008	09:38:44	1	1	1	1	practice	course
16	1	453240275	10-06-2008	09:38:44	1	1	1	1	practice	course
17	1	453240275	10-06-2008	09:38:44	1	1	1	1	practice	course
18	1	453240275	10-06-2008	09:38:44	1	1	1	1	practice	course
19	1	453240275	10-06-2008	09:38:44	1	1	1	1	practice	course
20	1	453240275	10-06-2008	09:38:44	1	1	1	1	practice	course
21	1	453240275	10-06-2008	09:38:44	2	2	1	2	maintask	course

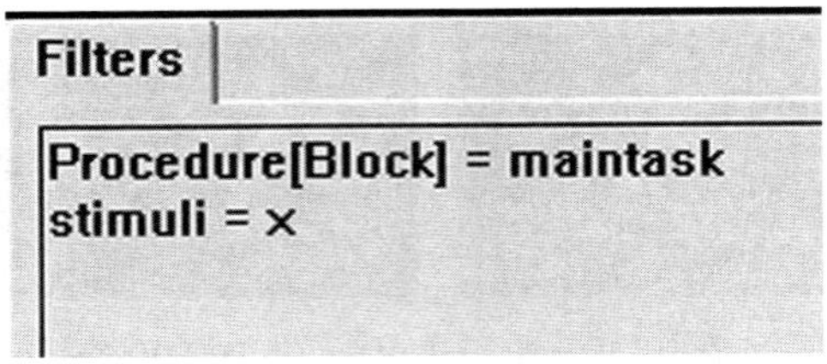

首先计算第一个 Block 中被试的反应时和正确率。因为涉及 Go 和 NoGo 两种不同条件下的行为指标，故应当分别计算之。第一个 Block 的 Go 条件，其筛选标准为“Procedure［Block］＝maintask”和“stimuli＝X”，如上图所示。

单击工具栏的“Analyze”图标，出现“Analyze”窗口，如下图所示。

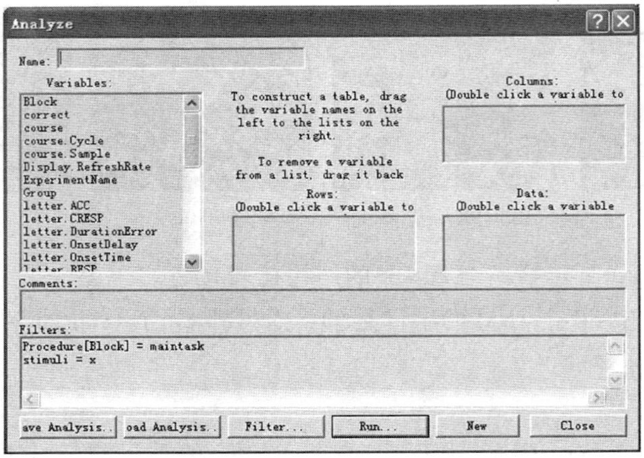

把“Subject”拖到“Rows:”一栏中，把“letter. ACC：Mean”拖到“Data:”一栏中，如下图所示。

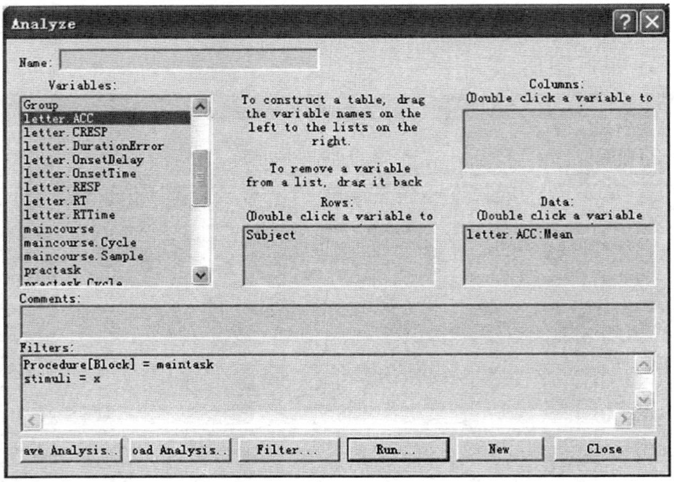

单击“Run”，出现“Table”对话框，如下图所示。

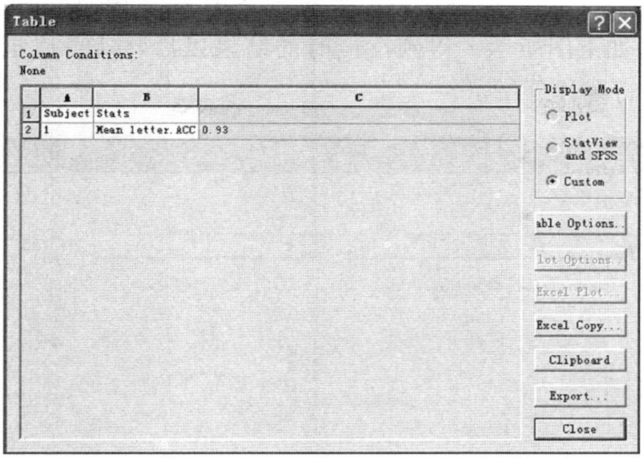

这就是这名被试的正确率。

至于反应时，就常理而言一般考虑的是正确反应的反应时，故筛选条件应当是“Procedure［Block］＝maintask”、“stimuli＝X”和“letter.ACC＝1”，如右图所示。

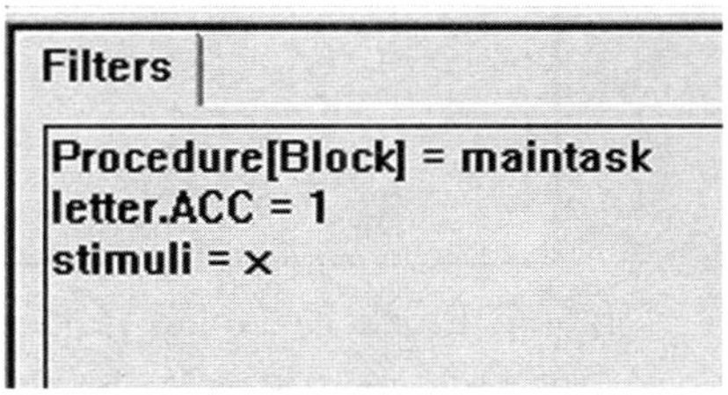

然后选择“Analyze”图标，并把“Subject”和“letter.RT：Mean”分别拖到“Rows：”和“Data：”中，如下图所示。

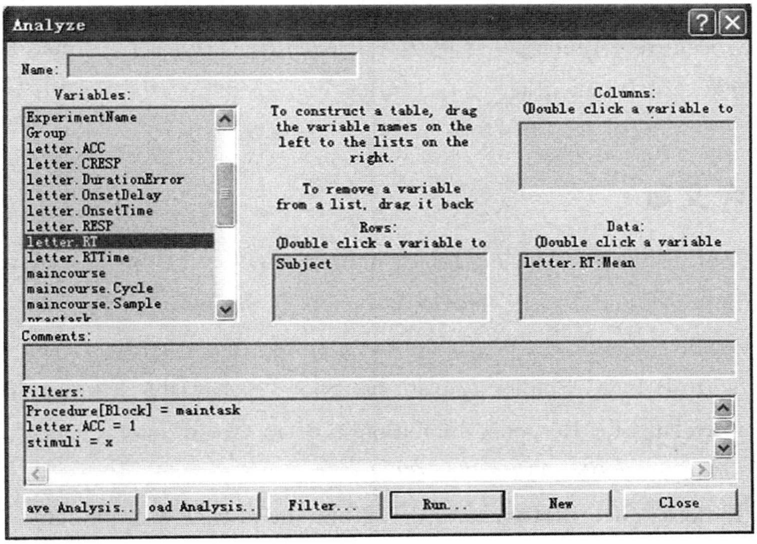

单击“Run”，所得到的就是该名被试在第一个 Block 中正确的 Go 反应的反应时，如下图所示。得到反应时的结果以后，就可以把这个结果输入 SPSS 中进行统计分析了。

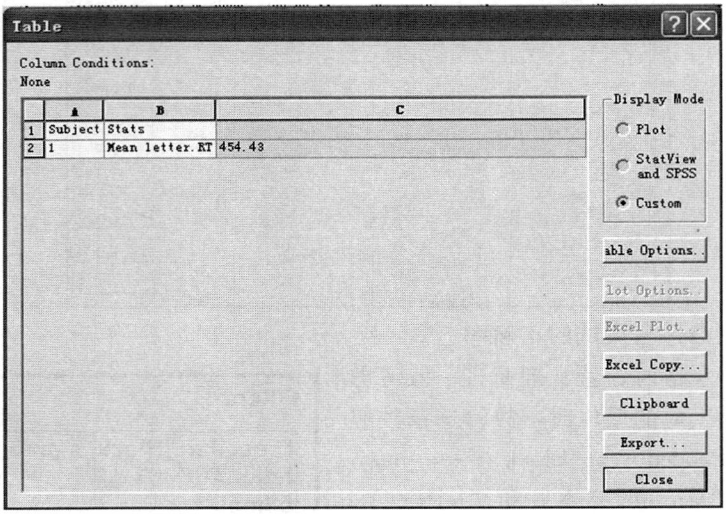

第一个 Block 的 NoGo 条件与此类似，唯一的不同在于筛选条件中“stimuli”这一项应当变为“stimuli ＝ Y”。而且还有一点，因为正确的 NoGo 反应应当是不做反应，所以此时被试应该没有反应时，只需要计算正确率就可以了。

第二个 Block 的情况与第一个 Block 相似，不同之处在于筛选条件中需要把“Procedure [Block]”变更为“Procedure [Block] ＝ maintask1”，其余的与第一个 Block 相同。

参考文献

[1] Saöa R. Filipovi, Marjan Jahanshahi, John C. Rothwell. Cortical Potentials Related to the NoGo Decision. *Exp Brain Res*, 2000, 132, 411-415.

[2] Hirokazu Bokura, Shuhei Yamaguchi, Shotai Kobayashi. Electrophysiological Correlates for Response Inhibition in a Go/NoGo Task. *Clinical Neurophysiology*, 2001, 112, 2224-2232.

[3] M. Falkenstein, J. Hoormann, J. Hohnsbein. ERP Components in Go/

NoGo Tasks and Their Relation to Inhibition. *Acta Psychologica*, 1999, 112, 267-291.
[4] 郭秀艳. 实验心理学. 北京：人民卫生出版社，2007.

外在情感性 Simon 任务范式

实验目的与功能

外在情感性 Simon 任务范式（Extrinsic Affect Simon Task，EAST）是实现对内隐社会认知的量化研究。

它以反应时为指标，通过一种计算机的按键任务评估概念与情绪态度之间的自动化联系的紧密程度，继而对个体的内隐态度等内隐社会认知进行测量。

实验来源与范式选择依据

霍福尔（Houwer，2001）为了避免重新编码对 IAT 效应的污染，设计出了外在情感性 Simon 任务（EAST）。

因为在 IAT 任务中的某些基本的知觉特征会影响被试的重新编码。IAT 效应的计算依赖于两个任务反应时均数之差，而 EAST 则是要比较被试在同一任务的不同实验条件下的行为差异，因此，对于 EAST 而言，被试很难将任务的要求重新进行编码，EAST 的实验设计能有效控制被试有意识重新编码对 IAT 效应的影响。其次，由于 EAST 只要求个体完成一个任务，从而有效避免了 IAT 中任务顺序的影响。

综上所述，本研究采用 EAST 任务，使用对词语材料的颜色或情感色彩属性的加工，以名词类型和反应类型为自变量，考察不同条件下的反应时和正确率，以此考察个体对情绪色彩内在反应的行为模式。

实验逻辑

在社会认知研究中，由于所呈现的刺激多具有复杂的社会意义，其必然引起被试心理的复杂反应，这些刺激可能与内在需要或内隐态度相一致，也可能与之相矛盾，刺激所暗含的社会意义不同，被试的加工过程的复杂程度就会不同，从而反应时的长短也会不同。

个体对所呈现的形容词的情绪性特征（积极或消极）做出判断，并分别做出反应，使得原先中性的按键行为获得了积极或者消极的意义，从而影响了个体的后续反应。这样使得在随后的任务中，被试对积极名词做积极反应比对积极名词做消极反应来得快，错误更少。

实验设计

样例程序为两因素重复测量实验设计，以名词类型和反应类型为自变量，选取 2（名词类型：积极名词、消极名词）×2（反应类型：积极反应、消极反应）四种条件，所有被试均接受这四种水平的处理。因变量为按键反应时。

在正式任务阶段，记录被试对每一个词语的反应时。

实验流程图

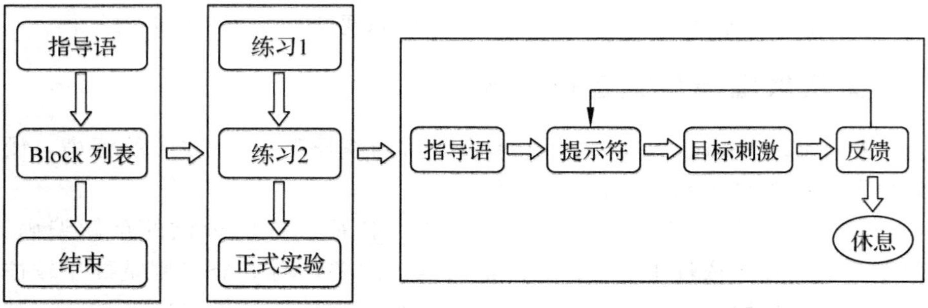

实验过程

Step1：建立实验外层框架

◇ 指导语：

用“刺激”控件呈现“指导语”。

用“文本”控件呈现指导语的内容，用“按钮”控件结束指导语界面的呈现。

◇ Block 列表

本实验有 3 个 Block，用“试次列表”控件来管理。

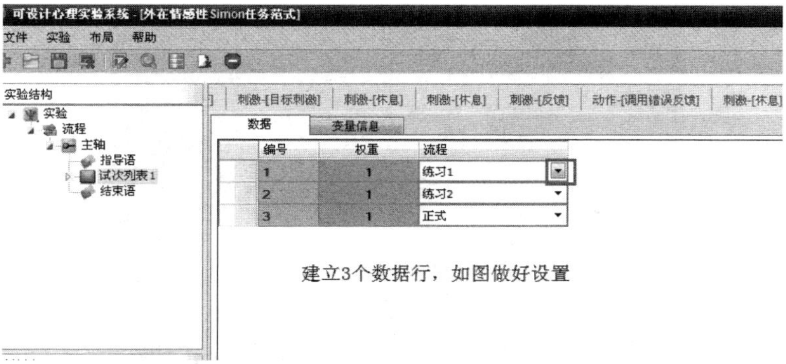

将“Block 列表”的“取样方式”设为“顺序”。

由于正式实验要重复 3 次，所以将第三个 Block 的权重改为“3”。

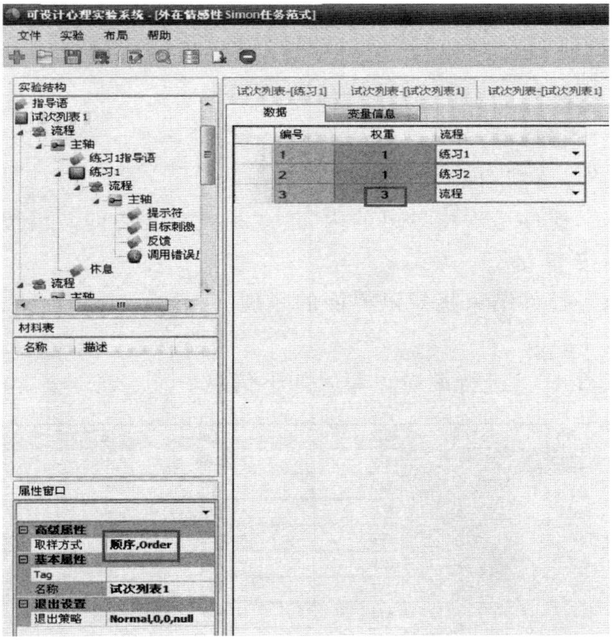

◇　结束：

用刺激控件呈现结束界面，呈现时长 3000ms。

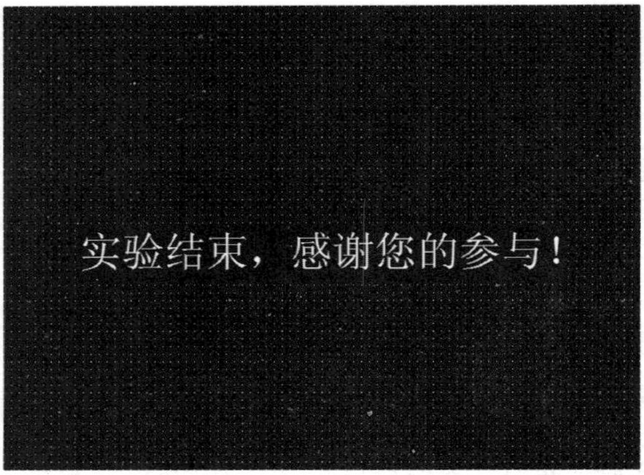

Step2：练习 1

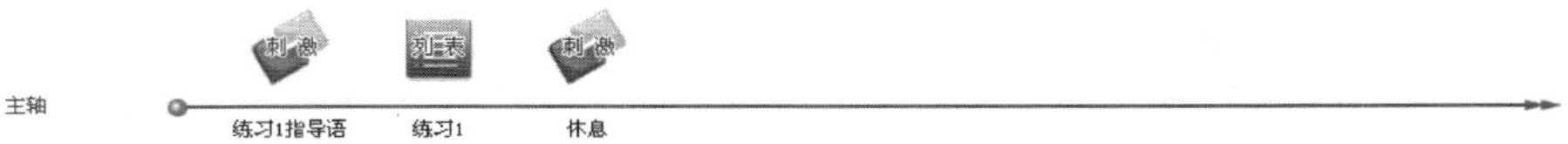

◇　练习 1 指导语

用“刺激”控件呈现“指导语”。

用“文本”控件呈现指导语的内容：“积极意义的词，请按 P 键；消极意义的词，请按 Q 键。”

用“按钮”控件结束指导语界面的呈现。

◇　练习 1

双击“练习 1”，进行编辑，写入如下信息。

编号	权重	流程	词语	正确反应
1	1	流程	聪明	1
2	1	流程	能干	1
3	1	流程	灵活	1
4	1	流程	快乐	1
5	1	流程	成功	1
6	1	流程	失败	2
7	1	流程	无能	2
8	1	流程	笨拙	2
9	1	流程	痛苦	2
10	1	流程	愚蠢	2

练习 1 核心流程：

1. 提示符

呈现“+”，呈现时间 1000ms。

2. 目标刺激

呈现词语：使用“文本”控件，从“试次列表”中引用“词语”变量。

被试反应：使用“反应键”控件。

◇ 将 P 键的返回值设为“1”，Q 键的返回值设为“2”。

◇ 从“试次列表”引用“正确反应”，这样系统可以判断被试按键的正误。

◇ 本实验要记录反应时数据，由于“反应键”默认的“计时起点”是实验开始的时间，所以要设置“计时起点”为“目标刺激”开始的时间。

“目标刺激”的结束方式：不限定呈现时间，被试按键后结束。

“持续时间”，设为“-1”，即不限定“目标刺激”界面的呈现时间。

3. 反馈

使用“刺激”控件。

被试按键正确时，不呈现反馈；被试按键错误时，呈现“错误”反馈。

双击“刺激”打开，在右键菜单中点击“添加状态页”，在这个新状态页上呈现“错误”反馈。

4. 调用错误反馈

在“反馈”界面有两个状态页，第一个状态页是空屏，第二个状态页是错误反馈。在没有其他条件的情况下，程序默认执行状态页 1. 那么我们需要做的是在被试按键错误的时候，显示状态页 2。

使用“动作”控件调用错误反馈。

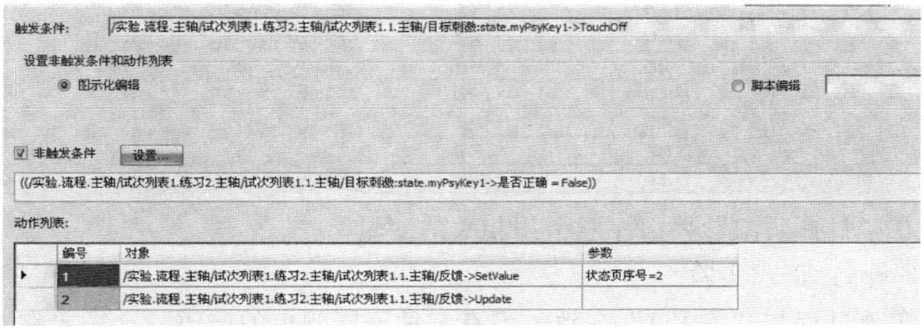

◇ 休息。

用“刺激”控件呈现休息界面，示意图如下：

Step3：练习 2

实现过程与“练习 1”一致，但有两种不同颜色的词语，这需要在“试次列表”中提前写入。

编号	权重	流程	词语	颜色	正确反应
1	1	流程	爱情	R(0).G(0).B(255)	1
2	1	流程	恶魔	R(0).G(0).B(255)	1
3	1	流程	棺材	R(0).G(0).B(255)	1
4	1	流程	奖金	R(0).G(0).B(255)	1
5	1	流程	美德	R(0).G(0).B(255)	1
6	1	流程	叛徒	R(0).G(0).B(255)	1
7	1	流程	死刑	R(0).G(0).B(255)	1
8	1	流程	鲜花	R(0).G(0).B(255)	1
9	1	流程	笑容	R(0).G(0).B(255)	1
10	1	流程	灾难	R(0).G(0).B(255)	1
11	1	流程	爱情	R(0).G(255).B(0)	2
12	1	流程	恶魔	R(0).G(255).B(0)	2
13	1	流程	棺材	R(0).G(255).B(0)	2
14	1	流程	奖金	R(0).G(255).B(0)	2
15	1	流程	美德	R(0).G(255).B(0)	2
16	1	流程	叛徒	R(0).G(255).B(0)	2
17	1	流程	死刑	R(0).G(255).B(0)	2
18	1	流程	鲜花	R(0).G(255).B(0)	2
19	1	流程	笑容	R(0).G(255).B(0)	2
20	1	流程	灾难	R(0).G(255).B(0)	2

在“目标刺激”界面注意引用相关的变量。

Step4：正式实验

实现过程与“练习 1”一致，但有三种不同颜色的词语，这需要在“试次列表”中提前写入。

编号	权重	流程	词语	颜色	正确反应
1	1	流程	成功	R(255),G(255),B(255)	1
2	1	流程	聪明	R(255),G(255),B(255)	1
3	1	流程	快乐	R(255),G(255),B(255)	1
4	1	流程	灵活	R(255),G(255),B(255)	1
5	1	流程	能干	R(255),G(255),B(255)	1
6	1	流程	笨拙	R(255),G(255),B(255)	2
7	1	流程	失败	R(255),G(255),B(255)	2
8	1	流程	痛苦	R(255),G(255),B(255)	2
9	1	流程	无能	R(255),G(255),B(255)	2
10	1	流程	愚蠢	R(255),G(255),B(255)	2
11	1	流程	爱情	R(0),G(0),B(255)	1
12	1	流程	恶魔	R(0),G(0),B(255)	1
13	1	流程	棺材	R(0),G(0),B(255)	1
14	1	流程	奖金	R(0),G(0),B(255)	1
15	1	流程	美德	R(0),G(0),B(255)	1
16	1	流程	叛徒	R(0),G(0),B(255)	1
17	1	流程	死刑	R(0),G(0),B(255)	1
18	1	流程	鲜花	R(0),G(0),B(255)	1
19	1	流程	笑容	R(0),G(0),B(255)	1
20	1	流程	灾难	R(0),G(0),B(255)	1
21	1	流程	爱情	R(0),G(255),B(0)	2
22	1	流程	恶魔	R(0),G(255),B(0)	2
23	1	流程	棺材	R(0),G(255),B(0)	2
24	1	流程	奖金	R(0),G(255),B(0)	2
25	1	流程	美德	R(0),G(255),B(0)	2
26	1	流程	叛徒	R(0),G(255),B(0)	2
27	1	流程	死刑	R(0),G(255),B(0)	2
28	1	流程	鲜花	R(0),G(255),B(0)	2
29	1	流程	笑容	R(0),G(255),B(0)	2
30	1	流程	灾难	R(0),G(255),B(0)	2

在“目标刺激”界面注意引用相关的变量。

Step5：设置结果记录

在“实验”菜单中打开“设置结果记录”，勾选“正式实验”Block 中“目标刺激”界面下需要记录的数据。

注意事项

反应键的“计时起点”，注意设置为目标刺激所在的界面。

实验材料

实验材料为 5 个消极名词、5 个积极名词、5 个消极形容词和 5 个积极形容词。

5 个消极名词：死刑、棺材、恶魔、灾难、叛徒

5 个积极名词：奖金、爱情、鲜花、笑容、美德

5 个消极形容词：愚蠢、失败、无能、笨拙、痛苦
5 个积极形容词：聪明、成功、能干、灵活、快乐

实验步骤

主要包括练习阶段和任务阶段。

练习阶段

对词语的感情色彩判断，要求被试对出现的白色形容词的词义做出反应，即对积极形容词（如奖金）按 P 键（积极反应），对消极形容词（如死刑）按 Q 键（消极反应）；

对词语的颜色判断，词汇以彩色出现，此时出现的词都为名词，要求被试对词的颜色（如蓝色和绿色）做出反应，被试对绿色词，做积极反应——按 P 键，对蓝色词，做消极反应——按 Q 键。

任务阶段

逐个随机呈现名词和形容词，被试做出按键反应。

刺激呈现模式如下图所示：

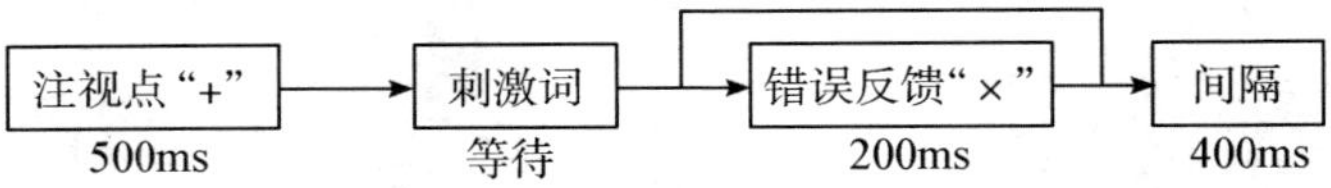

EAST 刺激呈现模式图

统计方法

记录被试对名词的反应时和正确率。对反应时和正确率进行被试内两因素的重复测量方差分析。

完整运行完程序后，会在程序所在的文件夹中，生成一个 E-DataAid 文件，该文件即是数据文件。数据文件名为“east-1-1. edat”，其中第一个数字“1”指第 1 个被试，第二个数字“1”指第 1 个 session。直接双击打开该 E-DataAid 文件，打开看到如图所示的数据文件。

该文件中全面地记录了被试的所有信息。

	ImageDisplay3.ACC	ImageDisplay3.CRESP	ImageDisplay3.DurationError	ImageDisplay3.OnsetDelay	ImageDisplay3.OnsetTime	ImageDisplay3.RESP	Im
1	NULL	NULL	NULL	NULL	NULL	NULL	NU
2	NULL	NULL	NULL	NULL	NULL	NULL	NU
3	NULL	NULL	NULL	NULL	NULL	NULL	NU
4	0	q	-999999	3	23860	p	23
5	0	q	-999999	13	28762	p	66
6	0	q	-999999	13	31961	p	66
7	0	q	-999999	13	35146	p	49
8	0	q	-999999	9	38158	p	46
9	1	p	-999999	13	41144	p	51
10	1	p	-999999	13	44183	p	43
11	1	p	-999999	13	47142	p	49
12	1	p	-999999	13	50167	p	38
13	1	p	-999999	0	53060	p	43
14	0	q	-999999	13	56032	p	55
15	1	p	-999999	13	59111	p	42
16	1	p	-999999	13	62070	p	35
17	1	p	-999999	13	64949	p	32
18	0	q	-999999	13	67801	p	29
19	0	q	-999999	3	70603	p	29
20	1	p	-999999	13	73426	p	35
21	1	p	-999999	12	76291	p	33

导出的具体方法有两种，第一种是单击 File，然后选择 Export；第二种是直接单击快捷键工具栏，其中的左起第三个按钮即是导出按钮。

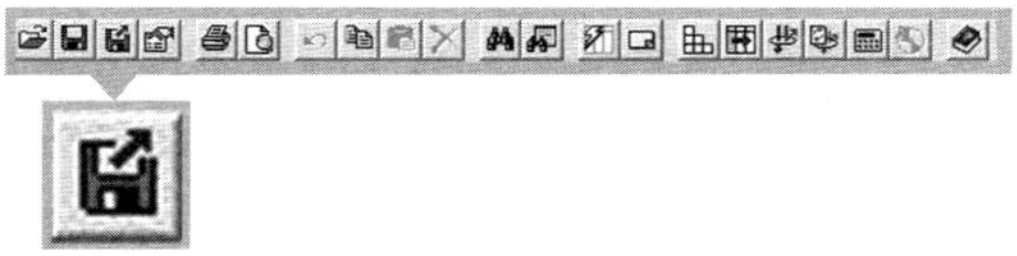

单击下拉菜单，即可选择需要导成的文件。我们选择“StatView and SPSS”，单击“OK”，即可弹出一个保存窗口：输入希望保存的文件名，选择想保存的位置。

打开 SPSS，将保存的数据文件（.txt 格式）导入。具体操作如下图：

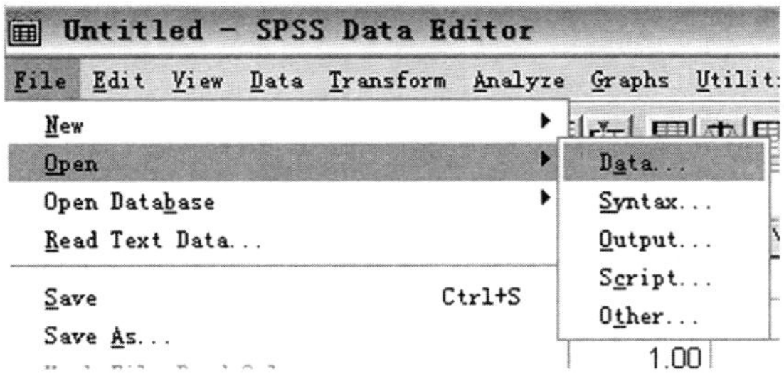

在弹出的 Open File 对话框中，文件类型选择“*.txt”，再选择已经保存的文件即可。

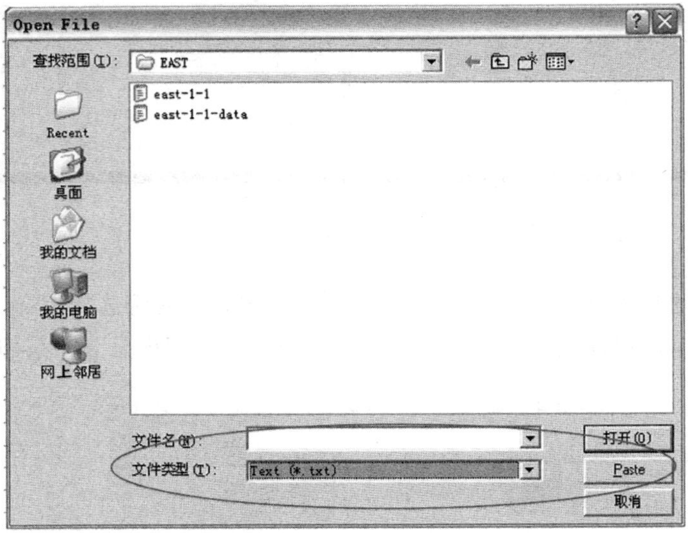

根据 SPSS 对话框指导，完成导入数据的 6 个步骤。注意：为导入 SPSS 方便起见，编程时，变量名中尽量不要出现空格。

命名数据中的变量名，变量名的具体内容可以参照已导出数据的第一行内容。命名完毕后，将第一行内容删掉。

参考文献

[1] Houwer Crombez Baeyens, Hermans. On the Generality of the Affective Simon Effect. *Cognition And Emotion*, 2001, 15 (2): 189-206.

[2] 杨福义. 内隐自尊的理论与实验研究. 博士论文，2006.

第二章　心理物理法

等级排列法建立颜色偏好的顺序量表的实验范式

实验目的与功能

等级排列法（或等级法）（rank-order method）是一种制作顺序量表的直接方法。这个方法是把许多刺激同时呈现，让许多被试按照一定标准，把这些刺激排成一个顺序，然后把不同被试对同一刺激评定的等级加以平均，这样就能求出每一刺激各自的平均等级。顺序量表（ordinal scale）是一种较粗略的量表，它既无相等单位又无绝对零点，只是把事物按某种标准排出一个次序。顺序量表只是在一个分类基础上对事物进行分类，每一类别只具有序列性，并不表示数与数之间的差别是相等的。顺序量表的制作方法比较简单，一般用等级排列法和对偶比较法来制作顺序量表（杨治良，1998；郭秀艳，2004）。

本实验目的即通过样例实验学习和熟悉等级排列法建立顺序量表，了解测量阈上感觉的方法。

实验来源与范式选择依据

刺激的物理值的等量增减并不引起感觉上等量的变化。要了解刺激的变化和感觉的变化之间的关系，就需要一个测量心理变化的方法，这种方法就是能够度量阈上感觉的心理量表（psychological scales）。心理量表法构成了传统心理物理学的另一个重要组成部分。也就是阈上感觉如何度量的问题。从量表有无相等单位和有无绝对零点来分，心理量表可分为顺序量表、等距量表和比例量表三类。

实验逻辑

等级排列法首先把许多刺激同时呈现，让许多被试按照一定标准，把这些刺激排成一个序列。其次把不同被试对同一刺激评定的等级加以平均，这样就能求出每一刺激各自的平均等级。最后把各刺激按平均等级排出的顺序就是一个顺序量表。

实验设计

单因素重复测量实验设计，自变量为要求被试进行选择的颜色，共选取 9 种颜色，所有被试对所有颜色依照喜好进行顺序选择；因变量为选择偏好颜色的顺序。

实验流程图

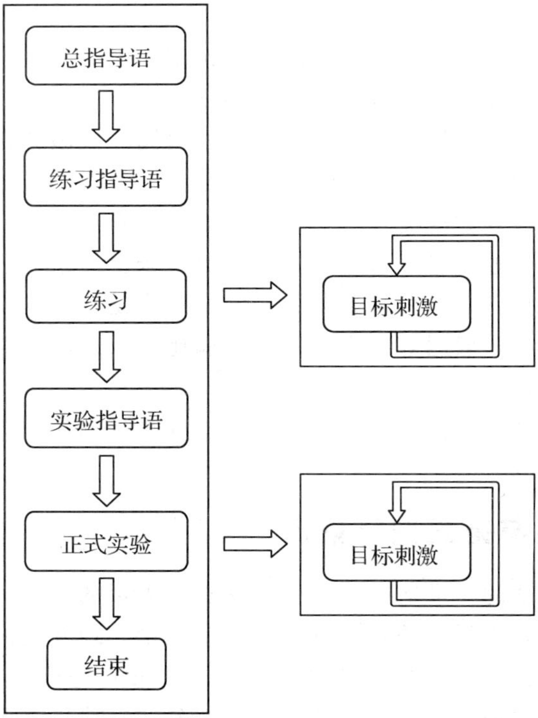

实验过程

Step1：建立实验外层框架

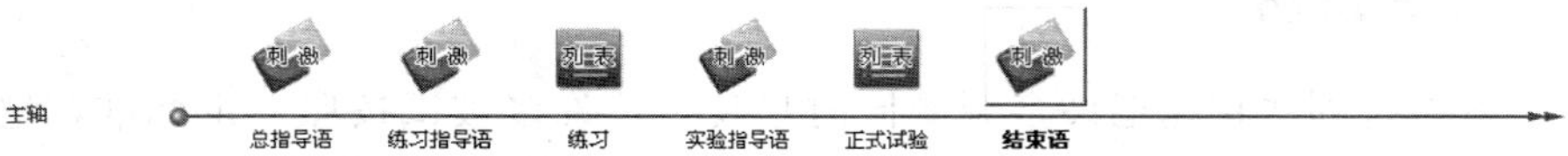

Step2：设置每个控件

◇ 总指导语：

用“刺激”控件呈现“指导语”。

用“图片”控件呈现指导语的内容，用“反应键”控件结束指导语界面的呈现。

◇ 练习指导语：

设置同“总指导语”。

◇ 练习：

本实验有两个 Block，分别用两个“试次列表”控件来管理。先介绍“练习”Block。

1. 双击“练习”，进行编辑，写入如下信息

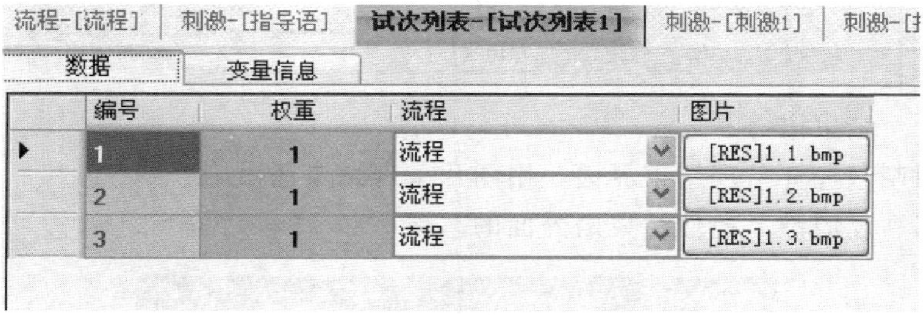

编号	权重	流程	图片
1	1	流程	[RES]1.1.bmp
2	1	流程	[RES]1.2.bmp
3	1	流程	[RES]1.3.bmp

在“图片”变量列中引用正确的图片。

2. 保持“练习”的“取样方式”为“顺序”。

3. 列表的主轴上，放上目标刺激，用“刺激”控件呈现。

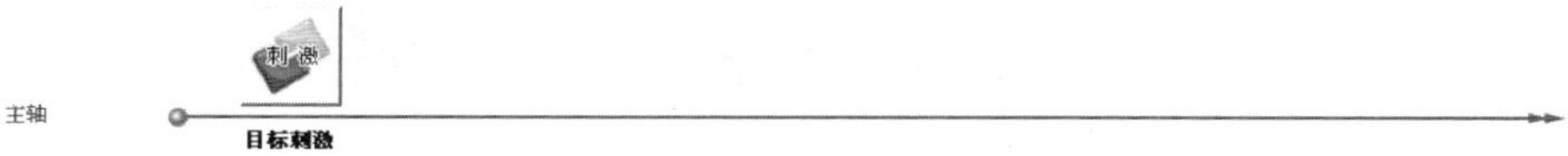

用“图片”控件呈现目标刺激的内容，从试次列表中引用“图片”变量。

用“反应键”控件结束目标刺激的呈现。

“目标刺激”的结束方式：不限定呈现时间，被试按键后结束。

“持续时间”，设为“－1”，即不限定“目标刺激”界面的呈现时间。

◇ 实验指导语：

设置同“总指导语”。

◇ 正式实验：

设置同“练习”模块。

编号	权重	流程	图片
1	1	流程	[RES]1.bmp
2	1	流程	[RES]2.bmp
3	1	流程	[RES]3.bmp
4	1	流程	[RES]4.bmp
5	1	流程	[RES]5.bmp
6	1	流程	[RES]6.bmp
7	1	流程	[RES]7.bmp
8	1	流程	[RES]8.bmp
9	1	流程	[RES]9.bmp

◇ 结束语：

用刺激控件呈现结束界面，用图片呈现结束语。

用“反应键”控件结束语界面的呈现。

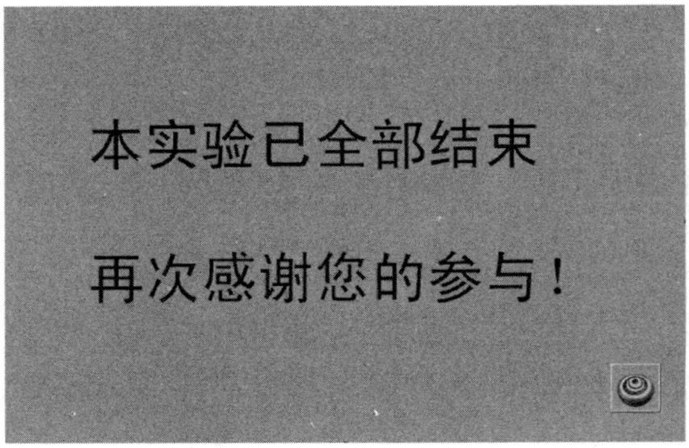

Step3：设置结果记录

在“实验”菜单中打开“设置结果记录”，勾选“实验”Block 中“目标刺激”界面下需要记录的数据。

注意事项

目标刺激的呈现顺序，注意保持为顺序呈现。

实验材料

实验采用 9 种颜色，红、橙、黄、绿、青、蓝、紫、黑、白。每种颜色的标准参见色谱中的标准色，每种颜色以圆形色块呈现。随机给红、白、蓝、绿、黄、黑、橙、紫、青9种色块编顺序，以1、2、3、4、5、6、7、8、9为编号，共同构成像素为642×482大小的位图作为实验材料，共9张图片。

实验步骤

（1）实验时，要求被试端坐在计算机前，双眼平视计算机，双手放至计算机键盘位置。

（2）实验指导语内容是：实验中，你将会看到9个颜色不同的色块，请根据自己的颜色偏好，依次对你喜欢的颜色进行排序，并用该颜色对应的编号在计算机键盘上做相应的按键反应。选择的时间由你自己掌握，每完成一次选择，程序会自动进入下一次选择，在选择时不需要做长时间的思考。选择顺序由最喜欢到最不喜欢依次排列，不可重复选择。

（3）使用E-prime软件进行实验，为使被试明确实验要求和操作方法，设有练习项目。练习结束后，进入正式实验。

实验阶段分为2个Block，第一个为练习Block，包括3个trial；第二个为正式实验Block，包括9个trial。

正式实验阶段的trial流程如右：

统计方法

数据导出：完整运行完程序后，会在程序所在的文件夹中，生成一个以被试编号为文件名的“E-Data Aid”文件，该文件即是数据文件，记录了该被试参与实验的所有数据。

在“E-Data Aid”文件下（参见下图），单击File菜单（参见下左图）下的Export命令，在Export窗口中选择“Export to”下的可选项（参见下右图），选择“StatView and SPSS”选项，然后单击“OK”保存。将保存后生成的文本文件在SPSS下打开，就可直接将数据导入SPSS文件，然后按照实验研究目的做进一步的数据分析。

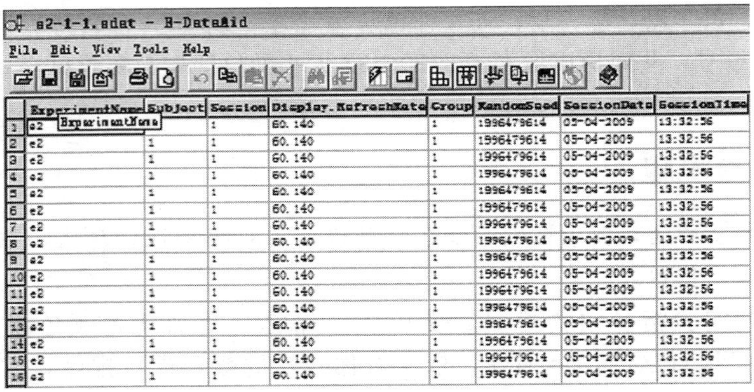

E-Data Aid 文件打开界面

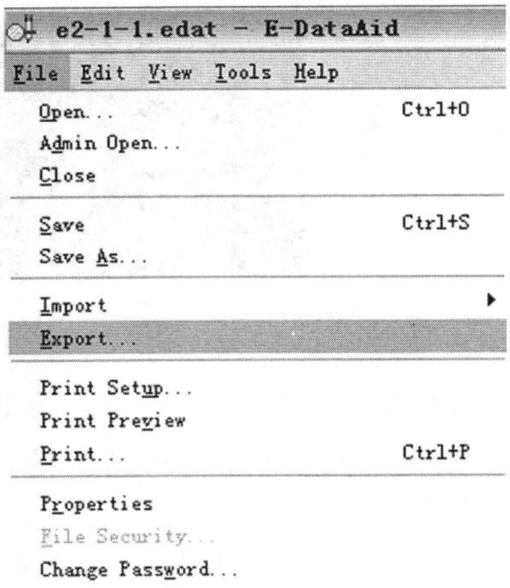

File 下拉菜单

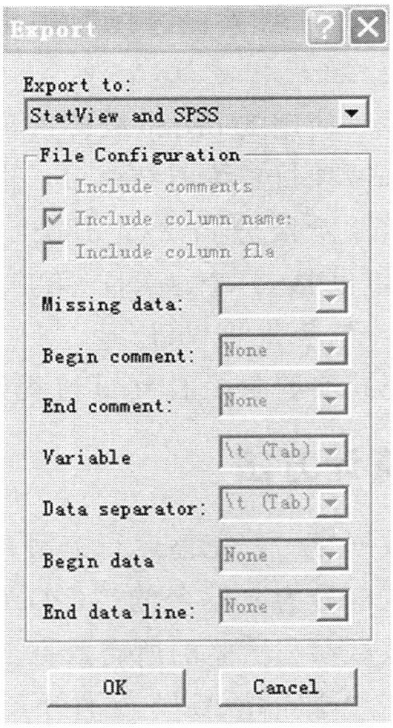

Export 弹出菜单

在打开的 SPSS 数据文件中，选择需要进行分析的数据。如下图，选择 stimulus. RESP 列，＊. RESP 为被试的实际按键反应，将实际按键反应数值转化成对应的颜色，即可看出该被试对颜色的喜好排序等级。

根据每个被试对颜色的喜好排序等级，把所有被试对每种颜色的排序等级加以平均，算出每种颜色的平均等级，根据平均数排序，建立顺序量表。

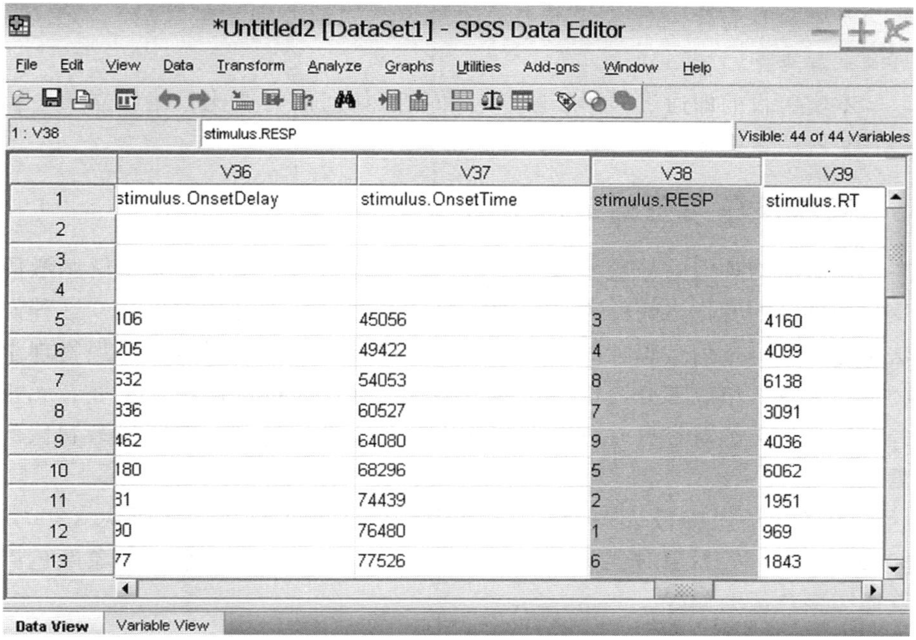

SPSS 打开界面

参考文献

[1] 杨治良．实验心理学．杭州：浙江教育出版社，1998.

[2] 郭秀艳．实验心理学．北京：人民教育出版社，2004.

对偶比较法建立颜色偏好的顺序量表的研究范式

实验目的与功能

对偶比较法（或配对比较法）（method of paired comparison）是把所有要比较的刺激配成对，然后一对一对地呈现，让被试对于刺激的某一特性进行比较，并做出判断：这种特性的两个刺激中哪一个更为明显。顺序量表是一种较粗略的量表，它既无相等单位又无绝对零点，只是把事物按某种标准排出一个次序。顺序量表只是在一个分类基础上对事物进行分类，每一类别只具有序列性，并不表示数与数之间的差别是相等的（杨治良，1998；郭秀艳，2004）。

本实验目的即通过样例实验学习和熟悉如何用对偶比较法建立顺序量表，了解测量阈上感觉的方法。

实验来源与范式选择依据

刺激的物理值的等量增减并不引起感觉上等量的变化。要了解刺激的变化和感觉的变化之间的关系，就需要一个测量心理变化的方法，这种方法就是能够测量阈上感觉的心理量表。心理量表法构成了传统心理物理学的另一个重要组成部分。也就是阈上感觉如何度量的问题。从量表有无相等单位和有无绝对零点来分，心理量表可分为顺序量表、等距量表和比例量表三类。

1936 年周先庚等人就研究了中国学生的颜色偏好，葛列众（2004，2005，2007）等人用对偶比较法研究了儿童、青少年对颜色、抽象颜色以及服装颜色等的偏好。

实验逻辑

对偶比较法是把所有要比较的刺激配成对，然后一对一对地呈现，让被试者对于刺激的某一特性进行比较，并做出判断：这种特性的两个刺激中哪一个更为明显。因为每一刺激都要分别和其他刺激比较，假如以 n 代表刺激的总数，则配成对的个数是 $n(n-1)/2$。最后依它们更明显于其他刺激的百分比的大小各自排列成序，即可制成一个顺序量表。

实验设计

本实验为单因素重复测量实验设计，自变量为要求被试进行选择的颜色，共选取 8 种颜色（红、橙、黄、绿、青、蓝、紫、黑），所有被试对所有颜色进行配对选择；因变量为选择偏好颜色的次数。

实验流程图

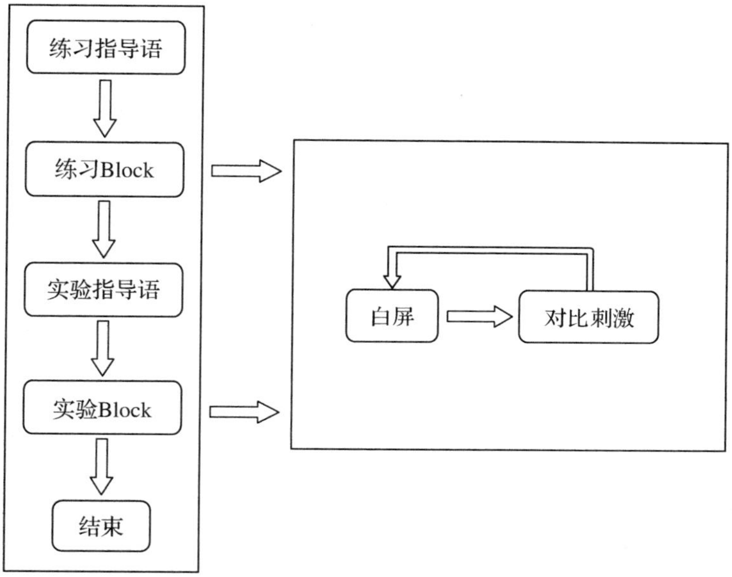

实验过程

Step1：建立实验外层框架

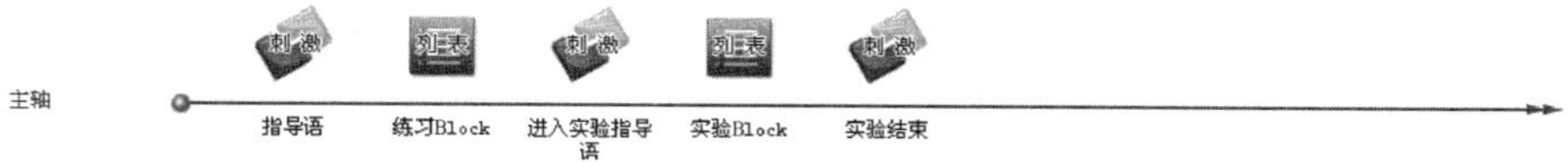

◇　指导语

用“刺激”控件呈现“指导语”。指导语分练习指导语和正式实验指导语。

用“图片”控件呈现指导语的内容，用“反应键”控件结束指导语界面的呈现。

· 样例中按“B”键开始实验，结束指导语的呈现，将“B”键的返回值设为1。

· 将“指导语”界面持续时间设为“－1”，结束条件为按下“B”键。

· 如下为“练习阶段指导语”，“进入实验指导语”的设置及呈现方式类同。

指导语

实验中，您将会看到成对出现的色块，请在成对出现的两个色块中，选出你所喜欢颜色的那个色块，并将其编号在计算机键盘上做出相应的按键反应。选择的时间由自己掌握，每完成一次选择，程序会自动进入下一次选择，选择时不需做长时间的思考。

如果已经明白实验的操作要求
请按“B”键进入实验练习部分

◇ 练习 Block

双击“练习 Block”，进行编辑，写入如下信息。

编号	权重	流程	left	right
1	1	流程	[RES]black.bmp	[RES]blue.bmp
2	1	流程	[RES]black.bmp	[RES]cyan.bmp
3	1	流程	[RES]blue.bmp	[RES]cyan.bmp
4	1	流程	[RES]blue.bmp	[RES]green.bmp
5	1	流程	[RES]cyan.bmp	[RES]green.bmp
6	1	流程	[RES]cyan.bmp	[RES]orange.bmp
7	1	流程	[RES]green.bmp	[RES]orange.bmp
8	1	流程	[RES]green.bmp	[RES]purple.bmp
9	1	流程	[RES]orange.bmp	[RES]purple.bmp
10	1	流程	[RES]orange.bmp	[RES]red.bmp
11	1	流程	[RES]purple.bmp	[RES]red.bmp
12	1	流程	[RES]purple.bmp	[RES]yellow.bmp
13	1	流程	[RES]yellow.bmp	[RES]black.bmp
14	1	流程	[RES]yellow.bmp	[RES]blue.bmp
15	1	流程	[RES]red.bmp	[RES]green.bmp
16	1	流程	[RES]orange.bmp	[RES]red.bmp

◇ 实验 Block

双击“实验 Block”，进行编辑，写入如下信息。

编号	权重	流程	left	right
1	1	流程	[RES]black.bmp	[RES]blue.bmp
2	1	流程	[RES]black.bmp	[RES]cyan.bmp
3	1	流程	[RES]black.bmp	[RES]green.bmp
4	1	流程	[RES]black.bmp	[RES]orange.bmp
5	1	流程	[RES]black.bmp	[RES]purple.bmp
6	1	流程	[RES]black.bmp	[RES]red.bmp
7	1	流程	[RES]black.bmp	[RES]yellow.bmp
8	1	流程	[RES]blue.bmp	[RES]black.bmp
9	1	流程	[RES]blue.bmp	[RES]cyan.bmp
10	1	流程	[RES]blue.bmp	[RES]green.bmp
11	1	流程	[RES]blue.bmp	[RES]orange.bmp
12	1	流程	[RES]blue.bmp	[RES]purple.bmp
13	1	流程	[RES]blue.bmp	[RES]red.bmp
14	1	流程	[RES]blue.bmp	[RES]yellow.bmp
15	1	流程	[RES]cyan.bmp	[RES]black.bmp
16	1	流程	[RES]cyan.bmp	[RES]blue.bmp
17	1	流程	[RES]cyan.bmp	[RES]green.bmp
18	1	流程	[RES]cyan.bmp	[RES]orange.bmp
19	1	流程	[RES]cyan.bmp	[RES]purple.bmp
20	1	流程	[RES]cyan.bmp	[RES]red.bmp
21	1	流程	[RES]cyan.bmp	[RES]yellow.bmp
22	1	流程	[RES]green.bmp	[RES]black.bmp
23	1	流程	[RES]green.bmp	[RES]blue.bmp
24	1	流程	[RES]green.bmp	[RES]cyan.bmp
25	1	流程	[RES]green.bmp	[RES]orange.bmp
26	1	流程	[RES]green.bmp	[RES]purple.bmp
27	1	流程	[RES]green.bmp	[RES]red.bmp
28	1	流程	[RES]green.bmp	[RES]yellow.bmp
29	1	流程	[RES]orange.bmp	[RES]black.bmp
30	1	流程	[RES]orange.bmp	[RES]blue.bmp
31	1	流程	[RES]orange.bmp	[RES]cyan.bmp
32	1	流程	[RES]orange.bmp	[RES]green.bmp
33	1	流程	[RES]orange.bmp	[RES]purple.bmp
34	1	流程	[RES]orange.bmp	[RES]red.bmp
35	1	流程	[RES]orange.bmp	[RES]yellow.bmp

◇ 实验结束

用“刺激”控件呈现结束界面，呈现时长 5000ms。

实验结束

本实验已全部结束，感谢您参加我们的实验，再见!

Step2：练习 Block

◇ 白屏

用“刺激”控件呈现“白屏”，时间为 500ms。

◇ 对比刺激

刺激呈现界面是左右两边各一个有色圆形，使用“图形”控件，分别从练习 Block 的“试次列表”中引用“left”和“right”两个变量。

使用“反应键”控件记录被试反应。

◇ 将数字键 1 的返回值设为“1”，键 2 的返回值为“2”，……键 8 的返回值为“8”。即每种颜色的圆形对应一个数字。

“对比刺激”界面的结束方式：不限定呈现时间，被试按键后结束。

“持续时间”设为“－1”，即不限定“对比刺激”界面的呈现时间。

Step3：实验 Block

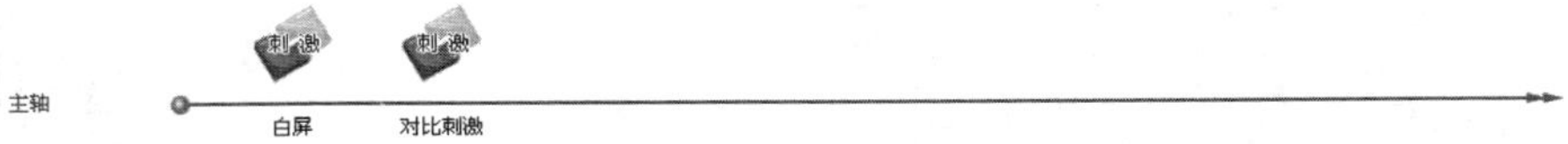

实现过程与“练习 Block”一致，在“对比刺激”界面注意引用相关的变量。

Step4：设置结果记录

在“实验”菜单中打开“设置结果记录”，勾选“实验 Block”中“对比刺激”界面下需要记录的数据。此处记录按键的“返回值”。

实验材料

实验采用 8 种颜色，红、橙、黄、绿、青、蓝、紫、黑。每种颜色的标准参见色谱中的标准色。随机给黑、蓝、绿、橙、紫、青、红、黄 8 种颜色以 1、2、3、4、5、6、7、8 为编号制作像素为 304×278 大小的位图 8 张，数字编号位于圆形色图的下方；每种颜色以圆形色块呈现，8 种色块两两组合，共 28 种组合，为排除空间误差，将所有组合色块位置交换，产生 28 张图片，共计 8×（8－1）＝56 张双色图的刺激呈现。使用 E-prime 软件随机使不同两色图同时呈现。

实验步骤

（1）实验时，要求被试端坐在计算机前，双眼平视计算机，双手放至计算机键盘位置。

（2）实验指导语内容是：实验中，你将会看到成对出现的色块，请在成对出现的两个色块中，选出你所喜欢颜色的那个色块，并依其编号在计算机键盘上做出相应的按键反应。选择的时间由自己掌握，每完成一次选择，程序会自动进入下一次选择，选择时不需做长时间的思考。

（3）使用 E-prime 软件进行实验，有练习和正式实验两部分。练习的目的在于使被试明确实验要求和操作方法，练习结束后，进入正式实验。图片呈现前是 500ms 的灰屏，8 种颜色的色块随机成对出现，被试只需在同时呈现的两个色块中选出较喜爱的颜色，在计算机键盘上输入该色块对应的编码即可。

实验流程

实验阶段分为 2 个 Block，第一个为练习 Block，包括 16 个 trial；第二个为正式实验 Block，包括 56 个 trial。

正式实验阶段的 trial 流程如下：

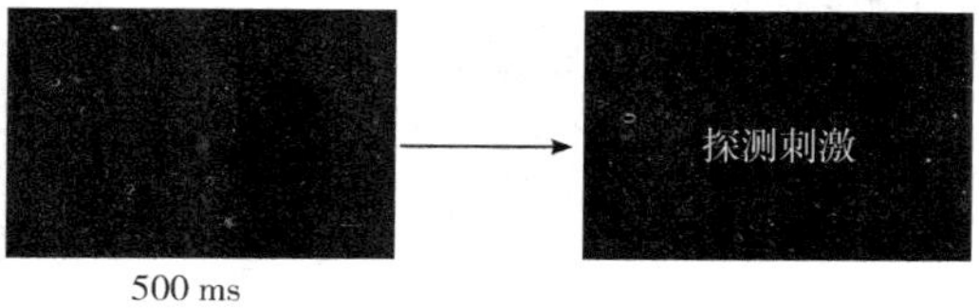

统计方法

数据导出：完整运行完程序后，会在程序所在的文件夹中，生成一个以被试编号为文件名的“E-Data Aid”文件，该文件即是数据文件，记录了该被试参与实验的所有数据。如下图所示：

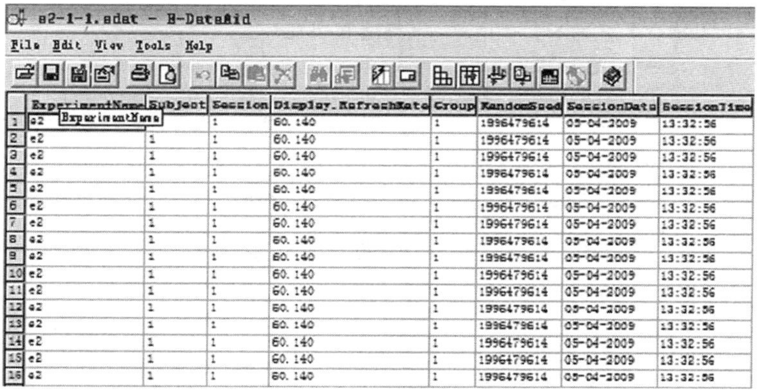

e2-1-1.edat - E-DataAid

File Edit View Tools Help

	ExperimentName	Subject	Session	Display.RefreshRate	Group	RandomSeed	SessionDate	SessionTime
1	e2		1	60.140	1	1996479614	05-04-2009	13:32:56
2	e2	1	1	60.140	1	1996479614	05-04-2009	13:32:56
3	e2	1	1	60.140	1	1996479614	05-04-2009	13:32:56
4	e2	1	1	60.140	1	1996479614	05-04-2009	13:32:56
5	e2	1	1	60.140	1	1996479614	05-04-2009	13:32:56
6	e2	1	1	60.140	1	1996479614	05-04-2009	13:32:56
7	e2	1	1	60.140	1	1996479614	05-04-2009	13:32:56
8	e2	1	1	60.140	1	1996479614	05-04-2009	13:32:56
9	e2	1	1	60.140	1	1996479614	05-04-2009	13:32:56
10	e2	1	1	60.140	1	1996479614	05-04-2009	13:32:56
11	e2	1	1	60.140	1	1996479614	05-04-2009	13:32:56
12	e2	1	1	60.140	1	1996479614	05-04-2009	13:32:56
13	e2	1	1	60.140	1	1996479614	05-04-2009	13:32:56
14	e2	1	1	60.140	1	1996479614	05-04-2009	13:32:56
15	e2	1	1	60.140	1	1996479614	05-04-2009	13:32:56
16	e2	1	1	60.140	1	1996479614	05-04-2009	13:32:56

E-Data Aid 打开文件

打开“E-Data Aid”文件（参见上图），单击 File 菜单下的 Export 命令（参见下左图），在 Export 窗口中选择“Export to”下的可选项（参见下右图），选择“StatView and SPSS”选项，然后单击“OK”保存。将数据导入 SPSS 文件，将保存后生成的文本文件在 SPSS 下打开，就可直接将数据导入 SPSS 文件，然后按照实验研究目的做进一步的数据分析。

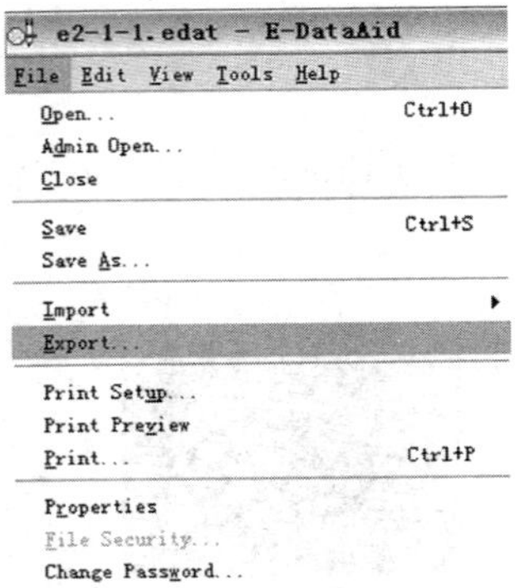

File 下拉菜单

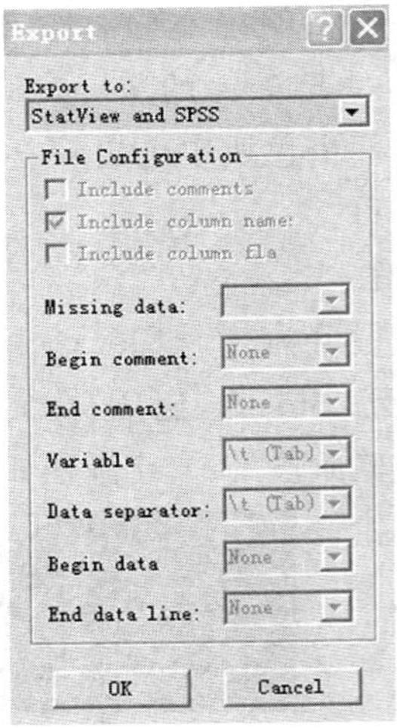

Export 弹出窗口

在打开的 SPSS 数据文件中，选择需要进行分析的数据。如下图，选择 stimulus. RESP 列， *. RESP 为被试的实际按键反应，将实际按键反应数值转化成对应的颜色，然后计算各种颜色出现的次数，最后建立颜色偏好的顺序量表。

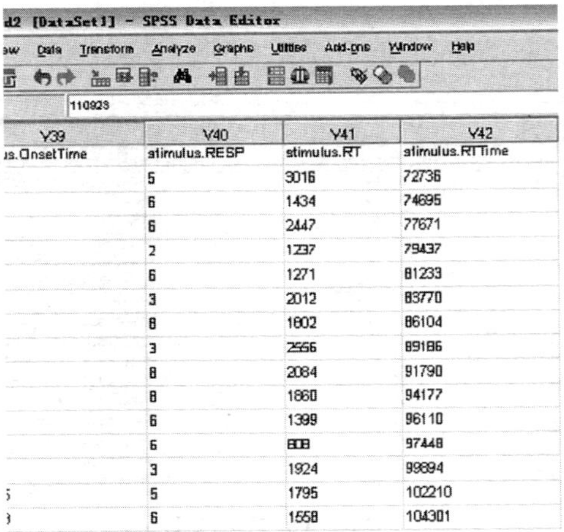

SPSS 打开的界面

根据单个被试建立顺序量表：

算出被试选择各种颜色的次数 C，根据 C 计算 $C'=C+1$，C' 为对 C 的调整，C 为每个刺激在两轮实验中，与其他刺激比较胜出的次数，而事实上，每种刺激和它本身也应比较，只不过是不分胜负，故在每个 C 分数上都加 0.5，因其比较两次，所以要加（0.5+0.5）=1。求 $P'=C'/2n$，根据 P' 转换成 Z 分数 Z'，根据 Z' 排序，建立顺序量表。

	红	黄	黑	绿	紫
总计 C	7	5	4	3	1
$P=C/2(n-1)$	0.88	0.63	0.50	0.38	0.13
$C'=C+1$	8	6	5	4	2
$P'=C'/2n$	0.80	0.60	0.50	0.40	0.20
Z	+0.84	+0.25	0.00	−0.25	−0.84
Z'	1.68	1.09	0.84	0.59	0.00
顺　序	1	2	3	4	5

根据多个被试建立顺序量表：

分别算出每个被试选择各种颜色的次数，然后把所有被试对每种颜色的选择次数相加，算出每种颜色的总选择次数，用总选择次数除以两倍总人数，计算出每种颜色选择的平均数。根据平均数排序，建立顺序量表。

参考文献

[1] 杨治良．实验心理学．杭州：浙江教育出版社，1998.

[2] 郭秀艳．实验心理学．北京：人民教育出版社，2004.

[3] 刘少英，葛列众，朱瑶．4～6 岁幼儿颜色偏好实验研究．心理科学，2004，27（3）：669-670.

[4] 葛列众，刘少英，徐伟丹．抽象颜色偏好实验研究．心理科学，2005，28（4）：849-851.

[5] 揭水平．大学生服装颜色偏好研究．统计研究，2007，24（10）：85-86.

信号检测论的再认实验范式

实验目的与功能

研究者在被试记忆一段材料之后，向被试同时呈现学习过的材料和未学习过的干扰材料，让他们判断是否是先前学习或记忆过的，这就是再认法（recognition）。此方法可以考察先前学习过的材料是否能够被正确地觉察出来。再认法比回忆法更容易提取出记忆中的项目，但是由于再认法只是从若干选项中做出选择，因此容易受到猜测因素的干扰。

信号检测论最初是信息论在通信工程中的应用成果，专门处理噪声背景下对信号进行有效分离的问题，其过程本质上是一种统计决策程序。

信号检测论对再认记忆的良好解释使得此领域中的研究方法有了重大进展。运用信号检测论，可以区分出人们对新旧事物的分辨能力和在判断新旧事物时的标准。通过验证各种影响再认记忆的已知因素（如学习次数、年龄、药物等），来探讨哪些因素影响了人们对新旧事物进行分辨的能力，哪些因素改变了人们判断新旧的标准。例如：在具体的应用性研究中发现，大麻能够同时降低再认记忆的分辨力和再认记忆的判断标准，说明此类精神药物确实对记忆有损害（郭秀艳，2004）。

实验来源与范式选择依据

1958 年 Egar 最早将信号检测模型应用于再认实验。由于是信号检测论在再认测验中的运用，所以将信号检测论的一般原理与再认测验的范式结合。信号检测论中的信号为再认中学习过的项目，信号侦察为对学习过的项目的侦察和做出抉择的过程。该模型将记忆视为一个强度连续体，对于学习过的项目记忆只有强度之分、熟悉之别，并不是质的差异。非常强或非常弱的项目在完成再认的工作时，正确率都会比较高；随强度的下降，旧项目和新项目越来越难以分离，而使得正确率下降。通过信号检测论的方法，可以将被试对新旧项目的强度和受各种条件影响的判断标准区分开来，从而真正测出被试的记忆成绩。

杨治良等（1983）设置了五种信号与噪声之间的比例，分别为 0.1、0.3、0.5、0.7 和 0.9，得到了不同的反应偏向指标和辨别力指标。白学军（2004）通过将信号检测论与再认测验结合起来，并改变材料的性质来研究材料性质对遗忘的影响和先验概率对信号检测的影响结合起来。本实验依据白学军的再认研究范式进行改编而成，不过将其材料性质的变化改为新项目与旧项目比例的变化，来考察被试的再认情况。

实验逻辑

按照再认记忆的信号检测论假设，新旧项目在记忆强度的连续体上形成两个互相重叠的正态分布。通过在不同的实验中诱导被试变化判断标准，可以得到对应的不同的击中率与虚报率，并可以根据它们描出类似于ROC曲线的图，称为MOC（记忆操作特征）曲线。

而在再认记忆的非连续模型中，假定存在一个记忆强度的阈限，阈上项目总能再认，而阈下项目只有靠猜测才出现再认。按照这个模型，MOC在以比率为坐标时应当是直线。

新旧项目是否是两个相互正态分布？假设信号检测论是正确的，那么MOC在以比率为坐标时应该是曲线，而在以Z分数为坐标时呈现为直线。最后实验结果显示MOC形态符合再认记忆的信号检测论假设。

学习之前，各个项目的熟悉度为一个正态分布。学习之后，新项目和旧项目在熟悉度上相分离，形成两个正态分布。这样在再认过程中就出现了相互独立的指标：一种是分辨力指标，表示个体再认辨别能力；另一种是反应偏向指标，即被试在测试时，拟定的判断“旧”和“新”的标准。通过对这两个指标的计算就可以知道被试的记忆情况。

实验设计

单因素组间实验设计。自变量为再认测验中旧词所占的比例。有两个水平：分别是25％和75％的旧项目。因变量为判断标准和分辨力指标。

实验流程图

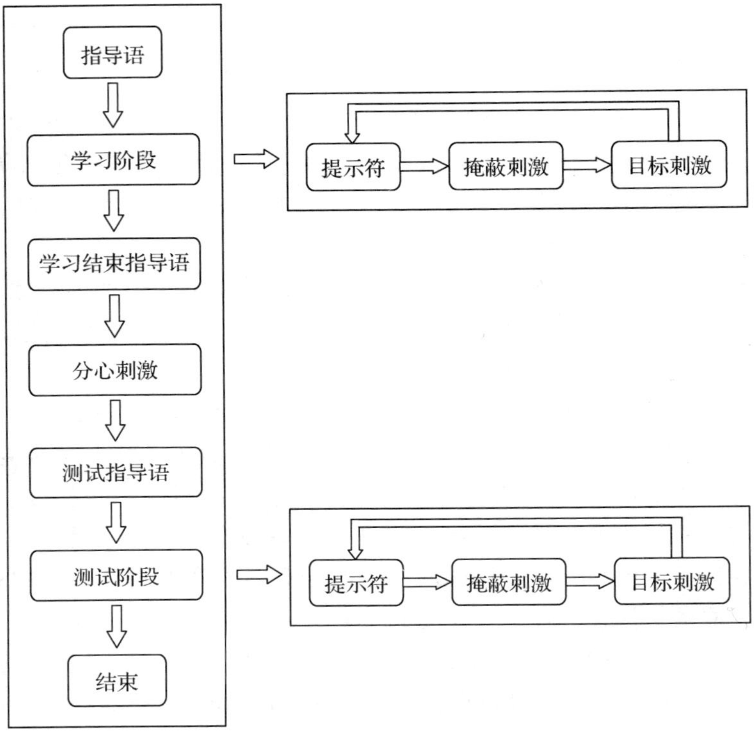

实验过程

（一）25％旧项目的实验流程如下：

Step1：建立实验外层框架

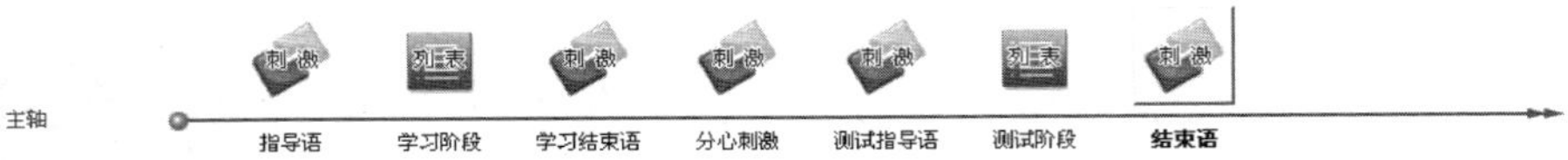

Step2：设置每个控件

◇　指导语：

用“刺激”控件呈现“指导语”。

用“图片”控件呈现指导语的内容，用“反应键”控件结束指导语界面的呈现。

◇　学习阶段：

本实验有 2 个 Block，分别用 2 个“试次列表”控件来管理。先介绍

“学习阶段”Block。

1. 双击“学习阶段”，进行编辑，写入如下信息。

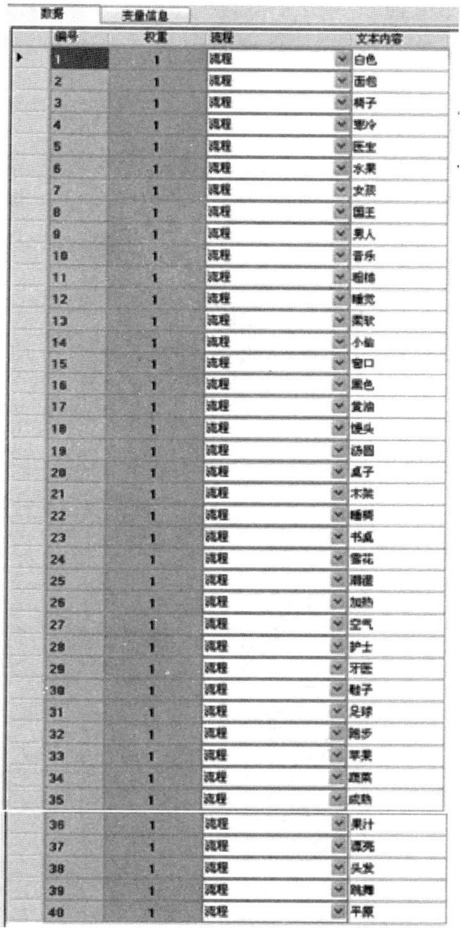

数据　变量信息

编号	权重	流程	文本内容
1	1	流程	白色
2	1	流程	面包
3	1	流程	椅子
4	1	流程	寒冷
5	1	流程	医生
6	1	流程	水果
7	1	流程	女孩
8	1	流程	国王
9	1	流程	男人
10	1	流程	音乐
11	1	流程	稻穗
12	1	流程	睡觉
13	1	流程	柔软
14	1	流程	小偷
15	1	流程	窗口
16	1	流程	黑色
17	1	流程	黄油
18	1	流程	馒头
19	1	流程	汤圆
20	1	流程	桌子
21	1	流程	木架
22	1	流程	睡椅
23	1	流程	书桌
24	1	流程	雪花
25	1	流程	潮湿
26	1	流程	加热
27	1	流程	空气
28	1	流程	护士
29	1	流程	牙医
30	1	流程	鞋子
31	1	流程	足球
32	1	流程	跑步
33	1	流程	苹果
34	1	流程	蔬菜
35	1	流程	成熟
36	1	流程	果汁
37	1	流程	漂亮
38	1	流程	头发
39	1	流程	跳舞
40	1	流程	平原

2. 将“学习阶段列表”的“取样方式”设为“无放回取样”。

3. 列表的主轴上，放上提示符、掩蔽刺激、目标刺激，全部用“刺激”控件呈现。

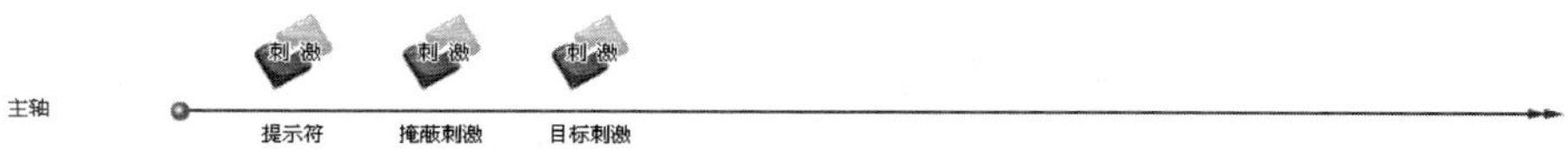

用“文本”控件呈现提示符的内容，呈现时长 500ms。

掩蔽刺激为空屏，呈现时长 600ms。

用“文本”控件呈现目标刺激，从试次列表中引用文本内容。

“目标刺激”的结束方式：限定呈现时间 3000ms。

◇ 学习结束语：

用“刺激”控件呈现“学习结束语”。

用“图片”控件呈现学习结束语的内容，用“反应键”控件结束学习结束语界面的呈现。

◇ 分心刺激：

用“刺激”控件呈现“分心刺激”。

用“图片”控件呈现分心刺激的内容，用“反应键”控件结束分心刺激界面的呈现。

◇ 测试指导语：

用“刺激”控件呈现“测试指导语”。

用“图片”控件呈现测试指导语的内容，用“反应键”控件结束测试指导语界面的呈现。

◇ 测试阶段：

1. 双击“测试阶段”进行编辑，写入如下信息：

数据　变量信息

编号	权重	流程	文本内容	正确值
1	1	流程	白色	1
2	1	流程	面包	1
3	1	流程	椅子	1
4	1	流程	寒冷	1
5	1	流程	医生	1
6	1	流程	水果	1
7	1	流程	女孩	1
8	1	流程	国王	1
9	1	流程	男人	1
10	1	流程	音乐	1
11	1	流程	约会	2
12	1	流程	黑猫	2
13	1	流程	底部	2
14	1	流程	煤炭	2
15	1	流程	天空	2
16	1	流程	塔顶	2
17	1	流程	悬崖	2
18	1	流程	越过	2
19	1	流程	飞机	2
20	1	流程	皇冠	2
21	1	流程	宫殿	2
22	1	流程	朋友	2
23	1	流程	小山	2
24	1	流程	滑雪	2
25	1	流程	唱歌	2
26	1	流程	艺术	2
27	1	流程	眼睛	2
28	1	流程	刺痛	2
29	1	流程	长江	2
30	1	流程	游泳	2
31	1	流程	绿树	2
32	1	流程	山路	2
33	1	流程	地面	2
34	1	流程	休息	2
35	1	流程	静寂	2
36	1	流程	蜗牛	2
37	1	流程	交通	2
38	1	流程	等待	2
39	1	流程	坚硬	2
40	1	流程	枕头	2

2. 将“测试阶段列表”的“取样方式”设为“无放回取样”。

3. 列表的主轴上，放上提示符、掩蔽刺激、测试刺激、反应界面，全部用“刺激”控件呈现。

提示符和掩蔽刺激控件参数同“学习阶段”相应部分。

测试刺激界面，用文本控件呈现测试刺激，从试次列表中引用文本内容。“测试刺激”的结束方式：限定呈现时长1000ms。

反应界面，用“图片”控件呈现反应指导语的内容，用“反应键”控件结束反应界面的呈现。

使用“反应键”控件控制被试反应。

- 将J键的返回值设为“1”，X键的返回值设为“2”。
- 从“试次列表”引用“正确反应”，这样系统可以判断被试按键的正误。
- 本实验要记录反应时数据，由于“反应键”默认的“计时起点”是实验开始的时间，所以要设置“计时起点”为“反应界面”开始的时间。

“反应界面”的结束方式：不限定呈现时长，被试按键后结束。

“持续时间”设为“－1”，即不限定“反应界面”的呈现时间。

◇ 结束语：

用“刺激”控件呈现结束界面，用“图片”控件呈现结束语内容，用“反应键”控件终止结束语界面的呈现。

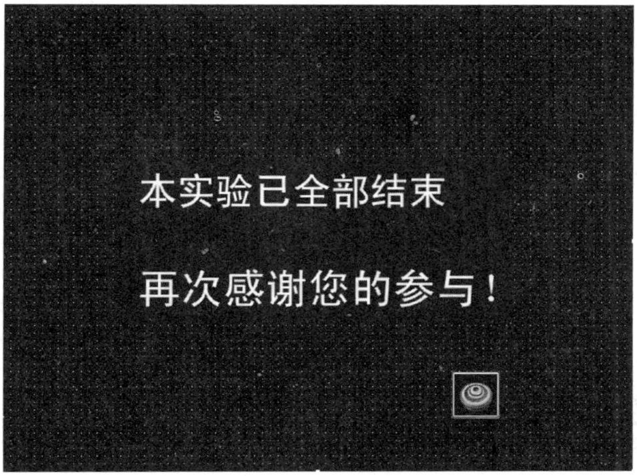

Step3：设置结果记录

在“实验”菜单中打开“设置结果记录”，勾选“测试阶段”Block 中“反应界面”下需要记录的数据。

（二）75%旧项目的实验流程：

75%旧项目实验流程和 25%的基本一样，所不同的地方是：“学习阶段”和“测试阶段”列表中，文本内容中填写的词语不同，指导语中相关比例数字不同。

注意事项

反应键的“计时起点”，注意设置为反应界面开始呈现。

实验材料

实验材料为 80 个词语，其中 40 个词语为学习阶段的词语，另外 40 个为测验阶段的混淆词。

由于再认中新旧项目所占的比例不同，因此两种条件下的材料略有差别。测验中旧词为 25%条件下，学习阶段的词语为 10 个，新词为 30 个。测验中旧词为 75%的条件下，学习阶段的词语为 30 个，新词为 10 个。

另外，在学习阶段与测试阶段之间，会让被试进行简单的加法运算，防止被试复述。

实验步骤

实验步骤为学习阶段——分心阶段——测验阶段。

学习阶段

学习阶段分为 1 个 Block，有 40 个 trial。由于有分心阶段的任务，因此在学习阶段中没有设置缓冲项目。每个 trial 开始会有 500ms 的提示，接着呈现 3000ms 的词语，然后进行下一个 trial。

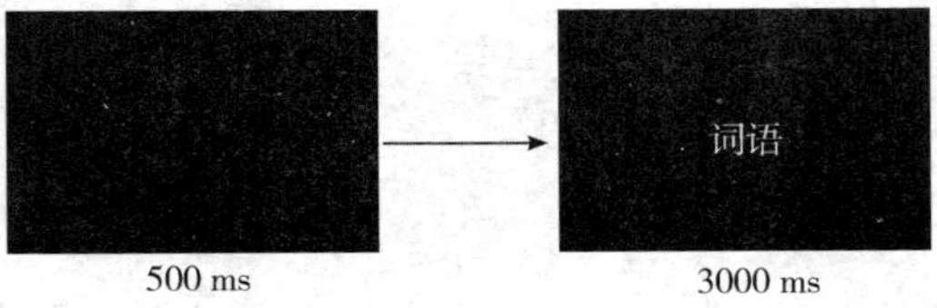

分心阶段

让被试完成一系列的加法运算题，并给予反馈，防止被试复述以及系列位置效应的干扰。

测验阶段

在分心阶段完成后，立即进行再认测验。再认测验有 40 个 trial，在一个 Block 中呈现。被试对呈现的词语做新旧反应，新词按 X 键，旧词按 J 键。

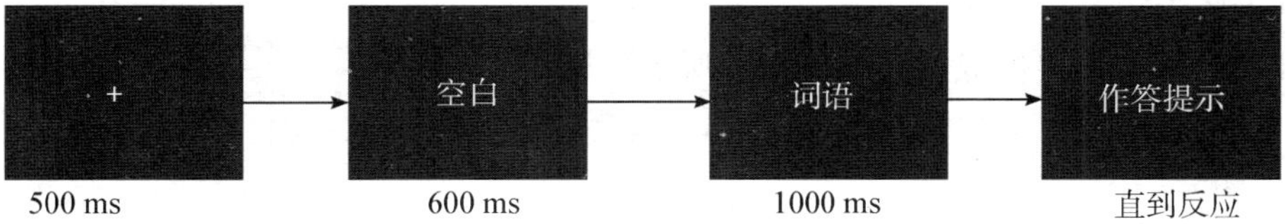

统计方法

数据导出

完整运行完程序后，会在程序所在的文件夹中，生成一个 E-DataAid 文件，该文件即是数据文件。25%旧词条件的数据文件名为“recognition25old-1-1. edat”，其中第一个数字“1”指第 1 个被试，第二个数字“1”指第 1 个 session。同样的，75%旧词条件的数据文件名为“recognition75old-1-1. edat”。

直接双击打开该 E-DataAid 文件，打开看到如图所示的数据文件。

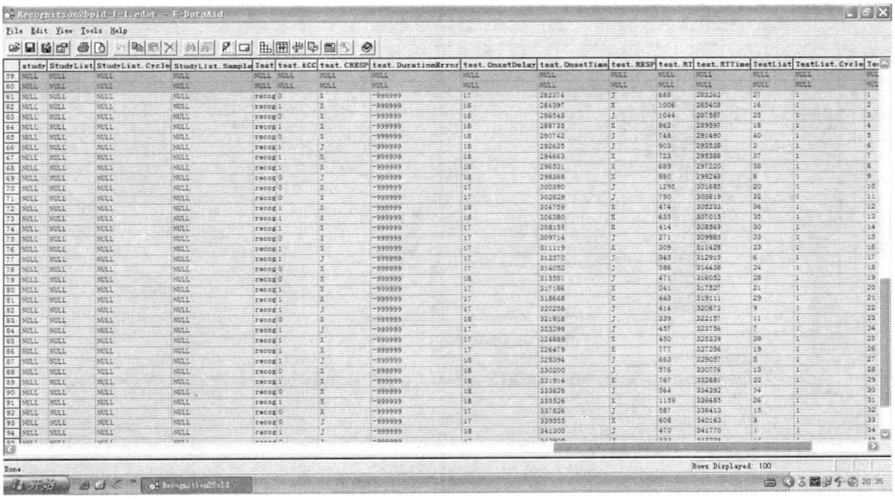

该文件全面地记录了被试的所有信息。

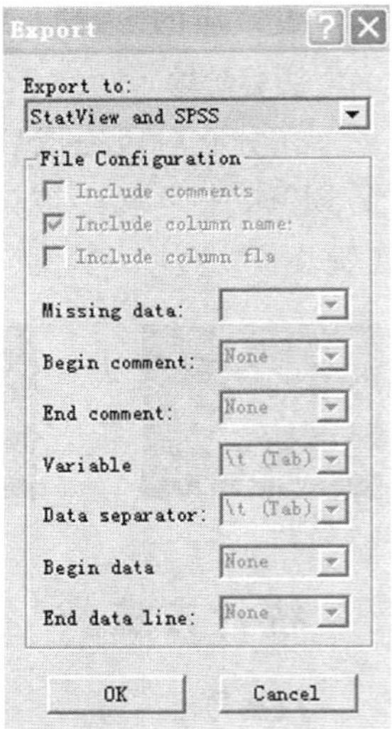

为了进一步分析数据，将该数据文件导出为SPSS或Excel文件。导出的具体方法有两种，第一种是单击“File”，然后选择“Export”；第二种是直接单击快捷键工具栏（即如下图所示的横条工具栏），其中的左起第三个按钮即是导出按钮（下图中放大了的按钮，软盘上带一格蓝色箭头的图标）。单击导出键后，弹出如图所示窗口：

单击下拉菜单，即可选择需要导出的文件。我们选择“StatView and SPSS”，单击“OK”，即可弹出一个保存窗口：输入希望保存的文件名，选择想保存的位置。然后关闭这份 E-DataAid 文件。

在你选择导出数据的文件夹中，可看到一个“. txt”的文本文档。打开 SPSS 之后，导入数据的时候选择“. txt”为后缀名的文件导入即可。如图所示。

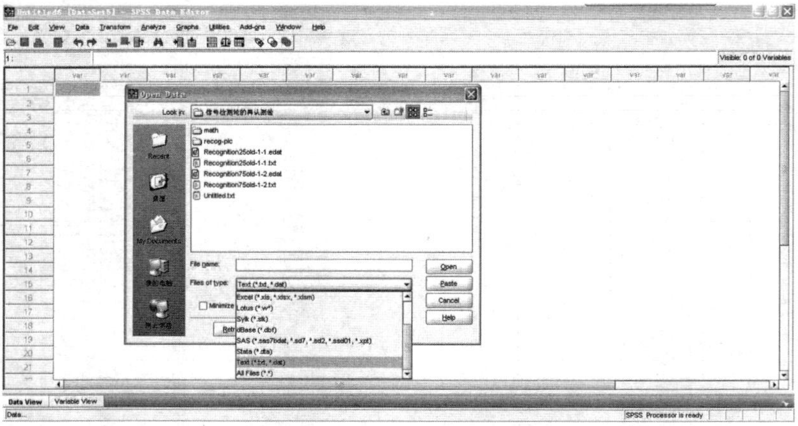

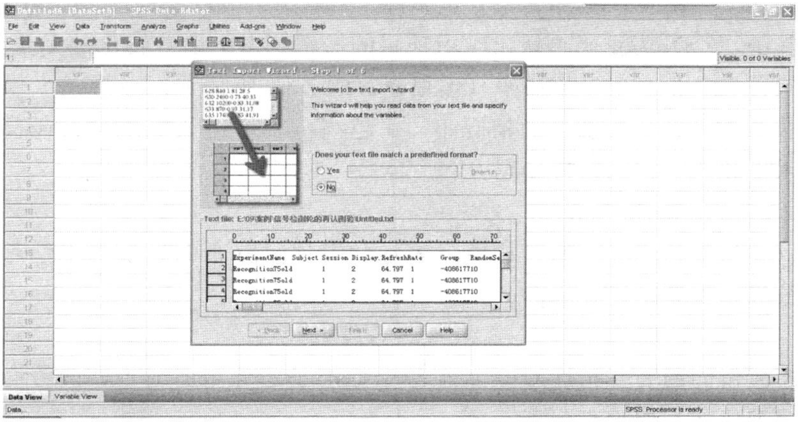

在 SPSS 中，可以看到与在 E-DataAid 文件中完全一样的被试信息。其中“test. ACC”列，是被试在测验阶段每次反应是否正确的数据，1 为正确反应，0 为错误反应。“test. RT”列，是被试每次的反应时数据，单位为 ms。注意其中为 0 的，代表被试没有及时做出反应，应将其视为 miss 的数据。“type”意指按测试中的 trial 是新项目还是旧项目进行归类。

数据整理和初步计算

首先将学习阶段和计算阶段的数据剪切并另存。然后将无关变量删除，只保留被试信息、session、反应时（test. RT）、正确率（test. ACC）和 trial 类型（type）。

信号检测论需要被试击中率和虚报率的指标，计算击中率和虚报率的具体方法：首先单击“Data”，选择“Sort case”，然后将“Type”选入，接着选择“Ascending”或“Descending”均可。然后在计算击中率时，计算“Type” same 的 trial 中“test. ACC”为 1 的总和，将该数据除以 same 的 trial 总数，所得的即为该被试的击中率。与此类似，虚报率则是计算“Type” new 的 trial 中，“test. ACC”为 1 的概率。

分辨力和反应偏向计算

根据被试的击中率和虚报率分别求出两种条件下的分辨力指标和反应偏向指标，来观察先验概率对再认的影响。

1. 分辨力指标 d'

分辨力指标 d' 取决于学习的程度以及被试的记忆特点，它由经过学习与记忆的项目熟悉度分布与未经学习的项目熟悉度分布之间的差距来确定。当两组项目强度分布为标准差相同的正态分布时，

$$d' = ZSN - ZN$$

其中，ZSN 为正确再认出学习项目的概率（击中率）转化的 Z 值，ZN 为正确否定非学习项目的概率（虚报率）的 Z 值。

在两个正态分布稳定的情况下，d′越高，表示再认的准确性越高，即再认水平越高，记忆保持量越大。

2．反应偏向指标 β 和 C

反应偏向指标 β 为似然比值。表示学习项目分布的纵轴与未学习项目分布的纵轴长度之比

$$\beta = OSN/ON$$

反应偏向的另一指标 C 表示在两个标准正态分布曲线中，两分布交界点到标准线之间的垂直距离

$$C = ZSN - d'/2$$

反应偏向，以 β 为例，β 高表示被试判断的标准严格，不轻易报告"旧"，反之，β 低表示被试判断的标准宽松，容易将一些新项目判断为旧项目。

参考文献

[1] 杨治良．心理实验教学内容更新的初步尝试——介绍三个教学实验．心理科学，1983，3，37-46.

[2] 杨治良，郭力平．关于记忆研究中再认指标的述评．华东师范大学学报（教育科学版），1998，1，74-80.

[3] 白学军，杨海波，沈德立．材料性质对有意遗忘影响的实验研究．应用心理学，2004.10（4）：8-12.

第三章　注　意

内源空间线索提示实验范式

实验的目的与功能

内源空间线索提示范式（endogenous cuing paradigms），也称为符号线索（symbolic cues）或者中央线索（central cues）范式，是一种测量空间注意转移的方法，主要用于（1）研究注意指向被信息提示的过程；（2）比较对被注意到的刺激和对未被注意到的刺激在加工过程上的差别。

该实验范式的基本原理是：用刺激或指导语来引导被试注意一个明确的输入源，然后把对这一输入源的加工和对其他输入源的加工做比较。在实验过程中，靶刺激（target）出现在左视野或右视野，注意在左右视野转移。靶出现前会有一个提示性的线索刺激（cue），线索刺激将出现在显示屏的中央，当靶刺激出现在提示线索指向的空间位置称为有效提示，出现在提示线索指向的相反空间位置称为无效提示，要求被试对随后出现的靶刺激空间位置进行判断。通常的结果是，被试对无效线索提示下目标刺激的反应时要显著长于有效线索提示。

实验来源与范式选择依据

内源空间线索提示实验范式最早由 Posner（1980）用于研究注意资源的空间分配特点。实验中先在屏幕中央呈现线索刺激，比如在屏幕中央呈现一个箭头，线索刺激可以是指向靶刺激将要出现的位置（此时称为有效提示），或者指向相反的位置（此时称为无效提示），然后再出现靶刺激，此时，被试需要对靶刺激出现的位置尽快按键判断。Müller 等人（1989）的研究指出，这种所谓提示效应（cueing effect）无论在明显（overt）的朝向反应下，即出现眼动的条件下，还是在隐蔽（covert，即没出现眼动）的条件下，都存在。在内源线索（endogenous cue），也称为中央线索提示的条件下，提示效应机制的特点是比较慢并且受策略或者意愿的控制。该实验范式提示效应的高峰在提示—目标间隔（cue-target stimulus onset asynchronies，SOAs）为 200ms 左右时出现，且一般情况下并不出现返回抑制的现象（Müller et al.，1988）。

大量对空间注意的研究，其目的在于研究隐性的注意转移（如，“思想”的转移），而不是研究显性的、有眼动伴随的转移。如果被试注视线索刺激出现的位置，那么，出现在眼睛中央凹的物体会得到更快且更准确的加工。由此可知，尽管显性的眼动转移研究能有效地研究方位控制的机制，但是，这类研究并不能够有效地研究真正的注意效应。因此，大量的空间线索研究或者是要求被试保持中央注视（需要对眼睛注视的位置进行测量），或者是在线索提示之后快速呈现靶刺激，以保证被试没有时间去计划或者执行眼动过程（线索刺激和靶刺激的间隔呈现时间应小于 200ms）。

实验逻辑

样例实验在测试阶段中，线索刺激为指向左或指向右的箭头，当靶刺激出现的位置与箭头指向一致时，称为有效提示；反之，则称为无效提示。为避免出现眼动的情况，线索刺激与靶刺激的呈现间隔时间小于 200ms。通过考察被试对有效提示和无效提示情况下的反应时差异，来探讨被试空间注意转移的特点及其机制。

实验设计

本实验为单因素重复测量实验设计，以线索提示类型为自变量，选取有效线索和无效线索提示两种呈现方式，所有被试均接受该两种水平的处理，因变量为被试对靶刺激空间位置判断的反应时。

本实验需要收集的数据是对目标刺激的反应时以及正确与否。

实验流程图

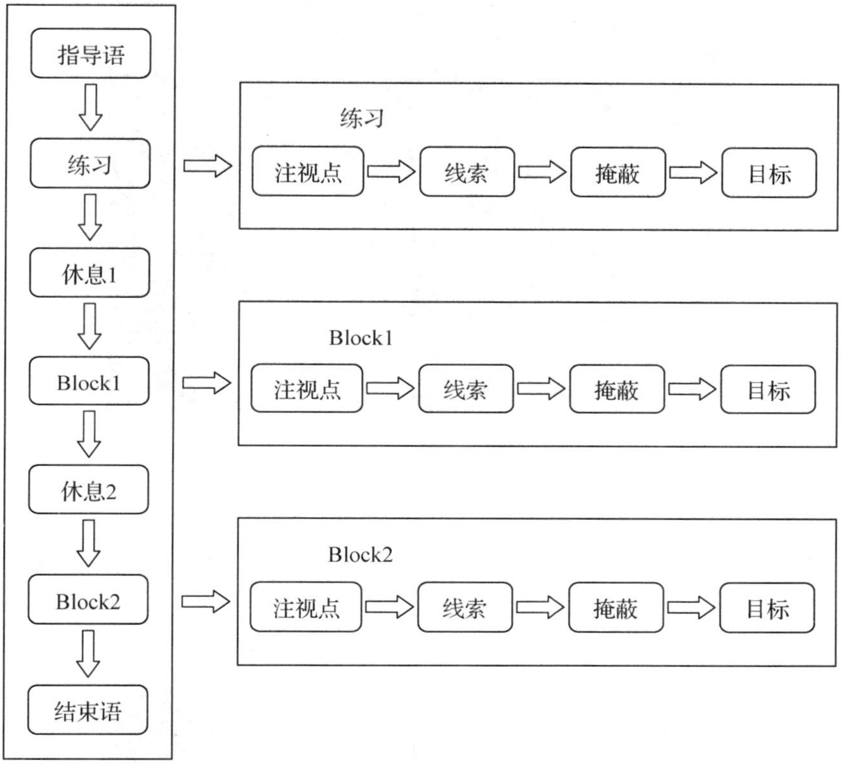

实验过程

Step1：建立实验外层框架

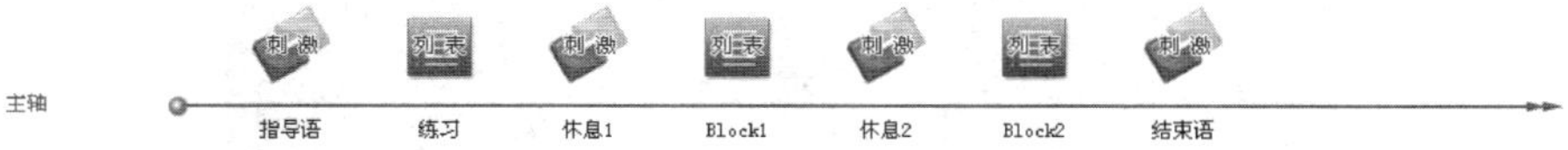

◇　指导语

用“刺激”控件呈现“指导语”。

用“图片”控件呈现指导语的内容，用“按钮”控件结束指导语界面的呈现。

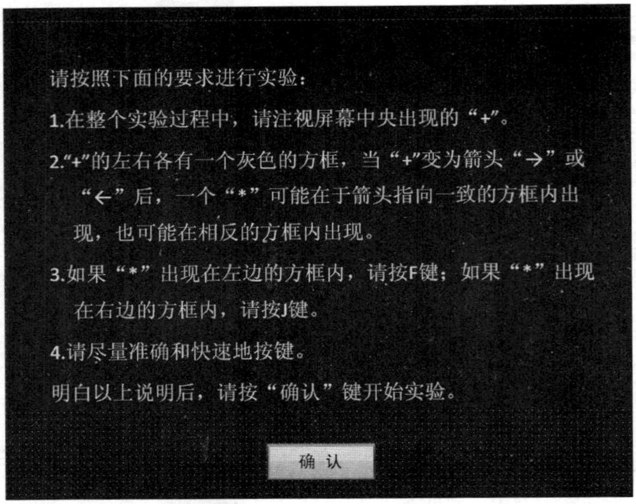

◇　练习

拖曳一个“试次列表”控件到主轴上，重命名为“练习”。

◇　休息 1

在本界面，被试可以稍事休息，然后按“确认”键进入正式实验。

呈现内容：见示意图。

结束方式：使用“按钮”控件，按“确认”键结束。

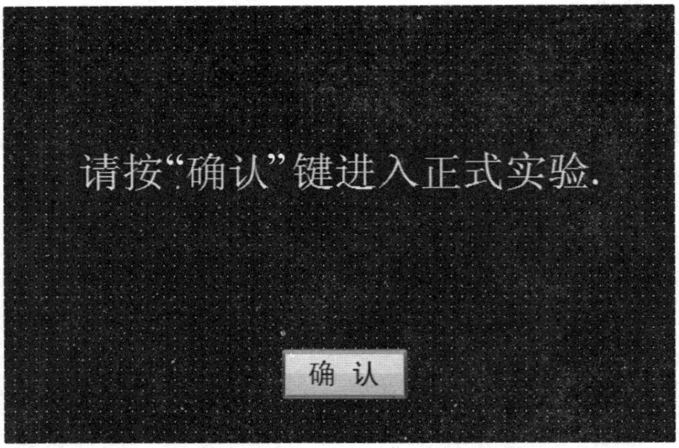

◇　Block1

拖曳一个“试次列表”控件到主轴上，重命名为“Block1”。

◇　休息 2

在本界面，被试可以稍事休息，然后按“确认”键进入正式实验。

呈现内容：见示意图。

结束方式：使用“按钮”控件，按“确认”键结束。

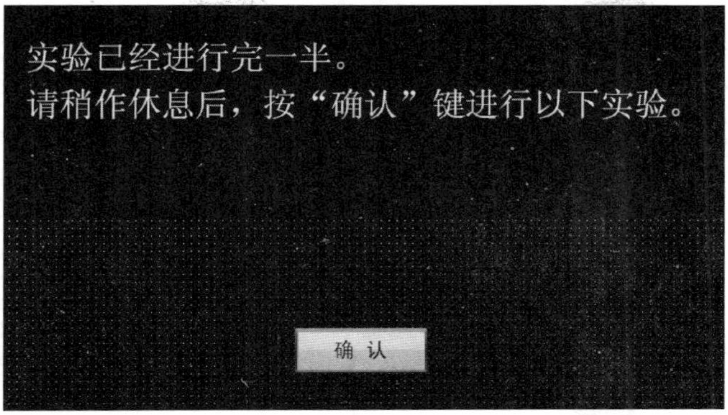

◇ Block2

拖曳一个“试次列表”控件到主轴上，重命名为“Block2”。

◇ 结束语

用刺激控件呈现结束界面。

呈现内容：见示意图。

结束方式：“持续时间”2000ms。

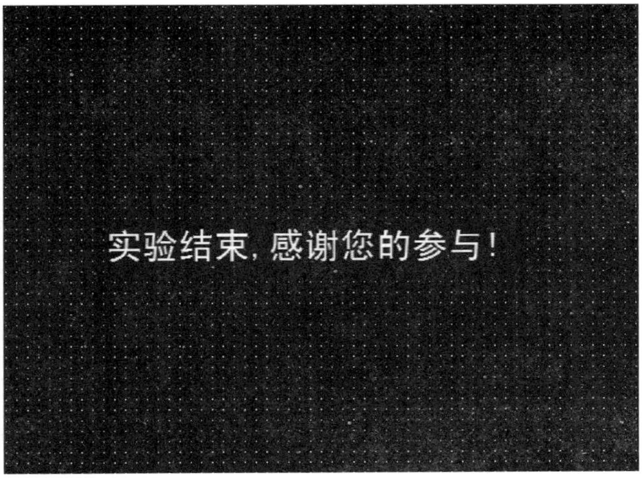

Step2：练习

◇ 建立核心流程，编辑“练习”，写入如下内容，共有16行。注意将“练习”的“取样方式”设为“无放回随机”。

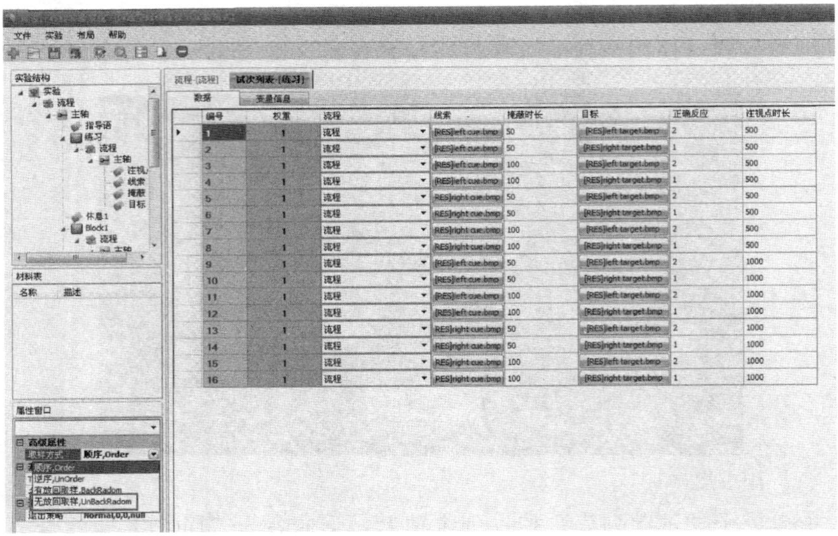

◇ 编辑核心流程

1. 注视点

呈现内容：呈现“＋”，使用“图片”控件实现。图片从硬盘读入。

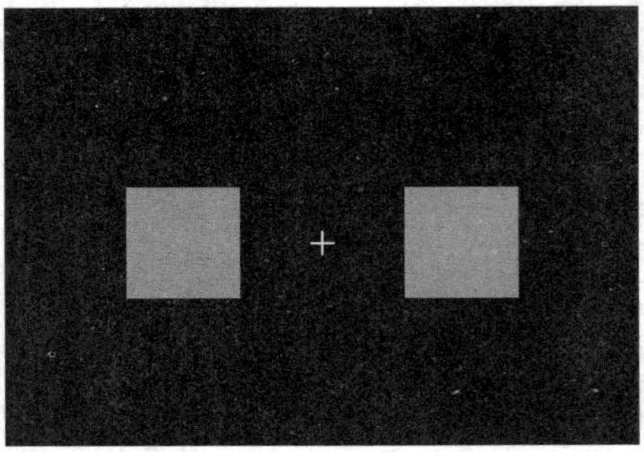

结束方式：“持续时间”从“练习”引用。

2. 线索

呈现内容：使用“图片”控件，“图片路径”从“练习”（traillist）中引用“线索”变量。

示意图如下：以“左线索”为例。

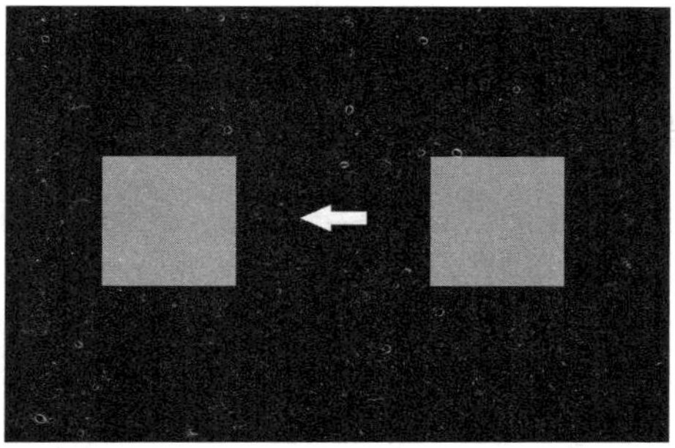

结束方式：将本页面的“持续时间”设为200ms。

3. 掩蔽

呈现内容：使用“图片”控件呈现图片，图片同“注视点”界面用到的图片一样。

结束方式：本页面的“持续时间”引用“练习”（traillist）中的“掩蔽时长”变量。

4. 目标

呈现内容：使用“图片”控件，“图片路径”从“练习”（traillist）中引用“目标”变量。

示意图如下：以“左目标”为例。

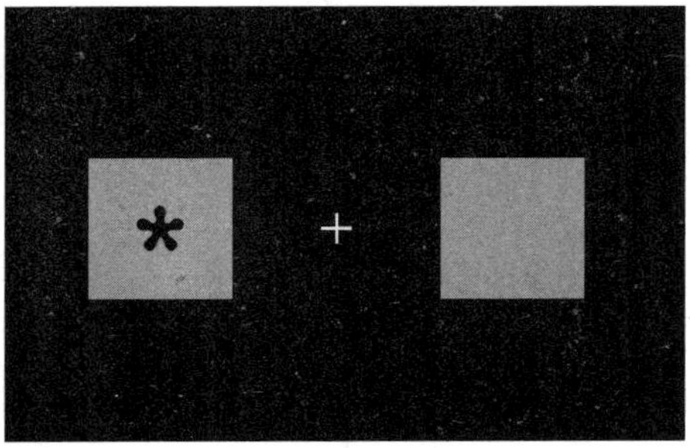

结束方式：“持续时间”设为5000ms。

使用“反应键”接受被试反应：

J的返回值为“1”，F的返回值为“2”；

“正确反应”从“练习”试次列表中读入；

将反应键的“计时起点”设为“练习”下的“目标”，这样系统将以“目标”界面为零点，记录反应时数据。

被试按键后，结束“目标”的呈现。

Step3：Block1& Block2

Block1和Block2的呈现内容和呈现方式同“练习”完全一样，使用同样的方法实现。

Step4：设置结果记录

◇ 点击“实验”菜单，选择“设置结果记录”。

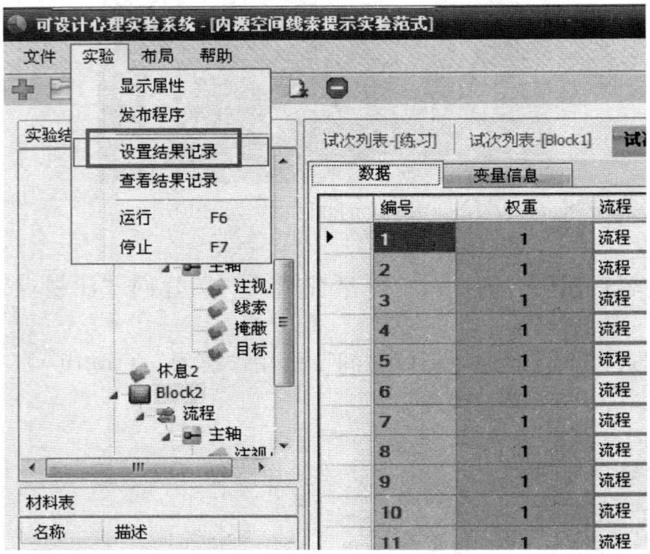

◇ 在树形结构中找到 Block1 的“目标”页面，勾选需要记录的数据。

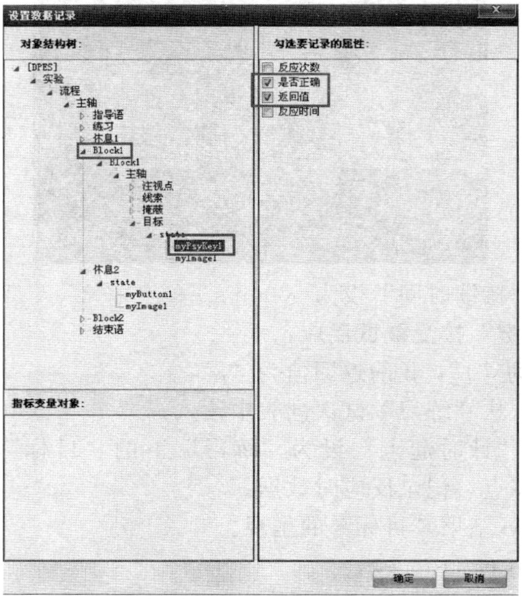

◇ 同样设置 Block2 的数据记录。

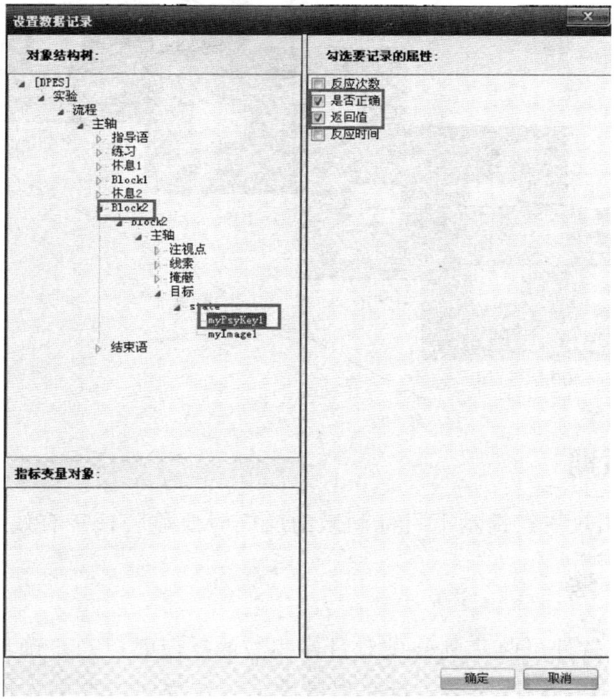

实验材料

实验将采用 E-prime 呈现刺激材料。

线索刺激为箭头“→”或者“←”，靶刺激为“+”。

实验步骤

内源空间线索提示范式是提示范式的典型代表，其实验流程为：每个 trial 开始时都会在显示屏幕中央呈现一个“+”，其左右两边各有一个白色方框，呈现时间为 500ms 或者 1000ms，随后，“+”将被箭头代替，箭头的呈现时间为 100ms，在 50ms 或者 100ms 的空屏掩蔽后，在左右两边灰色方框的任意一个框内出现一个目标刺激，要求被试尽可能快且准确地作出反应。trial 流程如下所示（有效线索提示）：

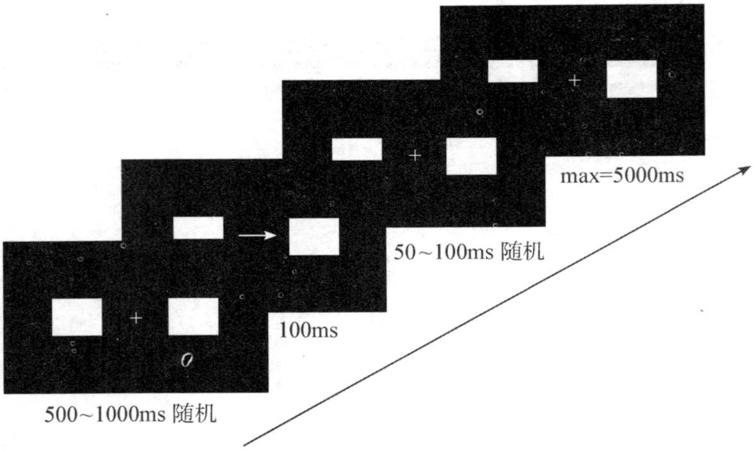

实验预期

被试对无效线索提示下目标刺激的反应时要显著长于有效线索提示。

统计方法

E-prime 软件可收集到被试对目标刺激的反应时以及正确与否。

数据导出 SPSS：完整运行完程序后，会在程序所在的文件夹中，生成一个 E-DataAid 文件，该文件即是数据文件。内源空间线所提示范式的数据文件名为“Internal-Cuing Paradigm-1-1. edat”，其中第一个数字“1”指第 1 个被试；第二个数字“1”指第 1 个 session。

直接双击打开该 E-DataAid 文件，打开看到如图所示的数据文件。

为了进一步分析数据，将该数据文件导出为 SPSS 或 Excel 文件（为了便于统计，一般采用 SPSS）。导出的具体方法有两种，一种是单击“File”，然后选择“Export”；第二种是直接单击快捷键工具栏（如下图所示的横条工具栏），其中的左起第三个按钮即是导出按钮（如下图中放大了的按钮，软盘上带一格蓝色箭头的图标）。单击导出键后，弹出如图所示窗口：

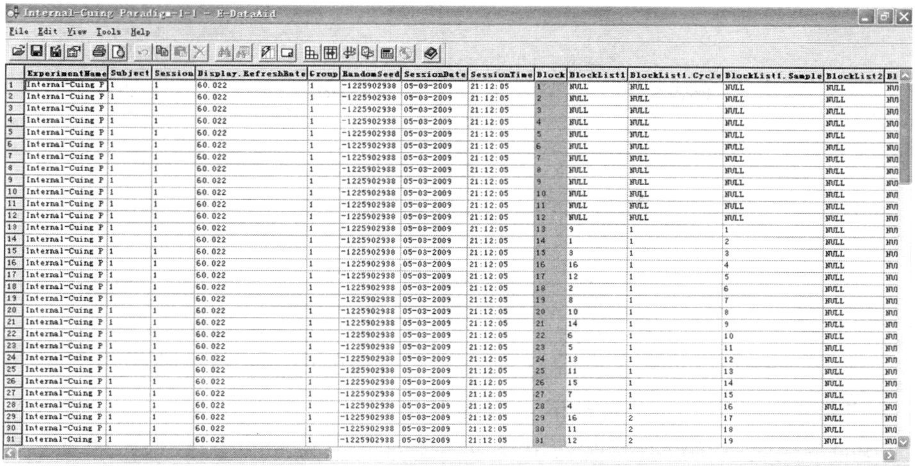

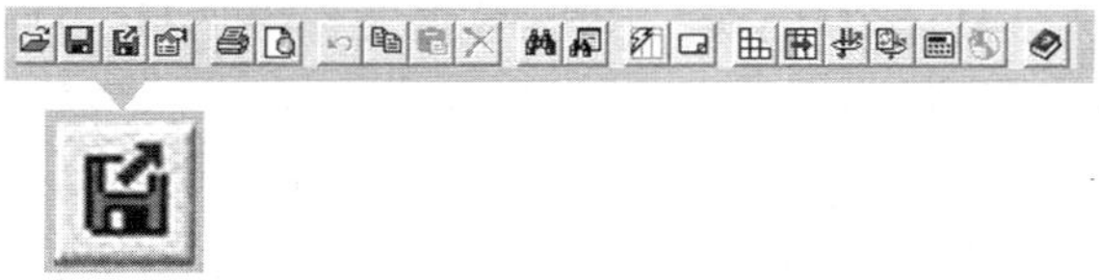

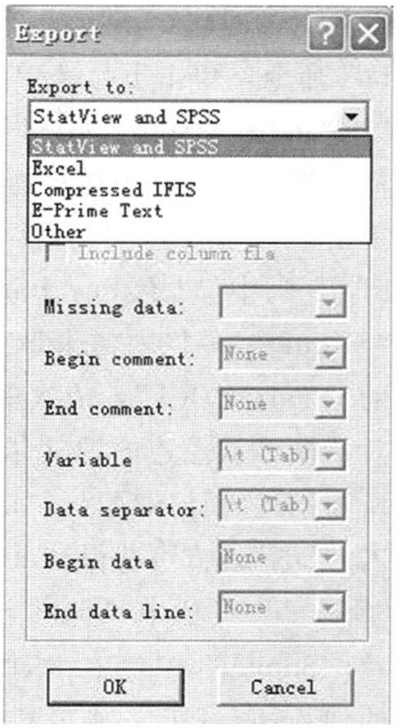

单击下拉菜单，即可选择需要导成的文件。我们选择“StatView and SPSS”，单击“OK”，即可弹出一个保存窗口：输入希望保存的文件名，选择想保存的位置。然后关闭这份 E-DataAid 文件。

在你选择导出 SPSS 数据的文件夹中，可看到一个“.txt”的文本文档，右击该文档，在“打开方式”中，选择 SPSS 为打开方式，将其打开。

在该 SPSS 文档中，可以看到与在 E-DataAid 文件中完全一样的被试信息。其中“Target. ACC”列，是被试在测验阶段每次反应是否正确的数据，1 为正确反应，0 为错误反应。将该列求和即可知道被试在测验阶段的正确次数。具体方法：在 SPSS 数据文件中依次单击 Analyze→Descriptives Statistics→Descriptives 对话框，从左边的源变量框中选中“Target. ACC”，单击“Options”，选中所需描述统计的项目，如“Sum”，再单击“Continue”返回主对话框，单击“OK”，方可获得结果。具体如下图所示：

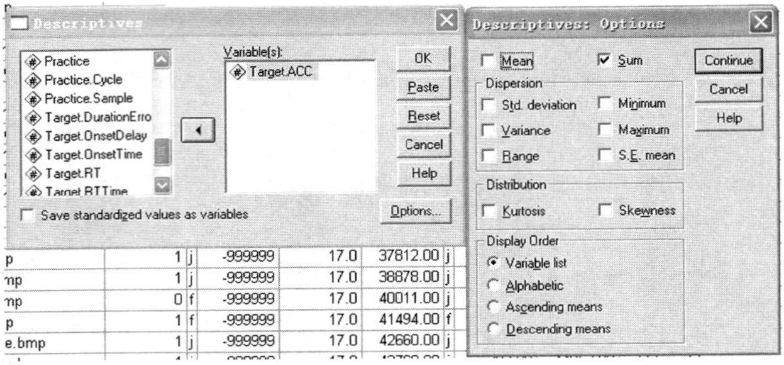

将该数据除以正式实验的总 trial 数，所得的即为该被试的正确率。

“Target. RT”列，是被试每次的反应时数据，单位为 ms。注意其中为 0 的，代表被试没有及时做出反应，应将其视为 miss 的数据，计算平均反应时的时候，不应计算在内。具体方法：在 SPSS 数据文件中选择“Data”命令，单击下拉菜单中的“Select cases”，打开选择个案对话框，选中“If condition in satisfied”，单击“If”按钮，弹出“Select cases：if”对话框，将“Target. RT”变量选入右边的空格，定义为“Target. RT ＞ 0”，单击“Continue”回到主对话框，单击“OK”即可。然后，选中“Stimuli”一栏中“left cue. bmp”与“Target. CRESP”一栏中“f”匹配以及“Stimuli”一栏中“right cue. bmp”与“Target. CRESP”一栏中“j”匹配的“Target. RT”，依次单击 Analyze→Descriptives Statistics→Descriptives 对话框，从左边的源变量框中选中“Target. RT”，单击“Options”，选中所需描述统计的项目，如“Mean”，再单击“Continue”返回主对话框，单击“OK”，方可获得被试在有效线索提示条件下的平均反应时。同理，选中“Stimuli”一栏中“right cue. bmp”与“Target. CRESP”一栏中“f”匹配以及“Stimuli”一栏中“left cue. bmp”与“Target. CRESP”一栏中“j”匹配的“Target. RT”，则得到被试在无效线索提示条件下的平均反应时。

因此，在数据处理过程中，以下数据需要剔出，不在统计分析的范围内：

1. 错误反应的数据；

2. M±3SD（M 表示每个被试总平均反应时，SD 表示标准差）以外的数据；

3. 每个被试被删除的 trial 数超过总 trial 数 10％时，整个被试的数据被删除。

最后，对剩下的有效数据采用 SPSS 软件进行单因素 2 水平的方差分析。

参考文献

[1] 郭秀艳．实验心理学．北京：人民教育出版社，2004.

[2] Stanley Smith Stevens, Harold E. Pashler. *Steven's Handbook of Experimental Psychology* (*Volume* 1) . Publisher: John Wiley and Sons, 2002.

[3] Posner M I. Orienting of Attention. *Quarterly Journal of Experimental Psychology*, 1990, 32, 3-25.

[4] Mller H J, Rabbitt P M A. Reflexive and Voluntary Orienting of Visual attention: Time Course of Activation and Resistance to Interruption. *Journal of Experimental Psychology*: *Human Perception and Performance*, 1989, 15, 315-330.

[5] Mller H J, Findlay J M. The Effects of Visual Attention on Peripheral Discrimination Thresholds in Single and Multiple Element Displays. *Acta Psychologica*, 1988, 69, 129-155 .

[6] 刘莹．考试焦虑者注意偏向的认知与神经机制．硕士毕业论文，南京：东南大学．2008.

外周空间线索提示实验范式

实验的目的与功能

外周空间线索提示范式（Periphery Cuing Paradigms），也称为外源线索（periphery cue），是一种测量空间注意转移的方法，主要用于：（1）研究注意指向被提示信息的过程；（2）比较对被注意到的刺激和对未被注意到的刺激在加工过程上的差别。

该实验范式的基本原理是：用刺激或指导语来引导被试注意一个明确的输入源，然后把对这一输入源的加工和对其他输入源的加工做比较。在实验过程中，靶刺激出现在左视野或右视野，注意在左右视野转移。靶出现前会有一个提示性的线索刺激，线索刺激同样出现在左视野或右视野，或同时出现在左右视野。当靶刺激出现在单一线索刺激出现的空间位置称为有效线索，若出现在单一线索刺激出现的相反空间位置称为无效线索；当线索刺激同时出现在左右视野时，则称为中性线索。要求被试对随后出现的靶刺激空间位置进行判断，大量的研究表明，在有效线索的条件下，反应时要比中性线索条件下快，称为收益效应（benefit effect）；而无效线索则相反，称为损失效应（cost effect）。

实验来源与范式选择依据

外周空间线索提示实验范式最早由 Posner（1980）用于研究注意资源的空间分配特点。实验中先在屏幕左右两个位置中的某一个位置上或者两个位置同时出现线索刺激，线索刺激是一个简单的几何图形。线索可以出现在靶刺激将要出现的位置（此时称为有效提示），或者出现在相反的位置（此时称为无效提示），若线索刺激同时出现在左右视野时，则称为中性线索。当靶刺激出现后，被试需要对靶刺激出现的位置尽快按键判断。Müller 等人（1989）的研究指出，这种所谓的提示效应（cueing effect）无论在明显的朝向反应下，即出现眼动的条件下，还是在隐蔽（即没出现眼动）的条件下，都依然存在。Jonides（1981）指出外周空间线索提示范式不容易受抑制也比较少受紧随的视觉事件的影响，其提示效应的高峰在提示—目标间隔（cue-target stimulus onset asynchronies，SOAs）约 100～150ms，若大于 300ms 则出现返回抑制（inhibition of return，IOR）的现象，即提示有效的条件下的反应时反而变慢了（Rafal et al.，1989）。

此外，外周空间线索提示范式的另一种变式为线索刺激不再是单一的几何图形，而是具有感情色彩或者某种特殊意义的词语或者图片，测试中，被试对目标刺激的反应时除了受到线索刺激所在空间位置干扰之外，还会受到线索刺激本身意义或者物理特征的干扰。

Stormark 等人用消极意义和中性意义的情绪词作线索，探查情绪性线索对被试注意转移的影响。结果显示，词的情绪效价（负性、中性）和提示的有效性（有效、无效）间产生了显著的交互作用。当情绪词作线索时，有效提示条件下的反应时要明显短于无效提示条件，而且情绪词作线索时产生的这种差异大于中性词。

实验逻辑

样例实验在测试阶段中，线索刺激为简单的几何图形——正方形，当线索刺激出现的位置与靶刺激一致时，称为有效线索提示；反之，则称为无效线索提示；当线索刺激同时出现在左右视野时，称为中性线索。为避免出现返回抑制的情况，线索刺激与靶刺激的呈现间隔时间小于200ms。通过考察被试对有效线索提示、无效线索提示和中性线索情况下的反应时差异，来探讨被试空间注意转移的特点及其机制。

实验设计

本实验为单因素重复测量实验设计，以线索提示类型为自变量，选取有效线索提示、无效线索提示和中性线索提示三种呈现方式。

所有被试均接受该三种水平的处理，因变量为被试对靶刺激空间位置判断的反应时。

本实验要收集的数据是被试对目标刺激的反应时以及正确与否。

实验流程图

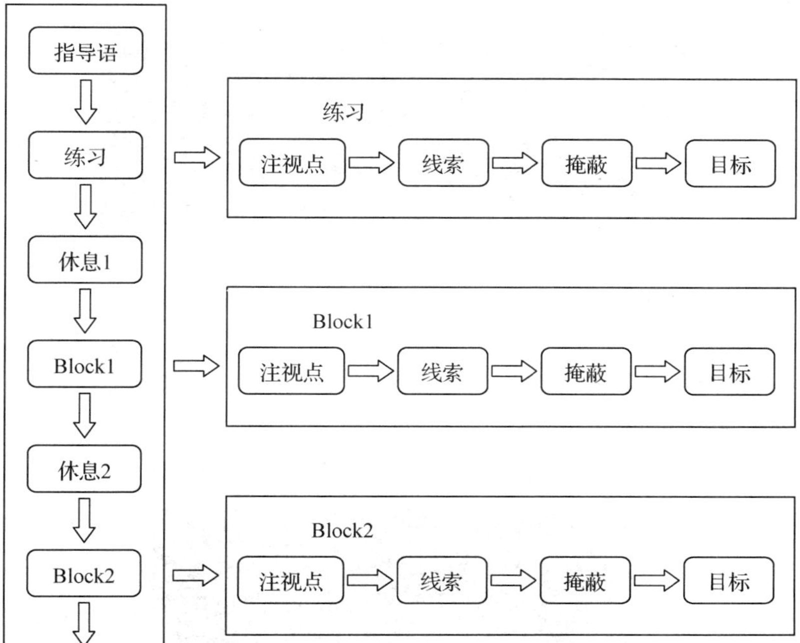

实验过程

Step1：建立实验外层框架

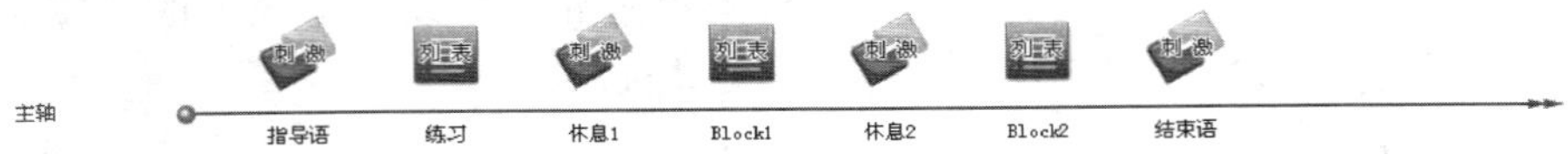

◇ 指导语

用“刺激”控件呈现“指导语”。

用“文本”控件呈现指导语的内容，用“按钮”控件结束指导语界面的呈现。

◇ 练习

拖曳一个“试次列表”控件到主轴上，重命名为“练习”。

◇ 休息1

在本界面，被试可以稍事休息，然后按“确认”键进入正式实验。

呈现内容：见示意图。

结束方式：使用“按钮”控件，按“确认”键结束。

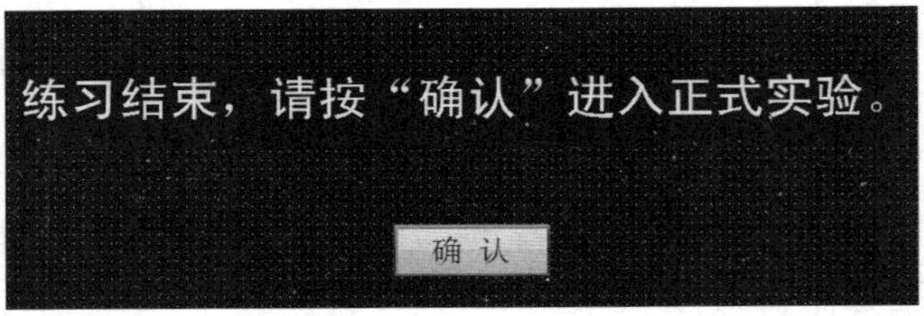

◇ Block1

拖曳一个“试次列表”控件到主轴上，重命名为“Block1”。

◇ 休息2

在本界面，被试可以稍事休息，然后按“确认”键进入正式实验。

呈现内容：见示意图。

结束方式：使用“按钮”控件，按“确认”键结束。

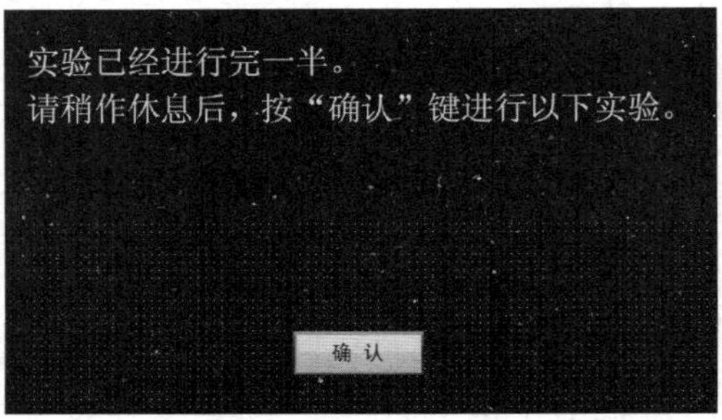

◇　Block2

拖曳一个“试次列表”控件到主轴上，重命名为“Block2”。

◇　结束语

用刺激控件呈现结束界面。

呈现内容：见示意图。

结束方式：“持续时间”2000ms。

Step2：练习

◇　建立核心流程。

◇　编辑“练习”。

在“练习”中写入如下内容，共有24行。

编号	权重	流程	线索	掩蔽时长	目标	正确反应	注视点时长
1	1	练习	[RES]left cue.bmp	50	[RES]left target.bmp	2	500
2	1	练习	[RES]left cue.bmp	50	[RES]right target.bmp	1	500
3	1	练习	[RES]left cue.bmp	100	[RES]left target.bmp	2	500
4	1	练习	[RES]left cue.bmp	100	[RES]right target.bmp	1	500
5	1	练习	[RES]right cue.bmp	50	[RES]left target.bmp	2	500
6	1	练习	[RES]right cue.bmp	50	[RES]right target.bmp	1	500
7	1	练习	[RES]right cue.bmp	100	[RES]left target.bmp	2	500
8	1	练习	[RES]right cue.bmp	100	[RES]right target.bmp	1	500
9	1	练习	[RES]bilateral cue.bmp	50	[RES]left target.bmp	2	500
10	1	练习	[RES]bilateral cue.bmp	50	[RES]right target.bmp	1	500
11	1	练习	[RES]bilateral cue.bmp	100	[RES]left target.bmp	2	500
12	1	练习	[RES]bilateral cue.bmp	100	[RES]right target.bmp	1	500
13	1	练习	[RES]left cue.bmp	50	[RES]left target.bmp	2	1000
14	1	练习	[RES]left cue.bmp	50	[RES]right target.bmp	1	1000
15	1	练习	[RES]left cue.bmp	100	[RES]left target.bmp	2	1000
16	1	练习	[RES]left cue.bmp	100	[RES]right target.bmp	1	1000
17	1	练习	[RES]right cue.bmp	50	[RES]left target.bmp	2	1000
18	1	练习	[RES]right cue.bmp	50	[RES]right target.bmp	1	1000
19	1	练习	[RES]right cue.bmp	100	[RES]left target.bmp	2	1000
20	1	练习	[RES]right cue.bmp	100	[RES]right target.bmp	1	1000
21	1	练习	[RES]bilateral cue.bmp	50	[RES]left target.bmp	2	1000
22	1	练习	[RES]bilateral cue.bmp	50	[RES]right target.bmp	1	1000
23	1	练习	[RES]bilateral cue.bmp	100	[RES]left target.bmp	2	1000
24	1	练习	[RES]bilateral cue.bmp	100	[RES]right target.bmp	1	1000

“线索”和“目标”变量的类型为“图片”，其他为“字符”。

注意将“练习”的“取样方式”设为“无放回随机”。

◇ 编辑核心流程

1. 注视点

呈现内容：呈现“+”，使用“图片”控件实现。

结束方式：“持续时间”从“练习”引用。

2. 线索

呈现内容：使用“图片”控件，“图片路径”从“练习”（traillist）中引用“线索”变量。

结束方式：将本页面的“持续时间”设为 200ms。

3. 掩蔽

呈现内容：使用“图片”控件呈现图片，图片同“注视点”界面用到的图片一样。

结束方式：本页面的“持续时间”引用“练习”（traillist）中的“掩蔽时长”变量。

4. 目标

呈现内容：使用“图片”控件，“图片路径”从“练习”（traillist）中引用“目标”变量。

结束方式：“持续时间”设为 5000ms。

使用“反应键”控件接收被试按键，被试按键后，结束目标刺激的呈现，将 J 的返回值为 1，F 的返回值为 2。

“反应键”的“正确反应”，引用“练习”traillist 中的“正确反应”变量。

在“基本”一栏中，找到“计时起点”，以“目标”界面为零点，记录反应时数据。

Step3：Block1& Block2

Block1 和 Block2 的呈现内容和呈现方式同“练习”完全一样，使用同样的方法实现。

Step4：设置结果记录

◇ 点击“实验”菜单，选择“设置结果记录”。

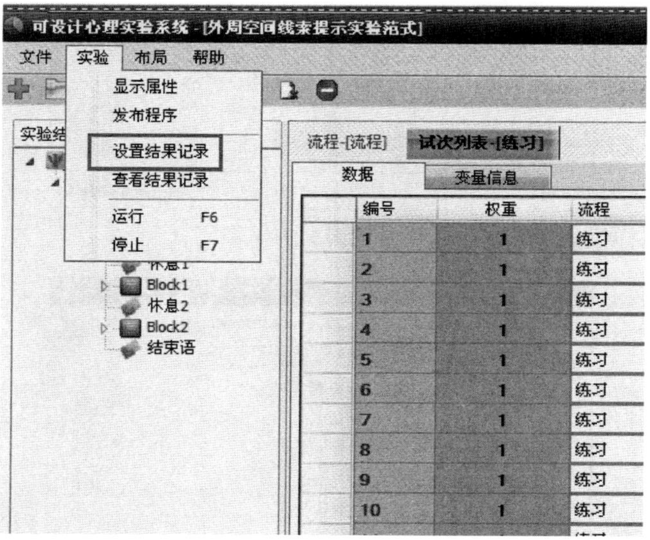

◇ 在树形结构中找到 Block1 的“目标”页面，勾选需要记录的数据。

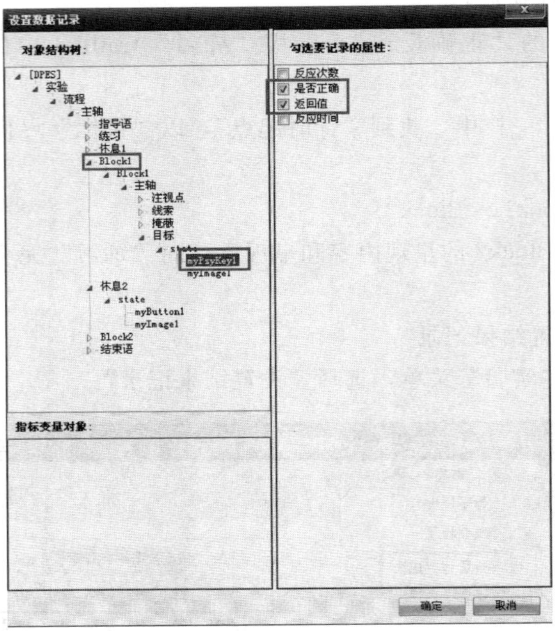

◇ 同样设置 Block2 的数据记录。

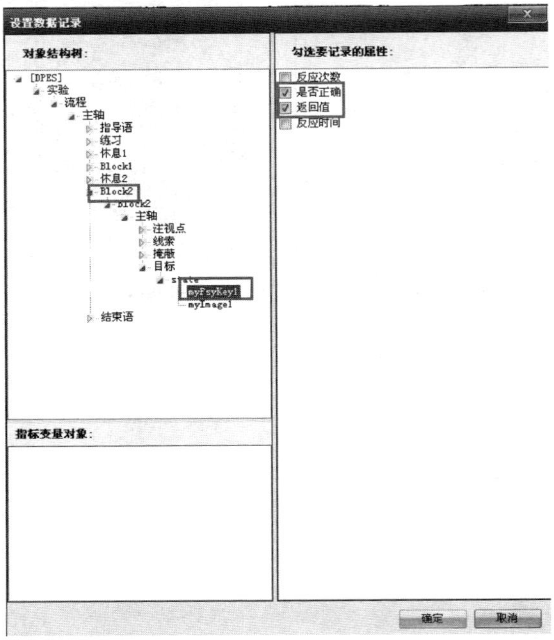

实验材料

实验将采用 E-prime 呈现刺激材料。

线索刺激为黑色的正方形框“□”，靶刺激为“*”。

实验步骤

外周空间线索提示范式是提示范式的典型代表，其实验流程为：每个 trial 开始时都会在显示屏幕中央呈现一个“+”，其左右两边各有一个灰色方框，呈现时间为 500ms 或者 1000ms，随后，左右两个方框中的某一个方框中或者两个方框中出现线索刺激，呈现时间为 100ms，在 50ms 或者 100ms 的空屏掩蔽后①，在左右两边任意一个方框中出现一个靶刺激，要求被试尽可能快且准确地对靶刺激所在位置作出反应。Trial 流程如下所示（有效线索提示）：

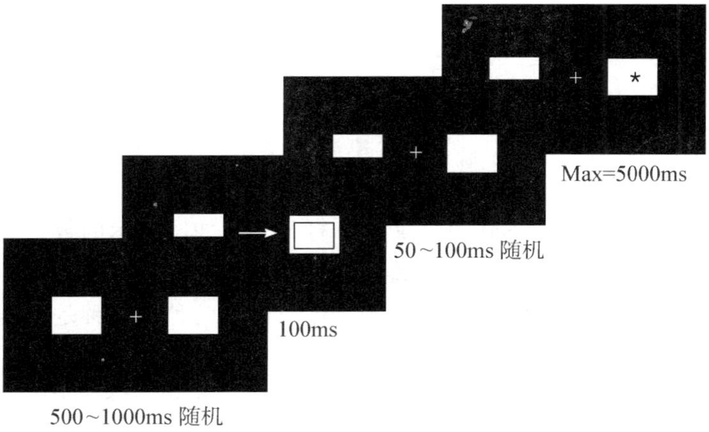

实验预期

在有效线索的条件下，反应时要比中性线索条件下短；而无效线索则相反。

① Steven 和 Shaun（2002）的研究指出，掩蔽刺激的呈现时间应少于 200ms，否则会出现眼动。同时，为了避免反应定势，选用不同的注视点“+”呈现时间以及空屏掩蔽时间。

统计方法

E-prime 软件可收集到被试对目标刺激的反应时以及正确与否。

数据导出 SPSS：完整运行完程序后，会在程序所在的文件夹中，生成一个 E-DataAid 文件，该文件即是数据文件。内源空间线所提示范式的数据文件名为“Extra-Cuing Paradigm-1-1. edat”，其中第一个数字“1”指第 1 个被试；第二个数字“1”指第 1 个 session。

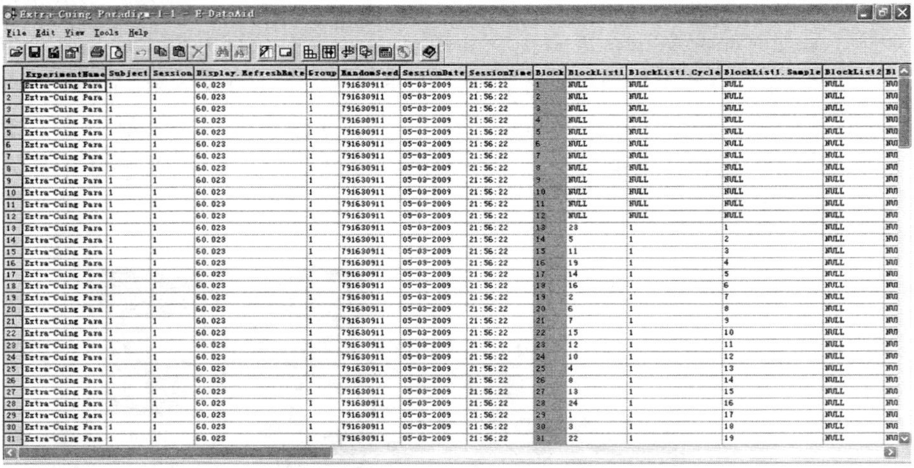

	ExperimentName	Subject	Session	Display.RefreshRate	Group	RandomSeed	SessionDate	SessionTime	Block	BlockList1	BlockList1.Cycle	BlockList1.Sample	BlockList2	Bl
1	Extra-Cuing Para	1	1	60.023	1	791630911	05-03-2009	21:56:22	1	NULL	NULL	NULL	NULL	NU
2	Extra-Cuing Para	1	1	60.023	1	791630911	05-03-2009	21:56:22	2	NULL	NULL	NULL	NULL	NU
3	Extra-Cuing Para	1	1	60.023	1	791630911	05-03-2009	21:56:22	3	NULL	NULL	NULL	NULL	NU
4	Extra-Cuing Para	1	1	60.023	1	791630911	05-03-2009	21:56:22	4	NULL	NULL	NULL	NULL	NU
5	Extra-Cuing Para	1	1	60.023	1	791630911	05-03-2009	21:56:22	5	NULL	NULL	NULL	NULL	NU
6	Extra-Cuing Para	1	1	60.023	1	791630911	05-03-2009	21:56:22	6	NULL	NULL	NULL	NULL	NU
7	Extra-Cuing Para	1	1	60.023	1	791630911	05-03-2009	21:56:22	7	NULL	NULL	NULL	NULL	NU
8	Extra-Cuing Para	1	1	60.023	1	791630911	05-03-2009	21:56:22	8	NULL	NULL	NULL	NULL	NU
9	Extra-Cuing Para	1	1	60.023	1	791630911	05-03-2009	21:56:22	9	NULL	NULL	NULL	NULL	NU
10	Extra-Cuing Para	1	1	60.023	1	791630911	05-03-2009	21:56:22	10	NULL	NULL	NULL	NULL	NU
11	Extra-Cuing Para	1	1	60.023	1	791630911	05-03-2009	21:56:22	11	NULL	NULL	NULL	NULL	NU
12	Extra-Cuing Para	1	1	60.023	1	791630911	05-03-2009	21:56:22	12	NULL	NULL	NULL	NULL	NU
13	Extra-Cuing Para	1	1	60.023	1	791630911	05-03-2009	21:56:22	13	23	1	1	NULL	NU
14	Extra-Cuing Para	1	1	60.023	1	791630911	05-03-2009	21:56:22	14	5	1	2	NULL	NU
15	Extra-Cuing Para	1	1	60.023	1	791630911	05-03-2009	21:56:22	15	11	1	3	NULL	NU
16	Extra-Cuing Para	1	1	60.023	1	791630911	05-03-2009	21:56:22	16	19	1	4	NULL	NU
17	Extra-Cuing Para	1	1	60.023	1	791630911	05-03-2009	21:56:22	17	14	1	5	NULL	NU
18	Extra-Cuing Para	1	1	60.023	1	791630911	05-03-2009	21:56:22	18	16	1	6	NULL	NU
19	Extra-Cuing Para	1	1	60.023	1	791630911	05-03-2009	21:56:22	19	2	1	7	NULL	NU
20	Extra-Cuing Para	1	1	60.023	1	791630911	05-03-2009	21:56:22	20	6	1	8	NULL	NU
21	Extra-Cuing Para	1	1	60.023	1	791630911	05-03-2009	21:56:22	21	7	1	9	NULL	NU
22	Extra-Cuing Para	1	1	60.023	1	791630911	05-03-2009	21:56:22	22	15	1	10	NULL	NU
23	Extra-Cuing Para	1	1	60.023	1	791630911	05-03-2009	21:56:22	23	12	1	11	NULL	NU
24	Extra-Cuing Para	1	1	60.023	1	791630911	05-03-2009	21:56:22	24	10	1	12	NULL	NU
25	Extra-Cuing Para	1	1	60.023	1	791630911	05-03-2009	21:56:22	25	4	1	13	NULL	NU
26	Extra-Cuing Para	1	1	60.023	1	791630911	05-03-2009	21:56:22	26	8	1	14	NULL	NU
27	Extra-Cuing Para	1	1	60.023	1	791630911	05-03-2009	21:56:22	27	13	1	15	NULL	NU
28	Extra-Cuing Para	1	1	60.023	1	791630911	05-03-2009	21:56:22	28	24	1	16	NULL	NU
29	Extra-Cuing Para	1	1	60.023	1	791630911	05-03-2009	21:56:22	29	1	1	17	NULL	NU
30	Extra-Cuing Para	1	1	60.023	1	791630911	05-03-2009	21:56:22	30	3	1	18	NULL	NU
31	Extra-Cuing Para	1	1	60.023	1	791630911	05-03-2009	21:56:22	31	22	1	19	NULL	NU

直接双击打开该 E-DataAid 文件，打开看到如图所示的数据文件。

为了进一步分析数据，将该数据文件导出为 SPSS 或 Excel 文件（为了便于统计，一般采用 SPSS）。导出的具体方法有两种，一种是单击“File”，然后选择“Export”；第二种是直接单击快捷键工具栏（即如下图所示的横条工具栏），其中的左起第三个按钮即是导出按钮（下图中放大了的按钮，软盘上带一格蓝色箭头的图标）。单击导出键后，弹出如图所示窗口：

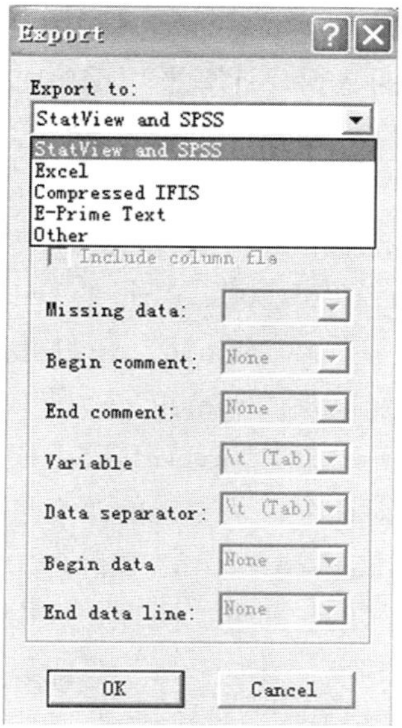

单击下拉菜单，即可选择需要导成的文件。我们选择“StatView and SPSS”，单击“OK”，即可弹出一个保存窗口：输入希望保存的文件名，选择想保存的位置。然后关闭这份 E-DataAid 文件。

在你选择导出 SPSS 数据的文件夹中，可看到一个“. txt”的文本文档，右击该文档，在“打开方式”中，选择 SPSS 为打开方式，将其打开。

在该 SPSS 文档中，可以看到与在 E-DataAid 文件中完全一样的被试信息。其中“Target. ACC”列，是被试在测验阶段每次反应是否正确的数据，1 为正确反应，0 为错误反应。将该列求和即可知道被试在测验阶段的正确次数。具体方法：在 SPSS 数据文件中依次单击 Analyze→Descriptives Statistics→Descriptives 对话框，从左边的源变量框中选中“Target. ACC”，单击“Options”，选中所需描述统计的项目，如“Sum”，再单击“Continue”返回主对话框，单击“OK”，方可获得结果。具体如下图所示：

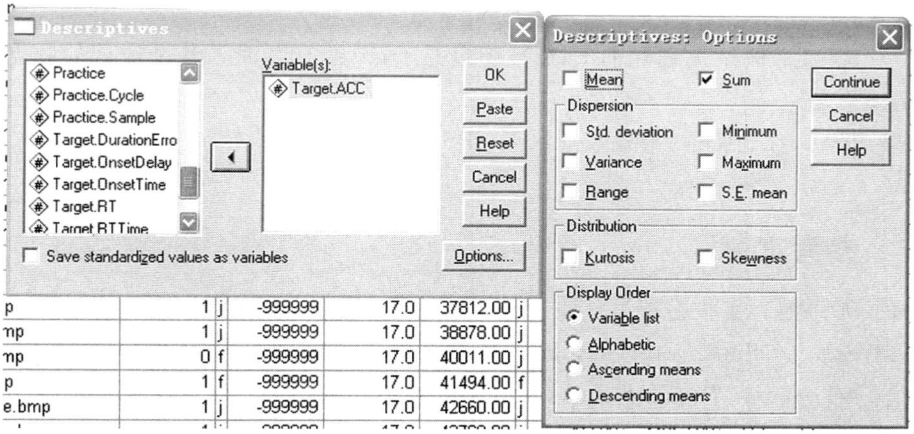

将该数据除以正式实验的总 trial 数，所得的即为该被试的正确率。

“Target.RT”列，是被试每次的反应时数据，单位为 ms。注意其中为 0 的，代表被试没有及时做出反应，应将其视为 miss 的数据，计算平均反应时的时候，不应计算在内。具体方法：在 SPSS 数据文件中选择“Data”命令，单击下拉菜单中的“Select cases”，打开选择个案对话框，选中“If condition in satisfied”，单击“If”按钮，弹出“Select cases：if”对话框，将“Target.RT”变量选入右边的空格，定义为“Target.RT > 0”，单击“Continue”回到主对话框，单击“OK”即可。然后，选中“Stimuli”一栏中“left cue.bmp”与“Target.CRESP”一栏中“f”匹配以及“Stimuli”一栏中“right cue.bmp”与“Target.CRESP”一栏中“j”匹配的“Target.RT”，依次单击 Analyze→Descriptives Statistics→Descriptives 对话框，从左边的源变量框中选中“Target.RT”，单击“Options”，选中所需描述统计的项目，如“Mean”，再单击“Continue”返回主对话框，单击“OK”即可。同理，选中“Stimuli”一栏中“right cue.bmp”与“Target.CRESP”一栏中“f”匹配以及“Stimuli”一栏中“left cue.bmp”与“Target.CRESP”一栏中“j”匹配的“Target.RT”，则得到被试在无效线索提示条件下的平均反应时；选中“Stimuli”一栏中“bilateral cue.bmp”与“Target.CRESP”一栏中“f”和“j”匹配的“Target.RT”，则得到中性线索提示条件下的平均反应时。

因此，在数据处理过程中，以下数据需要剔出，不在统计分析的范围内：

1. 错误反应的数据；

2. M±3SD（M 表示每个被试总平均反应时，SD 表示标准差）以外的数据；

3. 每个被试被删除的 trial 数超过总 trial 数 10%时，整个被试的数据需要剔出。

最后，对剩下的有效数据采用 SPSS 软件进行单因素方差分析。

参考文献

[1] 郭秀艳．实验心理学．北京：人民教育出版社，2004.

[2] Stanley Smith Stevens，Harold E. Pashler. *Steven's Handbook of Experimental Psychology* (*Volume* 1)．Publisher：John Wiley and Sons，2002.

[3] Posner M I. Orienting of Attention. *Quarterly Journal of Experimen-*

tal Psychology, 1990, 32, 3-25.

[4] Mller H J, Rabbitt P M A. Reflexive and Voluntary Orienting of Visual attention: Time Course of Activation and Resistance to Interruption. *Journal of Experimental Psychology: Human Perception and Performance*, 1989, 15, 315-330.

[5] Jonides J. Voluntary Versus Automatic Control Over the Mind's Eye's Movement. In J. B. Long and A. D. Baddeley (Eds.), *Attention and performance IX*. Hillsdale, NJ: Lawrence Erlbaum Associates Inc., 1981, 187-203.

[6] Rafal R D, Calabresi P A, Brennan C W, et al.. Saccade Preparation Inhibits Reorienting to Recently Attended Locations. *Journal of Experimental Psychology: Human Perception and Performance*, 1989, 15, 673-685.

[7] 刘莹．考试焦虑者注意偏向的认知与神经机制．硕士毕业论文，南京：东南大学．2008.

整体—局部范式

实验目的与功能

整体—局部范式（global-local paradigm）用于研究整体与部分在知觉中的作用，可作为基本范式应用于许多知觉研究中。

整体—局部范式是呈现字母或数字等图形，该字母或数字是由更小的字母或数字构成的，即大图形（整体）由一组小图形（局部）构成，大图形可以与小图形一致（如为同一个字母或数字），也可以不一致，那么整体和局部的一致性成为该范式的一个变量。实验要求被试报告整体图形或局部图形，也就是让被试注意整体或局部，被试的注意指向成为该范式的另一个变量。实验结果发现，当要求被试报告局部图形时，如果整体图形与局部图形不一致，则被试反应慢于整体和局部一致的情况，而要求被试报告整体图形时，整体和局部的一致性对被试的反应时没有明显影响。

实验来源与范式选择依据

知觉的整体性与局部性之争由来已久。Navon（1977）发现了一个不对称干扰模型，他基于这个模型建立了整体—局部范式，用以研究知觉过程的整体性和局部性的特征。通常，整体—局部范式对注意过程和感觉特征（如尺寸和空间频率）间交互作用的研究很有用。

本实验采用整体局部范式的经典模型，即采用数字作为实验材料，考察整体和局部的一致性对被试知觉的影响。

实验逻辑

该范式的基本原理是，假设大图形与小图形的复杂性、可识别性和编码方式是相同的，那么被试在报告时，只有整体局部一致性和注意指向性能影响被试的识别速度，这样就可以从被试的反应时来判断这两个变量对于知觉的影响，从而解答知觉的整体—局部争论。

实验设计

样例程序为被试内两因素重复测量实验设计，以整体和局部的一致性、被试的注意指向为自变量。实验向被试呈现由小 1 组成的大 1、由小 1 组成的大 2、由小 2 组成的大 1、由小 2 组成的大 2 四种图片，要求被试判断大数字或小数字。所有被试接受所有水平的处理。因变量为被试的反应时，即被试看到图片到进行判断的时间。

实验流程图

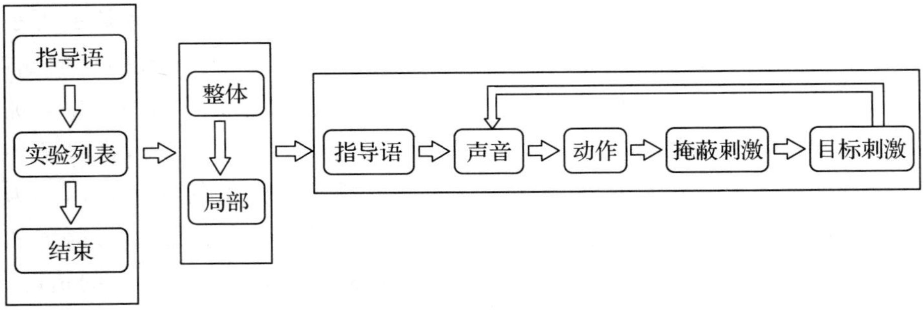

实验过程

Step1：建立实验外层框架

◇　总指导语：

用“刺激”控件呈现“指导语”。

用“图片”控件呈现指导语的内容，用“反应键”控件结束指导语界面的呈现。

◇　实验：

本实验有2种实验模式，分别用2个“试次列表”控件来管理。两种实验模式呈现顺序随机。

编号	权重	流程
1	1	整体
2	1	流程

建立2行数据，做好如上图设置。将“实验”列表的“取样方式”设为“无放回取样”。

◇　结束语：

用“刺激”控件呈现结束界面，用“反应键”控件结束语界面的呈现。

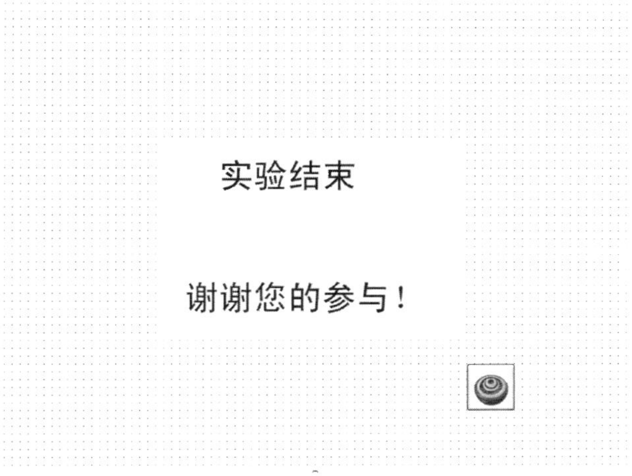

Step2：整体

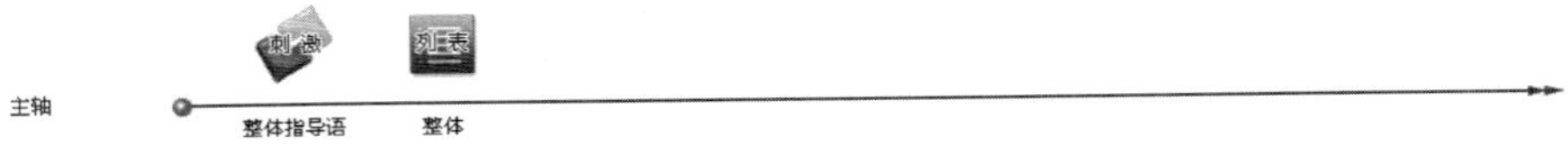

◇　整体指导语：

设置同“总指导语”。

◇　整体：

双击“整体”，进行编辑，写入如下信息：

数据　变量信息

编号	权重	流程	图片	正确值
1	1	流程	[RES]G1-L1.bmp	1
2	1	流程	[RES]G1-L1.bmp	1
3	1	流程	[RES]G1-L1.bmp	1
4	1	流程	[RES]G1-L1.bmp	1
5	1	流程	[RES]G1-L1.bmp	1
6	1	流程	[RES]G1-L1.bmp	1
7	1	流程	[RES]G1-L1.bmp	1
8	1	流程	[RES]G1-L1.bmp	1
9	1	流程	[RES]G1-L1.bmp	1
10	1	流程	[RES]G1-L1.bmp	1
11	1	流程	[RES]G1-L1.bmp	1
12	1	流程	[RES]G1-L1.bmp	1
13	1	流程	[RES]G1-L1.bmp	1
14	1	流程	[RES]G1-L1.bmp	1
15	1	流程	[RES]G1-L1.bmp	1
16	1	流程	[RES]G1-L1.bmp	1
17	1	流程	[RES]G1-L2.bmp	1
18	1	流程	[RES]G1-L2.bmp	1
19	1	流程	[RES]G1-L2.bmp	1
20	1	流程	[RES]G1-L2.bmp	1
21	1	流程	[RES]G1-L2.bmp	1
22	1	流程	[RES]G1-L2.bmp	1
23	1	流程	[RES]G1-L2.bmp	1
24	1	流程	[RES]G1-L2.bmp	1
25	1	流程	[RES]G1-L2.bmp	1
26	1	流程	[RES]G1-L2.bmp	1
27	1	流程	[RES]G1-L2.bmp	1
28	1	流程	[RES]G1-L2.bmp	1
29	1	流程	[RES]G1-L2.bmp	1
30	1	流程	[RES]G1-L2.bmp	1
31	1	流程	[RES]G1-L2.bmp	1
32	1	流程	[RES]G1-L2.bmp	1
33	1	流程	[RES]G2-L1.bmp	2
34	1	流程	[RES]G2-L1.bmp	2
35	1	流程	[RES]G2-L1.bmp	2
36	1	流程	[RES]G2-L1.bmp	2
37	1	流程	[RES]G2-L1.bmp	2
38	1	流程	[RES]G2-L1.bmp	2
39	1	流程	[RES]G2-L1.bmp	2
40	1	流程	[RES]G2-L1.bmp	2
41	1	流程	[RES]G2-L1.bmp	2
42	1	流程	[RES]G2-L1.bmp	2
43	1	流程	[RES]G2-L1.bmp	2
44	1	流程	[RES]G2-L1.bmp	2
45	1	流程	[RES]G2-L1.bmp	2
46	1	流程	[RES]G2-L1.bmp	2
47	1	流程	[RES]G2-L1.bmp	2
48	1	流程	[RES]G2-L1.bmp	2
49	1	流程	[RES]G2-L2.bmp	2
50	1	流程	[RES]G2-L2.bmp	2
51	1	流程	[RES]G2-L2.bmp	2
52	1	流程	[RES]G2-L2.bmp	2
53	1	流程	[RES]G2-L2.bmp	2
54	1	流程	[RES]G2-L2.bmp	2
55	1	流程	[RES]G2-L2.bmp	2
56	1	流程	[RES]G2-L2.bmp	2
57	1	流程	[RES]G2-L2.bmp	2
58	1	流程	[RES]G2-L2.bmp	2
59	1	流程	[RES]G2-L2.bmp	2
60	1	流程	[RES]G2-L2.bmp	2
61	1	流程	[RES]G2-L2.bmp	2
62	1	流程	[RES]G2-L2.bmp	2
63	1	流程	[RES]G2-L2.bmp	2
64	1	流程	[RES]G2-L2.bmp	2

将“整体列表”的“取样方式”设为“无放回取样”。

◇ 整体的核心流程：

用“声音”控件呈现提示音，声音界面呈现时长设为200ms。

用“动作”控件控制声音的播放。如下图：

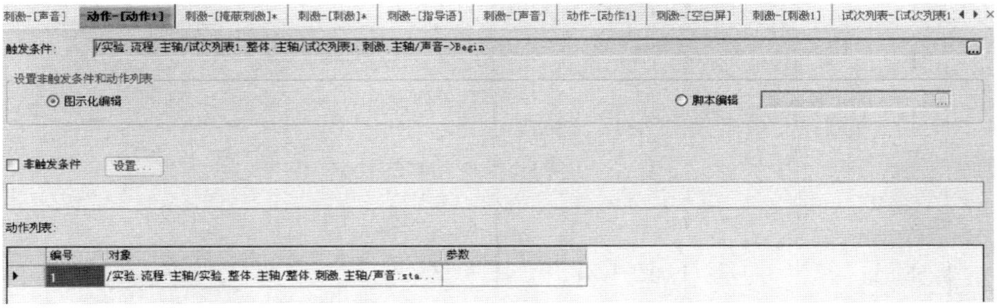

用“图片”呈现掩蔽刺激，呈现时长500ms。

用“图片”控件呈现目标刺激，从试次列表中引用“图片”变量。

用“反应键”控件结束目标刺激的呈现。

使用“反应键”控件控制被试反应。

- 将1键的返回值设为“1”，2键的返回值设为“2”。
- 从“试次列表”引用“正确反应”，这样系统可以判断被试按键的正误。
- 本实验要记录反应时数据，由于“反应键”默认的“计时起点”是实验开始的时间，所以要设置“计时起点”为“目标刺激”开始的时间。

“目标刺激”的结束方式：限定呈现时间4000ms和被试按键后结束两者兼有。

Step3：局部

实验流程和“整体”基本一样，所不同的地方：“局部指导语”内容不同于“整体指导语”。

Step4：设置结果记录

在“实验”菜单中打开“设置结果记录”，勾选“整体”、“局部”、Block中“目标刺激”界面下需要记录的数据。

注意事项

1. 反应键的“计时起点”，注意设置为目标刺激所在的界面。

2. 整体和局部实验呈现顺序随机。

实验材料

实验材料为四张图片，分别是由小 1 组成的大 1、由小 1 组成的大 2、由小 2 组成的大 1、由小 2 组成的大 2。

实验步骤

实验分为两个 Block，分别是判断整体数字和局部数字的 Block，两个 Block 的出现次序随机。

两个 Block 均包含 64 个 trial，其 trial 流程相同，区别只是对整体或局部数字进行判断。要求被试看到图片后，尽快对数字进行判断，判断后下一个 trial 即开始。每个 trial 中，被试首先听到 200ms 的声音，随后是 500ms 的一个空白注视框，然后出现判断图片，被试判断后进入下一个 trial，如没有进行判断则 4000ms 后自动进入下一个 trial。

trial 流程：

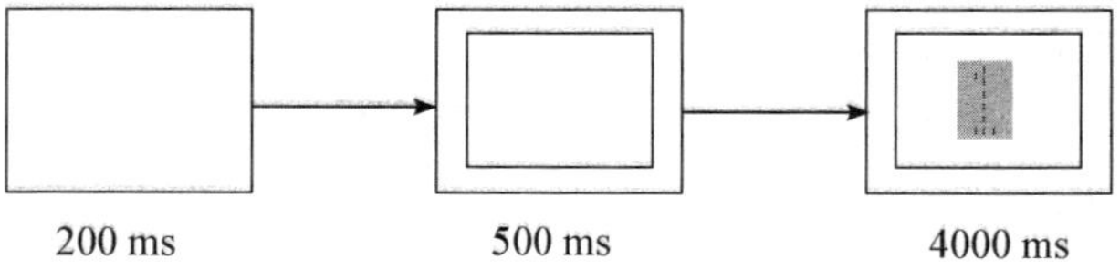

统计方法

以被试的反应时为因变量。进行两因素重复测量方差分析。

参考文献

[1] Tanis J. Ferman, Margaret Primeau, Dean Dells, Chowdary V. Jampala. Global Local Processing in Schizophrenia: Hemispheric asymmetry and Symptom-specific Interference. *Journal of the International Neuropsychological Society*, 1999, 5, 442-451.

[2] Ruth Kimchi. Primacy of Wholistic Processing and Global/Local Paradigm: A Critical Review. *Psychological Bulletin*, 1992, 112 (1): 24-38.

负启动范式

实验目的与功能

负启动（negative priming）是注意研究中的一种常用方法，通常用于涉及抑制无关输入的加工过程研究。

所谓负启动，即当一个探测刺激与先前的启动刺激的一个忽略干扰项的维度相同或有关时，对探测刺激的反应变慢或准确度下降。在负启动范式中，每次试验向被试呈现两个刺激，其中一个需要被注意并且作出反应。通常的结果是，当前次试验中不被注意的项目在下一个试验中变成需要被注意的项目时，被试的反应时变慢。负启动范式常常被用来评估对一个刺激有意忽略的情况下，注意能够多大程度上自动地分配到该刺激上，并影响此后的加工。作为过滤范式的一种，负启动范式的基本原理是：使被试的注意指向一个信息源，而实验者评估的则是那些未被注意的信息的加工过程，以此来研究注意的某种特征。

实验来源与范式选择依据

负启动现象最早发现于 20 世纪 60 年代，由 Dalrymple-Alford 和 Budayr (1966) 演示的。他们发现当一个项目的字色相应于上一个先前字的字义时，需要命名这一有色字的字色时间特别慢（如：前一项目为绿色的“红”字；当前项目为红色的“黄”字）。Tipper (1985) 等以图片材料作为实验刺激采用命名任务进行了研究，发现了典型的负启动效应。May (1995) 等人的研究表明，负启动效应的时间历程一般会在500ms之后开始下降，但是直到8s时仍存在显著差异。Steven和Shaun (2002) 采用字母辨认的实验，呈现重叠的黑色和白色字母并要求被试报告每个白色字母的名称。当前次试验中不被注意的项目（例如黑色的B）在下一个试验中变成被注意的项目（即变为白色的B）时，被试的反应时变慢。这表明不被注意的字母也被识别并记住了。许百华 (2000) 等人的研究表明，无论从启动刺激到探测刺激的物理特征怎样变化（如字母大小写的变化或从图案到单词的变化等），例如从干扰项 (dog) 到目标项 (cat)，负启动都会出现。综上所述，本研究采用负启动范式，使用对大写英文字母的辨别任务，以启动刺激与探测刺激的相同或相左作为自变量，考察不同启动条件下被试对探测刺激辨别时间的变化及对负启动效应的影响。

实验逻辑

样例实验在测试阶段中，英文字母以重叠方式呈现并要求被试注意辨别重叠在上方的白色字母。通过考察对同一字母作为目标刺激和干扰刺激情形下的反应时差异，来探讨负启动条件下被试对刺激材料的辨别反应时差异，从而探究个体的注意资源分配机制。

实验设计

样例程序为单因素重复测量实验设计，以刺激材料的呈现位置与启动关系为自变量，自变量有两个水平：控制条件下，启动刺激中的干扰字母与探测刺激中的目标字母不同；负启动条件下，启动刺激中的干扰字母作为探测刺激中的目标字母出现。因变量为被试辨认的反应时和正确率。

实验流程图

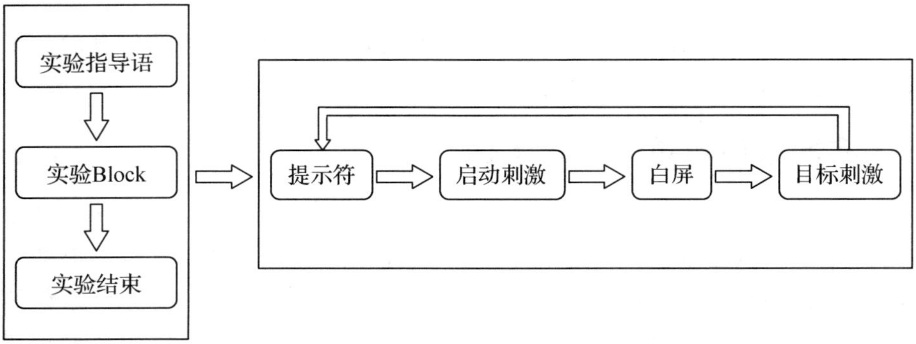

实验过程

Step1：建立实验外层框架

◇ 实验指导语

用“刺激”控件呈现“指导语”。

用“图片”控件呈现指导语的内容，用“反应键”控件结束指导语界面的呈现。

- 样例中按“A”键开始实验，结束实验指导语的呈现，将“A”键的返回值设为“1”。
- “实验指导语”界面持续时间设为“－1”，结束条件为按下“A”键。

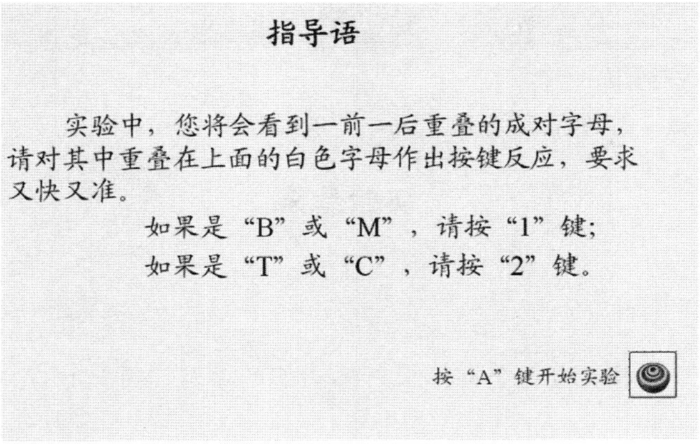

◇ 实验 Block

双击“实验 Block”，进行编辑，写入如下信息。

数据 | 变量信息

编号	权重	流程	启动刺激	answer1	目标刺激	answer2
1	1	流程	[RES]BM.JPG	1	[RES]TC.JPG	2
2	1	流程	[RES]BT.JPG	1	[RES]TC.JPG	2
3	1	流程	[RES]BM.JPG	1	[RES]MC.JPG	1
4	1	流程	[RES]BT.JPG	1	[RES]MC.JPG	1
5	1	流程	[RES]BM.JPG	1	[RES]MT.JPG	1
6	1	流程	[RES]BC.JPG	1	[RES]MT.JPG	1
7	1	流程	[RES]BM.JPG	1	[RES]CT.JPG	2
8	1	流程	[RES]BC.JPG	1	[RES]CT.JPG	2
9	1	流程	[RES]BT.JPG	1	[RES]TM.JPG	2
10	1	流程	[RES]BC.JPG	1	[RES]TM.JPG	2
11	1	流程	[RES]BT.JPG	1	[RES]CM.JPG	2
12	1	流程	[RES]BC.JPG	1	[RES]CM.JPG	2
13	1	流程	[RES]MT.JPG	1	[RES]TB.JPG	2
14	1	流程	[RES]MC.JPG	1	[RES]TB.JPG	2
15	1	流程	[RES]MT.JPG	1	[RES]CB.JPG	2
16	1	流程	[RES]MC.JPG	1	[RES]CB.JPG	2
17	1	流程	[RES]MT.JPG	1	[RES]TC.JPG	2
18	1	流程	[RES]MB.JPG	1	[RES]TC.JPG	2
19	1	流程	[RES]MT.JPG	1	[RES]BC.JPG	1
20	1	流程	[RES]MB.JPG	1	[RES]BC.JPG	1
21	1	流程	[RES]MC.JPG	1	[RES]CT.JPG	2
22	1	流程	[RES]MB.JPG	1	[RES]CT.JPG	2
23	1	流程	[RES]MC.JPG	1	[RES]BT.JPG	1
24	1	流程	[RES]MB.JPG	1	[RES]BT.JPG	1

◇ 实验结束

用“刺激”控件呈现结束界面，呈现时长 5000ms。

实验结束

本实验已全部结束，感谢您的参与，再见！

Step2：实验 Block

◇ 提示符

用“刺激”控件来呈现“提示符”。

用“文本”控件呈现提示符：“+”，呈现时长 500ms。

◇ 启动刺激

呈现字母：使用“图片”控件，从实验 Block 的“试次列表”中引用

“启动刺激”变量。

被试反应：使用“反应键”控件。

· 将数字键 1 的返回值设为“1”，数字键 2 的返回值设为“2”。

· 从“试次列表”引用“answer1”变量，这样系统就可以判断被试按键的正误。

· 本实验要记录反应时数据，由于“反应键”默认的“计时起点”是实验开始的时间，所以要设置“计时起点”为“启动刺激”开始的时间。

“启动刺激”的结束方式：呈现时间为 1000ms。如果在 1000ms 以内，被试做出按键反应，那么启动刺激消失，若 1000ms 以内被试没有按键反应，则启动呈现 1000ms 后自动结束。

◇ 白屏

用“刺激”控件来呈现“白屏”，呈现时间为 750ms。

◇ 目标刺激

呈现字母：使用“图片”控件呈现，从实验 Block 的“试次列表”中引用“目标刺激”变量。

被试反应：使用“反应键”控件。

· 将数字键 1 的返回值设为“1”，数字键 2 的返回值设为“2”。

· 从“试次列表”引用“answer2”变量，这样系统就可以判断被试按键的正误。

· 本实验要记录反应时数据，所以设置“计时起点”为“目标刺激”开始的时间。

“目标刺激”的结束方式同“启动刺激”。

Step3：设置结果记录

在“实验”菜单中打开“设置结果记录”，勾选“实验 Block”中“启动刺激”和“目标刺激”界面下需要记录的数据。此处记录“启动刺激”和“目标刺激”界面中反应键的相关属性，如“是否正确”、“返回值”和“反应时间”。

注意事项

1. 反应键的“计时起点”，注意设置为相应刺激所在的界面。

2. 刺激界面结束方式是时间跟按键的结合，既有一定的呈现时长，又有按键反应，呈现时长内按键会结束刺激界面。跟以前“直到按键才结束界面”的呈现方式有所差异。

实验材料

实验材料为大写英文字母 B、M、T、C，四字母均作为干扰刺激与目标刺激呈现。

实验步骤

整个实验程序在 E-prime 上呈现执行，最初向被试呈现指导语，指明将会看到一前一后重叠的成对字母，要求被试对其中重叠在上的白色字母作出反应而不是在下的黑色字母。按任意键开始实验。在本样例程序中，全部要求被试看到屏幕中呈现的字母后，迅速判断并作出反应，如果是 B 或 M 按数字 1 键，是 T 或 C 的情形下按 2 键。

trial 流程如下：

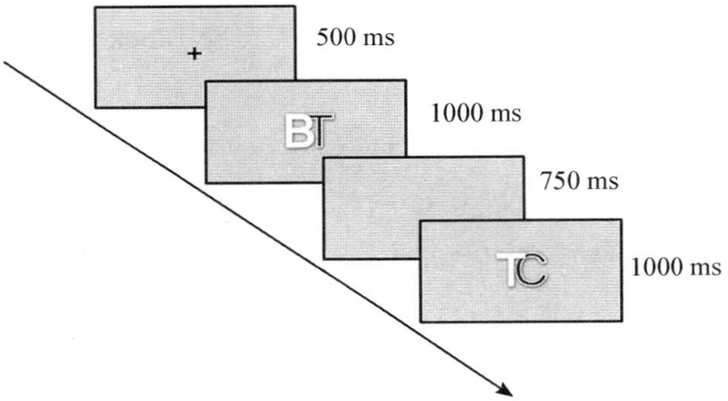

统计方法

数据导出

完整运行完程序后，会在程序所在的文件夹中，生成一个 E-DataAid 文件，该文件即是数据文件，名为“Negative-priming-task-1-1. edat”，其中第一个数字“1”指第 1 个被试，第二个数字“1”指第 1 个 session。

直接双击打开该 E-DataAid 文件，打开看到如图所示的数据文件。该文件中全面地记录了被试的所有信息。

为了进一步分析数据，将该数据文件导出为 SPSS 或 Excel 文件。导出为 SPSS 的具体方法有两种，一种是单击“File”，然后选择“Export”；第二种是直接单击快捷键工具栏（即如下图所示的横条工具栏），其中的左起

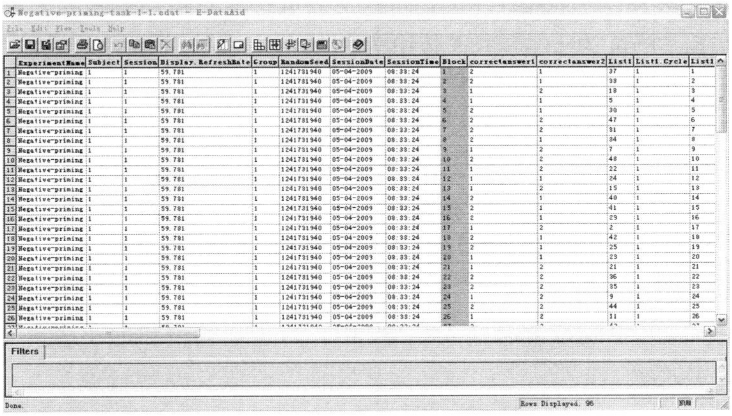

第三个按钮即是导出按钮（下图中放大了的按钮，软盘上带一格蓝色箭头的图标）。单击导出键后，弹出如图所示窗口：

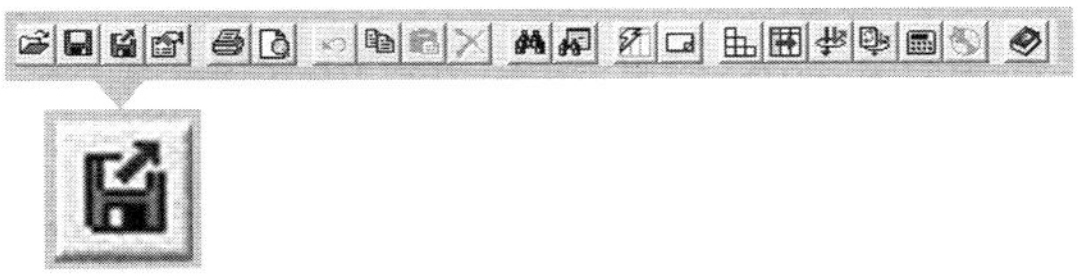

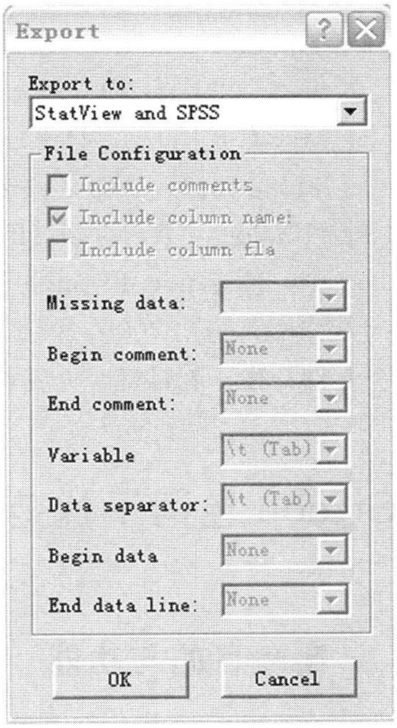

单击下拉菜单，即可选择需要导成的文件。我们选择“StatView and SPSS”，单击“OK”，即可弹出一个保存窗口：输入希望保存的文件名，选择想保存的位置。然后关闭这份 E-DataAid 文件。

同时，也可以将数据以 Excel 方式导出：在你选择导出数据的文件夹中，可看到一个“.txt”的文本文档，右击该文档，在“打开方式”中，选择 Excel 为打开方式，将其打开。

在该 Excel 文档中，可以看到与在 E-DataAid 文件中完全一样的被试信息。其中“priming. ACC”“target. ACC”列，分别是被试在测验阶段每次对启动刺激和目标刺激进行反应是否正确的数据，1 为正确反应，0 为错误反应。将该列求和即可知道被试在测验阶段的正确次数。具体方法：选中该列中所有数据，单击“自动求和”快捷键的下拉按钮，单击其中的“求和”，即在该列数据最下方生成被试在正式实验中总共的正确反应次数。将该数据除以正式实验的总 trial 数，所得的即为该被试的正确率。

"priming. RT""target. RT"列，是被试每次对启动刺激与目标刺激的反应时数据，单位为 ms。注意其中为 0 的，代表被试没有及时做出反应，应将其视为 miss 的数据，计算平均反应时的时候，不应计算在内。具体方法：首先选中该列的所有数据，单击"编辑"，选择其中的"替换"，"查找内容"中写 0，"替换为"什么都不填，为空。其次再选中该列的所有数据，单击"自动求和"快捷键的下拉按钮，单击其中的"平均值"，即在该列数据最下方生成被试在正式实验中的平均反应时。

如果需要对所有被试进行反应时或正确率的差异检验，只需要将每个被试的正确率和平均反应时输入 SPSS 中，对近迁移组和远迁移组被试进行独立样本 T 检验。

参考文献

[1] Tipper S P. The Negative Priming Effect: Inhibitory Priming by Ignored Objects. *Q. J. Exp. Psychol*, 1985, 37A, 571-590.

[2] May C P, et al.. Determinants of Negative Priming. *Psychological bulletin*, 1995 , 118 (1) : 35-54.

[3] Hinojosa J A, et al.. Event-related Potential Correlates of Visual Identity Negative Priming Unbiased by Trial-by-trial Effects. *Brain and Cognition*, 2008.

[4] 许百华，陈行峰．负启动研究与有关理论．心理学动态，2000，2，7-13.

Stroop 色词干扰范式

实验目的与功能

无意识知觉（unconscious perception）是指刺激没有被个体的意识觉察，却对个体的行为产生了影响，即个体无意识地对刺激进行了加工。对无意识知觉存在证据的两个领域，分别是神经病例案例和认知实验研究。在认知领域中，Merikle 等人发展出的 Stroop 色词干扰任务是对无意识知觉研究的经典任务。

Stroop 色词干扰任务与传统的 Stroop 任务的实验范式不同，只涉及红、绿两种颜色，色词“RED”或“GREEN”是启动刺激，用于启动对红、绿两种靶颜色的命名反应。实验中，先呈现一个启动词（如“红”），马上再呈现一个色块（如绿色），要求被试迅速报告色块的颜色。结果发现了一种有趣的现象：当色词和靶颜色的命名反应概率（75%）显著大于一致的发生概率（25%）时，出现了Stroop效应的反转，即被试在不一致的条件下的反应时小于一致条件下的反应时。不过这种反转现象只有在色词被有意识地知觉到时才会发生，当对色词的知觉是无意识的时候，出现的是典型的Stroop效应。

实验来源和范式选择依据

Stroop色词干扰任务是传统的Stroop任务的一种变式。这种实验范式最早是由Logan等人（1984年）提出，后来被Merikle等人用于无意识知觉的研究。在Stroop启动实验中，Marcel采用了一种巧妙的技术——掩蔽技术——来操纵被试对启动词的知觉。掩蔽是指在呈现启动词后呈现无序的字母图案。在启动词后马上出现的掩蔽刺激会阻断被试对启动词的觉察。但启动词和掩蔽之间的间隔增大时，掩蔽的效果会减弱，被试对启动词的觉察和确认的准确度会提高（郭秀艳，2004）。Merikle（1995，1997）在以后的一些研究中用这种实验范式进一步证明了意识知觉和无意识知觉在行为结果上的质的差异，并比较了操纵刺激特性（呈现时间）和操纵注意方向（单作业vs双作业）所得到的类似结果。而曲折等（2006）通过行为实验和时间相关电位实验的方法，研究SOA（Stimulus Onset Asynchrony）对Stroop启动效应的影响，探讨了Stroop启动效应发生的时间进程。结果发现在Stroop启动效应中，启动刺激对目标刺激的影响很可能是发生在对目标刺激的知觉加工晚期。

本实验根据Merikle和Joordens 1997年的研究编制而成。采用1997年研究中实验一的A部分。除将英语单词改为汉语词，在练习中增加反馈之外，其他均与原实验相同。

实验逻辑

实验中通过变化色词掩蔽SOA来改变刺激特性。SOA的改变是意识和无意识分离的关键。短的SOA即33ms时，出现典型的Stroop效应，而长的SOA即167ms时，出现Stroop效应的反转。也就是当启动词在主观阈限以下呈现时，出现典型的Stroop效应，对于一致启动的反应时快于不一致，当其动词在主观阈限以上呈现时，经典的 Stroop 效应被反转了，对于不一致的启动反应快于一致的。Marcel 推理：如果知觉能在无意识条件下存在，那么有效掩蔽不能消除 Stroop 启动效应；反之，如果知觉必须在意识觉察下进行，那么对启动词的掩蔽会消除 Stroop 启动效应。

实验设计

样例程序为两因素重复测量实验设计，以启动—掩蔽的 SOA 长短和启动—目标一致性为自变量，共 2（SOA：长、短）×2（一致性：一致、不一致）四种实验条件，所有被试接受这四种实验处理。因变量为被试的反应时和正确率。

正式实验阶段记录被试的按键反应及反应时。

实验流程图

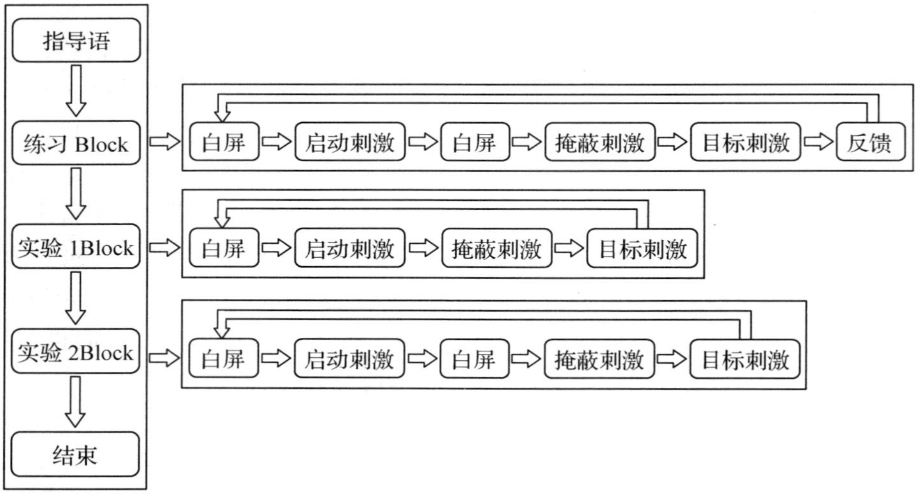

实验过程

Step1：建立实验外层框架

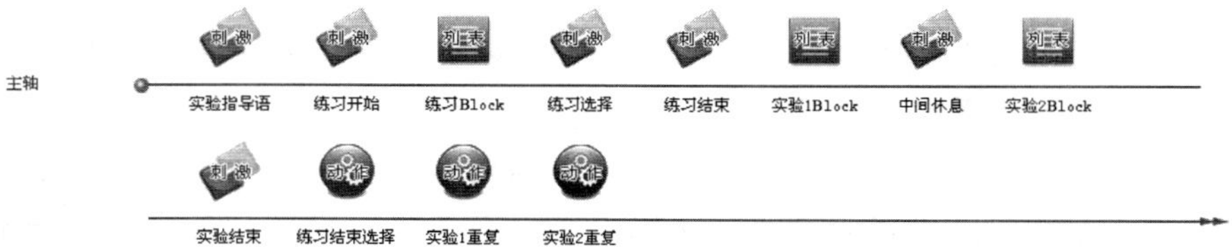

◇ 实验指导语

用“刺激”控件呈现“指导语”。

用“图片”控件呈现指导语的内容，用“反应键”控件结束指导语界面的呈现。

· 样例中按“B”键开始实验，结束实验指导语的呈现，将“B”键的返回值设为 1。

· “实验指导语”界面持续时间设为“－1”，结束条件为按下“B”键。

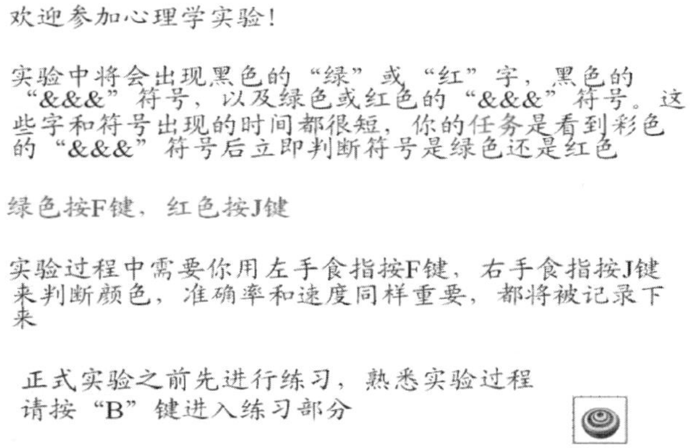

◇ 练习开始

用“刺激”控件呈现。

用“图片”控件呈现内容，用“反应键”控件结束指导语界面的呈现。设置方法同实验指导语。

◇ 练习 Block

双击“练习 Block”，进行编辑，写入如下信息。

编号	权重	流程	启动刺激	目标刺激	正确反应
1...	3	流程	[RES]绿.JPG	ES]绿符号刺激.J	1
4...	3	流程	[RES]红.JPG	ES]红符号刺激.J	2
7...	9	流程	[RES]绿.JPG	ES]红符号刺激.J	2
16...	9	流程	[RES]红.JPG	ES]绿符号刺激.J	1

注意权重。

◇ 练习选择

用“刺激”控件呈现。

用“图片”控件呈现内容，用“反应键”控件结束指导语界面的呈现。设置方法同实验指导语。

练习结束

如果你已经了解实验过程，请按“B”键进入

如果你不是特别熟悉实验过程，请按“2”重新练习

◇　练习结束

设置方法同上。

练习结束，正式实验开始

正式实验没有反馈，请尽快又快又准确地判断

按“B”键进入

◇　实验 1Block

双击“实验 1Block”，进行编辑，输入如下信息。

	编号	权重	流程	启动刺激	目标刺激	正确反应
▸	1...	3	流程	[RES]绿.JPG	ES]绿符号刺激.J	1
	4...	3	流程	[RES]红.JPG	ES]红符号刺激.J	2
	7...	9	流程	[RES]绿.JPG	ES]红符号刺激.J	2
	16...	9	流程	[RES]红.JPG	ES]绿符号刺激.J	1

注意权重。

◇　中间休息

设置方式同实验指导语。

休息片刻。。。

按“B”键继续 

◇ 实验 2Block

双击“实验 2Block”，进行编辑，输入如下信息。

	编号	权重	流程	启动刺激	目标刺激	正确反应
▶	1...	3	流程	[RES]绿.JPG	ES]绿符号刺激.J	1
	4...	3	流程	[RES]红.JPG	ES]红符号刺激.J	2
	7...	9	流程	[RES]绿.JPG	ES]红符号刺激.J	2
	16...	9	流程	[RES]红.JPG	ES]绿符号刺激.J	1

◇ 实验结束

用“刺激”控件呈现，时长 5000ms。

实验结束，感谢参与！

◇ 练习结束选择

使用“动作”控件进行实验跳转，配合前面“练习选择”界面。

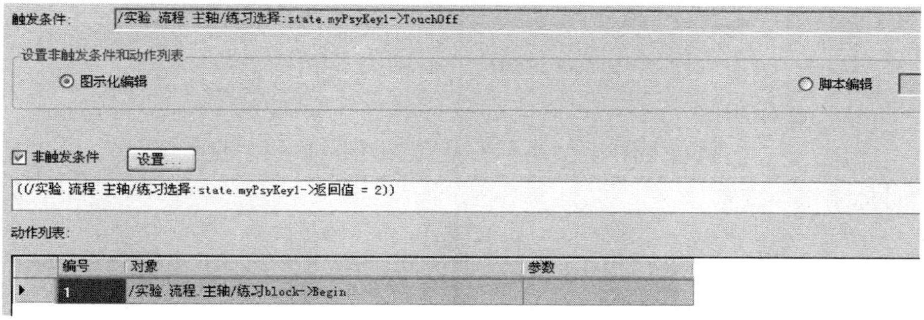

◇ 实验 1 重复

实验 1 需执行 6 次，利用“动作”控件重复实验 5 次，“执行次数”设置为“5”。

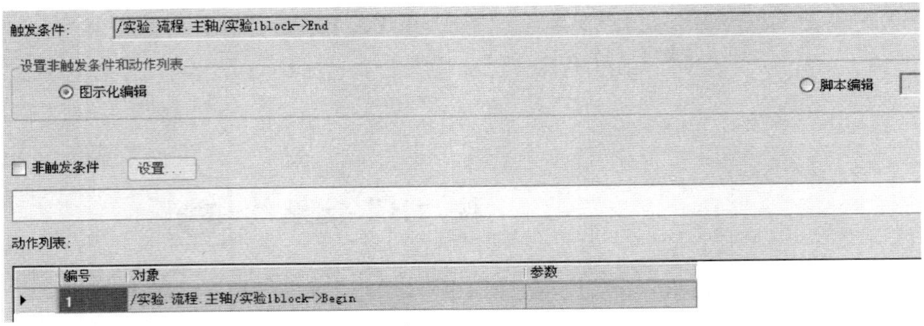

◇ 实验2重复

同上。

Step2：练习 Block

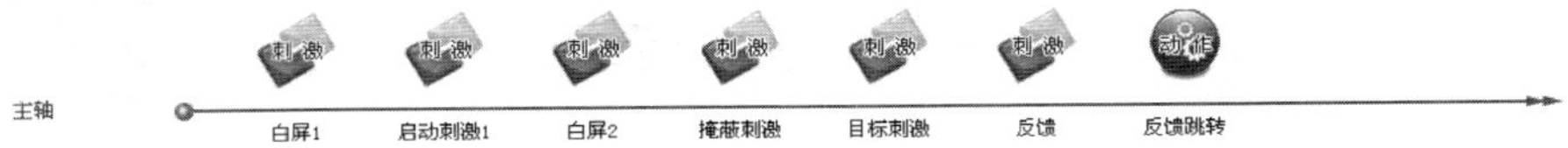

◇ 白屏

白屏1、2利用“刺激”控件呈现。白屏1呈现时长300ms，白屏2呈现时长133ms。

◇ 启动刺激

利用“图片”控件，从练习 Block 的“试次列表”中引用“启动刺激”变量。呈现时间为33ms。

◇ 掩蔽刺激

利用“图片”控件呈现掩蔽刺激，时间为33ms。

◇ 目标刺激

刺激呈现：利用“图片”控件，从练习 Block 的“试次列表”中引用“目标刺激”变量。

被试反应：使用“反应键”控件。

- 将键F的返回值设为“1”，键J的返回值设为“2”。
- 从“试次列表”引用“正确反应”变量，这样系统就可以判断被试按键的正误。
- 本实验要记录反应时数据，由于“反应键”默认的“计时起点”是实验开始的时间，所以要设置“计时起点”为“目标刺激”开始的时间。

“目标刺激”的结束方式：按键结束目标刺激界面的呈现。方法为：将持续时间设为“－1”，结束条件为按下反应键。

◇ 反馈

使用“刺激”控件。

被试按键正确时，呈现“正确”反馈；被试按键错误时，呈现“错误”反馈。

双击“刺激”打开，利用“文本”控件在当前页面呈现“正确”反馈。在右键菜单中点击“添加状态页”，在这个新状态页上呈现“错误”反馈。

◇ 反馈跳转

在“反馈”界面有两个状态页，第一个状态页是正确反馈，第二个状态页是错误反馈。在没有其他条件的情况下，程序默认执行状态页 1，那么我们需要做的是在被试按键错误的时候，显示状态页 2。

使用“动作”控件调用错误反馈。

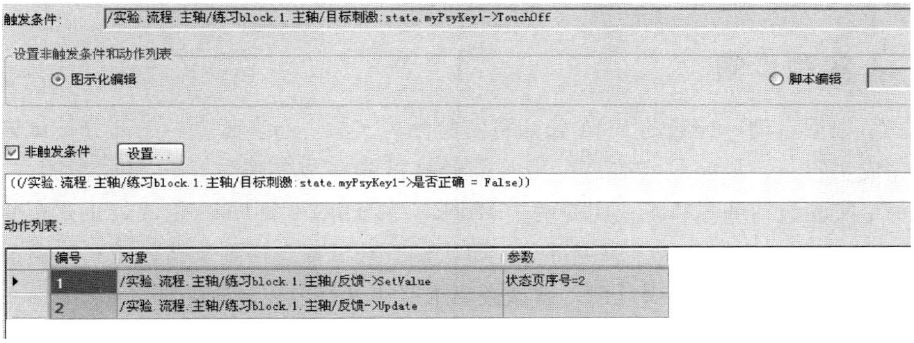

Step3：实验 1Block

实现过程与“练习 Block”一致，流程如图所示。“启动刺激”、“目标刺激”及“反应键正确反应”都要从实验 1Block 的“试次列表”中引用。

Step4：实验 2Block

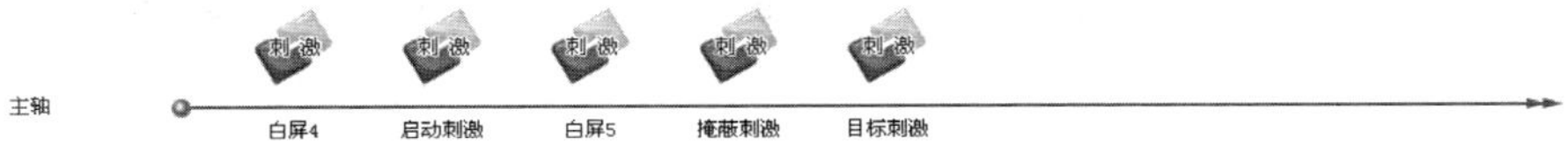

实现过程与“练习 Block”一致，流程如上图所示。“启动刺激”、“目标刺激”及“反应键正确反应”都要从实验 2Block 的“试次列表”中引用。

Step5：设置结果记录

在“实验”菜单中打开“设置结果记录”，勾选“实验1Block”和“实验2Block”中“目标刺激”界面下需要记录的数据。此处为记录两个正式实验中反应键的“是否正确”、“返回值”和“反应时间”属性。

注意事项

反应键的“计时起点”，注意设置为目标刺激所在的界面。

实验材料

实验材料中的启动词为颜色词（“绿”和“红”）；掩蔽材料为灰色“&&&”符号；目标刺激为彩色“&&&”符号（绿色和红色）。其中颜色词为启动词，彩色“&”符号为判断目标。

实验步骤

根据启动—掩蔽的SOA长短将实验分为实验一与实验二，一部分被试先完成实验一，再完成实验二；另一部分被试先完成实验二，再完成实验一。每个实验包括练习和正式实验两个Block。练习由24个trials组成，正式实验由6×48个trials组成。练习部分，每次试验被试都会得到反馈；正式实验与原始实验相同没有提供反馈。被试被要求又快又好地完成判断任务。

实验一与实验二均为先呈现空白，然后呈现启动刺激，接着是掩蔽刺激，最后呈现判断目标刺激，两个实验所不同的是启动刺激与掩蔽刺激之间是否有空白以及掩蔽刺激的呈现时间。

实验一为短SOA的实验设计，启动色词呈现33ms，然后呈现掩蔽刺激。实验过程如下：

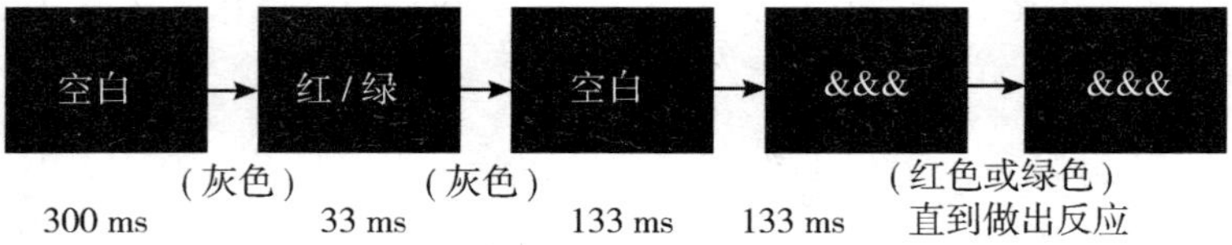

实验二为长SOA的实验设计，启动色词呈现33ms，然后呈现133ms的空白，接着呈现掩蔽刺激。实验过程如下：

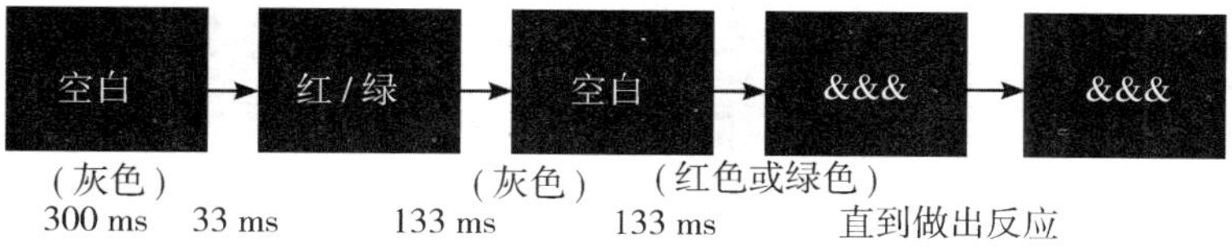

统计方法

数据导出

完整运行完程序后，会在程序所在的文件夹中，生成一个 E-DataAid 文件，该文件即是数据文件。以短 SOA 为例，它的数据文件名为“stroop-short-1-2. edat”，其中第一个数字“1”指第 1 个被试，第二个数字“2”指第 2 个 session。同样的，长 SOA 的数据文件名为“strooplong-1-1. edat”。

直接双击打开该 E-DataAid 文件，打开看到如图所示的数据文件。

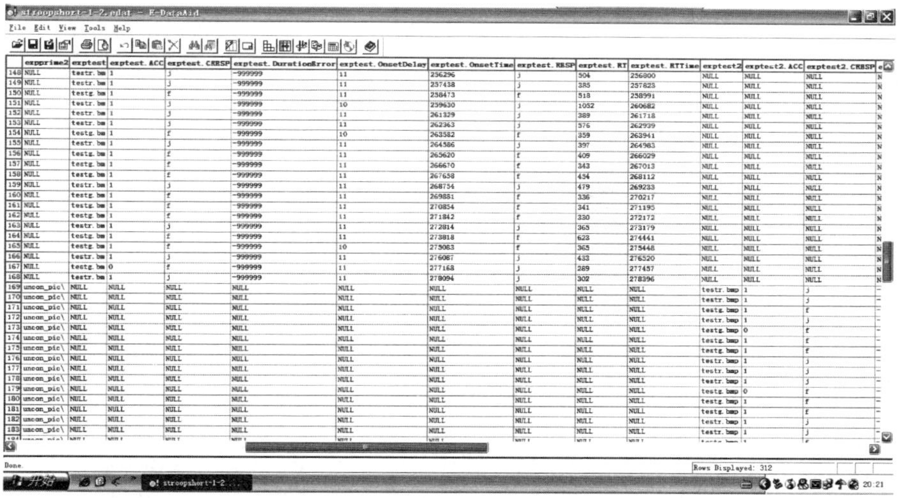

该文件中全面地记录了被试的所有信息。

为了进一步分析数据，将该数据文件导出为 SPSS 或 Excel 文件。导出的具体方法有两种，一种是单击“File”，然后选择“Export”；第二种是直接单击快捷键工具栏（即如下图所示的横条工具栏），其中的左起第三个按钮即是导出按钮（下图中放大了的按钮，软盘上带一格蓝色箭头的图标）。单击导出键后，弹出如图所示窗口：

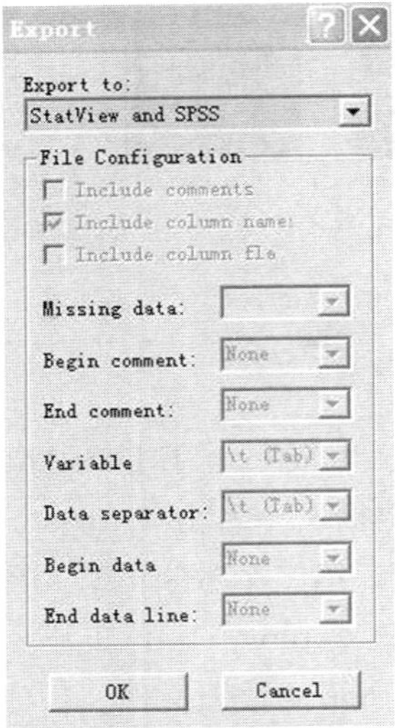

单击下拉菜单，即可选择需要导成的文件。我们选择“StatView and SPSS”，单击“OK”，即可弹出一个保存窗口：输入希望保存的文件名，选择想保存的位置。然后关闭这份 E-DataAid 文件。

在你选择导出数据的文件夹中，可看到一个“. txt”的文本文档。打开 SPSS 之后，导入数据的时候选择“. txt”为后缀名的文件导入即可。如下图。

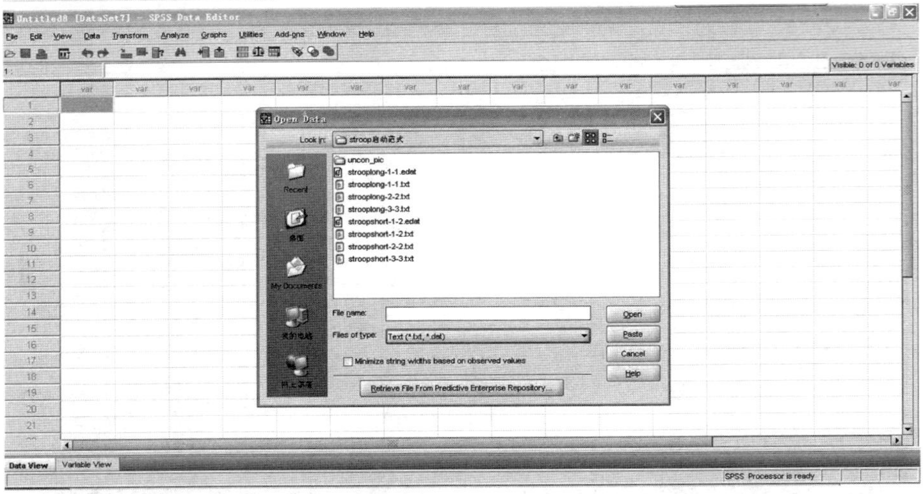

在 SPSS 中，可以看到与在 E-DataAid 文件中完全一样的被试信息。其中“session”为被试完成的是长 SOA 还是短 SOA 的实验。“exptest. ACC”和“exptest2. ACC”列，是被试在测验第一阶段和休息后第二阶段中每次反应是否正确的数据，1 为正确反应，0 为错误反应。“exptest. RT”和“exptest2. ACC”列，是被试每次的反应时数据，单位为 ms。另外还有一个“type”和“type2”是用来标记每个 trial 是属于启动词与目标词一致条件还是不一致条件。

被试数据合并

首先将练习阶段数据剪切另外保存。然后将无关变量删除，只保留被试信息、session、反应时（exptest. RT，exptest2. RT）、正确率（exptest. ACC，exptest2. ACC）和 trial 类型（type，type2）。

由于“exptest. ACC”和“exptest2. ACC”是同一个条件下的数据，所以将“exptest2. ACC”，“exptest2. RT”以及“type2”里面的数据一同剪切到“exptest. ACC”，“exptest. RT”和“type”后面作为一个条件的数据。

当长 SOA 和短 SOA 部分的实验都完成之后，将被试两个实验的“session”“exptest. ACC”“exptest. RT”“type”结合在一起。

数据分析

对于正确反应（即 exptest. ACC＝1）的反应时采用 2×2 方差分析，对启动—掩蔽的 SOA 长短变量（session＝1 或 2）和启动—目标的一致性（type＝s 或 d）变量分别进行主效应分析，然后进行两者交互效应的分析。当在短的 SOA 条件下，启动—目标一致的反应时短于不一致的反应时；在长的 SOA 条件下，启动—目标不一致的反应时短于一致的反应时，即出现了意识与无意识知觉的质的差异。

参考文献

[1] Philip M. Merikle，Steve Joordens，Jennifer A. Stolz. Measuring the Relative Magnitude of Unconscious Influences. *Consciousness and Cognition*，1995，4，422-439.

[2] Philip M. Merikle，Steve Joordens. Parallels between Perception without Attention and Perception without Awareness. *Consciousness and Cognition*，1997，6，219-236.

[3] 曲折，刘淑华，宋艳，丁玉珑．SOA 对 Stroop 启动效应的影响：行为和 ERP 研究．心理科学，2006，29（4）：833-837.

[4] 郭秀艳．实验心理学．北京：人民教育出版社，2004.

视觉扫描实验范式

实验目的与功能

搜索范式是研究注意本质和特征的经典范式，它在研究注意如何排除无关刺激的干扰和注意如何在不同的感觉通道之间转移等方面较为突出。搜索范式最常见的是视觉扫描任务，即视觉扫描实验。通过本实验检验注意的加工定向解释，被试的反应时受到红色字母数量的影响，但不受绿色字母数量的影响，这说明被试能把注意集中于红字而忽视绿字。换言之，人的视觉系统似乎不能同时有效地加工 20 个字母，因此被试把某些心理过程限制在红色项目内，由此导致对目标更有效的觉察。这符合注意加工定向的定义，因为超负荷的输入对认知加工过程产生了消极影响，而注意的计算功能则增加了这些认知加工过程的速度和准确性。即注意是一个把心理集中于多个感觉输入的一个的主动加工过程，注意提高了某些“被注意到”的任务或信息的加工质量。

实验来源与范式选择依据

“注意是心理以清晰而又生动的形式对同时存在的若干对象中的某一些，或连续的思维的一种占有。它的本质是意识的聚焦和集中。它意指离开某些事物以便有效地处理其他事物。”(James，1890，pp. 381-382)

这个注意的定义颇为得当，但仍有局限，因为它只从单一的方面定义了注意。事实上，注意这一术语在使用中通常有多重含义，在心理学文献中，对“注意”一词的使用也多种多样。多种认知过程都和注意有关。因此，在实验研究中，结合不同的情况，注意有三种代表性的操作定义：注意的任务定义、持续性定义和加工定向定义。

任务定义注意（Task-Defined Attention）时，研究者常常把注意定义为“是否正确地执行了某项任务”。

持续性注意（Maintaining Attention）描述的就是注意的保持过程，即在同一对象或同一任务上保持一段时间的注意。

加工定向注意（Process-Oriented Attention）将注意看成一个把心理集中于多个感觉输入的一个的主动加工过程，注意提高了某些“被注意到”的任务或信息的加工质量。这个定义有两个本质属性：①注意被看做是从可选物中作出选择的过程；②选择的目的是为了改进心理加工过程的效率。换言之，加工定向注意即指：为了改进加工的速度或准确性而把认知加工过程限制并集中在所有当前信息的某个子集上的过程。根据这个定义，只有当眼前呈现太多刺激或任务而使人的心理加工过程无法高效地操作时，注意才是必要的。

注意实验的研究方法有很多种：提示范式、搜索范式、过滤范式、双任务范式以及电生理学等。在采用加工定向注意的研究中，最常见的搜索范式是视觉搜索任务。该范式反映了很多实际环境中出现的信息超负荷现象，它在两个方面的研究中有比较突出的贡献：①研究注意如何排除无关刺激的干扰；②研究注意如何在不同的感觉通道之间转移。

艾格斯、维茨和格巴特（Egeth，Virzi & Garbart，1984）的视觉搜索任务实验是一个典型的例子。在这项任务中，20 个红色或绿色的字母同时呈现，要求被试指出红色字母 O 是否在其中出现。研究者分别改变红色字母和绿色字母的数量并记录被试的反应时。实验结果表明，随刺激列中红色字母数量的增加，觉察目标的反应时也随之延长。但是，反应时不受绿色字母数量的影响，这说明被试能把注意集中于红字而忽视绿字。

实验逻辑

搜索范式（Search Paradigms）的基本原理是：要求被试寻找一个或多个混杂在非目标刺激（nontarget stimuli）中的目标刺激（target stimuli），实验时这些刺激可以同时呈现，也可以相继呈现。在这种任务中，若干物体呈现于一个刺激矩阵中，要求被试指出其中是否出现了某一特定目标。

在大多数视觉搜索实验中，实验者研究反应时和刺激规模（搜索矩阵中的项目数）的函数关系，也即搜索函数（search function）的关系。

实验设计

本实验为多因素被试内实验设计，自变量为：有无字母“O”（有、无）、字母颜色（红色、绿色）。因变量为反应时间。

本实验要收集的数据是被试对目标刺激的反应时以及正确与否。

实验流程图

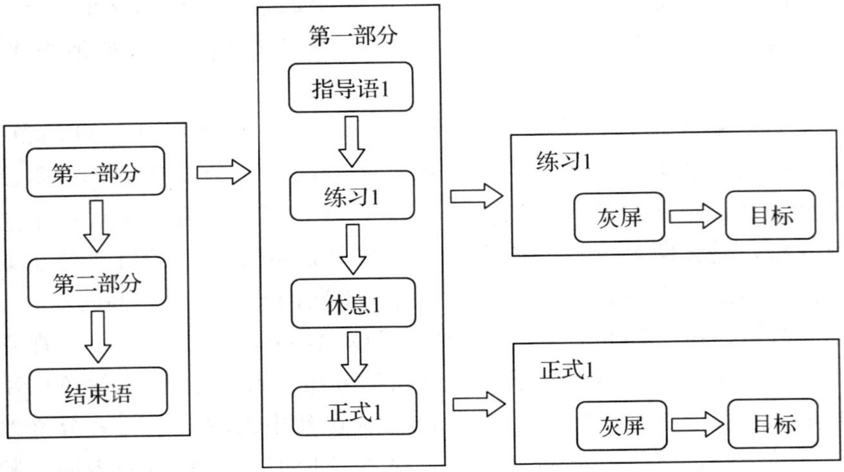

实验过程

Step1：建立实验外层框架

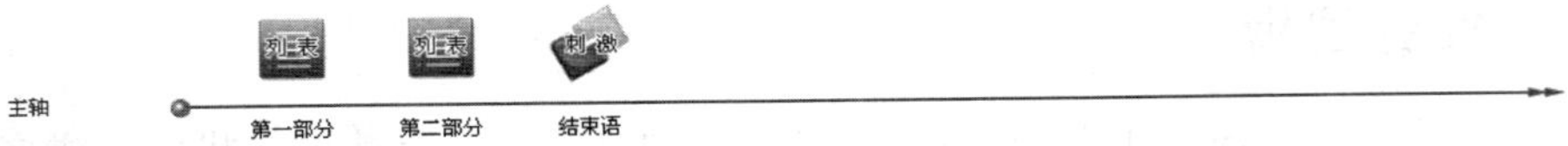

◇ 第一部分

拖曳一个“试次列表”控件到主轴上，重命名为“第一部分”。

添加一个新流程，命名为“第一部分”。

◇ 第二部分

拖曳一个“试次列表”控件到主轴上，重命名为“第二部分”。

建立一个流程命名为“第二部分”。

◇ 结束语

用刺激控件呈现结束界面。

呈现内容：见示意图。

结束方式：“持续时间”2000ms。

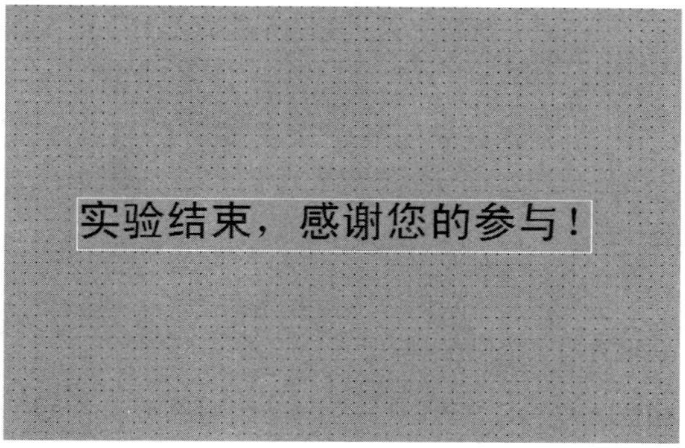

Step2：第一部分（Block）

在“第一部分”的流程轴上放置以下控件。

◇　指导语

用“刺激”控件呈现“指导语”。

呈现内容：用“文本”控件或“图片”控件呈现指导语的内容。

结束方式：用“按钮”控件结束指导语界面的呈现。

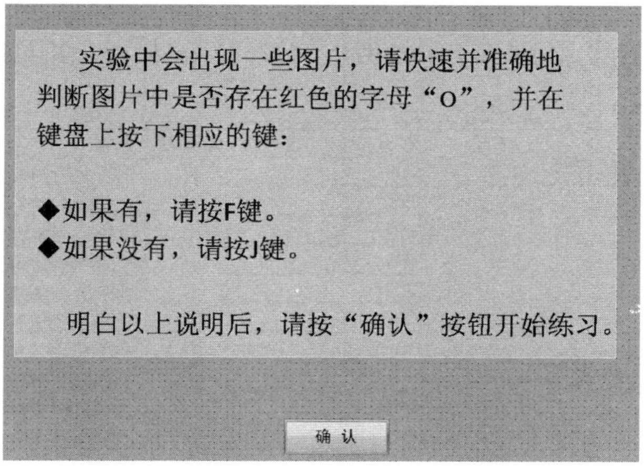

◇　练习1

拖曳一个“试次列表”控件到主轴上，重命名为“练习1”。

建立一个流程命名为“练习1”。

◇　休息 1

呈现内容：使用“图片”呈现以下内容。

结束方式：使用“按钮”控件，被试按“确认”按钮结束。

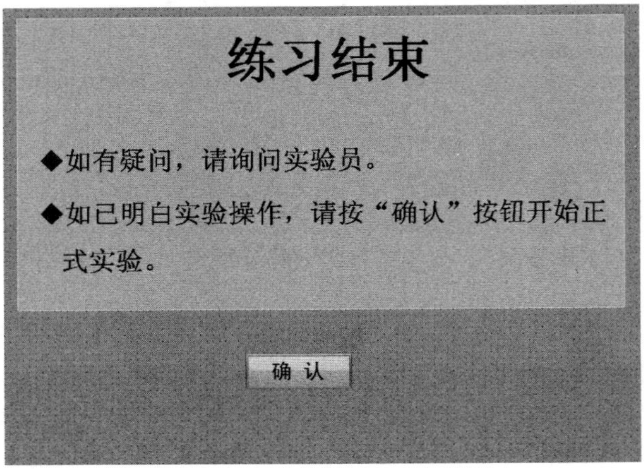

◇　正式 1

拖曳一个“试次列表”控件到主轴上，重命名为“正式 1”。

建立一个流程命名为“正式 1”，并添加在试次列表中。

Step3：编辑第一部分（Block1）——练习 1

◇　编辑“练习 1”试次列表

在其中放置实验中需要用到的图片，以及写入针对每张图片的正确反应。

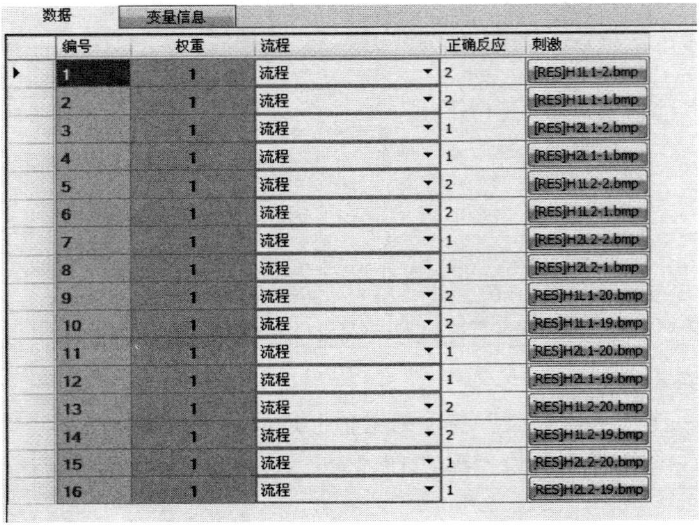

数据 | 变量信息

编号	权重	流程	正确反应	刺激
1	1	流程	2	[RES]H1L1-2.bmp
2	1	流程	2	[RES]H1L1-1.bmp
3	1	流程	1	[RES]H2L1-2.bmp
4	1	流程	1	[RES]H2L1-1.bmp
5	1	流程	2	[RES]H1L2-2.bmp
6	1	流程	2	[RES]H1L2-1.bmp
7	1	流程	1	[RES]H2L2-2.bmp
8	1	流程	1	[RES]H2L2-1.bmp
9	1	流程	2	[RES]H1L1-20.bmp
10	1	流程	2	[RES]H1L1-19.bmp
11	1	流程	1	[RES]H2L1-20.bmp
12	1	流程	1	[RES]H2L1-19.bmp
13	1	流程	2	[RES]H1L2-20.bmp
14	1	流程	2	[RES]H1L2-19.bmp
15	1	流程	1	[RES]H2L2-20.bmp
16	1	流程	1	[RES]H2L2-19.bmp

◇ 编辑核心流程

1. 灰屏

使用一个“刺激”控件，不用放置任何子控件，呈现时间设为1000ms。

2. 目标

呈现内容：使用“图片”控件呈现图片。

我们已经在“学习”Block中存入了图片，所以现在可以从试次列表中将它调进来。

结束方式：“持续时间”设为“－1”，“结束方式”设为被试按键结束。

设置J，F按键的返回值，J为“1”，F为“2”，同“练习1”表中对应。

“正确反应”从“练习1”试次列表中调用。

将“计时起点”设为“目标”，这样反应键会以该界面开始的时间为零点来记录反应时。

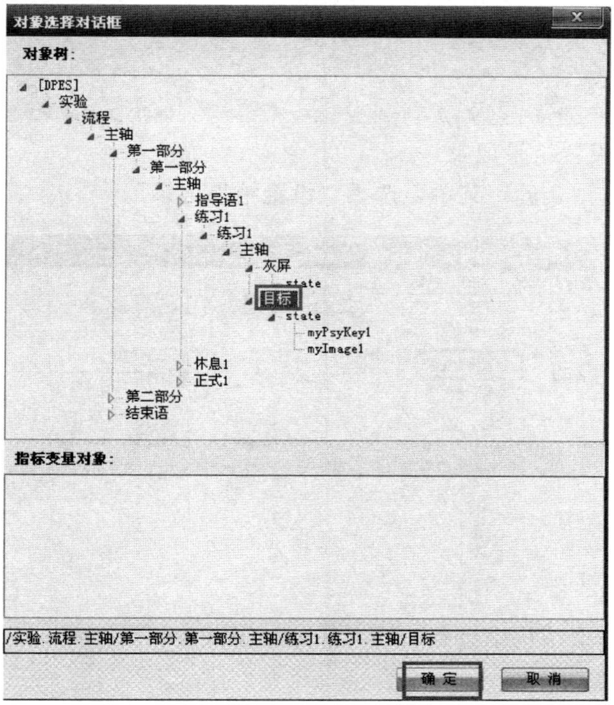

Step4：编辑第一部分（Block1）——正式 1

“正式 1”的编辑方法同“练习 1”大体一致，唯一的不同是“正式 1”有 80 个 trail。列表请参见文档《视觉扫描实验范式（正式 1)》。

Step5：第二部分

“第二部分”的实验流程和设置同“第一部分”大体相同。唯一不同的是，在“第二部分”中，按键要求与“第一部分”相反，其他的方面完全相同。

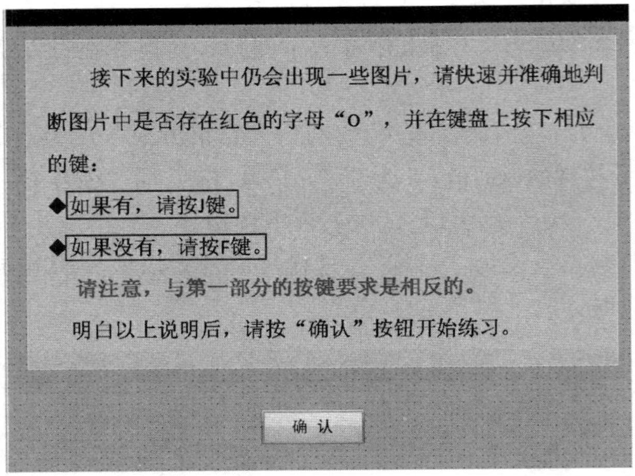

Step6：设置结果记录。

◇ 点击“实验”菜单，选择“设置结果记录”。

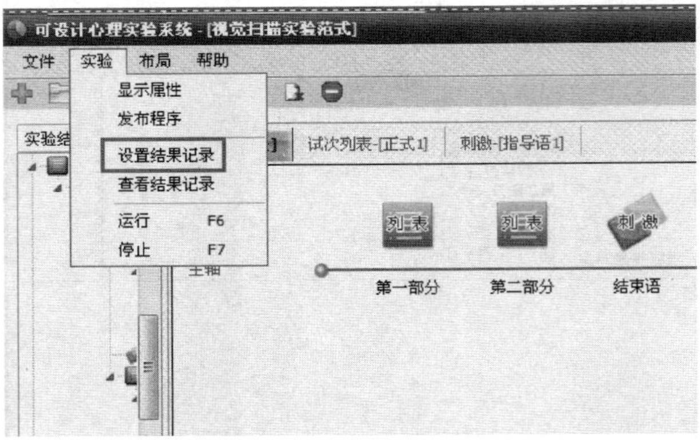

◇ 在树形结构中找到“第一部分→正式 1→目标→myPsyKey1”，勾选需要记录的数据。

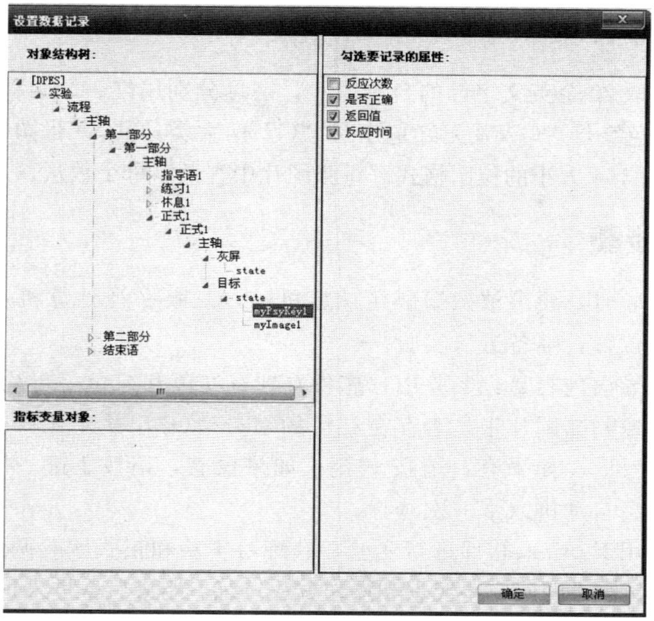

◇　在树形结构中找到“第二部分→正式 2→目标→myPsyKey1”，勾选需要记录的数据。

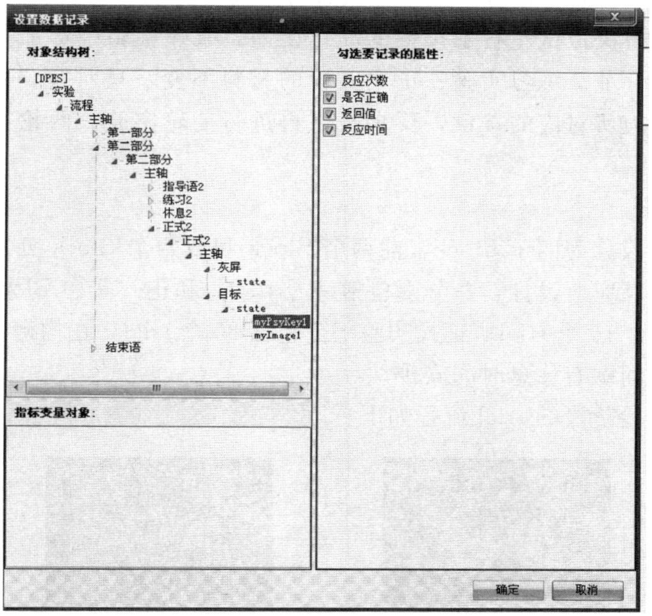

实验材料

随机选取 20 个英文字母的自制图片，字母分别用红、绿两种颜色标示；可分作有红色字母“O”及无红色字母“O”两大类，共 80 张图片，图片像素均为 239×164 大小的位图格式。每张图片中红色字母个数从1～20。

实验步骤

（1）实验时，要求被试端坐在计算机前，双眼平视计算机，双手放至计算机键盘位置，准备进入实验。

（2）指导语内容是：实验中，您将看到有红色和绿色字母构成的图片，请准确并快速判断图片中是否存在红色的字母“O”，并在计算机键盘上做相应的按键反应；如果有，请按 F 键；如果没有，请按 J 键。每完成一次判断，程序会自动进入下一次选择。

（3）使用 E-prime 软件进行实验，有练习实验和正式实验两部分。练习的目的在于使被试明确实验要求和操作方法，练习结束后，进入正式实验。

（4）80 张图片随机呈现，要求被试看到图片时做出按键反应。从图片出现开始计时，直到被试做出按键反应，计时结束。呈现 1 秒钟的灰屏后，随机出现下一张目标图片，要求被试做出按键反应。

（5）为解决被试左右手按键的动作误差，故在实验中增加了交替按键进行判断的环节。练习实验、正式实验的材料不变，只对换“有”和“没有”正确反应所对应的按键，要求被试再进行一轮实验。两轮实验之间间隔 1 分钟。

实验流程

实验阶段分为四个 Block，前两个 Block 和后两个 Block 分别是为均衡左右手按键反应所设计，并分别包括练习 Block 和正式实验 Block，其中练习 Block 包含 16 个 trial；正式实验部分包括 80 个 trial，在均衡左右手按键反应的实验间歇有休息时间安排。

正式实验阶段的 trial 流程如下：

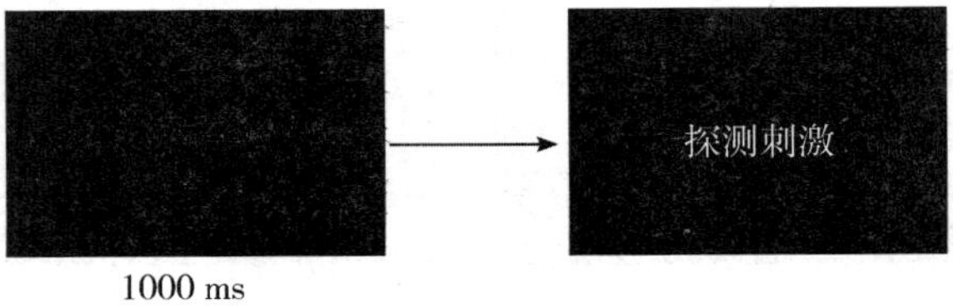

统计方法

数据导出

完整运行完程序后，会在程序所在的文件夹中，生成一个以被试编号为文件名的“E-DataAid”文件，该文件即是数据文件，记录了该被试参与实验的所有数据（包括练习、正式实验部分的刺激呈现顺序、被试的按键反应、反应时等情况）。

在“E-DataAid”文件下（参见图 1），单击 File 菜单（参见图 2）下的“Export”命令，在 Export 窗口中选择“Export to”下的可选项（参见图 3），选择“StatView and SPSS”选项，然后单击“OK”保存。将保存后生成的文本文件在 SPSS 下打开，就可直接将数据导入 SPSS 文件，然后按照实验研究目的做进一步的数据分析。

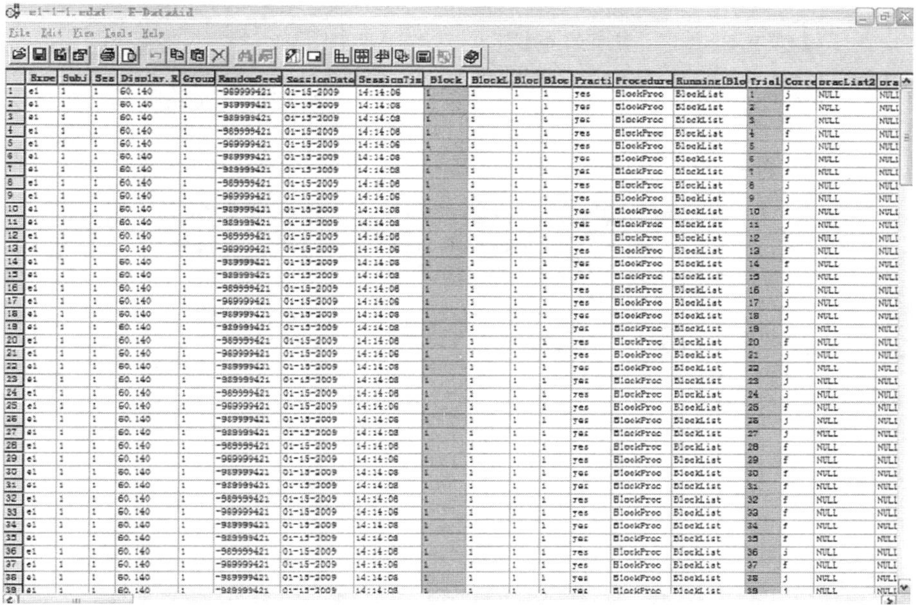

图 1　E-DataAid 文件打开窗口

在打开的 SPSS 数据文件中，选择需要进行分析的数据。如图 4，选择 stimulus. RT 列，＊. RT 为被试的实际的项目反应时间。当考察正确率的时候，在 SPSS 下选择＊. CRESP 列（为正确反应项）和＊. RESP 列（为被试的实际按键反应），计算正确率和错误率。

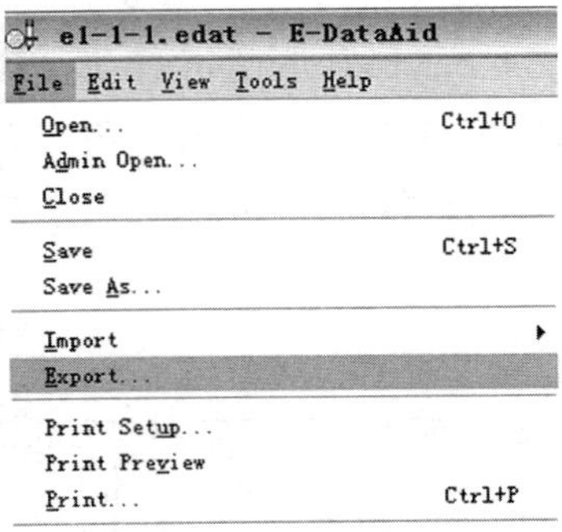

图 2 File 下拉菜单

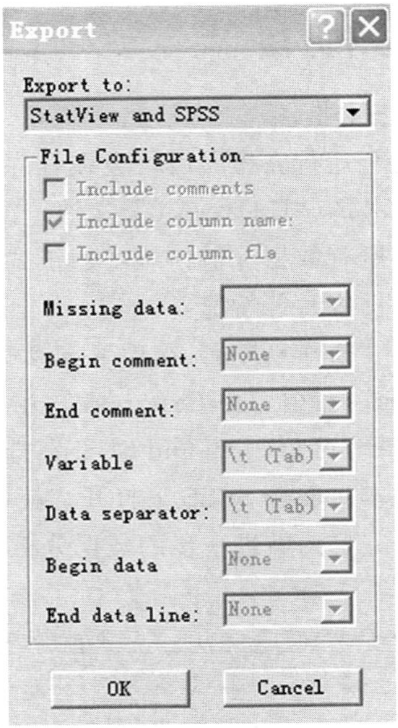

图 3 Export 弹出菜单

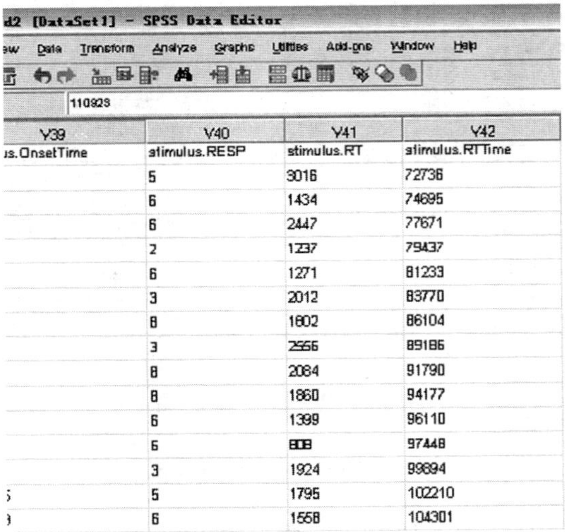

图 4 SPSS 打开界面

合并所有被试的数据时，在 E-prime 程序下单击 E-merge，且生成文件合并后的数据文件，可在 E-prime 下进行简单的数据统计工作。

参考文献

[1] Howard E E, Robert A V, Hadley G. Searching for Conjunctively Denned Targets. *Journal of Experimental Psychology: Human Perception and Performance*, 1984, 10 (1): 32-39.

[2] McSorley E, Findlay J M. Visual Search in Depth. *Vision Research*, 2001, 41: 3487-3496.

双任务范式

实验目的与功能

双任务范式用来研究被试在完成双重任务的过程中，注意资源的分配方式。

实验来源与范式选择依据

Treisman 等人（1980）提出了特征整合理论（Feature Integration Theory，FIT），FIT 理论将客体知觉过程分为两个阶段：早期的前注意阶段和特征整合阶段，由于前注意阶段是无意识的自动加工，而特征整合需要注意的参与，所以当注意分散或过载时，会产生客体间特征彼此交换的现象，即错觉性结合现象（Illusory Conjunction，IC）。Treisman 等人采用了双作业范式证明了注意缺乏或过载会导致明显的错觉性结合发生率上升，并把此结果作为特征整合理论的证据。例如在一项实验中，快速呈现给被试两个相隔一定距离的数字，数字间并排四个探测图形（形状，大小，边框颜色，填充颜色各不相同）。比如，粉色实心小三角、棕色实心小三角、黄色空心大圆、蓝色空心小圆，呈现后，四个图形之一被掩蔽，被试的首任务为报告两个数字，之后被要求描述掩蔽的图形。结果表明被试倾向于将其他图形的特征与原掩蔽图形错误地结合起来：例如，被试更多地报告"粉色实心小圆"而非"粉色实心小三角"，此种结合性错误仅发生于注意被处理首任务（报告探测数字）分散后，说明注意对错觉性结合的发生起重要作用。

以往的研究往往通过改变被试的注意条件对特征整合过程及错觉性结

合的发生，然而错觉性结合发生率不仅仅受注意条件本身的影响，注意客体的特征，特别是内部结构的组织形式，也会影响错觉性结合的发生率。由于 Treisman 及多数科学家采用的呈现目标均为数字或图形，其内部结构较为简单，而汉字不同于英法等简单的“拼音文字”（即像英语之类看到词形基本即可辨其发音），其结构来源又分为象形、形声、会意等不同类型，内部一般都能分为几个独体的部件，李健（1999），黎红（1999）的研究均表明了汉字的内部结构变化（上下结构，左右结构，包围结构，独体结构等）以及笔画数、字频等情况均会对于其识别产生明显的影响，例如有研究指出在各种汉字结构的条件下，均出现了显著的笔画数效应，可以说明汉字结构对汉字识别的基本加工单元没有影响；当汉字为包围结构时没有出现字频效应汉字结构对低频字的识别有影响，对高频字的识别没有影响；对少笔画字的识别有影响，对多笔画字的识别没有影响等。

综合近年多项研究发现，汉字结构对汉字识别加工有显著影响。因此，汉字结构作为自变量（注意客体）也可能会对错觉性结合的发生率产生影响。

同时研究者认为对于汉字的相似性的识别错误，不仅会发生在结构层面，还可能发生在语音、语义层面，以往对语音、语义的研究表明，阈下刺激在语音、语义方面均会对识别产生影响，例如张厚粲等人（1989）在汉字读音音似对启动现象研究中，研究使用启动命名法，对汉字读音过程中的音似启动效应进行了探讨，发现音和形都相似的启动字和目标字之间存在着显著的启动效应。表明汉语读者的心理词典结构中存在着语音联结通路。

实验逻辑

汉字是音、形、义三者共同存在的注意客体，而被试对语音、语义以及汉字结构的加工通道与机制存在着不同，因此在研究过程中有必要将三者区分开。

虽然前人的研究表明，汉字的结构、汉字的相似读音与相近字义这三个纬度都对发生错误识别有着十分重要的影响。在研究者以前的实验中已经对不同结构相似类型的汉字进行了讨论，在本研究中，着重对语音和语义相似类型加以探讨。因为汉字的字音又分为声母和韵母两部分，以前学者的研究并未研究声母、韵母在汉字启动效应中作用的差异，是否声母和韵母的相似在汉字识别过程中存在不同作用，便是研究者在语音相似性方面所关注的问题。面对这样一个问题，在实验一中，研究者将着重探讨这三种语音相似类型的汉字（包括声母相同汉字、韵母相同汉字以及混合相似汉字）在不同的注意水平上发生错觉性结合的优先顺序。

对于汉字音、形、义的研究在完善关于汉字注意加工的研究的同时，对相关实践也有一定的指导作用，本研究对汉语教学具有重要的实践意义。汉字的识别长期以来是汉语教学特别是对外汉语教学中的重点，也是难点。因此对汉字识别的研究对幼儿以及非汉语国家汉语初学者的教学有着重要的意义。

汉字与英法文字不同，属于非拼音文字，其结构特征、语音特征以及语义特征在对其识别中起着非常重要的作用，而汉字的结构类型繁多又给汉字结构的识别增添了难度，长时间以来，儿童学习汉字主要是通过死记硬背。因此能够针对汉字的结构特点编写中文初学者的阅读教学材料有着重要的价值。本研究结论正是针对汉字识别中，汉字结构对汉字错误识别的影响，对汉字阅读材料的编写起到了指导作用，在汉语阅读材料编写中，应当降低易发生错觉性联合材料的密度，以及增大易发生联合现象之间的距离，避免在阅读过程中，使读者发生混淆。同时本研究的结论可以指导对外汉语教学方法，在对初学者的教学中，正确辨析汉字是描述汉语水平的重要指标，因此，在教学实践中，可联合汉字的辨析练习会对汉语水平提高起到一定的帮助。

综上所述，本研究重点关注：①注意水平对汉字识别错觉性结合的影响；②汉字语音相似类型对发生近似错觉结合识别的影响。

实验设计

3（注意水平）×3（汉字语音材料）× 3（目标汉字类型）重复测量三因素的混合实验设计。3 种注意水平分别为无注意任务、识别简单数字并再认、进行各位加法运算，为组间设计。

3 种汉字语音为呈现目标与刺激声母相同、目标与刺激韵母相同、目标为两刺激声母韵母组合而成汉字。

通过统计不同注意水平、不同语音结构汉字组发生相似组判断错误数据，研究注意水平与汉字结构材料对错误率的影响。

实验流程图

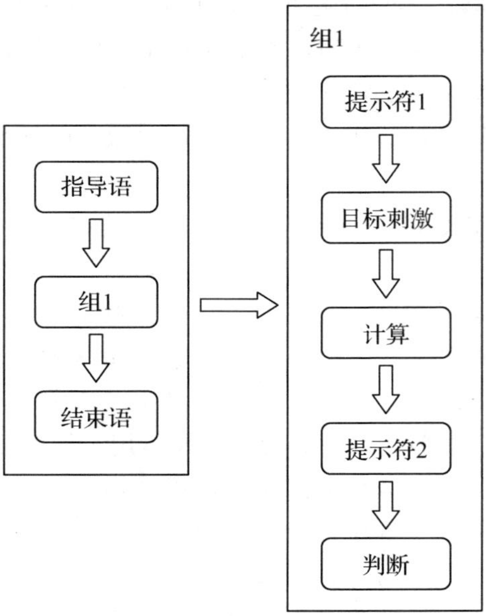

实验过程

本实验为被试间设计，共分为3个子实验，分别是：组1（数字求和），组2（数字记忆），组3（无干扰）。

3个子实验的实验方法大体相同，因此，仅以“组1（数字求和）”为例说明实现方法。

Step1：建立实验外层框架

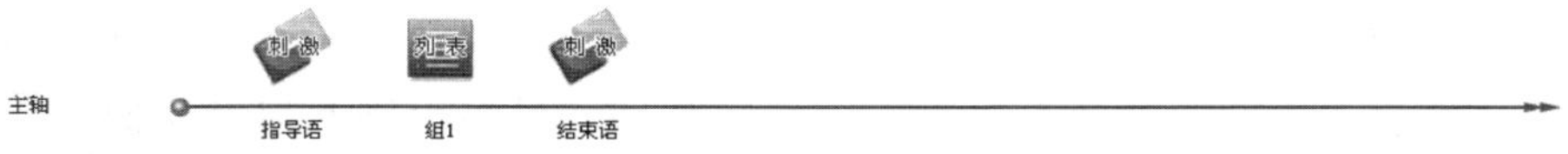

◇ 指导语

用“刺激”控件呈现“指导语”。

呈现内容：用“文本”控件或“图片”控件呈现指导语的内容。

结束方式：用“按钮”控件结束指导语界面的呈现。

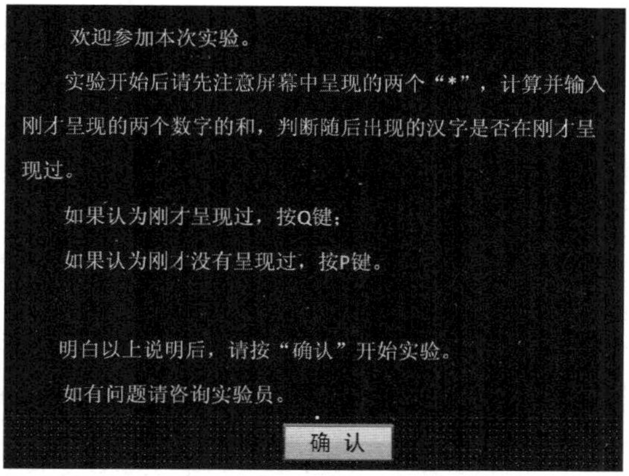

◇ 组 1

拖曳一个“试次列表”控件到主轴上，重命名为“练习 1”。在“练习 1”中建立一个新流程，命名为“1”。

◇ 结束语

用刺激控件呈现结束界面。

呈现内容：见示意图。

结束方式：“持续时间”2000ms。

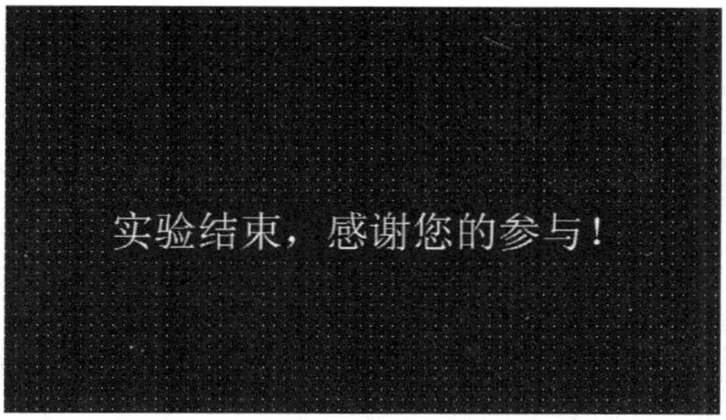

Step2：组 1

编辑“组 1”的试次列表，写入实验当中需要用到的变量，如“目标刺激，判断字，数字和，正确按键，刺激类型”等，具体内容参见附表 1。

Step3：编辑“组 1”的核心流程

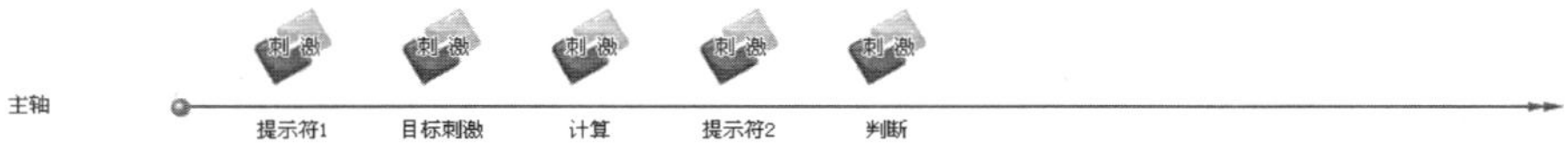

◇　提示符 1

呈现内容：呈现两个“*”，使用“文本”控件实现。

结束方式：“持续时间”设为 1000ms。

◇　目标刺激

呈现内容：使用文本控件，呈现由数字和汉字组成的一串字符，具体内容从“组 1”（试次列表）中引用。

结束方式：将“持续时间”设为 130ms。

◇　计算

呈现内容：示意图如下。

1. 使用“文本”控件，呈现“请输入看到的数字之和”。

2. 使用“编辑框”控件。

在实验运行时，被试可以在“编辑框”中输入答案。

我们需要系统能够自动判断被试输入的答案是否是正确的，所以将“编辑框”的“正确反应”从试次列表“组 1”中引用。

3. 使用“按钮”控件

将“按钮”控件的内容改为“确认”。

结束方式：“持续时间”设为“－1”，被试按下“确认”按钮后，结束本界面的呈现。

◇ 提示符 2

呈现内容：使用“文本”控件呈现“＋”。

结束方式：“持续时间”设为 600ms。

◇ 判断

呈现内容：使用“文本”控件呈现单字，单字的内容从“组 1”试次列表中引用变量“判断字”。

结束方式：持续时间设为“－1”，被试按键后结束本界面的呈现。

“反应键”的“正确反应”引用“组 1”（试次列表）中的变量“正确按键”。将“反应键”的“计时起点”设为“判断”界面开始的时间。

Step4：设置结果记录

1. 点击“实验”菜单，选择“设置结果记录”。

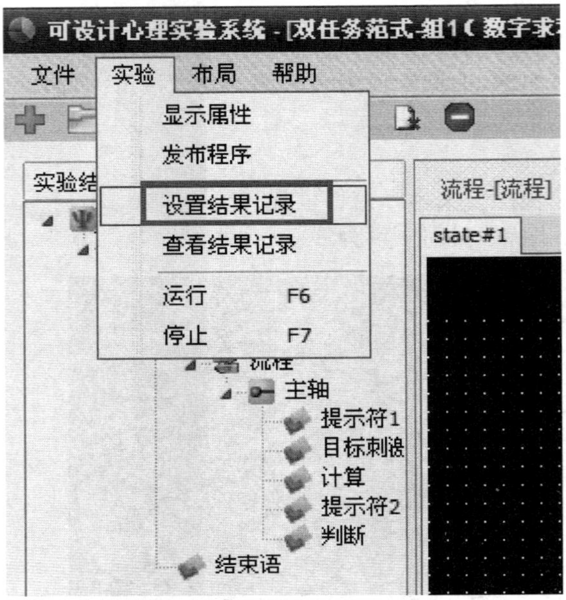

2. 在树形结构中找到“计算”界面和“判断”界面，分别勾选要记录的数据。

“计算”界面要记录的数据：

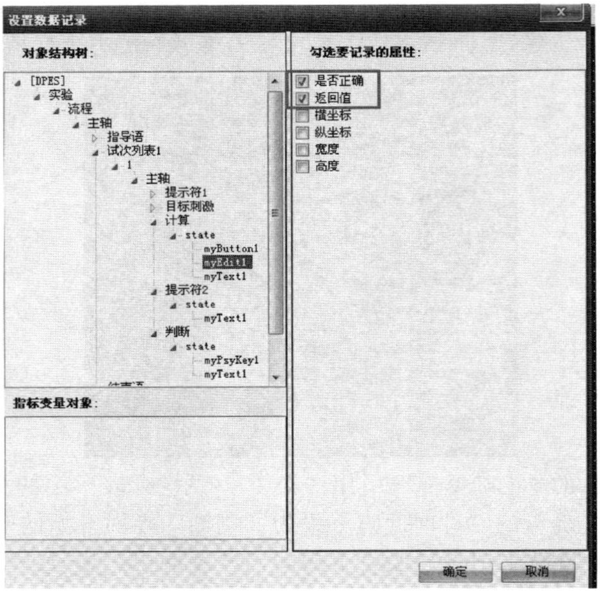

“判断”界面要记录的数据：

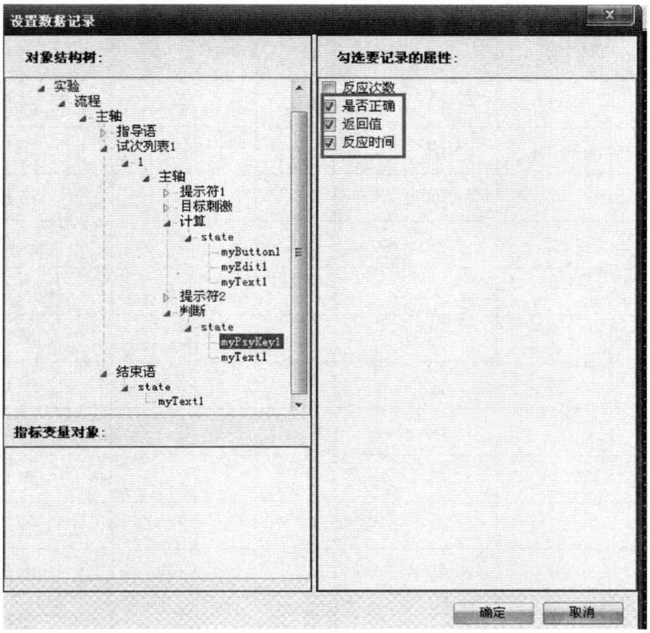

附表 1

目标刺激	判断字	数字和	正确按键	刺激类型
2 把　保　4	北	6	2	声母相同
4 从　存　1	才	5	2	声母相同
7 达　德　2	提	9	2	声母相同
5 法　反　2	府	7	2	声母相同
6 该　感　3	古	9	2	声母相同
8 花　乎　1	黑	9	2	声母相同
2 记　件　4	具	6	2	声母相同
3 快　课　6	况	9	2	声母相同
3 路　累　3	令	6	2	声母相同
2 满　每　3	母	5	2	声母相同

续表

目标刺激	判断字	数字和	正确按键	刺激类型
4 你　乃　5	那	9	2	声母相同
4 派　破　2	怕	6	2	声母相同
6 起　且　2	请	8	2	声母相同
5 然　人　3	如	8	2	声母相同
2 死　算　2	岁	4	2	声母相同
1 台　题　4	头	5	2	声母相同
5 外　万　2	忘	7	2	声母相同
1 县　笑　4	性	5	2	声母相同
1 元　言　5	阳	6	2	声母相同
3 走　子　2	组	5	2	声母相同
2 他　家　3	拉	5	2	韵母相同
4 个　乐　1	特	5	2	韵母相同
2 果　所　4	火	6	2	韵母相同
5 以　己　2	比	7	2	韵母相同
2 许　与　5	取	7	2	韵母相同
2 求　刘　2	就	4	2	韵母相同
3 准　军　5	云	8	2	韵母相同
3 通　东　2	宗	5	2	韵母相同
3 对　推　4	会	7	2	韵母相同
5 今　因　2	亲	7	2	韵母相同
4 应　青　5	兵	9	2	韵母相同
6 却　学　2	月	8	2	韵母相同
3 生　争　4	风	7	2	韵母相同
5 百　来　2	海	7	2	韵母相同
4 道　要　3	叫	7	2	韵母相同
2 看　但　2	干	4	2	韵母相同
3 内　未　2	被	5	2	韵母相同

续表

目标刺激	判断字	数字和	正确按键	刺激类型
3 们 闻 2	臣	5	2	韵母相同
4 于 女 2	绿	6	2	韵母相同
3 别 切 2	写	5	2	韵母相同
4 公 带 2	改	6	2	语音类似
5 病 界 2	静	7	2	语音类似
5 它 天 2	钱	7	2	语音类似
3 条 西 2	小	5	2	语音类似
3 冬 格 2	公	5	2	语音类似
2 成 更 2	关	4	2	语音类似
2 花 分 2	很	4	2	语音类似
1 举 叶 2	界	3	2	语音类似
3 山 说 2	作	5	2	语音类似
3 客 由 2	口	5	2	语音类似
3 黄 功 2	光	5	2	语音类似
4 当 金 2	将	6	2	语音类似
2 确 皆 2	绝	4	2	语音类似
5 备 写 2	别	7	2	语音类似
6 须 运 2	语	8	2	语音类似
3 意 假 2	既	5	2	语音类似
4 味 房 2	非	6	2	语音类似
5 社 路 1	书	6	2	语音类似
5 坐 容 1	若	6	2	语音类似
4 难 真 1	站	5	2	语音类似
3 成 可 1	成	4	1	有相同字
6 由 马 1	由	7	1	有相同字
2 刀 卡 1	刀	3	1	有相同字
4 电 正 1	正	5	1	有相同字

续表

目标刺激	判断字	数字和	正确按键	刺激类型
5 发　夫　4	发	9	1	有相同字
2 毛　比　4	比	6	1	有相同字
4 年　及　4	及	8	1	有相同字
4 失　牛　4	牛	8	1	有相同字
3 头　只　4	头	7	1	有相同字
4 为　央　4	为	8	1	有相同字
5 帮　支　4	帮	9	1	有相同字
3 备　丝　4	丝	7	1	有相同字
5 装　色　3	装	8	1	有相同字
2 等　裂　3	等	5	1	有相同字
4 盖　努　3	努	7	1	有相同字
5 会　界　3	会	8	1	有相同字
3 尽　孟　3	孟	6	1	有相同字
4 青　坚　3	坚	7	1	有相同字
5 宋　空　3	空	8	1	有相同字
3 英　务　3	英	6	1	有相同字
4 废　连　3	连	7	1	有相同字
5 左　阀　3	左	8	1	有相同字
5 赶　届　3	届	8	1	有相同字
3 逆　虎　3	虎	6	1	有相同字
4 区　进　3	区	7	1	有相同字
5 遂　庠　3	遂	8	1	有相同字
6 通　同　3	同	9	1	有相同字
3 尾　闪　4	闪	7	1	有相同字
3 序　虚　4	序	7	1	有相同字
4 在　国　4	在	8	1	有相同字
5 更　系　4	者	9	2	无相同字

续表

目标刺激	判断字	数字和	正确按键	刺激类型
3 支　书　4	守	7	2	无相同字
5 良　卫　4	困	9	2	无相同字
3 么　示　4	盐	7	2	无相同字
5 民　干　4	采	9	2	无相同字
3 内　大　4	节	7	2	无相同字
5 南　共　1	替	6	2	无相同字
5 手　母　1	房	6	2	无相同字
4 文　土　1	泵	5	2	无相同字
3 右　互　1	闭	4	2	无相同字
5 党　策　1	室	6	2	无相同字
3 至　息　1	苏	4	2	无相同字
4 华　英　1	示	5	2	无相同字
5 贫　其　1	第	6	2	无相同字
2 热　角　1	台	3	2	无相同字
3 虽　资　1	感	4	2	无相同字
2 它　点　1	置	3	2	无相同字
2 星　架　1	条	3	2	无相同字
3 页　苗　1	盘	4	2	无相同字
4 育　奇　1	写	5	2	无相同字
5 厘　层　2	述	7	2	无相同字
3 医　处　2	展	5	2	无相同字
4 适　毯　2	速	6	2	无相同字
3 痛　追　2	赵	5	2	无相同字
2 围　彪　2	遍	4	2	无相同字
4 问　这　2	建	6	2	无相同字
3 选　厚　1	途	4	2	无相同字
1 压　固　1	逃	2	2	无相同字

续表

目标刺激	判断字	数字和	正确按键	刺激类型
6 延　司　1	透	7	2	无相同字
3 氧　迟　1	园	4	2	无相同字
2 特　极　4	太	6	2	语义相关
4 说　曰　1	言	5	2	语义相关
7 泊　池　2	湖	9	2	语义相关
5 斗　打　2	战	7	2	语义相关
6 提　拉　3	拽	9	2	语义相关
8 给　与　1	送	9	2	语义相关
2 房　社　4	府	6	2	语义相关
3 古　旧　6	朽	9	2	语义相关
3 没　无　3	失	6	2	语义相关
2 视　看　3	赏	5	2	语义相关
4 善　美　5	好	9	2	语义相关
4 随　跟　2	伴	6	2	语义相关
6 集　聚　2	合	8	2	语义相关
5 路　道　3	街	8	2	语义相关
2 谈　议　2	商	4	2	语义相关
1 衡　量　4	度	5	2	语义相关
5 妈　母　2	娘	7	2	语义相关
1 父　爹　4	爸	5	2	语义相关
1 目　瞳　5	眼	6	2	语义相关
3 容　脸　2	面	5	2	语义相关
2 许　可　1	行	5	2	语义相关
4 童　儿　1	幼	5	2	语义相关
2 省　州　4	郡	6	2	语义相关
5 管　导　2	引	7	2	语义相关
2 王　帝　5	皇	7	2	语义相关

续表

目标刺激	判断字	数字和	正确按键	刺激类型
2 枯 旱 2	干	4	2	语义相关
3 别 离 5	分	8	2	语义相关
3 图 画 2	像	5	2	语义相关
3 君 尔 4	你	7	2	语义相关
5 术 能 2	技	7	2	语义相关
2 多 黑 4	丰	6	2	语义无关
4 乐 啊 1	兴	5	2	语义无关
7 青 宝 2	蓝	9	2	语义无关
5 若 儿 2	如	7	2	语义无关
6 口 足 3	嘴	9	2	语义无关
8 合 什 1	收	9	2	语义无关
2 准 爱 4	允	6	2	语义无关
3 跑 批 6	走	9	2	语义无关
3 城 影 3	宫	6	2	语义无关
2 早 抢 3	初	5	2	语义无关
4 单 污 5	只	9	2	语义无关
4 夫 部 2	公	6	2	语义无关
6 河 杂 2	江	8	2	语义无关
5 每 恒 3	各	8	2	语义无关
2 方 贵 2	正	4	2	语义无关
1 领 乏 4	带	5	2	语义无关
5 数 底 2	算	7	2	语义无关
1 军 寺 4	兵	5	2	语义无关
1 不 色 5	非	6	2	语义无关
3 伪 田 2	假	5	2	语义无关
2 听 购 3	闻	5	2	语义无关
4 物 深 1	器	5	2	语义无关

续表

目标刺激	判断字	数字和	正确按键	刺激类型
2 想　命　4	思	6	2	语义无关
5 置　李　2	放	7	2	语义无关
2 录　翁　5	记	7	2	语义无关
2 问　卡　2	询	4	2	语义无关
3 倒　岚　5	反	8	2	语义无关
3 住　邦　2	居	5	2	语义无关
3 留　票　4	剩	7	2	语义无关
5 重　右　2	沉	7	2	语义无关
2 代　处　2	代	4	1	有相同字
2 水　卿　2	水	4	1	有相同字
3 博　走　1	博	4	1	有相同字
3 电　取　1	电	4	1	有相同字
3 赶　门　1	赶	4	1	有相同字
3 延　色　1	延	4	1	有相同字
3 被　南　1	被	4	1	有相同字
3 申　洋　1	申	4	1	有相同字
3 关　地　1	关	4	1	有相同字
3 女　马　1	女	4	1	有相同字
3 佛　冷　1	佛	4	1	有相同字
3 场　果　2	场	5	1	有相同字
3 空　并　2	空	5	1	有相同字
3 亲　声　2	亲	5	1	有相同字
3 刺　临　2	刺	5	1	有相同字
3 秦　有　2	秦	5	1	有相同字
3 俩　国　2	俩	5	1	有相同字
3 师　工　2	师	5	1	有相同字
4 说　式　3	说	7	1	有相同字

续表

目标刺激	判断字	数字和	正确按键	刺激类型
4 请　至　3	请	7	1	有相同字
4 帮　吴　3	帮	7	1	有相同字
4 换　曰　3	换	7	1	有相同字
4 我　治　3	我	7	1	有相同字
4 老　金　3	老	7	1	有相同字
4 要　尔　3	要	7	1	有相同字
4 款　通　3	款	7	1	有相同字
4 遂　败　3	遂	7	1	有相同字
4 数　私　2	数	6	1	有相同字
4 府　或　2	府	6	1	有相同字
4 眼　今　2	眼	6	1	有相同字
4 徒　程　5	可	9	2	无相同字
4 坏　杂　5	跟	9	2	无相同字
4 根　失　5	坏	9	2	无相同字
4 爷　素　5	习	9	2	无相同字
4 张　己　5	每	9	2	无相同字
4 始　兴　5	规	9	2	无相同字
4 京　拉　4	实	8	2	无相同字
4 术　切　4	极	8	2	无相同字
4 臣　她　4	力	8	2	无相同字
4 存　若　4	英	8	2	无相同字
4 图　广　4	文	8	2	无相同字
4 速　落　4	乎	8	2	无相同字
6 第　礼　6	甚	6	2	无相同字
6 高　增　6	黄	6	2	无相同字
6 外　持　6	营	6	2	无相同字
6 陆　获　6	郎	6	2	无相同字

续表

目标刺激	判断字	数字和	正确按键	刺激类型
6 消　干　6	问	6	2	无相同字
6 引　须　6	联	6	2	无相同字
6 皆　吃　6	单	6	2	无相同字
6 古　河　6	钱	6	2	无相同字
6 半　照　6	乐	6	2	无相同字
6 语　价　6	春	6	2	无相同字
6 皇　质　6	级	6	2	无相同字
6 某　龙　6	除	6	2	无相同字
6 曾　省　6	细	6	2	无相同字
6 刻　律　6	查	6	2	无相同字
1 验　否　1	社	1	2	无相同字
1 祖　紧　1	异	1	2	无相同字
1 费　低　1	例	1	2	无相同字
1 福　纳　1	网	1	2	无相同字

实验材料

汉字选取要求同之前实验相同，三分之一结合错误刺激字组（20 组）为声母相同汉字，其目标字与两个刺激字的声母相同［如：宝（bao）、把（ba）-北（bei）］；另三分之一刺激字组（20 组）为韵母相同汉字，其目标字与两个刺激字的韵母相同［如：个（ge）、乐（le）-特（te）］；剩余三分之一刺激字组（20 组）为语音相似汉字，目标字为 10 组由左侧呈现汉字声母及右侧呈现汉字的韵母组成的新的读音汉字［如：公（gong）、带（dai）-改（gai）］和 10 组由右侧呈现汉字韵母及左侧呈现汉字声母组成的新读音汉字［如：路（lu）、社（she）-书（shu）］，同时，对于三种结构的刺激字组，各有 20 组测试的目标字为非结合错误字组（10 组相同目标，字为呈现字中的一个（如：通同-同；为央-为；会届-会）；10 组为无关目标，即目标字为随意结构汉字，且非呈现字（如：医处-展；么是-盐；华英-示）汉字字频 80%以上，笔画数控制为较少笔画，在材料选择的过程中排除汉字结构及语义对于材料的影响。

实验步骤

实验在配置相同的计算机上进行，每个刺激字及数字的大小为12×12毫米，被试距离显示器（相同）约50厘米，左右手食指分别放在“P”，“Q”按键上，每次实验的过程为：

对三组被试，显示器呈现以下三条指导语中相应的一条。

（1）“实验开始后，请注视屏幕两侧呈现‘＋’字，之后你将在‘＋’字的位置看到两个数字，请在保证计算正确的前提下尽快计算两侧数字的和，并输入结果，之后判断屏幕呈现汉字是否先前出现过，按任意键开始。”

（2）“实验开始后，请注视屏幕两侧呈现‘＋’字，之后你将在‘＋’字的位置看到两幅图片，随后图片将消失，并在屏幕中央再呈现一幅图片。请在保证正确的前提下判断此图片是否为先前两幅图片中的一幅。之后判断屏幕呈现汉字是否先前出现过，按任意键开始。”

（3）“实验开始后，请注视屏幕两侧呈现‘＋’字，之后判断屏幕呈现汉字是否先前出现过，按任意键开始。”

被试按键后显示器视野两侧出现注视点‘＋’字，1s后消失；两个刺激字同时并排呈现在视野中央。两个数字或图片并排呈现在视野两端，汉字及数字水平高度一致，均位于屏幕一半处，刺激持续100ms；刺激消失，屏幕中央呈现“请输入数字和”或“请判断图片”，持续1000ms（呈现时间即为接受反应的时间）；输入结果后，屏幕中心出现“＋”字，然后目标字出现，被试判断该字是否为两个刺激字中的一个，并按相应的键作出反应。要求在正确的基础上尽快按键（两秒之内），有一半被试（30人）用右手做“是”反应，左手做“否”反应；另半被试（30人）则相反，以此平衡被试双手差异。被试先进行24次练习，然后进行正式实验，相似概率为50％时其中包括结合错误字组60组，非结合错误字组60组，为避免对实验熟悉产生影响，字组呈现顺序为随机呈现。

实验过程如下图所示：

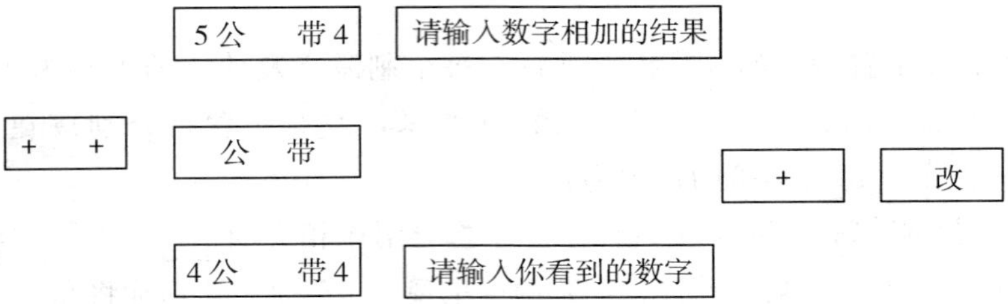

实验过程图

统计方法

1. 数据导出

完整运行完程序后，会在程序所在的文件夹中，生成一个 E-DataAid 文件，该文件即是数据文件。直接双击打开该 E-DataAid 文件，打开看到如图所示的数据文件。

该文件中全面的记录了被试的所有信息。

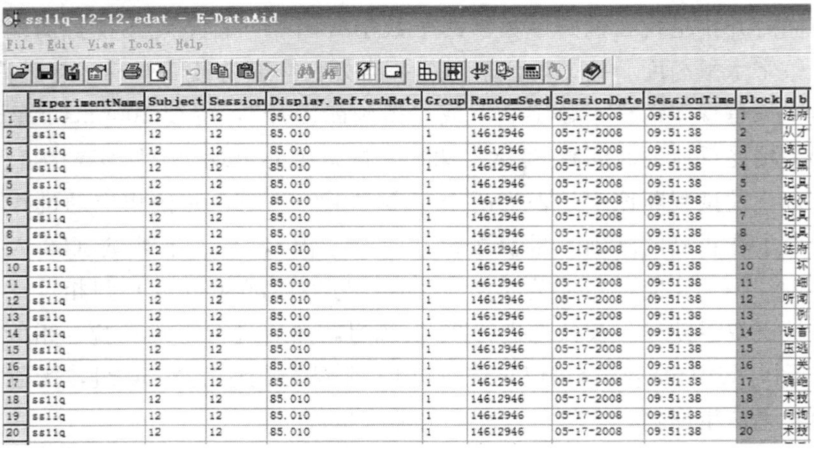
ss11q-12-12.edat - E-DataAid

File Edit View Tools Help

	ExperimentName	Subject	Session	Display.RefreshRate	Group	RandomSeed	SessionDate	SessionTime	Block	a	b
1	ss11q	12	12	85.010	1	14612946	05-17-2008	09:51:38	1	法	府
2	ss11q	12	12	85.010	1	14612946	05-17-2008	09:51:38	2	从	才
3	ss11q	12	12	85.010	1	14612946	05-17-2008	09:51:38	3	该	古
4	ss11q	12	12	85.010	1	14612946	05-17-2008	09:51:38	4	花	果
5	ss11q	12	12	85.010	1	14612946	05-17-2008	09:51:38	5	记	具
6	ss11q	12	12	85.010	1	14612946	05-17-2008	09:51:38	6	快	况
7	ss11q	12	12	85.010	1	14612946	05-17-2008	09:51:38	7	记	具
8	ss11q	12	12	85.010	1	14612946	05-17-2008	09:51:38	8	记	具
9	ss11q	12	12	85.010	1	14612946	05-17-2008	09:51:38	9	法	府
10	ss11q	12	12	85.010	1	14612946	05-17-2008	09:51:38	10		坏
11	ss11q	12	12	85.010	1	14612946	05-17-2008	09:51:38	11		细
12	ss11q	12	12	85.010	1	14612946	05-17-2008	09:51:38	12	听	闻
13	ss11q	12	12	85.010	1	14612946	05-17-2008	09:51:38	13		例
14	ss11q	12	12	85.010	1	14612946	05-17-2008	09:51:38	14	说	言
15	ss11q	12	12	85.010	1	14612946	05-17-2008	09:51:38	15	压	逃
16	ss11q	12	12	85.010	1	14612946	05-17-2008	09:51:38	16		关
17	ss11q	12	12	85.010	1	14612946	05-17-2008	09:51:38	17	确	绝
18	ss11q	12	12	85.010	1	14612946	05-17-2008	09:51:38	18	术	技
19	ss11q	12	12	85.010	1	14612946	05-17-2008	09:51:38	19	问	询
20	ss11q	12	12	85.010	1	14612946	05-17-2008	09:51:38	20	术	技

为了进一步分析数据，将该数据文件导出为 SPSS 或 Excel 文件（教室的计算机中一般没有 SPSS，最好选择导出为 Excel）。导出的具体方法有两种，一种是单击“File”，然后选择“Export”；第二种是直接单击快捷键工具栏（即如下图所示的横条工具栏），其左起第三个按钮即是导出按钮（下图中放大了的按钮，软盘上带一格蓝色箭头的图标）。单击导出键后，弹出如图所示窗口：

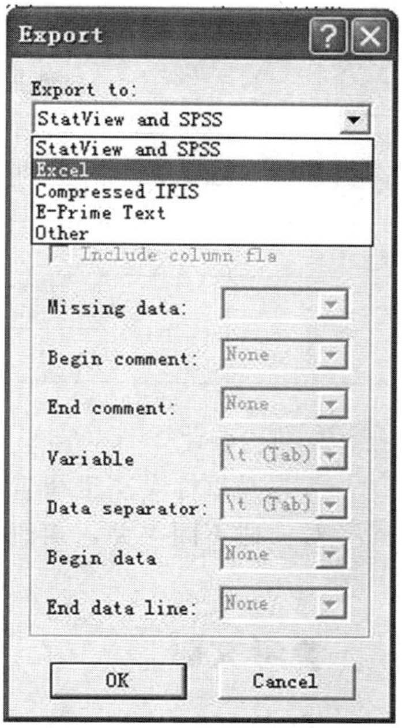

单击下拉菜单，即可选择需要导成的文件。我们选择“Excel”，单击“OK”，即可弹出一个保存窗口：输入希望保存的文件名，选择想保存的位置。然后关闭这份 E-DataAid 文件。

在你选择导出 Excel 数据的文件夹中，可看到一个“. txt”的文本文档，右击该文档，在“打开方式”中，选择 Excel 为打开方式，将其打开。

在该 Excel 文档中，可以看到与在 E-DataAid 文件中完全一样的被试信息。其中“textdisplay2. ACC”列，是被试在测验阶段每次反应是否正确的数据，1 为正确反应，0 为错误反应。将该列求和即可知道被试在测验阶段的正确次数。具体方法：选中该列中所有数据，单击“自动求和”快捷键的下拉按钮，单击其中的“求和”，即在该列数据最下方生成被试在正式实验中总共的正确反应次数。将该数据除以正式实验的总 trial 数 40，所得的即为该被试的正确率。

“textdisplay2. RT”列，是被试每次的反应时数据，单位为 ms。注意其中为 0 的，代表被试没有及时做出反应，应将其视为 miss 的数据，计算平均反应时的时候，不应计算在内。具体方法：首先选中该列的所有数据，单击“编辑”，选择其中的“替换”，“查找内容”中写 0，“替换为”什么都不填，为空。然后再次选中该列的所有数据，单击“自动求和”快捷键的下拉按钮，单击其中的“平均值”，即在该列数据最下方生成被试在正式实验中的平均反应时。

采用 SPSS 统计软件包对数据进行统计。

2. 数据选取

在两种有注意内容的实验中，选择注意任务正确率大于 90%的数据结果，并对注意任务正确完成的数据结果进行分析。

描述统计结果：

各情况下数据列入如下表格。

各情况下被试反应正确率及标准差表

注意水平	目标类型 无关字组	相同字组	语音结合		
			声母相同	韵母相同	声母韵母结合
1					
2					
3					

3. 推论统计

首先对目标类型进行重复测量的方差分析。

对作业不同类型，相似错觉性联合组的错误率进行方差分析。

参考文献

[1] Treisman A M, Gelade G. A Feature-integration Theory of Attention. *Cognitive Psychology*, 1980, 12, 97-136.

[2] Treisman A M, Sato S. Conjunction Search Revisited. *Journal of Experimental Psychology*: *Human Perception and Performance*, 1990, 16, 459-78.

[3] Treisman A M, Sykes M, Gelade G. Selective Attention and Stimulus. Integration. In S. Domic (Ed.), *Attention and performance V7* (Hillsdale, NJ: Erlbaum, 1977, 331-361).

[4] Treisman A M, Schmidt N. Illusory Conjunctions in the Perception of Objects. *Cognitive Psychology*, 1982, 14, 107-141.

[5] 李健，朱祖祥. 错觉性结合现象研究的方法：对注意的直接操纵，心理学动态，1999，7（2）：1-6.

[6] 黎红，陈烜之. 汉字识别中的部件加工：错觉性结合实验的证据，心理科学，1999，3，213-217.

[7] 张厚粲，舒华. 汉字读音中的音似与形似启动效应. 心理学报，1989（3）：284-289.

实验所用汉字表

错觉性结合字组			相同字组			无关字组		
声母	韵母		声韵结合					
把保-北	他家-拉	公带-改	成可-成	帮支-帮	废连-连	更系-者	党策-室	厘层-述
从存-才	个乐-特	病界-静	由马-由	备丝-丝	左阀-左	支书-守	至息-苏	医处-展
达德-提	果所-火	它天-钱	刀卡-刀	装色-装	赶届-届	良卫-困	华英-示	适毯-速
法反-府	以己-比	条西-小	电正-正	等裂-等	逆虎-虎	么示-盐	贫其-第	痛追-赵
该感-古	许与-取	冬格-公	发夫-发	盖努-努	区进-区	民干-采	热角-台	围彪-遍
花乎-黑	求刘-就	成更-关	毛比-比	会界-会	遂庠-遂	内大-节	虽资-感	问这-建
记件-具	准军-云	花分-很	年及-及	尽孟-孟	通同-同	南共-替	它点-置	选厚-途
快课-况	通东-宗	举叶-界	失牛-牛	青坚-坚	尾闪-闪	手母-房	星架-条	压固-逃
路累-令	对推-会	山说-作	头只-头	宋空-空	序虚-序	文土-泵	页苗-盘	延司-透
满每-母	今因-亲	客由-口	为央-为	英务-英	在国-在	右互-闭	育奇-写	氧迟-园
你乃-那	应青-兵	黄功-光						
派破-怕	却学-月	当金-将						
起且-请	生争-风	确皆-绝						
然人-如	百来-海	备写-别						
死算-岁	道要-叫	须运-语						
台题-头	看但-干	意假-既						
外万-忘	内未-被	味房-非						
县笑-性	们闻-臣	社路-书						
元言-阳	于女-绿	坐容-若						
走子-组	别切-写	难真-难						

第四章 记 忆

系列回忆范式

实验目的与功能

采用系列回忆测验，对比随机选取的小学一年级、三年级和五年级的学生（各20名），在任务中出现的侵入错误、遗漏错误、移动错误和重复错误次数之间的差异，从而检验各种错误发展是否平衡。

实验来源与范式选择依据

在系列回忆中，要求被试按照先前呈现的顺序对材料进行学习和回忆。通常的做法是向被试反复呈现系列刺激材料（如词表），材料被反复呈现和测验，直到被试能够准确无误地将它们再生出来。学习或记忆的效果可以通过被试正确回忆出的每个系列位置上的项目数量或错误的数量来进行测量。研究发现影响系列学习和回忆的最主要因素是每个项目在系列刺激材料（如词表）中的位置。系列中开始位置和结束位置的项目通常学习得快一些，而且错误少一些，而中间位置的项目学习起来则难得多。

实验逻辑

系列回忆任务是按一定顺序给被试呈现刺激项目（如字母、汉字），被试按所呈现的顺序正确回忆出来。这种任务广泛应用于儿童言语的短时记忆（STM）能力的发展。近年来，一种新的研究STM发展的模式被提出来。这种模式是通过分析被试在完成系列回忆任务时所犯错误的类型来探讨STM发展的内部心理机制。实验中被试犯有三种错误类型：侵入错误、遗漏错误和移动错误。McCormack等人又提出第四种错误，即重复错误。侵入错误，是指被试回忆出没有呈现过的项目；遗漏错误，是指被试不能回忆出呈现过的项目；移动错误，是指被试回忆出项目的位置与呈现的位置不同；重复错误，是指被试将某一项目多次回忆。

实验设计

3（年级）×4（错误类型）两因素混合设计，年级因素为组间因素，错误类型为组内因素。随机选取小学一年级、三年级和五年级的学生各20人，各组被试男女比例相同。

本实验记录的数据是被试系列回忆的成绩，由答题纸进行记录。

实验流程图

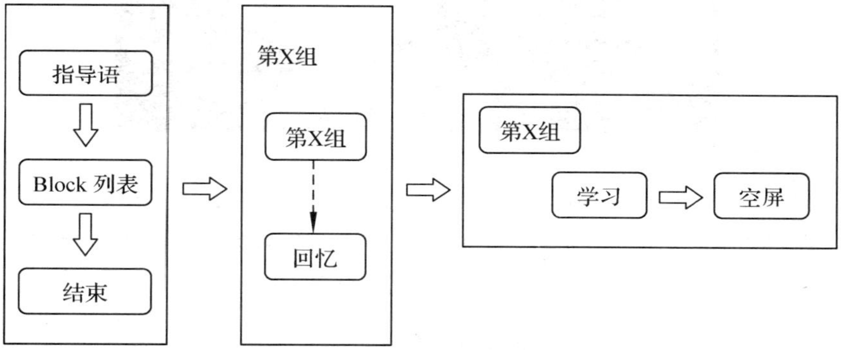

实验过程

Step1：建立实验外层框架

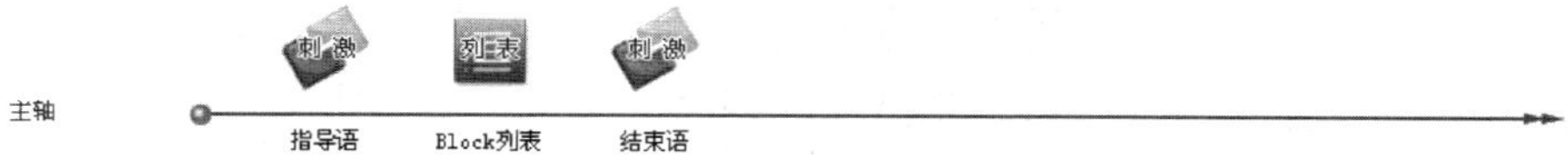

◇ 指导语

用“刺激”控件呈现“指导语”。

用“图片”控件呈现指导语的内容，用“按钮”控件结束指导语界面的呈现。

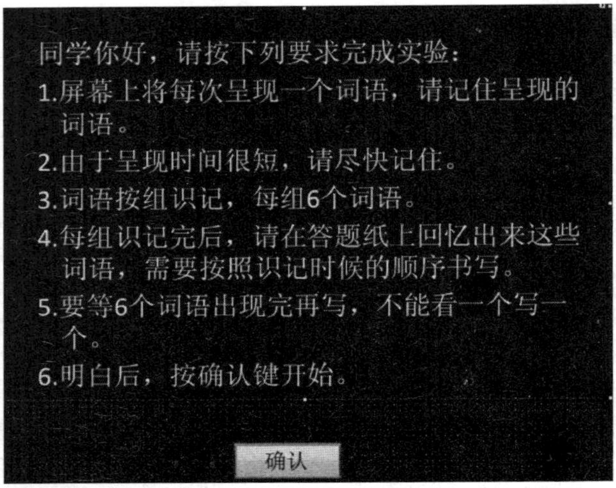

◇　Block 列表

本实验有 10 个 Block，我们可以使用试次列表来管理它们。

在“Block 列表”中新建 10 个流程，依次命名为“第 1 组”到“第 10 组”。我们可以将 10 个 Block 分别放置在对应的流程上。

数据　变量信息

编号	权重	流程
1	1	第1组
2	1	第2组
3	1	第3组
4	1	第4组
5	1	第5组
6	1	第6组
7	1	第7组
8	1	第8组
9	1	第9组
10	1	第10组

◇　结束语

用“刺激”控件呈现结束界面。

呈现内容：见示意图。

结束方式：“持续时间”2000ms。

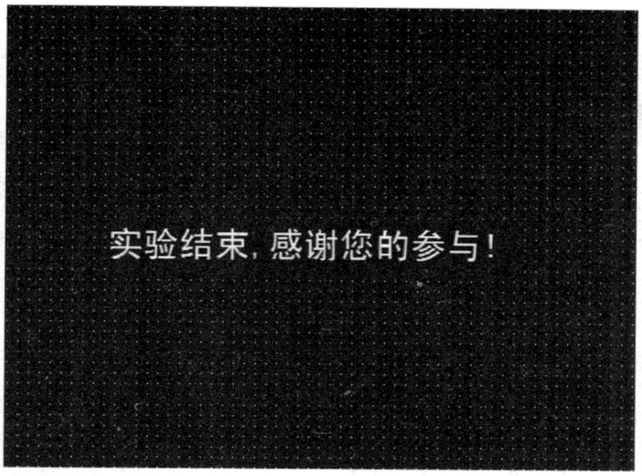

Step2：“第 1 组”

◇ 编辑“第 1 组”试次列表

在“第 1 组”试次列表中新建一个流程，然后在“第 1 组”中写入如下内容：

编号	权重	流程	学习词
1	1	流程	男性
2	1	流程	阁下
3	1	流程	利息
4	1	流程	语言
5	1	流程	特权
6	1	流程	激光

◇ 回忆

在本界面，被试根据屏幕上提示进行回忆，在答题纸上写出答案。

使用“图片”控件呈现提示，使用“按钮”控件结束本界面的呈现。

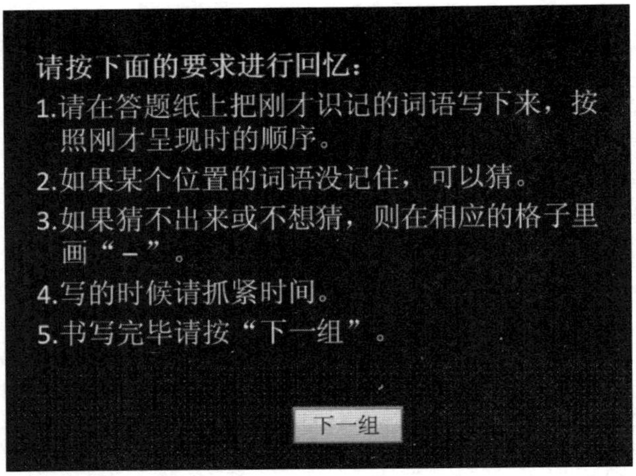

Step3：“第 1 组”核心流程

◇ 学习

呈现内容：在本界面呈现需要被试学习的词语，使用“文本”控件实现，内容从试次列表“组 1”中引用“学习词”。

结束方式：本界面“持续时间”设置为“1000（毫秒）”。

◇ 缓冲

拖曳一个“刺激”控件到主轴上，重命名为“缓冲”即可。

Step4：用同样的方法实现 Block2 到 Block10

练习

1. ______________________________

2. ______________________________

3. ______________________________

4. ______________________________

5. ______________________________

6. ______________________________

Block2

1. ______________________________

2. ______________________________
3. ______________________________
4. ______________________________
5. ______________________________
6. ______________________________

Block3

1. ______________________________
2. ______________________________
3. ______________________________
4. ______________________________
5. ______________________________
6. ______________________________

Block4

1. ______________________________
2. ______________________________
3. ______________________________
4. ______________________________
5. ______________________________
6. ______________________________

Block5

1. ______________________________
2. ______________________________
3. ______________________________
4. ______________________________
5. ______________________________
6. ______________________________

Block6

1. ______________________________
2. ______________________________

3. ______

4. ______

5. ______

6. ______

Block7

1. ______

2. ______

3. ______

4. ______

5. ______

6. ______

Block8

1. ______

2. ______

3. ______

4. ______

5. ______

6. ______

Block9

1. ______

2. ______

3. ______

4. ______

5. ______

6. ______

Block10

1. ______

2. ______

3. ______

4. ____________________
5. ____________________
6. ____________________

实验材料

从中国情绪色彩词库（CAW，王牛一，2008）中选取60个词语，词的相关属性为：情绪效价＝5.35±0.45，情绪唤醒度＝4.57±0.66，词频＝15.47，均为低频词，具体度＝3.55，具体度较低。60个词随机排列分成10组，每组6个词，排列顺序随机。具体材料为：

夕阳	阁下	秘书	丝绸	秩序	规范	公子	男性
房屋	神态	油画	成年	风俗	祖先	行径	差异
规则	滋味	移民	差别	官员	边境	全球	金融
答案	储蓄	激光	对策	见解	开支	军官	法规
院士	消防	效益	祖宗	经费	航空	宫廷	利息
人情	贵族	法官	警卫	出路	权益	谈判	国情
疑问	首领	权力	寿命	国防	遗产	特权	烈火
烈士	性命	廉价	语言				

实验步骤

采用个别实验法。被试坐在离计算机屏幕50cm远的椅子上，脸正对计算机屏幕，主试宣布实验指导语。被试完成1组练习材料，确认他正确理解实验任务后，开始正式实验。指导语："同学你好，下面屏幕上将每次呈现一个词语，由于呈现时间很短，请记住呈现的词语，而每组6个词语。每组识记完后，请在答题纸上回忆出来这些词语，需要按照识记时候的顺序书写。注意：要等6个词语出现完再写，不能看一个写一个。明白后，按空格键开始。"

回忆时的指导语："请在答题纸上把刚才识记的词语写下来，按照刚才呈现时的顺序。如果某个位置的词语没记住，可以猜；如果猜不出来或不想猜，则在相应的格子里画'－'。写的时候请抓紧时间，写完再看下一组词语。书写完毕请按空格键开始下一组任务。"

学习阶段顺序呈现10组词语，每组6个，识记阶段每组词语呈现1s，每个词之间的间隔1s，6个词语呈现完毕，请被试在纸上回忆出来。

统计方法

错误类型划分标准为：①遗漏错误。被试记录纸的表格中出现一个“—”，则计为一个遗漏错误；②侵入错误。被试记录纸的表格中出现实验材料中没有呈现的词语，则计为一个侵入错误；③移动错误。被试的记录纸写的词语的位置与呈现的位置不同，如呈现为A、B、C、D、E、F，而被试写成A、B、C、—、D、F，则计为一个遗漏错误，一个移动错误，移动的距离也要记录下来；④重复错误。被试在记录纸上的一组中写出两个相同的词语，如呈现为A、B、C、D、E、F，而被试写成A、B、C、D、A、F，则计为一个重复错误。

如果在被试记录纸上写出的一组词语中，一个词语出现2次，其中一次在正确位置上，另一次不在正确位置上，如呈现是A、B、C、D、E、F，而被试写成E、B、C、D、E、F，只计一次重复错误，不再计为移动错误；如果在被试记录纸上写出的一组词语中，一个词语出现2次，但都未在正确的位置上，如呈现是A、B、C、D、E、F，而被试写成E、B、E、A、C、F，则计为一次移动错误和一次重复错误。如果在被试记录纸上写出的一组词语中，两个词语的位置与呈现的位置交换，如呈现是A、B、C、D、E、F，而被试写成E、B、C、D、A、F，则计为两次移动错误。

本实验词语呈现顺序如下，将被试回忆内容和该词表对照，即可获取四种错误的个数。全部数据使用SPSS软件包进行重复测量一个因素的两因素ANOVA检验，分析年级和错误类型的主效应，如果交互作用显著，进一步检验每个年级下四种错误类型的差异显著性，以及每种错误类型下三个年级之间的差异显著性。

被试回忆的项目对照下面的词语表：

第1组：男性　阁下　利息　语言　特权　激光
第2组：答案　院士　风俗　效益　廉价　丝绸
第3组：秩序　滋味　房屋　谈判　行径　移民
第4组：贵族　祖先　宫廷　权益　金融　神态
第5组：权力　航空　消防　开支　警卫　全球
第6组：经费　法规　烈火　国情　祖宗　出路
第7组：官员　公子　国防　油画　规则　遗产
第8组：疑问　差别　见解　性命　边境　人情
第9组：对策　差异　军官　烈士　储蓄　首领
第10组：秘书　夕阳　规范　寿命　成年　法官

参考文献

[1] 陈湘川，张达人，唐孝威．视空间定位的短时记忆的超广度研究．心理学报，1998，30（4）：381-386.
[2] 韩宗义，白学军，沈德立．小学优生与差生完成系列回忆任务错误类型发展的实验研究．心理科学，2002，22（3）：29-31.

对偶联合回忆范式

实验目的与功能

本实验通过采用对偶联合回忆（Paired-Associate Memory Task）范式，比较汉语母语和法语母语（均以英语为第二语言）的被试在完成英语常用高频三字词语的回忆效果（能够回忆出所有对应词语所需要学习的次数），来获得同样英语水平不同母语背景的个体在英语高频单词学习与回忆中的差异。

实验来源与范式选择依据

对偶联合法是由卡尔金斯（Calkins，M. W.）于 19 世纪末提出的。在对偶联合回忆的检验法中，向被试呈现两个配对的项目，分别称为刺激和反应，然后被试需要在出现刺激项目时回忆先前呈现的对应项目，程序要重复进行，直到全部回忆出来为止，每次检验要改变刺激的呈现顺序以防被试产生预期。沃建中，刘慧娟和林崇德（2002）的实验包括词汇对偶联合、算术计算和图形对偶联合三部分，分别要求被试记住听到的词对、算式得数和图，通过分析被试在静息状态和记忆状态下的不同脑区 ET 数据的区别与联系，探索了被试在记忆状态下脑波超慢涨落的特点。吴艳红和朱滢（1997）以 96 个中国汉字为材料，使用自由回忆和线索回忆测验方法，发现自由回忆测验中存在明显的系列位置效应，线索回忆测验也表现出明显的系列位置效应。

对偶联合回忆的程序通常为，先向被试呈现一系列的刺激—反应对，然后单独呈现刺激项目让被试回忆与之相对应的反应项目，以检验其学习和记忆的效果，将检验程序重复，直到被试全部回忆出来。需要注意的是，每次检验时都要改变刺激的呈现顺序，以防止被试产生预期。另一种对偶联合回忆程序，即预期法，首先单独呈现刺激项目，被试努力预想对应的反应项目，然后成对呈现刺激项目和反应项目，刺激材料全部呈现完毕后，改变顺序做第二轮。每出现一次刺激项目就要求被试尝试报告反应项目，不管被试能不能报告，间隔一过就同时呈现刺激项目和相对应的反应项目作为强化或反强化，如此重复直到被试全部记住为止。该范式常被用来进行学习与记忆效果的测量，该范式还证实了对偶回忆中的材料和配对效应。

实验逻辑

随机选取 3 个字母的英文单词 50 个，随机配对形成 5 组词，每组 5 个匹配词对。词对词语的具体性、相似性均得到控制，从而刺激材料和配对不会对记忆效果产生影响。以汉语母语和法语母语作为组间变量，以完成对偶联想回忆需要的返回次数作为因变量，预期法语母语的被试能够使用更少的返回次数即可完全正确地回忆出对应单词，而汉语母语的被试需要使用更多的返回次数才能完全正确地回忆出对应单词。

实验设计

单因素两水平完全随机实验设计，其中自变量为汉语母语和法语母语被试。因变量为完成对偶联想回忆需要的返回次数。

选取汉语母语被试 30 名，法语母语被试 30 名，男女平均。控制被试的学历和年龄，英语托福成绩超过 90 分。

实验流程图

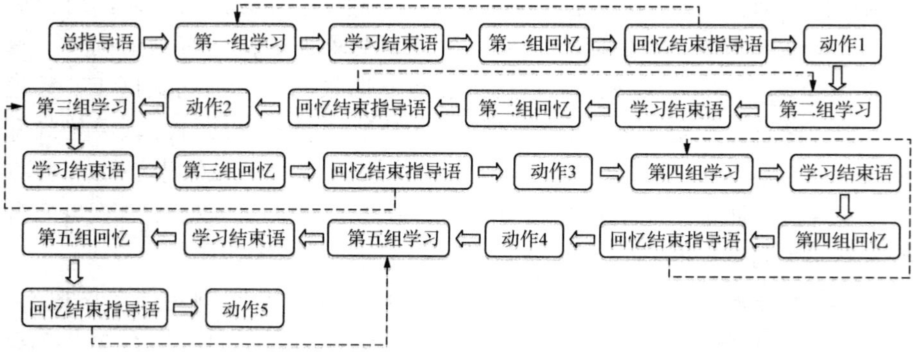

实验过程

Step1：建立实验外层框架

Step2：设置每个控件

◇ 总指导语

用“刺激”控件呈现“指导语”。

用“图片”控件呈现指导语的内容，用“反应键”控件结束指导语界面的呈现。

◇ 第一组学习

1. 双击“第一组学习”，进行编辑，写入如下信息。

试次列表-[第一组学习] | 刺激-[刺激1] | 试次列表-[第一组回忆] | 刺激-[刺激2] | 刺激-[刺激3]

数据 | 变量信息

编号	权重	流程	文本框1内容	文本框2内容
1	1	流程	ear	sat
2	1	流程	hip	lip
3	1	流程	net	cup
4	1	流程	six	eve
5	1	流程	set	sun

2. 将“第一组学习列表”的“取样方式”设为“无放回取样”。

3. 列表的主轴上，放上学习刺激，用“刺激”控件呈现。

用“文本”控件呈现学习的内容，呈现时长2000ms。左右两个文本框分别从试次列表中引用“文本框1内容”和“文本框2内容”。

◇　学习结束语

设置同“总指导语”。

◇　第一组回忆

1. 双击“第一组回忆”，进行编辑，写入如下信息。

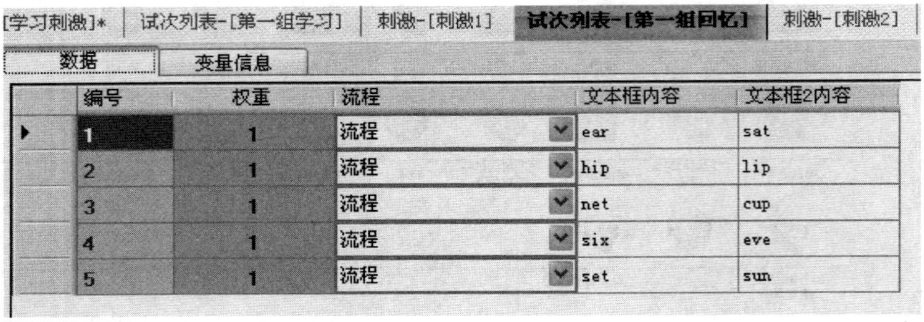

编号	权重	流程	文本框内容	文本框2内容
1	1	流程	ear	sat
2	1	流程	hip	lip
3	1	流程	net	cup
4	1	流程	six	eve
5	1	流程	set	sun

2. 将“第一组回忆列表”的“取样方式”设为“无放回取样”。

3. 列表的主轴上，放上提示词、回答、反馈、动作1，分别用“刺激”控件和“动作”控件呈现。

1）“提示词”界面，用“文本”控件呈现提示词，从试次列表中引用“文本框内容”，该界面呈现时长1000ms。

2）“回答”界面，用文本框控件呈现回答指导语；“编辑框”控件记录被试答案，正确反应从试次列表中引用“文本框2内容”，这样系统可以判断被试填写的正误；“按钮”控件结束“回答”界面的呈现。

“回答”界面的结束方式：不限定呈现时间，被试点击“按钮”后结束。

“持续时间”，设为“－1”，即不限定“回答”界面的呈现时间。

3）“反馈”界面，使用“刺激”控件。

被试填写正确时，呈现“正确”反馈；被试填写错误时，呈现“错误”反馈。

双击“刺激”打开，在当前页面上呈现“正确”反馈，用“文本”控件呈现；鼠标放置界面空白处，在右键菜单中点击“添加状态页”，在这个新状态页上呈现“错误”反馈。

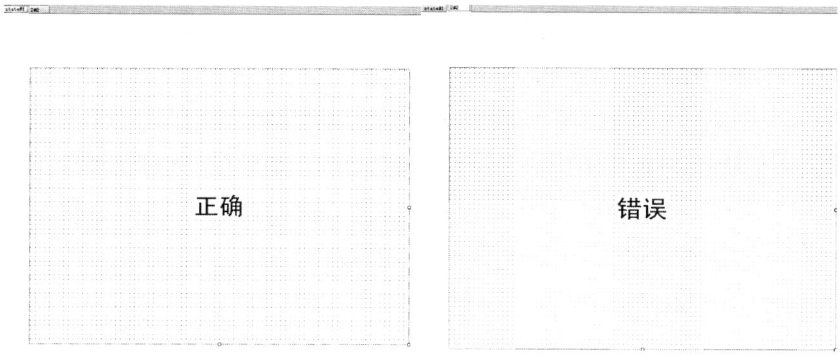

4）调用错误反馈

在“反馈”界面有两个状态页，第一个状态页是“正确”反馈，第二个状态页是“错误”反馈。在没有其他条件的情况下，程序默认执行状态页1，那么我们需要做的是在被试反应错误的时候，显示状态页2.

使用“动作”控件调用“错误”反馈。

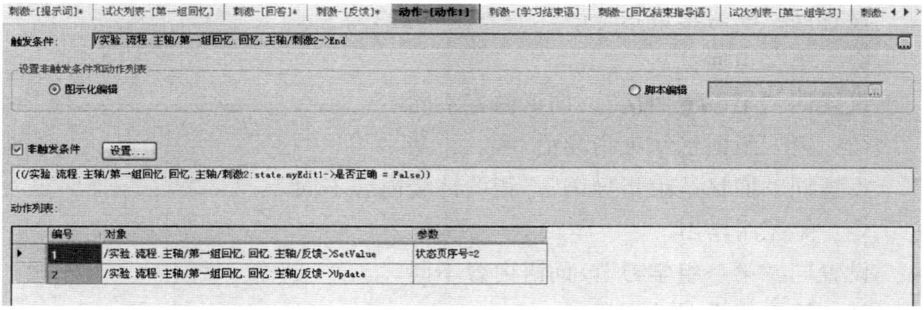

◇ 回忆结束指导语

用“刺激”控件呈现“回忆结束指导语”。

用“图片”控件呈现指导语的内容，用“反应键”控件结束指导语界面的呈现。

使用“反应键”控件控制被试反应。

- 将1键的返回值设为“1”，2键的返回值设为“2”。
- “可接受的反应”设为10，这样系统可以多次重复返回学习。
- 返回重新学习，使用“动作”控件实现返回重新学习操作。

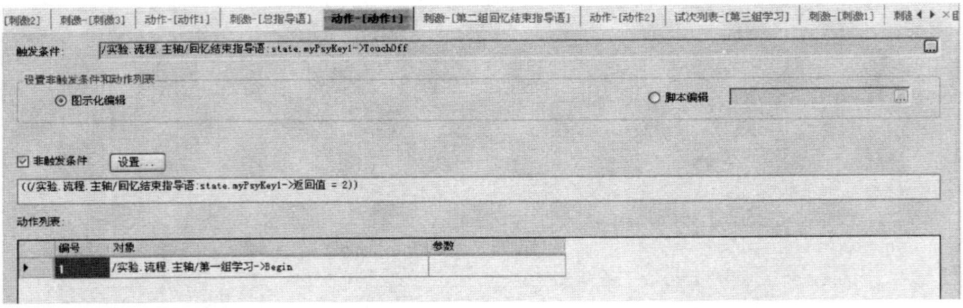

“回忆结束指导语”的结束方式：不限定呈现时间，被试按“反应键”后结束。

“持续时间”，设为“－1”，即不限定“回忆结束指导语”界面的呈现时间。

◇　第二组学习

设置同“第一组学习”，词语内容不同。

◇　第二组学习结束语

设置同“学习结束指导语”。

◇　第二组回忆

设置同“第一组回忆”，词语内容不同。

◇　第二组回忆结束指导语

设置同“回忆结束指导语”，相关链接内容不同。

◇　第三组学习

设置同“第一组学习”，词语内容不同。

◇　第三组学习结束语

设置同“学习结束指导语”。

◇　第三组回忆

设置同“第一组回忆”，词语内容不同。

◇　第三组回忆结束指导语

设置同“回忆结束指导语”，相关链接内容不同。

◇　第四组学习

设置同“第一组学习”，词语内容不同。

◇　第四组学习结束语

设置同“学习结束指导语”。

◇　第四组回忆

设置同“第一组回忆”，词语内容不同。

◇ 第四组回忆结束指导语

设置同“回忆结束指导语”，相关链接内容不同。

◇ 第五组学习

设置同“第一组学习”，词语内容不同。

◇ 第五组学习结束语

设置同“学习结束指导语”。

◇ 第五组回忆

设置同“第一组回忆”，词语内容不同。

◇ 第五组回忆结束指导语

设置同“回忆结束指导语”，相关链接内容不同。

◇ 总结束指导语

用“刺激”控件呈现结束界面，用“图片”控件呈现指导语内容，用“反应键”控件结束语界面的呈现。

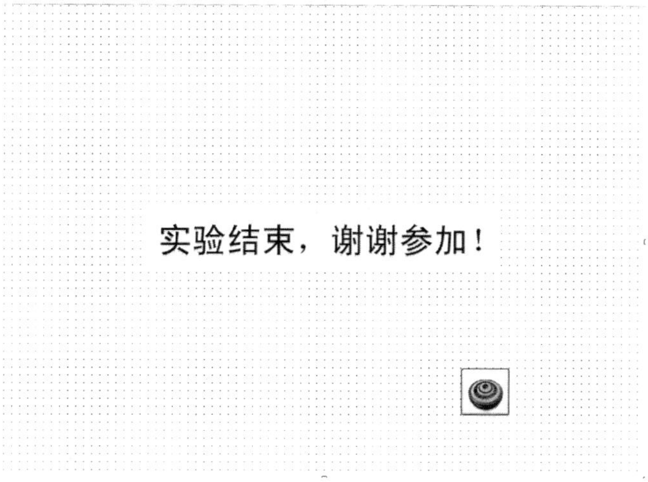

Step3：设置结果记录

在“实验”菜单中打开“设置结果记录”，勾选“回忆结束指导语”、“第二组回忆结束指导语”、“第三组回忆结束指导语”、“第四组回忆结束指导语”、“第五组回忆结束指导语”界面下需要记录的数据。

注意事项

1. 每组的“学习”和“回忆”Block 中，词语呈现顺序一定是随机的。

2. 每组的“回忆结束指导语”界面上，“可接受的反应”一定要设为

10，以保证可以多次重复返回学习。

实验材料

实验材料选择英语高频词汇，均为 3 个字母的生活常用词。英文单词 50 个，随机配对形成 5 组词，每组 5 个匹配词对。控制词对词语的具体性、相似性。词汇列表如下：

Ear Hip Net Six Set Sat Lip Cup Eve Sun Bug Saw Wan Beg Put Lab Win Pet Are Rib Hat Bat One Eeg Log Met Cat Bag Sit Son Was Fat Get But Two Wet Sky Zoo Let Ten Air Too Eye Run Wow Eat Web End Dog Ran。

匹配后的词对为：

第一组 Ear　Sat；Hip　Lip；Net　Cup；Six　Eve；Set　Sun；

第二组 Bug　Lab；Saw　Win；Wan　Pet；Beg　Are；Put　Rib；

第三组 Hat　Met；Bat　Cat；One　Bag；Eeg　Sit；Log　Son；

第四组 Was　Wet；Fat　Sky；Get　Zoo；But　Let；Two　Ten；

第五组 Air　Eat；Too　Web；Eye　End；Run　Dog；Wow　Ran。

实验步骤

被试进入安静的实验室，正对显示器坐下，调开程序请被试阅读指导语，并详细解释，直到被试能够完全理解实验任务的时候，请被试按空格键开始实验任务。

指导语为："同学你好，下面你将看到几组英语单词，在每一屏的左右同时呈现两个词，请你识记这些词对；之后进行测验，屏幕上将呈现一对词语中的一个，请你在这个单词消失后，在键盘上输入与这个词对应的单词，也就是识记阶段和该词搭配的单词。五对词作为一组，当五对词都回忆正确后，你将进入下一组任务，如果这五对词没有全部正确，你需要返回重新学习这组单词。明白后请按空格键开始。"

识记阶段完成后："识记阶段结束，下面开始回忆。当左边词语消失后，请在键盘上输入对应的单词。按空格键开始。"

当被试输入完毕每个单词后，都有一个正确性的反馈，在 5 个单词对应的输入完成后，将会出现指导语："如果刚才的回忆全部正确，请按 S 键进入下一阶段；如果没有全部正确，请按 A 键重新学习。"

如此进行，一直到 5 组词对都能够完全正确回忆出来。

统计方法

独立样本 t 检验，对比两组被试正确回忆需要学习的次数的差异显著性，将 5 组词对所用学习的次数相加获得实验所得因变量（正确回忆需要学习的次数）。

数据导出：

完整运行完程序后，会在程序所在的文件夹中，生成一个 E-DataAid 文件，该文件即是数据文件。生成任务的数据文件名为“对偶联想测验-1-1. edat”，其中第一个数字“1”指第 1 个被试，第二个数字“1”指第 1 个 session。

直接双击打开该 E-DataAid 文件，打开看到如图所示的数据文件。

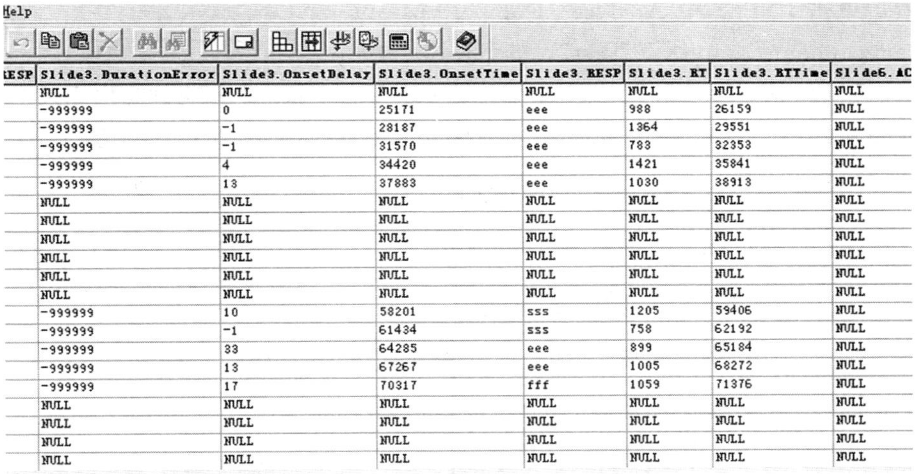

RESP	Slide3.DurationError	Slide3.OnsetDelay	Slide3.OnsetTime	Slide3.RESP	Slide3.RT	Slide3.RTTime	Slide6.AC
	NULL	NULL	NULL	NULL	NULL	NULL	NULL
	-999999	0	25171	eee	988	26159	NULL
	-999999	-1	28187	eee	1364	29551	NULL
	-999999	-1	31570	eee	783	32353	NULL
	-999999	4	34420	eee	1421	35841	NULL
	-999999	13	37883	eee	1030	38913	NULL
	NULL	NULL	NULL	NULL	NULL	NULL	NULL
	NULL	NULL	NULL	NULL	NULL	NULL	NULL
	NULL	NULL	NULL	NULL	NULL	NULL	NULL
	NULL	NULL	NULL	NULL	NULL	NULL	NULL
	NULL	NULL	NULL	NULL	NULL	NULL	NULL
	NULL	NULL	NULL	NULL	NULL	NULL	NULL
	-999999	10	58201	sss	1205	59406	NULL
	-999999	-1	61434	sss	758	62192	NULL
	-999999	33	64285	eee	899	65184	NULL
	-999999	13	67267	eee	1005	68272	NULL
	-999999	17	70317	fff	1059	71376	NULL
	NULL	NULL	NULL	NULL	NULL	NULL	NULL
	NULL	NULL	NULL	NULL	NULL	NULL	NULL
	NULL	NULL	NULL	NULL	NULL	NULL	NULL
	NULL	NULL	NULL	NULL	NULL	NULL	NULL

该文件中全面地记录了被试的所有信息。

为了进一步分析数据，将该数据文件导出为 SPSS。单击“File”，然后选择“Export”，选择“StatView and SPSS”，即可输出“. txt”文件，如下图所示。

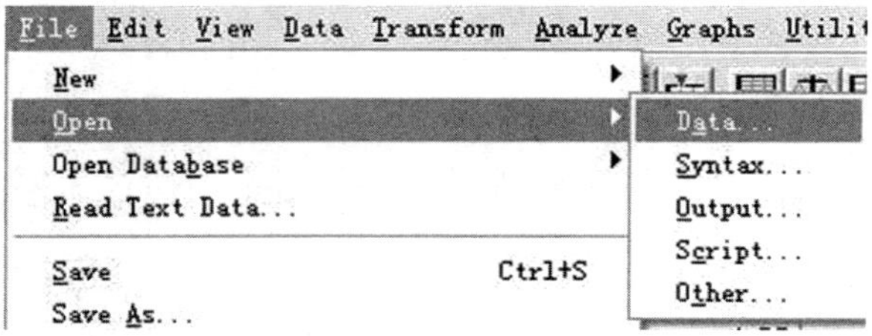

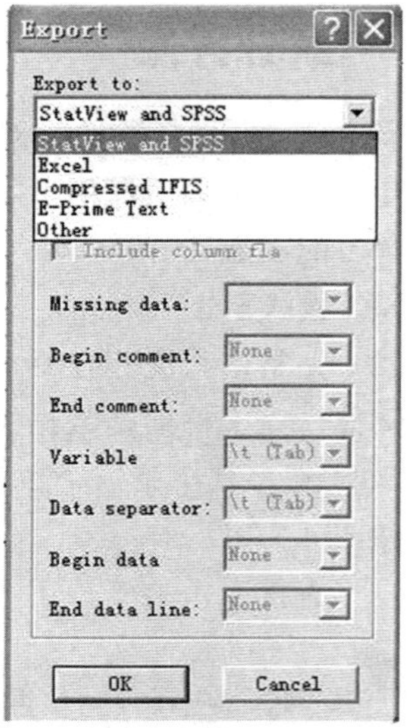

然后打开 SPSS 软件，单击“File-Open-Data”，选择刚才输出的“. txt”文件，即可导入到 SPSS 中。

在 SPSS 中“ImageDisplay3. RESP”出现 S 个数除以 11 即可获得正确回忆需要的学习次数。然后单击“SPSS 中 Analyze—Compare Means—Independent Samples T Test”，如下图所示。

然后，将“Group”输送到“Grouping Variable”中，将计算出来的总次数输送到“Test Variable”中，即可正常运行获得 SPSS 统计结果。

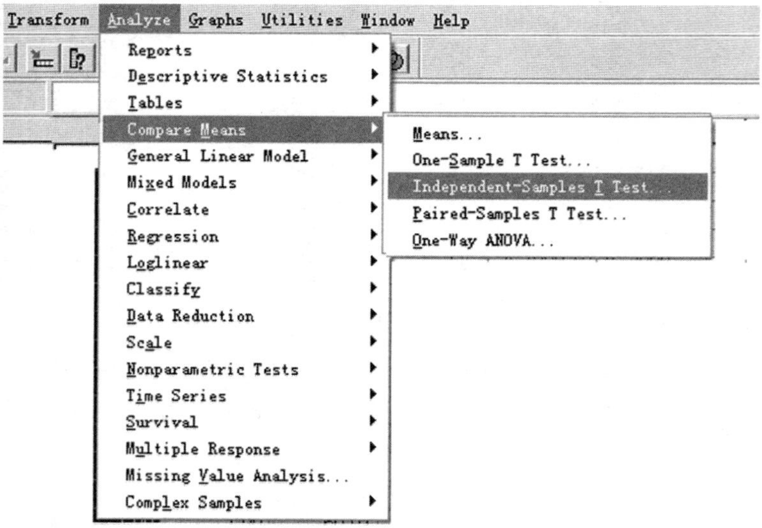

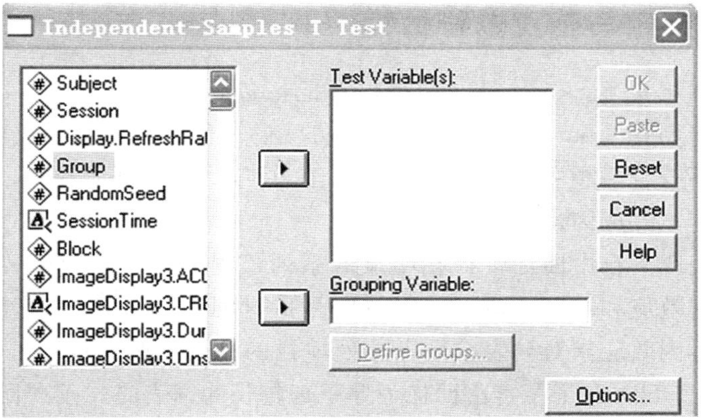

参考文献

［1］刘慧娟，林崇德．记忆状态下儿童青少年脑波超慢涨落特点的研究．心理科学，2002，25（3）：286-289.

［2］吴艳红，朱滢．自由回忆和线索回忆测验中的系列位置效应．心理科学，1997，20（3）：217-221.

自由回忆范式

实验目的与功能

自由回忆（Free Fecall）范式是记忆实验中的经典方法，通常用于直接测量长时记忆，是记忆与学习研究中的方法——回忆法的一种（回忆法主要包括系列回忆、对偶联合回忆和自由回忆）。通过分析系列位置效应，自由回忆任务还常常用来区分短时存储和长时存储。

自由回忆是指在学习阶段把刺激项目逐一呈现给被试后，要求被试以任意顺序写下他们记得的项目，由于要求对各项目的回忆顺序可以不按照学习时刺激的呈现顺序，而是可以由被试自己安排，所以称作自由回忆。用自由回忆范式进行实验，既可个别施测也可集体进行。与系列回忆不同的是，在这里被试无须回忆呈现顺序，只要能够回忆出呈现过的材料即可。

实验来源与范式选择依据

自由回忆是 Kirkpatrick（1894）对记忆进行实验研究时首次采用的。艾宾浩斯（Ebbinghaus，1891）对这种方法的评价是“粗糙、肤浅”，原因之一是它不符合联想主义的传统。20 世纪 60 年代情况开始逆转，自由回忆法大受欢迎，并成为最常用的回忆法。

研究表明，自由回忆中存在明显的系列位置效应。系列位置效应主要表现为首因效应和近因效应，首因效应是指对词表中最开始位置项目的回忆增强，近因效应指对词表中最末尾处项目的回忆增强。Deese（1957）和 Murdock（1962）在采用自由回忆程序呈现较长的词表时，发现回忆的效果与字词在原呈现系列中所处的位置有关，在系列的开始部分和末尾部分的单词均比中间部分的单词更容易回忆，这种现象就叫做系列位置效应。根据实验结果所画出的两头高中间低的曲线就叫系列位置效应曲线。该曲线可分为近因效应、首因效应和渐进线三个部分（见下图）。

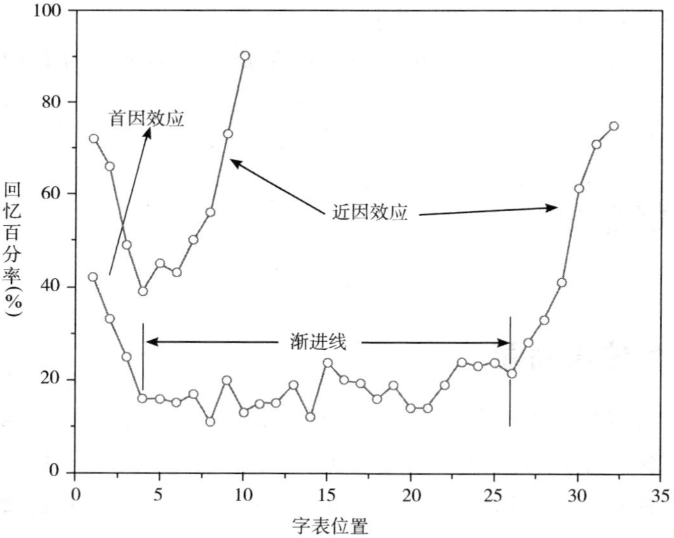

图 1　自由回忆的系列位置效应曲线图（Deese，1957）

综上，本实验采用自由回忆范式，通过对汉语双字词的记忆重复经典实验，以词语在学习阶段呈现的系列位置为自变量，验证记忆中的系列位置效应。

实验逻辑

本实验采用自由回忆范式，刺激材料为汉语双字词，采用视觉呈现。实验分为学习阶段和测验阶段，学习阶段让被试识记词语，分心任务后进行记忆测验，测验阶段让被试回忆学习阶段的词语，回忆的顺序任意。通过考察被试对不同呈现位置词语的回忆百分率，来绘制系列位置效应曲线，验证系列位置效应。

实验设计

本实验为单因素被试内设计，自变量为每个词语在学习阶段呈现的系列位置，每个位置为一种自变量水平，共20种水平。因变量为正确回忆百分率。

实验流程图

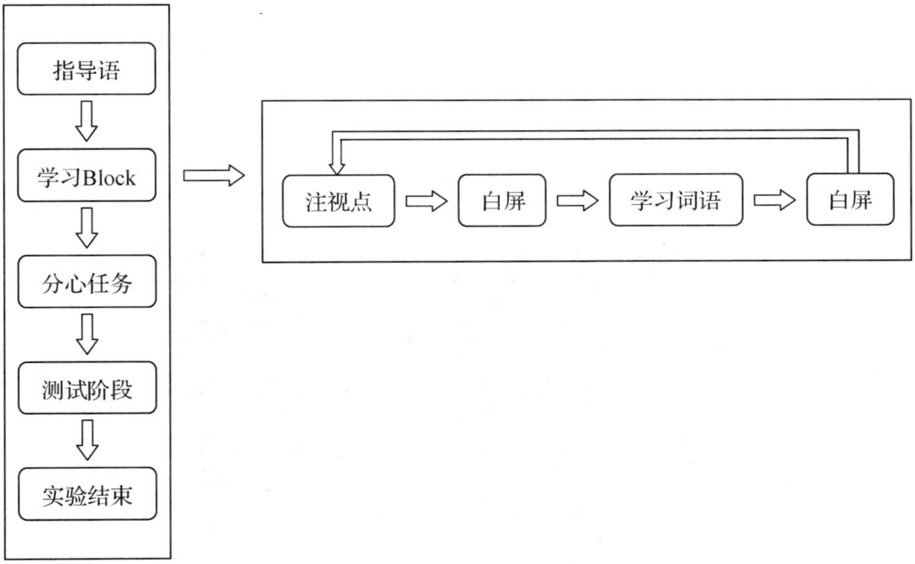

实验过程

Step1：建立实验外层框架

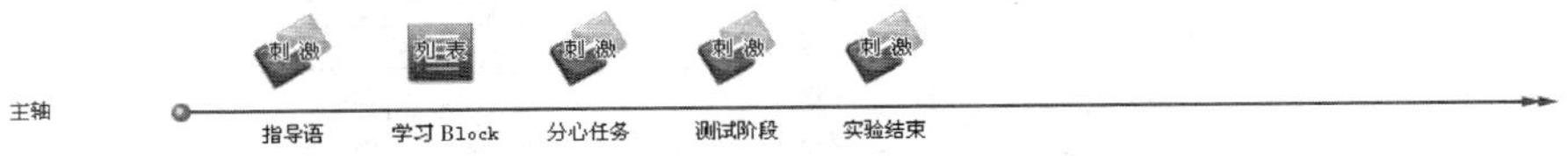

◇　指导语

用“刺激”控件呈现“指导语”。

用“图片”控件呈现指导语的内容，用“反应键”控件结束指导语界面的呈现。

· 样例中按“B”键结束指导语的呈现，开始实验。将“B”键的返回值设为1。

·“指导语”界面持续时间设为“－1”，结束条件为按下“B”键。

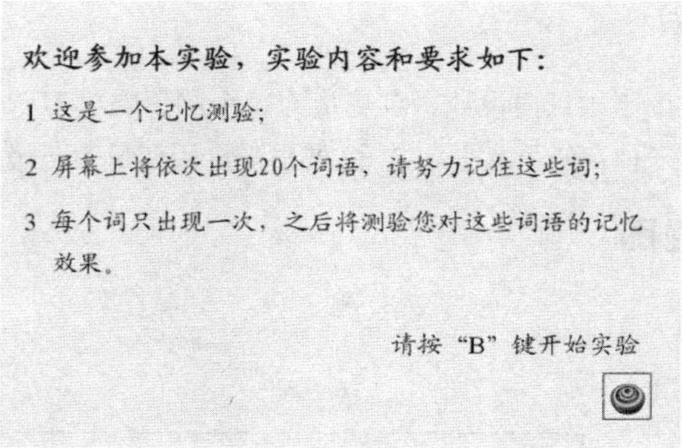

◇　学习Block

双击“学习Block”，进行编辑，输入如下信息。

编号	权重	流程	学习词语
1	1	流程	[RES]05.JPG
2	1	流程	[RES]08.JPG
3	1	流程	[RES]17.JPG
4	1	流程	[RES]13.JPG
5	1	流程	[RES]02.JPG
6	1	流程	[RES]11.JPG
7	1	流程	[RES]01.JPG
8	1	流程	[RES]07.JPG
9	1	流程	[RES]12.JPG
10	1	流程	[RES]14.JPG
11	1	流程	[RES]20.JPG
12	1	流程	[RES]18.JPG
13	1	流程	[RES]03.JPG
14	1	流程	[RES]09.JPG
15	1	流程	[RES]10.JPG
16	1	流程	[RES]16.JPG
17	1	流程	[RES]06.JPG
18	1	流程	[RES]04.JPG
19	1	流程	[RES]19.JPG
20	1	流程	[RES]15.JPG

◇　分心任务

用“刺激”控件呈现“分心任务”。

用“图片”控件呈现任务内容，持续时间设置为 60000ms，即学习阶段后有 1 分钟的分心任务。

学习结束

请计算：99+7=？ +7=？ +7…

请把答案写在纸上

◇　测试阶段

用“刺激”控件呈现“测试阶段”。

用“图片”控件呈现内容，持续时间设置为 300000ms。

还记得学习阶段让您记忆的词语吗？

现在到了实验的测验阶段，内容和要求如下：

1 请在答案纸上写下您能记起来的词语；

2 请在5分钟内写完答案。

◇　实验结束

用“刺激”控件呈现“实验结束”。

用“图片”控件呈现内容，持续时间可设置为 5000ms。

实验结束，感谢您的配合！

Step2：学习 Block

◇ 注视点

用“刺激”控件来呈现“注视点”。

用“文本”控件呈现注视点：“+”，呈现时长 500ms。

◇ 白屏

用“刺激”控件来呈现“白屏”，学习词语前呈现 600ms 白屏，之后是 1000ms 白屏。

◇ 学习词语

用“刺激”控件呈现“学习词语”，持续时间设置为 1500ms。

“学习词语”为图片格式，从学习 Block 的“试次列表”中引用“学习词语”变量。

注意事项

本实验无须设置结果记录。测试阶段，被试会在事先准备好的答案纸上写出自己能回忆起来的词语。后期统计依据被试回忆的纸笔记录进行。

实验材料

实验材料包括 20 个汉语双字词，参照《现代汉语频率词典》（北京语言学院出版社，1986 年版）进行选择。其中，名词和形容词各半，词语均为高频词，各词语间关联度较低。

实验步骤

学习阶段

20 个汉语双字词依次在屏幕上呈现，呈现顺序进行伪随机安排，所有被试按照同一顺序呈现。每个词语呈现时间为 1500ms。要求被试认真识记，并告知被试随后要对他们的记忆结果进行测验。

干扰任务阶段

学习阶段结束后，屏幕上提示被试进行从 99 开始的连加 7 运算，即分心任务。即要求被试从 99 开始，连续加上 7，并在事先准备好的纸上写出每次的计算结果，时间为 1 分钟。该计算任务用于防止被试进行有意识的复述。

测验阶段

1分钟的分心任务结束后，开始测验阶段。屏幕上提示被试在事先准备好的答案纸上写出自己能回忆起来的词语，时间限制在5分钟内。

统计方法

以每个位置上的词语被所有被试正确回忆出来的百分率为因变量。每个位置正确回忆百分率 =每个位置正确回忆的人数/被试总数。

统计20个位置每一位置正确回忆的人数，并转换成百分数，将结果填入下表中。

以词语在学习阶段的呈现位置为横坐标、以每个词被所有被试正确回忆出来的百分率为纵坐标绘制系列位置效应曲线，并分析首因效应和近因效应。

系列位置与保存量的关系表

位置	1	2	3	4	5	6	7	8	9	10	11	12	13	14	15	16	17	18	19	20
正确回忆人数																				
正确回忆百分率（%）																				

参考文献

[1] Kirkpatrick E A. An Experimental Study of Memory. *Psychological Review*, 1894, 1 (6): 602-609.

[2] Deese J, Kaufman R A. Serial Effects in Recall of Unorganized and Se-

quentially Organized Verbal Material. *Journal of Experimental Psychology*, 1957, 54, 180-187.
[3] Murdock B B. The Serial Position Effect of Free Recall. *Journal of Experimental Psychology*, 1962, 64, 438-482.

是/否再认范式

实验目的与功能

是/否再认（Yes/no Recognition）是测量记忆的一种非常经典的方法，通常用于对长时记忆保持量的直接测量。它是记忆与学习研究中经典的方法——再认法的一种（再认法主要分是/否再认和迫选再认）。

是/否再认是指把已学习过的项目与未学习过的项目随机混合起来，逐个呈现给被试，要求被试判断项目是否学习过。是/否再认测验范式程序分两阶段进行。学习阶段，呈现一系列项目（如，词语）让被试识记。测验阶段，向被试呈现其学习过的材料，并在其中混杂一些新的未学习过的材料（新项目和旧项目的数目可以相等也可以不等），让被试根据他们是否学习过来做判断，并作出“是”或“否”的反应。如果被试认为某一项目曾经呈现过，就回答“是”，否则就回答“否”。被试对旧项目回答“是”即为再认正确，回答“否”即为错误；对新项目回答“否”即为正确，回答“是”则为错误。采用这种程序进行实验时，传统上常用保持量作为再认指标 P，计算方法如下：

P = 正确再认旧项目的百分数－错误再认新项目的百分数

该公式对被试的猜测进行了一定的校正，它假设：被试对新项目认错了多少，在认对的旧项目中也可能有这么多是猜测的，所以，从认对的旧项目数中减去猜对的项目数，才是真正认对的旧项目数。

实验来源与范式选择依据

传统上，记忆与学习的研究方法分为两类：回忆法和再认法。使用回忆法的研究主要考察被试将学习材料从记忆中提取出来的过程，通常被试都能提取出一定数量的项目。然而，事实上，无论被试如何努力回忆和提取，仍然会有一些项目是他们明明知道却无法表达出来的。那么，该如何对这部分记忆进行检测呢？研究者通常会采用再认法。再认记忆是记忆研究中非常经典的范式。记忆中的再认研究已有百年历史。

早期的再认记忆实验是在心理物理学实验的基础上形成的。当时，研究者将重量或声音标准刺激呈现与被试进行比较的时间间隔加长，以考察被试对标准刺激的保持究竟能维持多久。20 世纪初，人们开始用再认任务进行记忆项目判断的实验研究（曹日昌等，1965）。再认测验通常有两类，一类为是/否再认测验；另一类为迫选再认测验。是/否再认测验中，一般先向被试呈现一系列刺激项目，接着将识记过的材料与未识记过的材料混合在一起逐一呈现，要求被试者逐项判断并作出“是”或“否”的反应，是一种“二择一”的选择。

程灶火等（1998）对学习障碍儿童的长时记忆功能进行了系统的研究，其中，图画再认测验以儿童熟悉的常见物为材料，共 30 幅图画，让被试识记 90s，若有不认识的图画可以问，并告诉其名称。再认卡也由 30 幅图画组成，包括 10 幅目标图，10 幅相关图（名称相同，图画不同）和 10 幅无关图（名称和图均不同），要求被试逐一辨认是否为刚才学过的图。结果发现，数学障碍组的图画视觉再认分数低于对照组。

综上，本实验采用是/否再认记忆范式，使用黑白实物图片作为刺激材料，以儿童组别（正常组、数学学习障碍组）为自变量，考察数学学习障碍儿童的图画再认记忆能力是否存在问题。

实验逻辑

本实验的刺激材料为黑白实物图片，采用视觉呈现。实验分为学习阶段和测验阶段，学习阶段让被试识记图片，分心任务后进行记忆测验，测验阶段让被试判断图片是否在学习阶段呈现过。为增大难度，测验阶段加入与学习阶段相似但不完全相同的相关图作为干扰，如果被试将相关图判断为旧，则为错误。通过考察数学学习障碍儿童和正常儿童的图画再认率是否存在差异，来探讨数学学习障碍儿童的再认记忆能力是否存在问题。

实验设计

本实验采用单因素被试间设计，以被试组别（正常组、数学学习障碍组）为自变量，所有被试均进行图画再认测验。因变量为图画再认的保持量。

在测验阶段，被试判断图片是否在学习阶段呈现过，记录被试判断的正误。

实验流程图

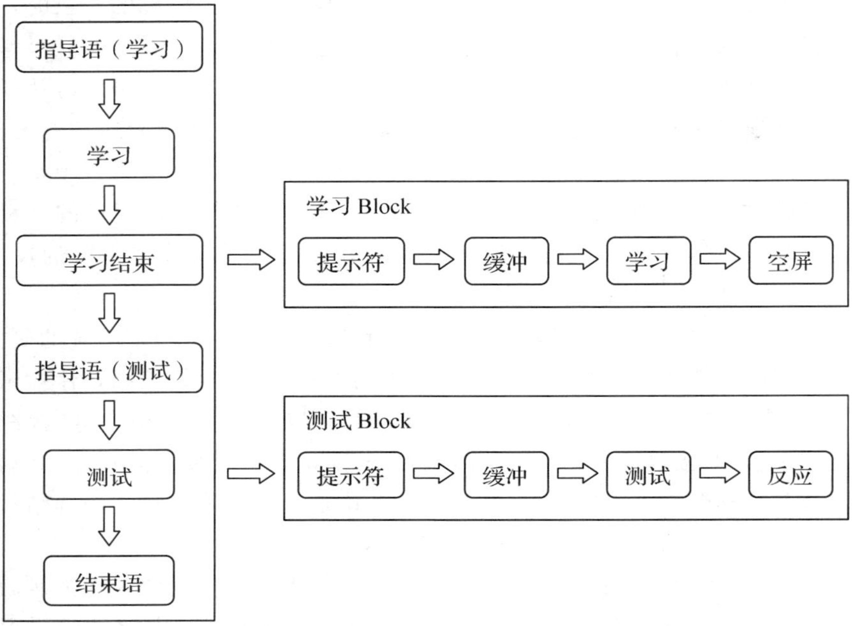

实验过程

Step1：建立实验外层框架

◇ 指导语（学习）

用“刺激”控件呈现“指导语”。

呈现内容：用“文本”控件或“图片”控件呈现指导语的内容。

结束方式：用“按钮”控件结束指导语界面的呈现。

◇ 学习（Block）

拖曳一个“试次列表”控件到主轴上，重命名为“学习”。

◇ 学习结束

在本界面，要求被试进行口算，并大声报告，为期 3 分钟。

呈现内容：见示意图。

结束方式："持续时间"设为 180000ms。

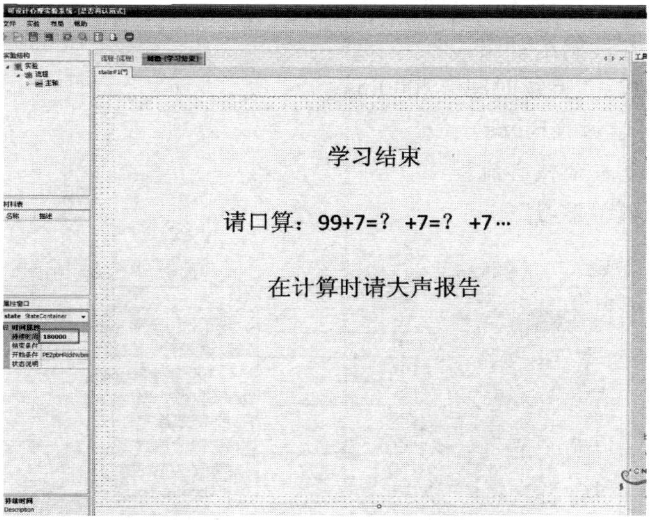

◇ 指导语（测试）

用"刺激"控件呈现"指导语"。

呈现内容：用"文本"控件或"图片"控件呈现指导语的内容。

结束方式：用"按钮"控件结束指导语界面的呈现。

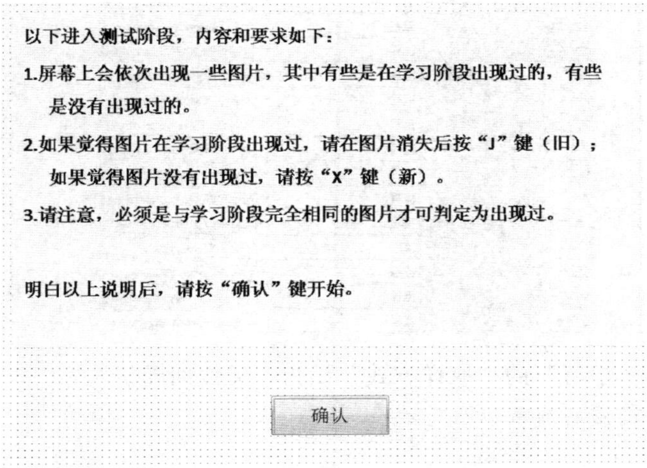

◇ 测试（Block）

拖曳一个"试次列表"控件到主轴上，重命名为"测试"。

◇　结束语

用刺激控件呈现结束界面。

呈现内容：见示意图。

结束方式："持续时间"2000ms。

Step2：学习（Block）

◇　建立一个核心流程

◇　编辑"学习"

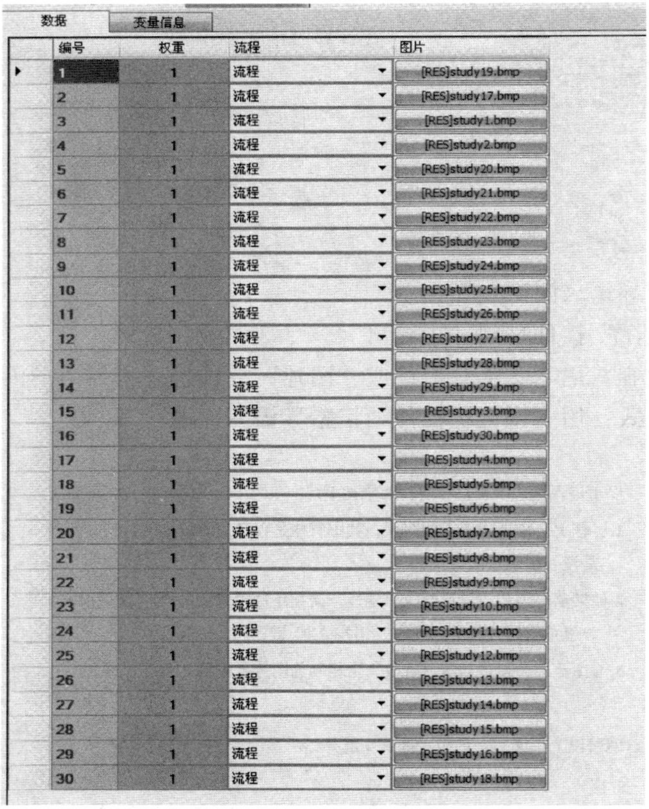

编号	权重	流程	图片
1	1	流程	[RES]study19.bmp
2	1	流程	[RES]study17.bmp
3	1	流程	[RES]study1.bmp
4	1	流程	[RES]study2.bmp
5	1	流程	[RES]study20.bmp
6	1	流程	[RES]study21.bmp
7	1	流程	[RES]study22.bmp
8	1	流程	[RES]study23.bmp
9	1	流程	[RES]study24.bmp
10	1	流程	[RES]study25.bmp
11	1	流程	[RES]study26.bmp
12	1	流程	[RES]study27.bmp
13	1	流程	[RES]study28.bmp
14	1	流程	[RES]study29.bmp
15	1	流程	[RES]study3.bmp
16	1	流程	[RES]study30.bmp
17	1	流程	[RES]study4.bmp
18	1	流程	[RES]study5.bmp
19	1	流程	[RES]study6.bmp
20	1	流程	[RES]study7.bmp
21	1	流程	[RES]study8.bmp
22	1	流程	[RES]study9.bmp
23	1	流程	[RES]study10.bmp
24	1	流程	[RES]study11.bmp
25	1	流程	[RES]study12.bmp
26	1	流程	[RES]study13.bmp
27	1	流程	[RES]study14.bmp
28	1	流程	[RES]study15.bmp
29	1	流程	[RES]study16.bmp
30	1	流程	[RES]study18.bmp

注意将"学习"的"取样方式"设为"无放回随机"。

◇　编辑核心流程

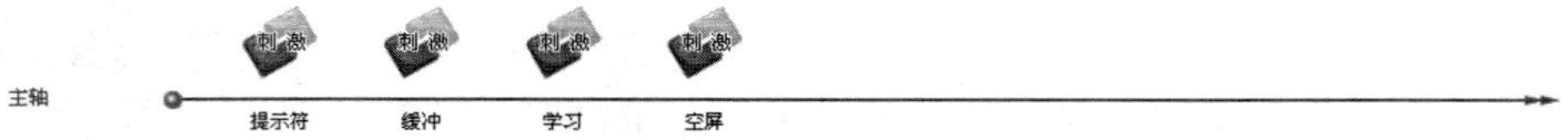

1. 提示符

呈现内容：呈现“+”，使用“文本”控件实现。

结束方式：“持续时间”设为 500ms。

2. 缓冲

使用一个“刺激”控件，不用放置任何子控件，呈现时间设为 600ms。

3. 学习

呈现内容：使用“图片”控件呈现图片。图片从“学习”Block 中调用。

结束方式：“持续时间”设为 1500ms。

4. 空屏

使用一个“刺激”控件，不用放置任何子控件，呈现时间设为 1000ms。

Step3：测试（Block）

◇ 建立核心流程

新建一个流程，命名为“测试”。

◇ 编辑“测试”

编辑方法与“学习”大体一致。

唯一不同的是，在“测试”中有 10 张图片是学习过的，其他 20 张图片时未学习过的，要求被试对于这两类图片做出不同反应，所以需要增加一列变量“正确反应”。

编号	权重	流程	图片	正确反应
1	1	流程	[RES]test9.bmp	1
2	1	流程	[RES]test1.bmp	1
3	1	流程	[RES]test10.bmp	1
4	1	流程	[RES]test11.bmp	2
5	1	流程	[RES]test12.bmp	2
6	1	流程	[RES]test13.bmp	2
7	1	流程	[RES]test14.bmp	2
8	1	流程	[RES]test15.bmp	2
9	1	流程	[RES]test16.bmp	2
10	1	流程	[RES]test17.bmp	2
11	1	流程	[RES]test18.bmp	2
12	1	流程	[RES]test19.bmp	2
13	1	流程	[RES]test2.bmp	2
14	1	流程	[RES]test20.bmp	2
15	1	流程	[RES]test21.bmp	2
16	1	流程	[RES]test22.bmp	2
17	1	流程	[RES]test23.bmp	2
18	1	流程	[RES]test24.bmp	2
19	1	流程	[RES]test25.bmp	2
20	1	流程	[RES]test26.bmp	2
21	1	流程	[RES]test27.bmp	2
22	1	流程	[RES]test28.bmp	2
23	1	流程	[RES]test29.bmp	2
24	1	流程	[RES]test3.bmp	1
25	1	流程	[RES]test30.bmp	1
26	1	流程	[RES]test4.bmp	1
27	1	流程	[RES]test5.bmp	1
28	1	流程	[RES]test6.bmp	1
29	1	流程	[RES]test7.bmp	1
30	1	流程	[RES]test8.bmp	1

◇ 编辑核心流程

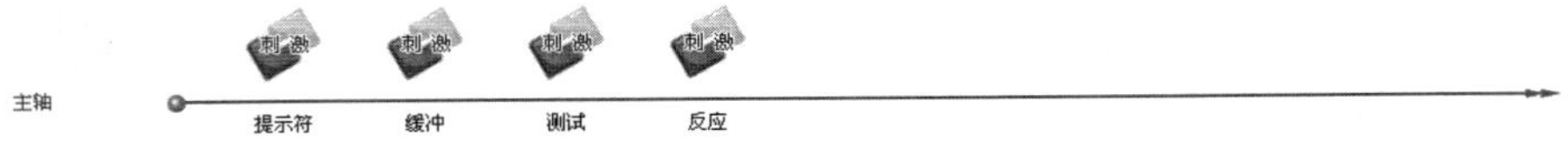

同“学习”Block唯一不同的是第四个界面——“反应”，下面重点讲述“反应”界面。

呈现内容：使用“文本”控件，要求被试判断刚刚出现的图片是否学习过。

结束方式：使用“反应键”控件。不限定呈现时间，被试按键结束。

将J的返回值设为“1”；X的返回值设为“2”。

“正确反应”从“测试”Block中引用。

Step4：设置结果记录

◇ 点击“实验”菜单，选择“设置结果记录”

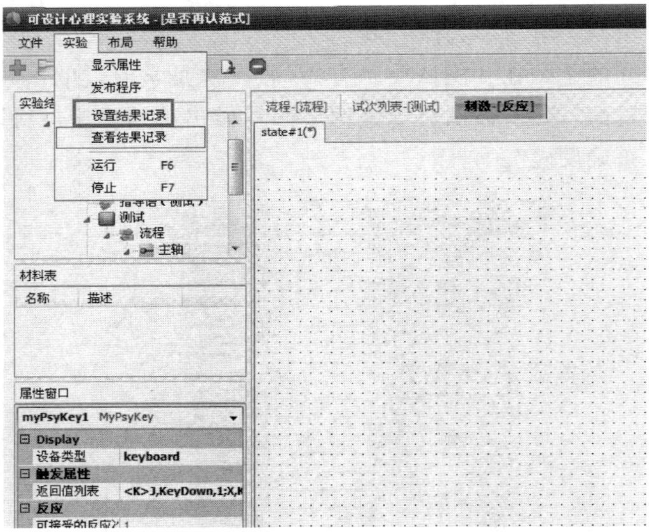

◇ 在树形结构中找到“测验”Block的“反应”页面，勾选需要记录的数据

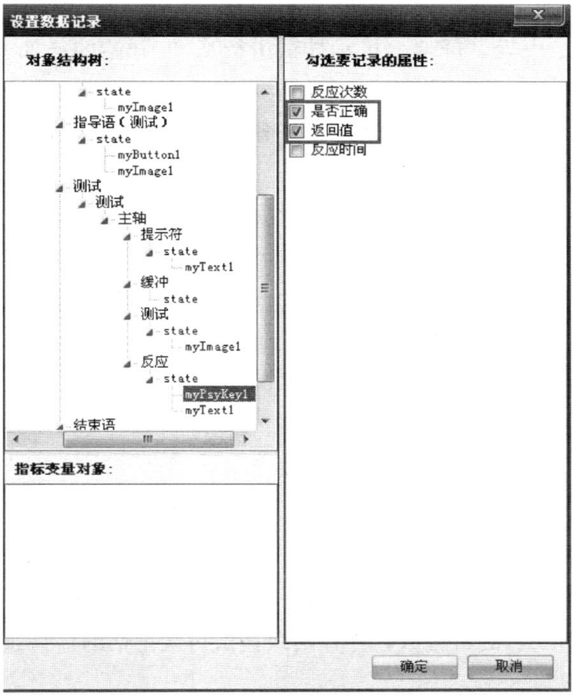

实验材料

学习阶段，实验材料包括 30 张黑白实物图片。

测验阶段，实验材料为 30 张黑白实物图片，其中，10 张为学习阶段图片（目标图）、10 张为学习阶段未呈现过但与学习阶段图片相似的图片（相关图），另外 10 张为学习阶段未呈现过且与学习阶段图片不相似的图片（无关图）。相关图与学习阶段的相似主要是通过控制语义及视觉形象的相似实现的，如斑点狗，学习阶段呈现的斑点狗为蹲在地上的，而测验阶段的相关图中，斑点狗是趴在地上的。

实验步骤

学习阶段：

30 张黑白实物图片依次在屏幕上呈现，呈现顺序随机。每张图片呈现时间为 1500ms。要求被试认真识记，并告知被试随后要对他们的记忆结果进行测验。

干扰任务阶段：

学习阶段结束后，屏幕上提示被试进行从 99 开始的连加 7 运算，即分心任务。即要求被试从 99 开始，连续加上 7，并在事先准备好的纸上写出每次的计算结果，时间为 3 分钟。该计算任务用于防止被试进行有意识地复述。

测验阶段：

3 分钟的分心任务结束后，开始测验阶段。30 张黑白实物图片依次在屏幕上呈现，呈现顺序随机。其中，10 张目标图、10 张相关图、10 张无关图（目标图即为旧图，相关图和无关图均为新图）。每张图片的呈现时间为 1500ms。图片消失后，屏幕上提示被试判断该图片是否在学习阶段呈现过，如果没有呈现过，按 X 键；如果呈现过，则按 J 键。如果被试在 3000ms 内未做反应，则开始下一个 trial。

统计方法

统计检验方法：

以被试图画再认的正确率为因变量，使用公式 P＝正确再认旧项目的百分数－错误再认新项目的百分数，计算两组被试再认记忆的保持量，进行 t 检验。

数据导出到 SPSS：

完整运行完程序后，会在程序所在的文件夹中，生成一个 E-DataAid 文件，该文件即是数据文件。本案例的数据文件名为“是-否再认-1-1. edat”，其中第一个数字“1”指第 1 个被试，第二个数字“1”指第 1 个 session。

直接双击打开该 E-DataAid 文件，打开看到如图所示的数据文件。

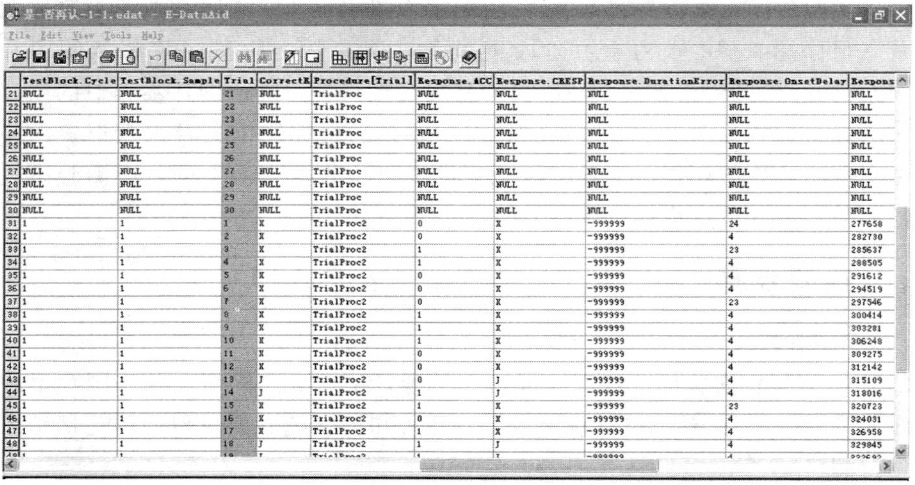

	TestBlock.Cycle	TestBlock.Sample	Trial	CorrectR	Procedure[Trial]	Response.ACC	Response.CRESP	Response.DurationError	Response.OnsetDelay	Respons
21	NULL	NULL	21	NULL	TrialProc	NULL	NULL	NULL	NULL	NULL
22	NULL	NULL	22	NULL	TrialProc	NULL	NULL	NULL	NULL	NULL
23	NULL	NULL	23	NULL	TrialProc	NULL	NULL	NULL	NULL	NULL
24	NULL	NULL	24	NULL	TrialProc	NULL	NULL	NULL	NULL	NULL
25	NULL	NULL	25	NULL	TrialProc	NULL	NULL	NULL	NULL	NULL
26	NULL	NULL	26	NULL	TrialProc	NULL	NULL	NULL	NULL	NULL
27	NULL	NULL	27	NULL	TrialProc	NULL	NULL	NULL	NULL	NULL
28	NULL	NULL	28	NULL	TrialProc	NULL	NULL	NULL	NULL	NULL
29	NULL	NULL	29	NULL	TrialProc	NULL	NULL	NULL	NULL	NULL
30	NULL	NULL	30	NULL	TrialProc	NULL	NULL	NULL	NULL	NULL
31	1	1	1	X	TrialProc2	0	X	-999999	24	277658
32	1	1	2	X	TrialProc2	0	X	-999999	4	282730
33	1	1	3	X	TrialProc2	1	X	-999999	23	285637
34	1	1	4	X	TrialProc2	1	X	-999999	4	288505
35	1	1	5	X	TrialProc2	0	X	-999999	4	291612
36	1	1	6	X	TrialProc2	0	X	-999999	4	294519
37	1	1	7	X	TrialProc2	0	X	-999999	23	297546
38	1	1	8	X	TrialProc2	1	X	-999999	4	300414
39	1	1	9	X	TrialProc2	1	X	-999999	4	303281
40	1	1	10	X	TrialProc2	1	X	-999999	4	306248
41	1	1	11	X	TrialProc2	0	X	-999999	4	309275
42	1	1	12	X	TrialProc2	0	X	-999999	4	312142
43	1	1	13	J	TrialProc2	0	J	-999999	4	315109
44	1	1	14	J	TrialProc2	1	J	-999999	4	318016
45	1	1	15	X	TrialProc2	1	X	-999999	23	320723
46	1	1	16	X	TrialProc2	0	X	-999999	4	324031
47	1	1	17	X	TrialProc2	1	X	-999999	4	326958
48	1	1	18	J	TrialProc2	1	J	-999999	4	329845

该文件中全面记录了被试的所有信息。

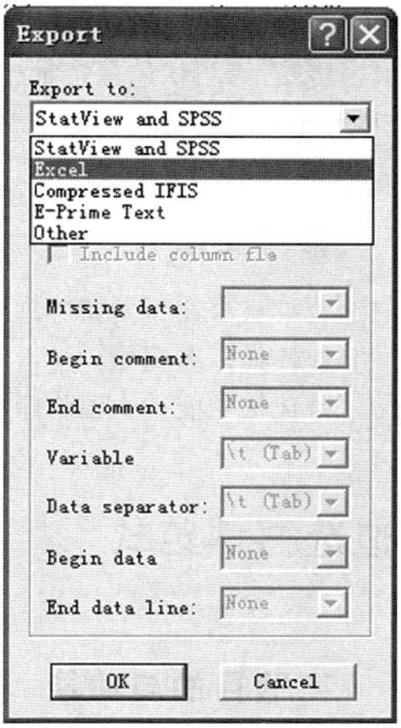

为了进一步分析数据，将该数据文件导出为 SPSS 或 Excel 文件。由于直接导出 SPSS 时，在 SPSS 软件中打开常有问题，而且对单个被试的数据处理也不是很方便，因此，本案例将先导出 Excel，对每个被试的数据进行处理得到需要的数据后，再输入到 SPSS 中。导出 Excel 的具体方法有两种，一种是单击“File”，然后选择“Export”；第二种是直接单击快捷键工具栏中左起第三个按钮，即“Export”按钮。单击导出按钮后，弹出如图所示窗口：

单击下拉菜单，即可选择需要导成的文件。我们选择“Excel”，单击“OK”，即可弹出一个保存窗口：输入希望保存的文件名，选择想保存的位置。然后关闭这份 E-DataAid 文件。

在你选择导出 Excel 数据的文件夹中，可看到一个“. txt”的文本文档，右键单击该文档，在“打开方式”中，选择 Excel 为打开方式，将其打开。

在该 Excel 文档中，可以看到与在 E-DataAid 文件中完全一样的被试信息。其中“Response. ACC”一列就是被试在测验阶段每次反应正确与否的数据，“1”表示反应正确，“0”表示反应错误。“Type”一列为本案例程序中事先设定的标记，其中“same”表示与测验阶段完全相同的目标图，即旧图，“similar”表示与测验阶段相似的相关图，“new”表示与测验阶段完全不同的无关图，“similar”和“new”都是新图。根据是/否再认保持量的计算公式 P ＝ 正确再认旧项目的百分数－错误再认新项目的百分数，本案例的统计需要分别计算旧图和新图的正确次数，具体方法如下：

将数据按“Type”列排序，将 Type 为“same”（旧图）的各行对应的“Response. ACC”求和，得到正确再认旧项目数，再除以旧项目总数 10，即为正确再认旧项目的百分数；先将 Type 为“similar”和“new”（新图）的各行对应的“Response. ACC”求和，得到正确判断的新项目数，再用新项目总数减去正确判断的新项目数，即得到错误再认新项目数，最后除以新项目总数20，即为错误再认新项目的百分数。根据公式P = 正确再认旧项目的百分数－错误再认新项目的百分数，计算是/否再认的保持量。

将是/否再认的保持量连同被试的年龄、性别、组别等信息一起输入到SPSS中，对两组被试的是/否再认保持量进行独立样本t检验。

参考文献

[1] 曹日昌等译．实验心理学．北京：科学出版社，1965，665-666.
[2] 程灶火，龚耀先．学习障碍儿童记忆的比较研究Ⅱ．学习障碍儿童的长时记忆功能．中国临床心理学杂志，1998，6（4）：216-221.

迫选再认范式

实验目的与功能

迫选再认（Forced-choice Recognition）是测量记忆的一种非常经典的方法，通常用于对长时记忆保持量的直接测量。它是记忆与学习研究中经典的方法——再认法的一种（再认法主要分是/否再认和迫选再认）。

迫选再认是指把一个已学习过的项目与两个或两个以上未学习过的项目混合在一起同时呈现给被试，要求被试判断其中哪个项目是已学习过的，是一种多项选择测验。迫选再认程序分两阶段进行。学习阶段，呈现一系列项目让被试识记。测验阶段，呈现给被试多种选择，其中只有一个是正确的，要求被试选出正确的答案。采用迫选再认范式时，传统上常用保持量作为再认指标P，计算方法如下：

P＝正确再认的百分数－错误再认的百分数

实验来源与范式选择依据

传统上，记忆与学习的研究方法分为两类：回忆法和再认法。使用回忆法的研究主要考察被试将学习材料从记忆中提取出来的过程，通常被试都能提取出一定数量的项目。然而，事实上，无论被试如何努力回忆和提取，仍然会有一些项目是他们明明知道却无法表达出来的。那么，该如何对这部分记忆进行检测呢？研究者通常会采用再认法。再认记忆是记忆研究中非常经典的范式。记忆中的再认研究已有百年历史。

早期的再认记忆实验是在心理物理学实验的基础上形成的。当时，研究者将重量或声音标准刺激呈现与被试进行比较的时间间隔加长，以考察被试对标准刺激的保持究竟能维持多久。20 世纪初，人们开始用再认任务进行记忆项目判断的实验研究（曹日昌等，1965）。再认测验通常有两类。一类为是/否再认测验；另一类为迫选再认测验。是/否再认测验方法中存在的一个问题是，被试猜中的概率会很高。因此，研究者会更多地采用迫选再认测验。

迫选再认法要优于是/否再认法，因为它减少了对问题的猜测的可能性。例如，对于一个“五择一”的程序，被试完全猜对的概率只有 20%，实际使用效果会相当不错。但是，从理论上讲，无论采用何种方法，都会受到猜测因素的困扰，即使用了“五择一”程序，理论误差也是很大的。

Shepard（1967）向被试呈现了 68 对“二择一”刺激项目，要求被试进行迫选判断。被试分为三组，分别接受三类不同的刺激：第一组是单词；第二组是句子；第三组是广告图片。结果表明，被试对三种不同类型的材料做出正确再认判断的平均百分比分别为：单词 88%，句子 89%，图片 87%。如果采用回忆法实验程序，被试的保存量大约只有 50%，即随机水平。

综上，本研究采用迫选再认范式，使用黑白实物图片作为刺激材料，以测验方式（迫选再认、自由回忆）为自变量，考察不同的记忆提取方式对记忆保持量的影响。

实验逻辑

本实验的刺激材料为黑白实物图片，采用视觉呈现。一组被试接受迫选再认测验；另一组被试则接受自由回忆测验。迫选再认测验分为学习阶段和测验阶段，学习阶段让被试识记图片，分心任务后进行记忆测验，测验阶段让被试判断两张图片中哪一张是学习阶段呈现过的。为增大难度，一半测验 trial 中加入了与学习阶段语义相似但知觉上并不相同的相关图作为干扰，而另一半测验 trial 中的两张图片则没有任何相关。自由回忆测验也分为学习阶段和测验阶段，学习阶段让被试识记图片，分心任务后进行记忆测验，测验阶段让被试回忆学习过的图片。通过考察迫选再认和自由回忆这两种测验方式下的记忆保持量是否存在差异，来探讨不同记忆提取方式对记忆保持量的影响。

实验设计

本实验为单因素被试间设计，以测验方式为自变量，自变量有两个水平：迫选再认和自由回忆。因变量为图画记忆的保持量。

实验流程图

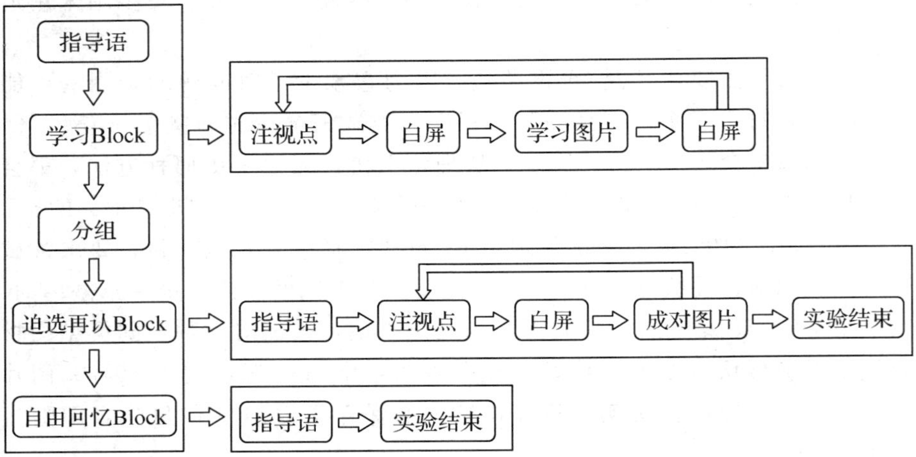

实验过程

Step1：建立实验外层框架

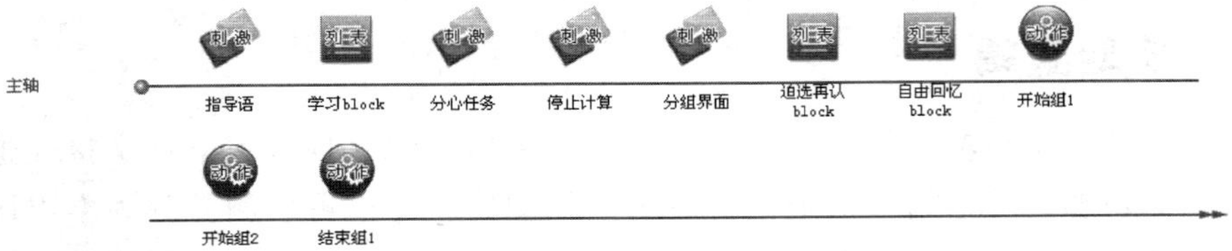

◇ 指导语

用“刺激”控件呈现“指导语”。

用“图片”控件呈现指导语的内容，用“反应键”控件结束指导语界面的呈现。

· 样例中按“B”键结束指导语的呈现，开始实验。将“B”键的返回值设为“1”。

· “指导语”界面持续时间设为“－1”，结束条件为按下“B”键。

◇ 学习 Block

双击“学习 Block”，进行编辑，写入如下信息。学习 Block 的核心流程后面介绍。

编号	权重	流程	学习图片
1	1	流程	[RES]s01.bmp
2	1	流程	[RES]s02.bmp
3	1	流程	[RES]s03.bmp
4	1	流程	[RES]s04.bmp
5	1	流程	[RES]s05.bmp
6	1	流程	[RES]s06.bmp
7	1	流程	[RES]s07.bmp
8	1	流程	[RES]s08.bmp
9	1	流程	[RES]s09.bmp
10	1	流程	[RES]s10.bmp
11	1	流程	[RES]s11.bmp
12	1	流程	[RES]s12.bmp
13	1	流程	[RES]s13.bmp
14	1	流程	[RES]s14.bmp
15	1	流程	[RES]s15.bmp
16	1	流程	[RES]s16.bmp
17	1	流程	[RES]s17.bmp
18	1	流程	[RES]s18.bmp
19	1	流程	[RES]s19.bmp
20	1	流程	[RES]s20.bmp
21	1	流程	[RES]s21.bmp
22	1	流程	[RES]s22.bmp
23	1	流程	[RES]s23.bmp
24	1	流程	[RES]s24.bmp
25	1	流程	[RES]s25.bmp
26	1	流程	[RES]s26.bmp
27	1	流程	[RES]s27.bmp
28	1	流程	[RES]s28.bmp
29	1	流程	[RES]s29.bmp
30	1	流程	[RES]s30.bmp

◇ 分心任务

用“刺激”控件呈现“分心任务”。持续时间设置为 180000ms。

学习结束

请计算：99+7=？ +7=？ +7 …

请把答案写在纸上

◇ 停止计算

用“刺激”控件呈现内容，用“反应键”结束界面呈现。界面如下所示。

- 将“B”键返回值设为“1”。
- 界面持续时间设置为“－1”，结束条件为按下“B”键。

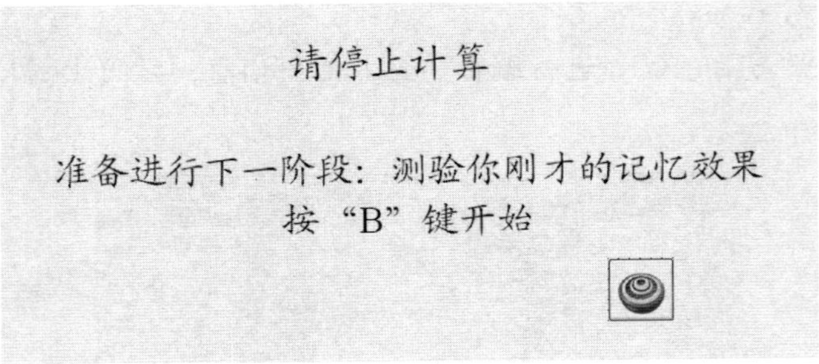

◇ 分组界面

用“刺激”控件呈现分组界面，用“文本”控件编辑内容。

用“反应键”接受被试反应并结束界面呈现。

- 将数字键“1”的返回值设为“1”，键“2”的返回值设为“2”。
- 界面持续时间设为“－1”，结束条件为发生按键反应。

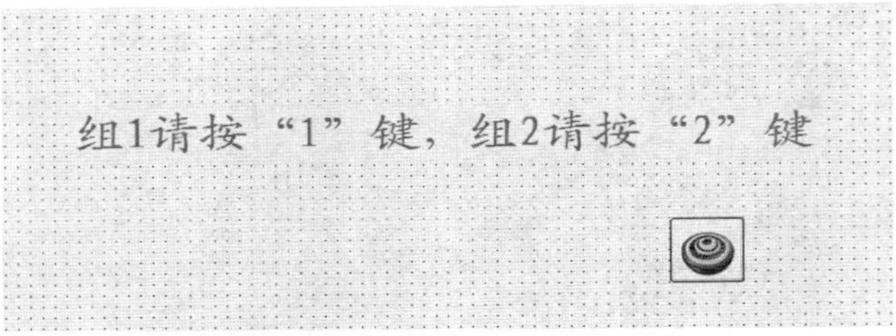

◇ 迫选再认 Block

◇ 自由回忆 Block

后面详细介绍。

◇ 开始组 1

“触发条件”设置为分组界面按键，“非触发条件”为返回值等于 1，即按下数字键“1”。

动作列表添加动作“迫选再认 Block 开始运行”。

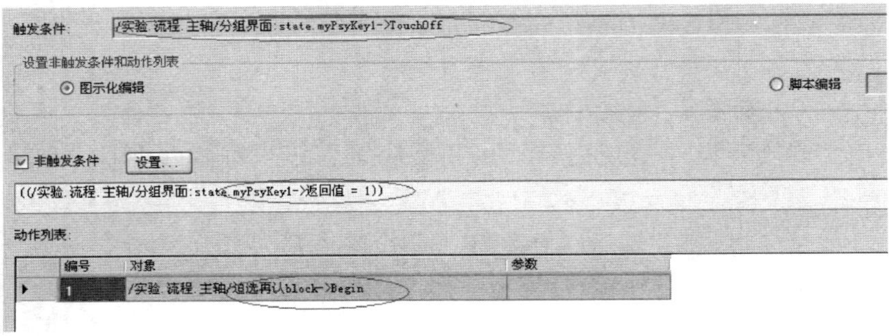

◇ 开始组 2

“触发条件”设置为分组界面按键，“非触发条件”为返回值等于 2，即按下数字键“2”。

动作列表添加动作“自由回忆 Block 开始运行”。

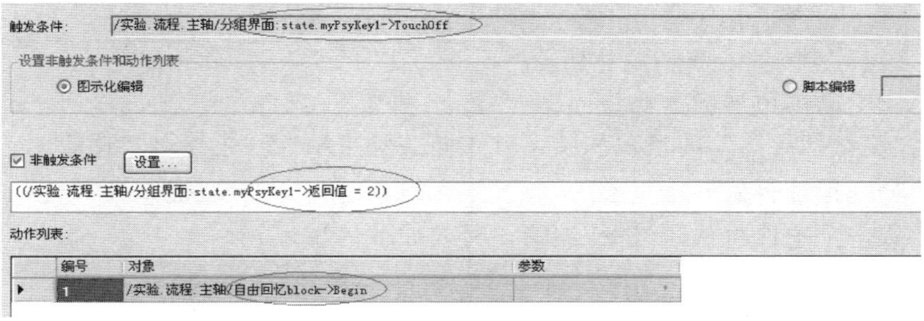

◇ 结束组 1

“触发条件”设置为迫选再认 Block 结束。

动作列表添加动作“主轴结束”。

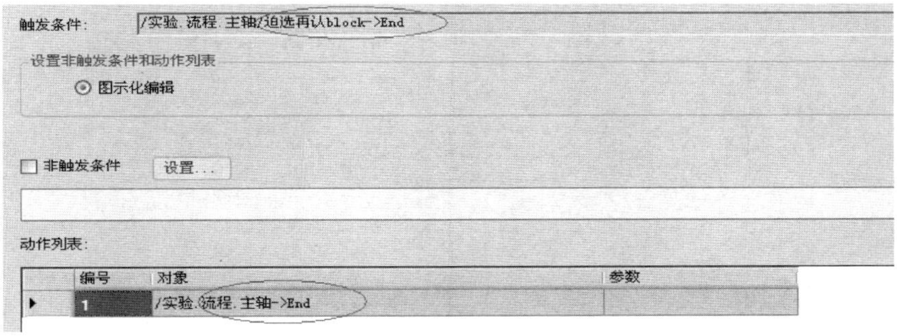

Step2：学习 Block

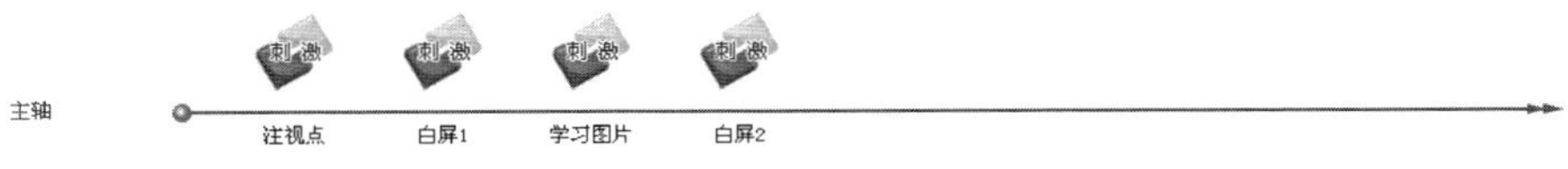

◇ 注视点

呈现“+”，呈现时长 500ms。

◇ 白屏

用“刺激”控件呈现白屏，学习图片前后都有一段时间的白屏呈现。

◇ 学习图片

用“图片”控件呈现学习图片，需要从学习 Block 的试次列表中引用

"学习图片"变量。

学习图片呈现时长为1500ms，在持续时间中设置时间为"1500"。

Step3：迫选再认 Block

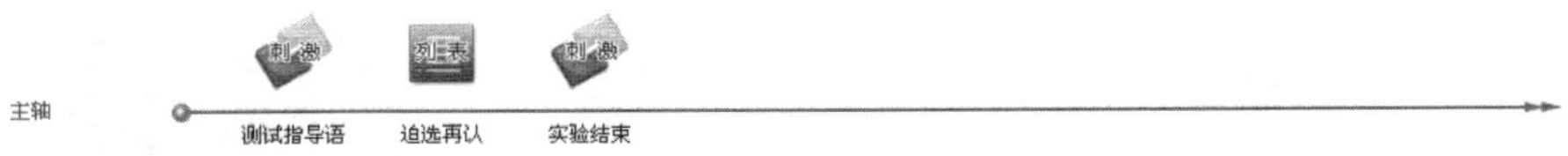

◇ 测试指导语

"测试指导语"的呈现和结束方式同实验主轴上"指导语"相似。

◇ 迫选再认

双击"迫选再认"，进行编辑，写入如下信息。

编号	权重	流程	Test1	Test2	正确反应
1	1	流程	RES]study01.bm	[RES]test01.bmp	1
2	1	流程	RES]study02.bm	[RES]test02.bmp	1
3	1	流程	[RES]test03.bmp	RES]study03.bm	2
4	1	流程	RES]study04.bm	[RES]test04.bmp	1
5	1	流程	[RES]test05.bmp	RES]study05.bm	2
6	1	流程	[RES]test06.bmp	RES]study06.bm	2
7	1	流程	[RES]test07.bmp	RES]study07.bm	2
8	1	流程	RES]study08.bm	[RES]test08.bmp	1
9	1	流程	[RES]test09.bmp	RES]study09.bm	2
10	1	流程	[RES]test10.bmp	RES]study10.bm	2
11	1	流程	RES]study11.bm	[RES]test11.bmp	1
12	1	流程	RES]study12.bm	[RES]test12.bmp	1
13	1	流程	[RES]test13.bmp	RES]study13.bm	2
14	1	流程	RES]study14.bm	[RES]test14.bmp	1
15	1	流程	[RES]test15.bmp	RES]study15.bm	2
16	1	流程	RES]study16.bm	[RES]test16.bmp	1
17	1	流程	[RES]test17.bmp	RES]study17.bm	2
18	1	流程	[RES]test18.bmp	RES]study18.bm	2
19	1	流程	RES]study19.bm	[RES]test19.bmp	1
20	1	流程	RES]study20.bm	[RES]test20.bmp	1

◇ 迫选再认核心流程

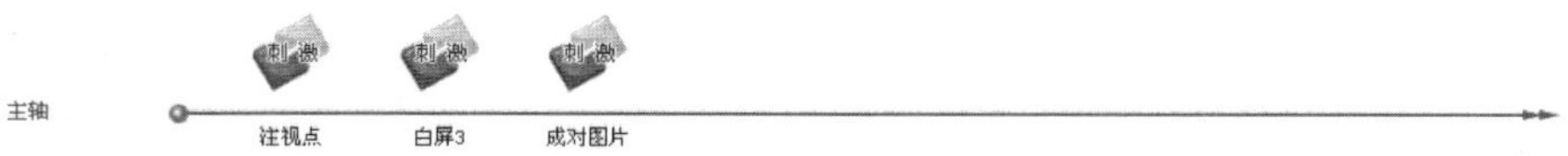

· 注视点

呈现"+"，呈现时长500ms。

· 白屏

呈现600ms白屏。

· 成对图片

呈现刺激：

用"图片"控件呈现，从迫选再认的试次列表中引用"Test1"和

"Test2"变量。

界面中有左右两个图片，分别对应着"Test1"和"Test2"两个变量。

利用"文本"控件在图片上方写上编号"1"和"2"。

被试反应：

用"反应键"接受被试反应，并结束界面呈现。

将数字键"1"的返回值设为"1"，数字键"2"的返回值设为"2"。

从"试次列表"引用"正确反应"变量，这样系统可以判断被试按键的正误。

"成对图片"的结束方式：不限定呈现时间，被试按键后结束。

"持续时间"，设为"－1"，即不限定"目标刺激"界面的呈现时间。结束条件为发生按键反应。

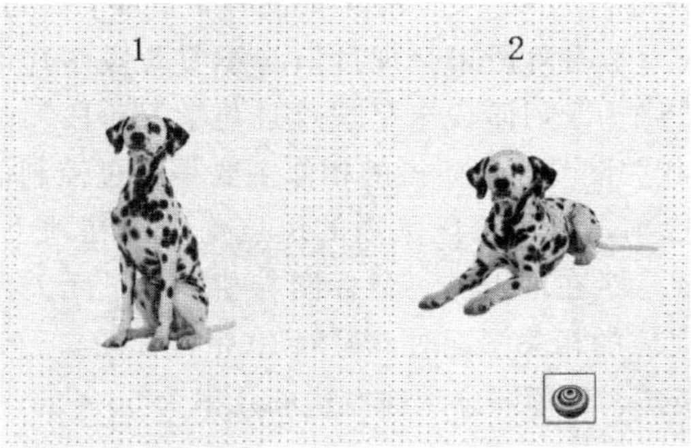

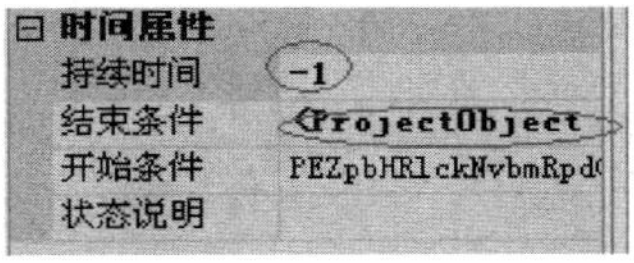

◇　实验结束

用"刺激"控件呈现结束界面，呈现时长5000ms。

实验结束，感谢您的配合！

Step4：自由回忆 Block

◇　指导语

同前面指导语的呈现与设置。

◇　实验结束

同“迫选再认 Block”中“实验结束”。

Step5：设置结果记录

在“实验”菜单中打开“设置结果记录”，勾选“迫选再认 Block”中“成对图片”界面下需要记录的数据。此处为反应键“是否正确”和“返回值”属性。

实验材料

迫选再认和自由回忆的学习阶段，实验材料包括 30 张黑白实物图片。

迫选再认的测验阶段，实验材料为 40 张黑白实物图片，其中，20 张为学习阶段图片（目标图）、10 张为学习阶段未呈现过但与学习阶段图片语义相关的图片（相关图），另外 10 张为学习阶段未呈现过且与学习阶段图片没有任何相关的图片（无关图）。相关图与学习阶段的相似主要是通过控制语义相关而知觉不同实现的，如斑点狗，学习阶段呈现的斑点狗为蹲在地上的，而测验阶段的相关图中，斑点狗是趴在地上的。目标图与相关图、无关图配对呈现，其中，10 张目标图与对应的相关图配对，另外 10 张目标图与无关图配对。图片对的左右位置随机安排，目标图出现在左边的几率为 50%。

实验步骤

学习阶段：

30 张黑白实物图片依次在屏幕上呈现，呈现顺序随机。每张图片呈现时间为 1500ms。要求被试认真识记，并告知被试随后要对他们的记忆结果进行测验。两组被试在学习阶段的任务相同。

干扰任务阶段：

学习阶段结束后，屏幕上提示被试进行从 99 开始的连加 7 运算，即分心任务。即要求被试从 99 开始，连续加上 7，并在事先准备好的纸上写出每次的计算结果，时间为 3 分钟。该计算任务用于防止被试进行有意识地复述。两组被试在干扰阶段的任务也相同。

测验阶段：

两组被试中，随机选择其中一组接受迫选再认测验，另一组接受自由回忆测验。

迫选再认测验：3分钟的分心任务结束后，开始测验阶段。20对黑白实物图片依次在屏幕上呈现，呈现顺序随机。每对图片左右位置上的图片都有相应的编号，左边图片编号为1，右边图片编号为2。要求被试在每对图片出现时判断其中哪一张是学习阶段出现过的图片，并在键盘上按相应的键，如果被试认为左边图片是学习阶段出现过的，则按“1”键，如果认为右边图片是学习阶段出现过的，则按“2”键。

自由回忆测验：3分钟的分心任务结束后，开始测验阶段。屏幕上提示被试在事先准备好的答案纸上写出自己能回忆起来的图片名称（由于图片内容都是被试非常熟悉的事物，被试可自己对图片进行命名），时间限制在5分钟内。

统计方法

统计检验：

以被试的记忆保持量为因变量，使用公式P＝正确再认的百分数－错误再认的百分数，计算迫选再认组被试再认记忆的保持量，并计算自由回忆组被试正确回忆图片占所有学习图片的百分率作为自由回忆测验的记忆保持量，进行t检验。

数据导出到SPSS：

完整运行完程序后，会在程序所在的文件夹中，生成一个E-DataAid文件，该文件即是数据文件。本案例中，迫选再认条件的数据文件名为“迫选再认-1-1. edat”，自由回忆条件的数据文件名为“自由回忆-1-1. edat”，其中第一个数字“1”指第1个被试，第二个数字“1”指第1个session。由于自由回忆条件的被试反应写在答题纸上，没有记录在数据文件中，这里我们只需导出“迫选再认-1-1. edat”的数据即可。

直接双击打开该E-DataAid文件，打开看到如图所示的数据文件。

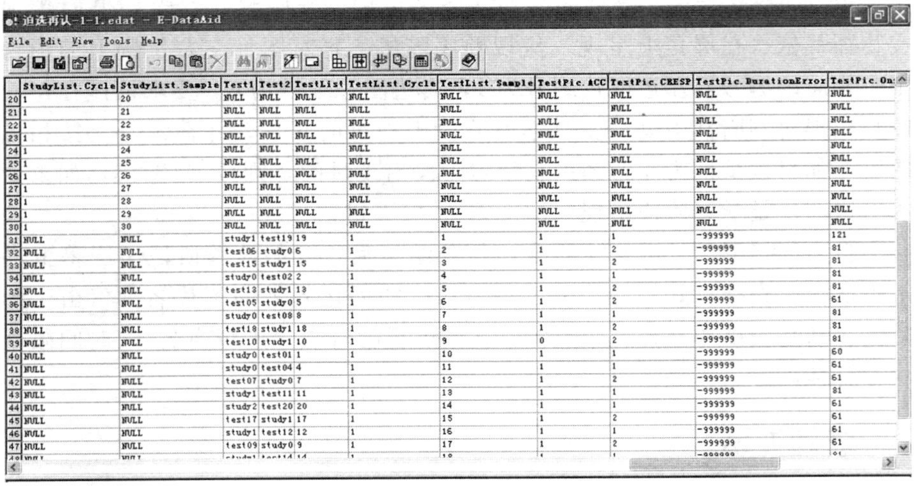

该文件中全面记录了被试的所有信息。

为了进一步分析数据，将该数据文件导出为 SPSS 或 Excel 文件。由于直接导出 SPSS 时，在 SPSS 软件中打开常有问题，而且对单个被试的数据处理也不是很方便，因此，本案例将先导出 Excel，对每个被试的数据进行处理得到需要的数据后，再输入到 SPSS 中。导出 Excel 的具体方法有两种，一种是单击“File”，然后选择“Export”；第二种是直接单击快捷键工具栏中左起第三个按钮，即“Export”按钮。单击导出按钮后，弹出如图所示窗口：

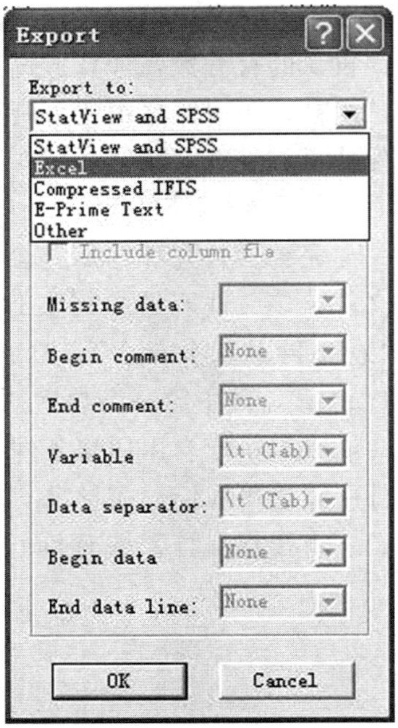

单击下拉菜单，即可选择需要导成的文件。我们选择“Excel”，单击“OK”，即可弹出一个保存窗口：输入希望保存的文件名，选择想保存的位置。然后关闭这份 E-DataAid 文件。

在你选择导出 Excel 数据的文件夹中，可看到一个“.txt”的文本文档，右键单击该文档，在“打开方式”中，选择 Excel 为打开方式，将其打开。

在该 Excel 文档中，可以看到与在 E-DataAid 文件中完全一样的被试信息。其中“Response.ACC”一列就是被试在测验阶段每次反应正确与否的数据，“1”表示反应正确，“0”表示反应错误。公式P=正确再认的百分数−错误再认的百分数，本案例的统计需要分别计算正确再认和错误再认次数，具体方法如下：

将“Response. ACC”列求和，得到正确再认次数，再除以图片对的总数20，即为正确再认百分数；用1减去正确再认百分数，即为错误再认百分数。根据公式P = 正确再认的百分数−错误再认的百分数，计算迫选再认测验的保持量。

对于自由回忆测验，计数每名被试答题纸上正确回忆的项目数，除以学习阶段项目总数20，即为自由回忆测验的保持量。

将每名被试迫选再认测验的保持量和自由回忆测验的保持量连同被试的年龄、性别、组别等信息一起输入到SPSS中；对被试的迫选再认测验保持量和自由回忆测验保持量进行配对t检验。

参考文献

[1] 曹日昌等译．实验心理学．北京：科学出版社，1965，665-666.

[2] Shepard，Roger N..Recognition Memory for Words，Sentences，and Pictures. *Journal of Verbal Learning and Verbal Behavior*，1967，6（1）：156-163.

部分报告法范式

实验目的与功能

部分报告法（Partial Report）是探讨感觉记忆容量的一种经典范式。

部分报告法的功能在于探讨感觉记忆的容量，与全部报告法不同，它只要求被试每次报告出一部分之前呈现过的刺激项目，从而在一定程度上避免了在提取全部项目的过程中信息消退的现象，能够对感觉记忆的容量进行有效测量。

实验来源与范式选择依据

感觉记忆（sensory memory）指感觉刺激停止之后所保持的瞬间映像。它的作用时间极其短暂，只有0.5～3s。对于感觉记忆的容量，采用传统的全部报告法的研究结论为 4～5 个项目。而 Sperling 认为，这个数值被大大低估了，因为在被试回忆全部信息的过程中，有很多信息尚未来得及报告便从感觉记忆中消退了。因此，针对这一问题，Sperling（1960）提出了部分报告法来探讨感觉记忆的容量。

实验设计

部分报告是指每次只要求被试报告出之前识记项目的一部分。

具体的实验设计为：每次向被试同时呈现 12 个字母，共 3 行，每行 4 个；呈现时间为 50ms。每次刺激呈现完毕后随机给出三种提示音“1”、“2”、“3”中的一种，要求被试根据提示音报告出其对应的那一行字母。当听到“1”时，报告第 1 行字母；当听到“2”时，报告第 2 行字母；当听到“3”时，报告第 3 行字母。

实验流程图

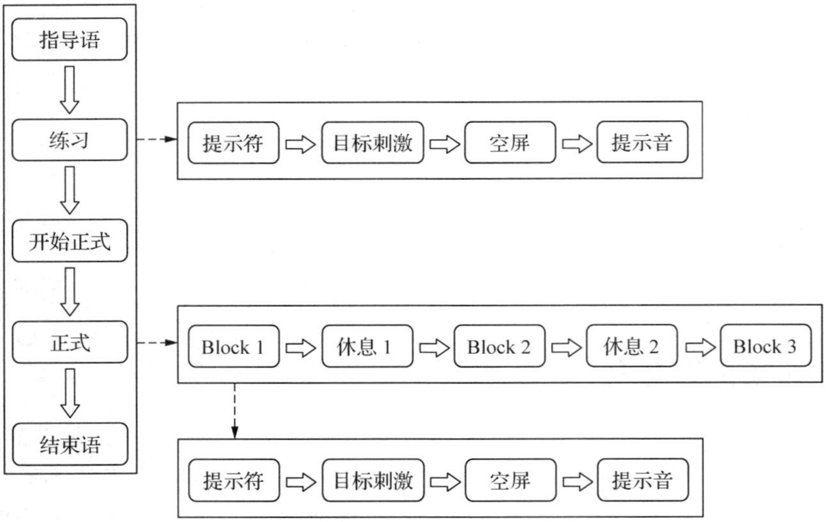

实验过程

Step1：建立实验外层框架

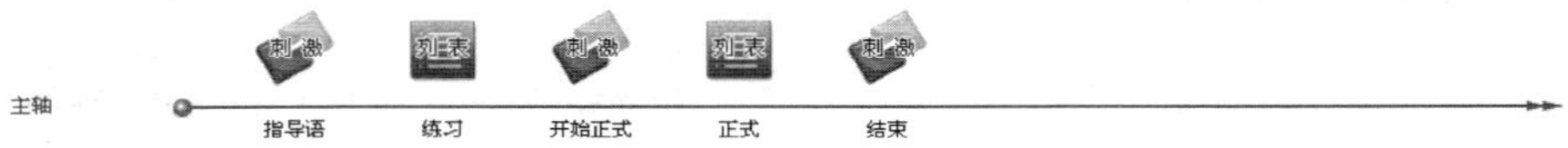

◇ 指导语

用“刺激”控件呈现“指导语”。

用“图片”控件呈现指导语的内容，用“按钮”控件结束指导语界面的呈现。

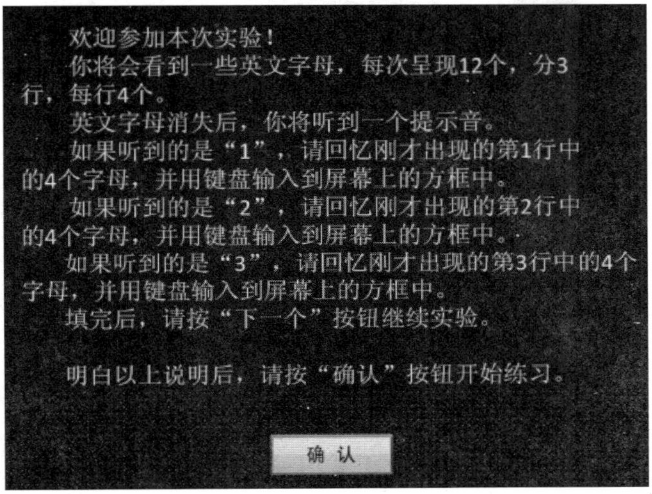

◇ 练习

在“练习”试次列表中，读入本 Block 中所需的“字母”图片、“提示音”，定义好每个试次的正确答案，如下图所示。

编号	权重	流程	字母	提示音	正确答案
1	1	流程	[RES]1.bmp	[RES]1.wav	agjk
2	1	流程	[RES]2.bmp	[RES]1.wav	dgep
3	1	流程	[RES]3.bmp	[RES]2.wav	dbrp
4	1	流程	[RES]4.bmp	[RES]2.wav	wiax
5	1	流程	[RES]5.bmp	[RES]3.wav	aqti

◇ 开始正式

在本界面，提示被试将要进入正式实验。

用“刺激”控件呈现本界面。

用“图片”控件呈现提示的内容，用“按钮”控件结束界面的呈现。

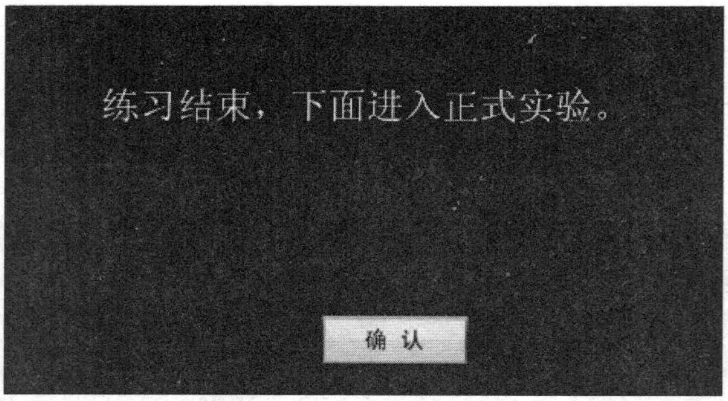

◇ 正式

在“正式”试次列表下新建一个流程，添加一行数据。在下一步，我们将在这个流程上放置Block。

◇ 结束

用“刺激”控件呈现结束界面。

呈现内容：见示意图。

结束方式：“持续时间”2000ms。

Step2：“练习”核心流程

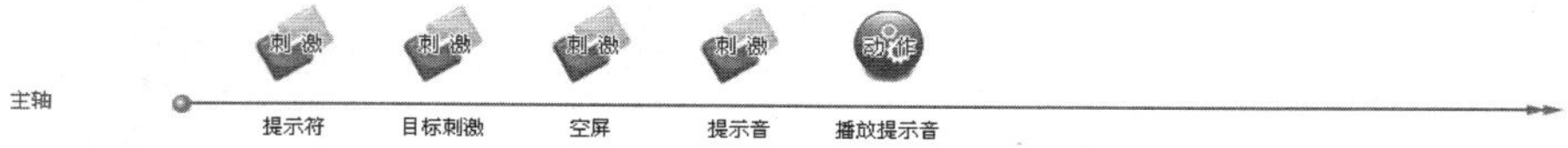

◇ 提示符

呈现内容：呈现“+”。

持续时间：1000ms。

◇ 目标刺激

呈现内容：使用“图片”控件呈现目标刺激，图片路径从“练习”Block 引用“字母”变量。

持续时间：设为“50”ms

◇ 空屏

呈现内容：无。

持续时间：50ms。

◇ 提示音

在本界面，被试听到提示音后，根据提示音在编辑框内输入对应行的字母。

呈现内容：编辑框，供被试输入，“编辑框”的“正确反应”从“练习”Block 引用“正确答案”变量。

持续时间：设为“−1”。

结束方式：按“下一个”按钮结束。

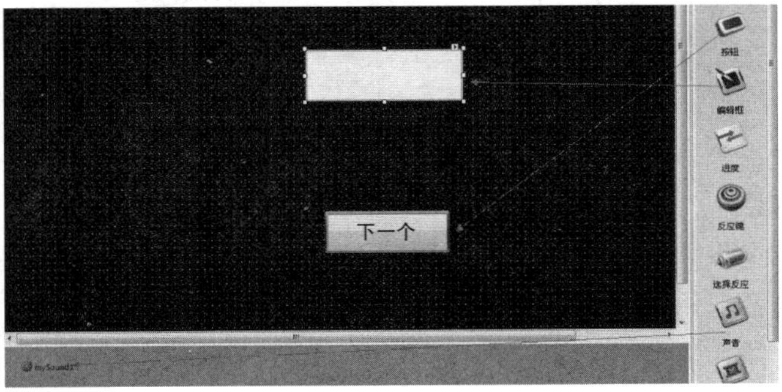

◇ 播放提示音

因为“声音”控件不会自动播放，所以要使用“动作”控件在“提示音”界面开始的时候播放它。

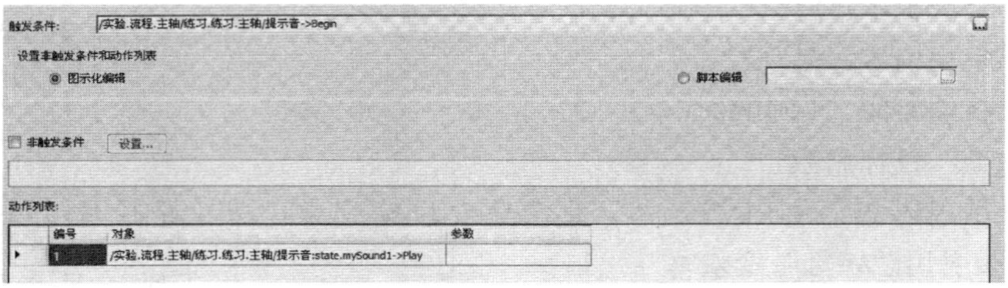

Step3：建立 Block 框架

在“正式”试次列表下的流程上依次放置如图所示的控件。

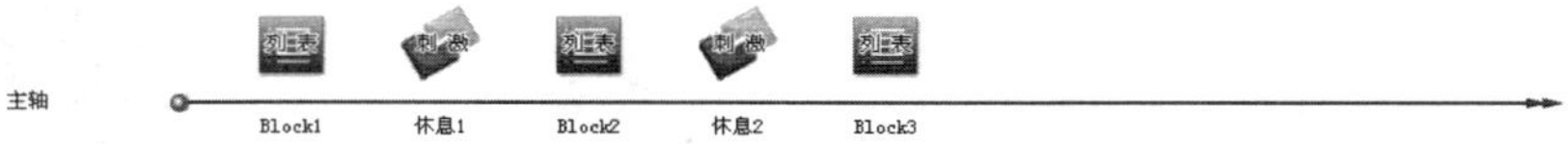

◇ Block1

在“Block1”试次列表中，读入本 Block 中所需的“字母”图片、“提示音”，定义好每个试次的正确答案，如下图所示。

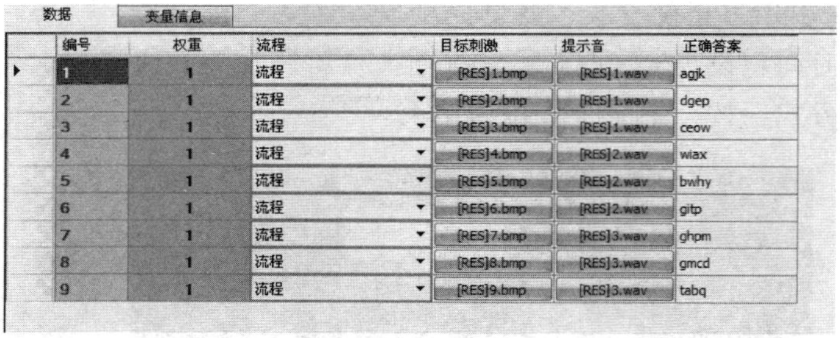

数据 | 变量信息

编号	权重	流程	目标刺激	提示音	正确答案
1	1	流程	[RES]1.bmp	[RES]1.wav	agjk
2	1	流程	[RES]2.bmp	[RES]1.wav	dgep
3	1	流程	[RES]3.bmp	[RES]1.wav	ceow
4	1	流程	[RES]4.bmp	[RES]2.wav	wiax
5	1	流程	[RES]5.bmp	[RES]2.wav	bwhy
6	1	流程	[RES]6.bmp	[RES]2.wav	gitp
7	1	流程	[RES]7.bmp	[RES]3.wav	ghpm
8	1	流程	[RES]8.bmp	[RES]3.wav	gmcd
9	1	流程	[RES]9.bmp	[RES]3.wav	tabq

◇ 休息 1

被试在本界面进行休息。

呈现内容：用“图片”控件呈现提示。

持续时间：设为“－1”。

结束方式：按“继续”按钮结束。

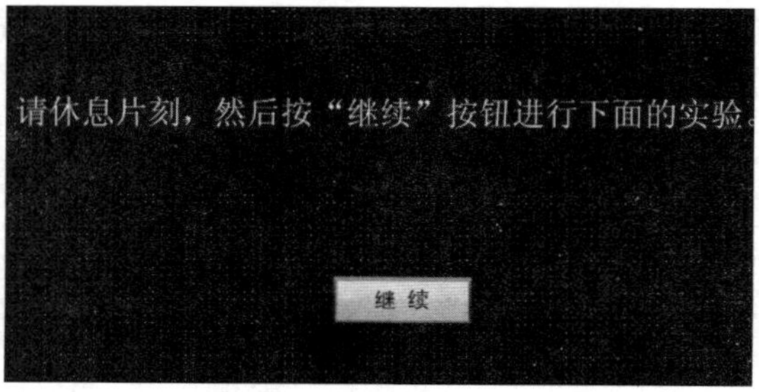

◇ Block2

在“Block2”试次列表中，读入本 Block 中所需的“字母”图片、“提示音”，定义好每个试次的正确答案。

◇ 休息 2

本界面的内容和设置与“休息 1”相同。

◇ Block3

在“Block3”试次列表中，读入本 Block 中所需的“字母”图片、“提示音”，定义好每个试次的正确答案。

Step4：Block1、Block2、Block3 的核心流程设置

同“练习”的流程设置一致。

Step5：数据记录

记录 Block1、Block2、Block3 中被试在“提示音”界面输入的字母是否正确以及输入值。

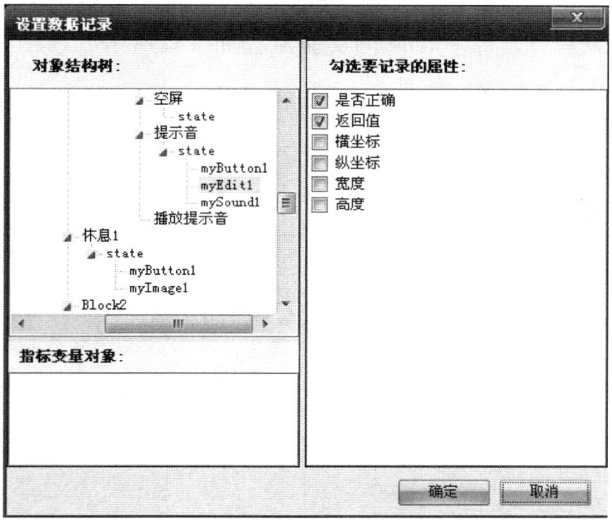

实验逻辑

在部分报告法实验中，由于被试在对字母进行识记时不知道接下来会被要求报告哪一行字母，所以需要记忆全部字母；因此根据部分报告法中对单行字母的平均报告数目，可以估计被试对所有字母的记忆容量。采用部分报告法的研究结果表明，感觉记忆容量远远超过了此前全部报告法的

结论，达到平均 9.1 个项目。而部分报告法在报告过程中仍然占用时间，信息消退仍不可避免，实际的感觉记忆容量可能还要更大。后来的研究还发现，感觉记忆中的信息存储形式可能与其输入形式一样，都是依据刺激的物理特性进行编码的，具有鲜明的形象性。

在部分报告法实验中，自变量是要求被试报告的行数，在实验中通过“1”“2”“3”提示音来操纵；记录的因变量是被试回忆出的项目数。

实验材料

3×4 的随机字母组合，分 3 行呈现，每行 4 个，如右图所示；三种不同的提示音“1”“2”“3”。

图 部分报告法识记项目图示

实验步骤

在每个 trial 中，首先呈现字母组合 50ms；之后呈现三种提示音（“1”“2”“3”）中的一个。每个 trial 的实验流程如下图所示。

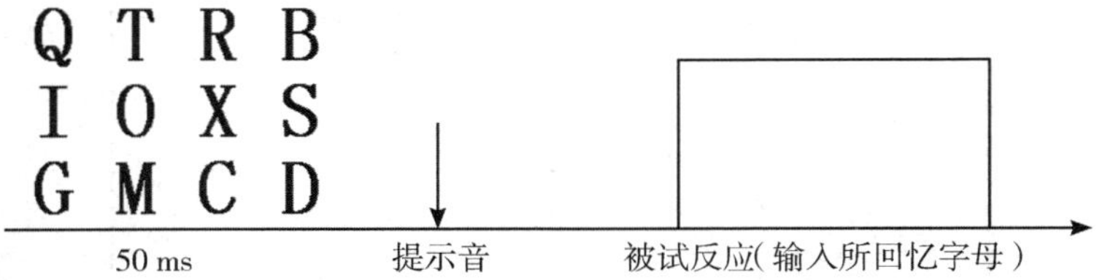

图 部分报告法每个 trial 流程

整个实验分为 3 个 Block，每个 Block 包含 9 个 trial。每个 Block 中所包含的材料内容一致，三种提示音各占 1/3。各 Block、各 trial 顺序随机呈现。

统计方法

记录被试回忆出的字母，计算每一行字母的平均正确回忆数。以这个数值乘以 3，所得到的数值就是感觉记忆容量的估计值。

参考文献

[1] Sperling G. The Information Available in Brief Visual Presentations.

Psychological Monogr，1960，74：1-29.
[2] 郭秀艳．实验心理学．北京：人民卫生出版社，2007，445-446.
[3] 陈国鹏，王晓丽，方芸秋．Sperling 任务中刺激呈现方式对注意分配的影响．心理科学，2004，27（3）：563-566.
[4] 王宁．瞬时记忆容量的研究．河南教育学院学报（自然科学版），1998，7（12）：81-82.

DRM 范式

实验目的与功能

DRM 范式（Deese-Roediger-McDermott）是测查关联性虚假记忆的一种实验范式。

虚假记忆是指个体将未经历过的经历认为是经历过的。在 DRM 范式中，被试先是识记一系列的词表，这些词表中的词与一个特殊的词有着紧密的关联。然后进行回忆或再认，如果被试在回忆测试中写出该词或在再认测试中认为该词在识记阶段出现过，那么这个记忆就是虚假的。DRM 范式的实验结果表明，在关联性条件下，个体的虚假记忆具有高发生率、高自信率的特征，它表明，我们信誓旦旦的记忆，在某些特定的条件下，其实是虚假的、不真实的。

实验来源与范式选择依据

DRM 范式最早由 Deese（1959）采用，他通过词语联想和即时回忆的方式，发现不同词之间的关联程度是不一样的，其中关联程度强的词会对即时回忆产生侵扰（Intrusion）作用。后来，Roediger 和 McDermott（1995）对这个范式进行完善，他们将每个词表的关联词扩展到 16 个，将测试分为即时回忆和延迟回忆两种，此外，他们还通过 K/R 范式对被试的真实再忆和虚假再认进行记录和分析。实验结果表明，关键诱词的虚假再认率达 58%，而且，对于未在学习阶段出现的关键诱词，被试进行 R 反应的比率也达到 58%，这个比例与被试对在学习出现的词进行的 R 反应的比率（57%）相当。实验结果表明，当目标词与学习词存在高关联时，虚假再认的比率会显著提高，并且被试还对这种虚假产生的记忆有着“确有其事”式的细节回忆。之后，很多研究者探讨这种高关联的具体表现形式，发现这种关联的方式是多种多样的，可以是语义上的关联，也可以是范畴上的联系，而虚假记忆的产生，除了材料之间的关联外，还与其他许多因素有关。本研究是对 DRM 范式的重复实验，考察在中文关联材料背景下，虚假记忆出现的情况。

实验逻辑

由于关键诱词与学习词存在高关联性，因此，在学习阶段对关联词的学习会诱发关键诱词的虚假再认，而对低关联词的虚假再认率却维持在很低的水平上。

实验设计

本范式为单因素重复测量实验设计，以关联性为自变量，根据目标词与学习词的关联程度，分为关键诱词（高关联词）、低关联词。

在测试阶段，记录被试对每一个目标词的 K（Know）、R（Remember）、N（New）反应，通过计算对目标词（学习词、低关联未学习词、关键诱词）的三种反应比率，来了解关键诱词的虚假记忆效应。

实验流程图

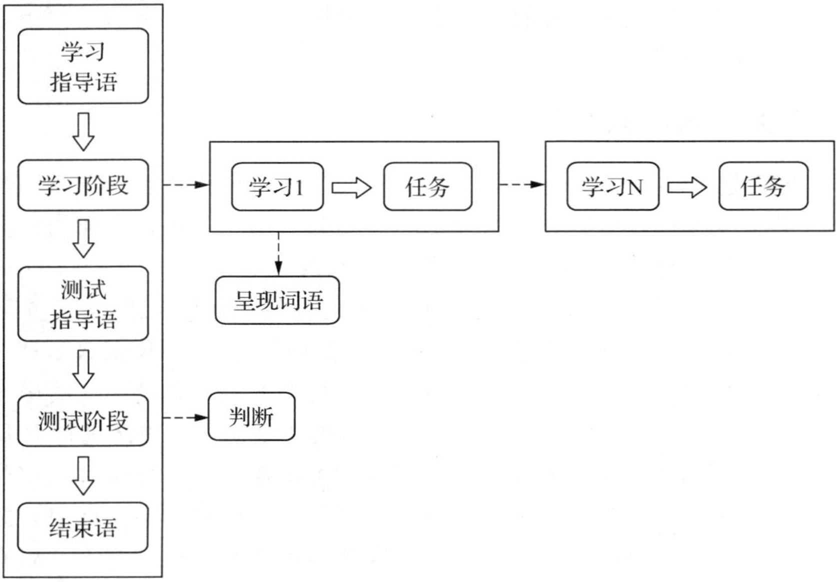

实验过程

Step1：建立实验外层框架

◇ 学习指导语

用“刺激”控件呈现“指导语”。

用“图片”控件呈现指导语的内容，用“按钮”控件结束指导语界面的呈现。

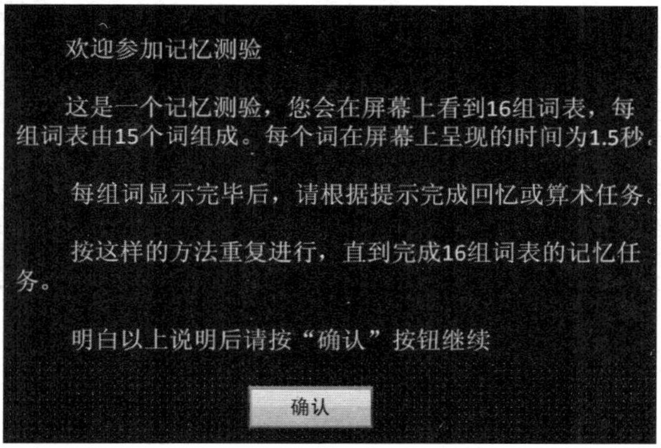

◇ 学习阶段

在“学习”试次列表中，新建 16 个流程，分别放置 16 个学习 Block，设置好每个 Block 的任务。

编号	权重	流程	任务
1	1	学习1	[RES]DRM范式（算术题）.jpg
2	1	学习2	[RES]DRM范式（算术题）.jpg
3	1	学习3	[RES]DRM范式（算术题）.jpg
4	1	学习4	[RES]DRM范式（算术题）.jpg
5	1	学习5	[RES]DRM范式（算术题）.jpg
6	1	学习6	[RES]DRM范式（算术题）.jpg
7	1	学习7	[RES]DRM范式（算术题）.jpg
8	1	学习8	[RES]DRM范式（算术题）.jpg
9	1	学习9	[RES]DRM范式（回忆词语）.jpg
10	1	学习11	[RES]DRM范式（回忆词语）.jpg
11	1	学习12	[RES]DRM范式（回忆词语）.jpg
12	1	学习13	[RES]DRM范式（回忆词语）.jpg
13	1	学习14	[RES]DRM范式（回忆词语）.jpg
14	1	学习15	[RES]DRM范式（回忆词语）.jpg
15	1	流程	[RES]DRM范式（回忆词语）.jpg

◇ 测试指导语

用“刺激”控件呈现“指导语”。

用“图片”控件呈现指导语的内容，用“按钮”控件结束指导语界面的呈现。

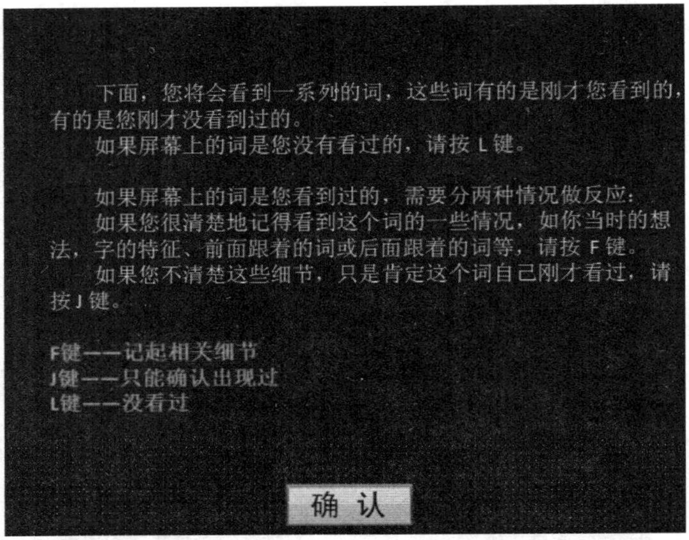

◇ 测试阶段

在“测试”试次列表中，写入测试中要用到的词语和刺激类型。

◇ 结束语

用“刺激”控件呈现结束界面。

呈现内容：见示意图。

结束方式：“持续时间”2000ms。

Step2：建立“学习 1”Block 框架

学习阶段包含 16 个 Block，除了内容之外，流程完全一致，下面以

“学习 1”为例进行说明。

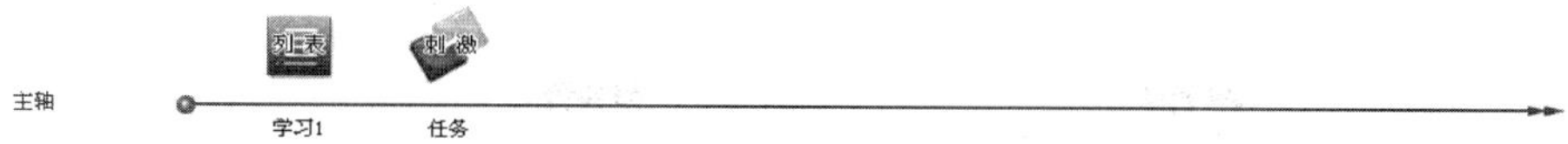

◇ 学习 1

在“学习 1”中写入本 Block 中要用到的词语。

编号	权重	流程	学习词1
1	1	流程	疯狂
2	1	流程	害怕
3	1	流程	憎恨
4	1	流程	狂暴
5	1	流程	脾气
6	1	流程	狂怒
7	1	流程	忿怒
8	1	流程	愤慨
9	1	流程	快乐
10	1	流程	吵架
11	1	流程	仇恨
12	1	流程	惭愧
13	1	流程	平静
14	1	流程	情绪
15	1	流程	激动

◇ 任务

呈现内容：本界面用来呈现任务，使用“图片”控件，图片路径从试次列表“学习阶段”引用。

持续时间：120000ms，即 2 分钟。

Step3：“学习 1”核心流程

◇ 呈现词语

呈现内容：使用“文本”控件呈现学习词，内容从试次列表“学习 1”引用。

持续时间：1000ms。

Step4："测试"核心流程

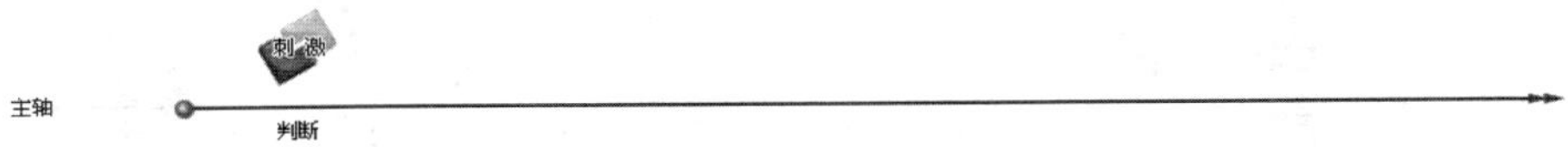

◇ 判断

被试在本界面按键，对出现的词语进行判断。

呈现内容：使用"图片"控件呈现提示。使用"文本"控件呈现测试词。

持续时间：设为"－1"

被试反应：被试按 F、J 或 L 键进行反应。当被试按键后，结束本界面。

Step5：设置结果记录

本实验所要记录的数据是被试在测试阶段按键判断的正确性。

实验材料

DRM 实验材料包括 24 个词表，每个词表有 16 个词，其中第一个词为关键诱词。其余的词都与这个词有各种各样的关联。在学习阶段，使用 16 个词表，每个词表只用除关键诱词之外的 15 个词。

再认测验使用 96 个词。其中 48 个词从学习阶段的 16 个词表中产生，抽取的是各词表第 1、第 8、第 10 位的词。这是已学习过的词，另外 48 个词为未学习词，其中的 24 个为 24 个词表的关键诱词，另外 24 个词在余下的 8 个词表中产生，也抽取第 1、第 8、第 10 位的词。

此外，每次实验要为被试准备 8 张空白纸和 8 张印有算术题的 A4 纸。本实验所用的算术题见 mathematic. doc 文档

实验步骤

学习阶段：

被试根据指导语，分别识记呈现在屏幕的词，每组 15 个，每个词呈现时间 1500ms。每组词呈现结束后，会有一个提示，被试根据这个提示完成不同的任务，时间都为 2 分钟。任务一是在给被试的空白纸上写出刚才识记的词（再现测试）。任务 2 是在给定的算术题纸上写出各算术题的计算结果（分心任务）。两种任务各有 8 次，随机分配。

测验阶段：

测试阶段其实分为两种任务，一种任务是再现任务，在学习阶段完成，共 8 次。另一种任务是再认任务，屏幕上依次呈现 96 个词，要求被试进行再认判断。规则是：如果这个词在学习阶段没有出现，则按空格键。如果这个词在学习阶段出现过，而且被试还记得呈现的一些细节（如当时引发的一些联想，发现是一个字或三个字等等）则按 F 键（Remember 反应）；如果被试只是确信这个词出现过，但不记得出现时的任何细节，则按 J 键（Know 反应）。

为了使被试熟悉反应规则，在正式实验前进行三种情况的按键练习。该练习可以重复进行。练习成绩不计入总分。

统计方法

分别计算被试对学习词、低关联未学习词、关键诱词的三种反应频数，分别以 48、24、24 为分母计算出三种反应的比率。通过列表比较正确反应与虚假反应的比较，通过单因素的方差分析来检验关键诱词与低关联词虚假再认的差异。

参考文献

[1] Deese J. On the Prediction of Occurence of Particular Verbal Intrusions in Immediate Recall. *Journal of Experimental Psychology*, 1959, 58 (1): 17-22.

[2] Roediger H L, Mcdermott K B. Creating False Memories: Remembering Words Not Presented in Lists. *Journal of Experimental Psychology*, 1995, 21 (4): 803-814.

加法反应时短时记忆的信息提取的实验范式

实验目的与功能

通过本实验可以探讨短时记忆的信息提取的加工特征，证明斯腾伯格关于短时记忆信息加工的假设，人的信息加工是系列加工过程，即加工阶段理论。根据实验发现，短时记忆信息提取过程受到四个独立因素的影响，这四个因素对应四个独立的加工阶段，即刺激编码阶段、顺序比较阶段、“二择一”的决策阶段和反应组织阶段。短时记忆中提取信息的过程包括测试项目的编码、顺序比较、决策和反应组织四个依次进行的加工阶段。同时此实验也是加法反应时的经典实验研究。

实验来源与范式选择依据

认知心理学家斯腾伯格（1969）发展了唐德斯减数法反应时逻辑，提出了加法法则，称为加因素法。它不是对减数法反应时间的否定，而是减数法的发展和延伸。斯腾伯格首先提出了加因素法的主要假设，即加因素法的实验逻辑。

斯腾伯格的“短时记忆的信息提取”乃是使用加因素法分析心理过程的一个典型实验。斯腾伯格在《反应时间实验揭示的心理过程》一文（1969）中，系统地阐述了加因素法反应时实验和用此方法所作的短时记忆信息提取的实验。在斯腾伯格的实验里，先给被试看 1～6 个数字（识记项目），然后再呈现一个数字（测试项目）请被试判定其是否为刚才识记过的，同时开始计时，要求被试按键做出是或否的反应，计时也随即停止。这样就可以确定被试能否提取以及提取所需的时间（反应时间）。通过一系列的实验，斯腾伯格从反应时的变化上确定了对提取过程有独立作用的四个因素，即测试项目的质量（优质的或低劣的）、识记项目的数量、反应类型（肯定的或否定的）和每个反应类型的相对频率。

第一阶段，改变测试刺激的质量，发现对一个残缺、模糊的刺激进行编码比对一个完整、清晰的刺激所花的时间更长，而且该因素对不同大小记忆表的影响相似，即记忆表的大小仅改变 Y 截距，而不改变直线的斜率，表明系列比较阶段之前存在一个独立的编码阶段。

第二阶段，改变记忆表中项目的数量，得出记忆表大小与反应时间之间的线性关系，证实了系列比较阶段的存在。他假定对应于不同大小记忆表的余下三个阶段的反应时间是不变的。斯腾伯格将斜线向左延伸至 Y 轴，Y 轴上的点提供了系列比较为 0 时的反应时间，实际上就是编码刺激做两分决定和组织反应共花的时间。

第三阶段，分别计算 Y 反应（肯定反应）与 N 反应（否定反应），发现对不同大小的记忆表，都是 N 反应时长于 Y 反应时，表明了两种决定阶段的存在，即在系列比较之后，有一个被试选择反应种类的阶段，而且产生 N 反应比产生 Y 反应难。

第四阶段，改变某一种类反应（Y或N）的出现频率，发现对两类反应产生同样的影响。即提高任一类反应的出现频率，都会使这类反应的组织更为容易，从而使反应时下降。表明反应选择之后存在一个独立的反应组织阶段。

根据实验中发现的这四个独立因素，含相应的四个独立加工阶段，斯腾伯格认为短时记忆信息提取过程包即刺激编码阶段、顺序比较阶段、“二择一”的决策阶段和反应组织阶段。按照斯腾伯格的看法，测试项目的质量对刺激编码阶段起作用，识记项目的数量对顺序比较阶段起作用，反应类型对决策阶段起作用，反应类型的相对频率对反应组织阶段起作用。从短时记忆中提取信息的过程包括测试项目的编码、顺序比较、决策和反应组织四个依次进行的加工阶段。

实验逻辑

斯腾伯格认为，人的信息加工过程是系列进行的而不是平行发生的。人的信息加工过程是由一系列有先后顺序的加工阶段组成的。这是加因素法的一个基本前提，加因素法的采用是在假定这个前提成立的条件下进行的。因此，在加因素法反应时间的实验中，研究者通常认定，完成一个作业所需的时间是这一系列信息加工阶段分别需要的时间总和。加因素法反应时间实验的逻辑是：如果两个因素的效应是互相制约的，即一个因素的效应可以改变另一因素的效应，那么这两个因素只作用于同一个信息加工阶段；而如果两个因素的效应是分别独立的，即可以相加，那么这两个因素是各自作用于不同的加工阶段的。也就是说，加因素法假设：如果两个因素有交互作用，那么它们是作用于同一个加工阶段的；而如果两个因素不存在交互作用，即相互独立，那么它们则作用于不同的加工阶段。

根据这个逻辑，在应用加因素法进行实验时，研究者在影响反应时间的各种因素（变量）中找出其中独立的因素。如果发现可以影响完成作业所需时间的一些因素，那么单独地或成对地应用这些因素进行实验，就可以观察到完成作业时的时间变化。当两个实验因素影响两个不同的阶段时，它们将对总反应时间产生独立的效应，即不管一个因素的水平变化如何，另一个因素对反应时间的影响是恒定的。这样称两个因素的影响效应是相加的。加因素法就是这样通过探索有相加效应的因素，来区分不同的加工阶段，从而尝试找出某信息加工的所有阶段，以推断整个的信息加工过程。

可见，加因素法实验所侧重的，不是区分出每个阶段的加工时间，而是证实不同加工阶段的存在，以及辨认它们各自的前后顺序。

实验设计

实验为被试内实验设计，自变量为测试项目的质量（优质的或低劣的）、识记项目的数量、反应类型（肯定的或否定的）和每个反应类型的相对频率；因变量为反应时间。

实验阶段分为 4 个 Block，前两个 Block 和后两个 Block 分别是为均衡左右手按键反应设计，并分别包括练习 Block 和正式实验 Block。

实验流程图

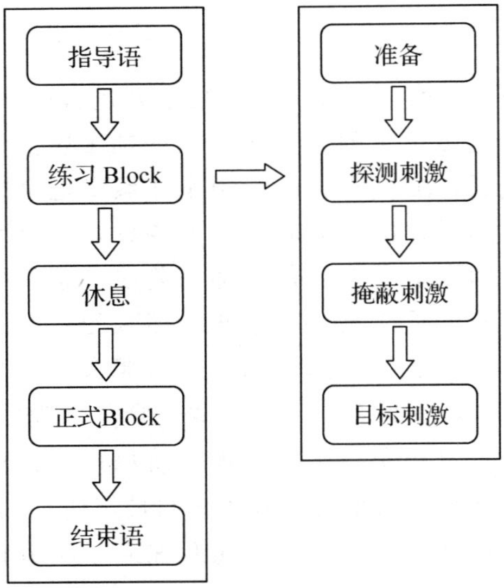

实验过程

Step1：建立实验框架

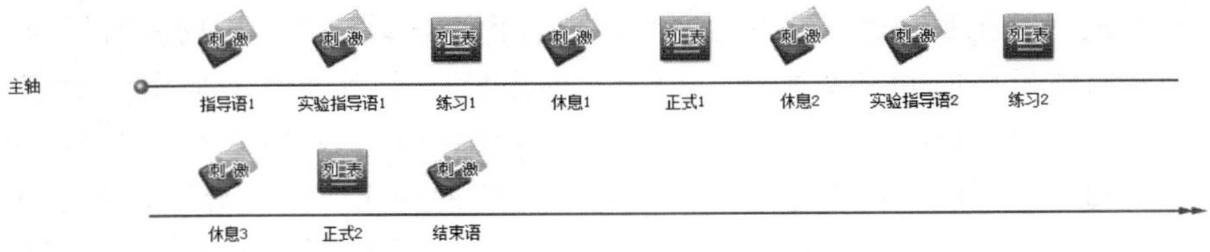

◇ 指导语

用“刺激”控件呈现“指导语”。

用“图片”控件呈现指导语的内容，用“按钮”控件结束指导语界面的呈现。

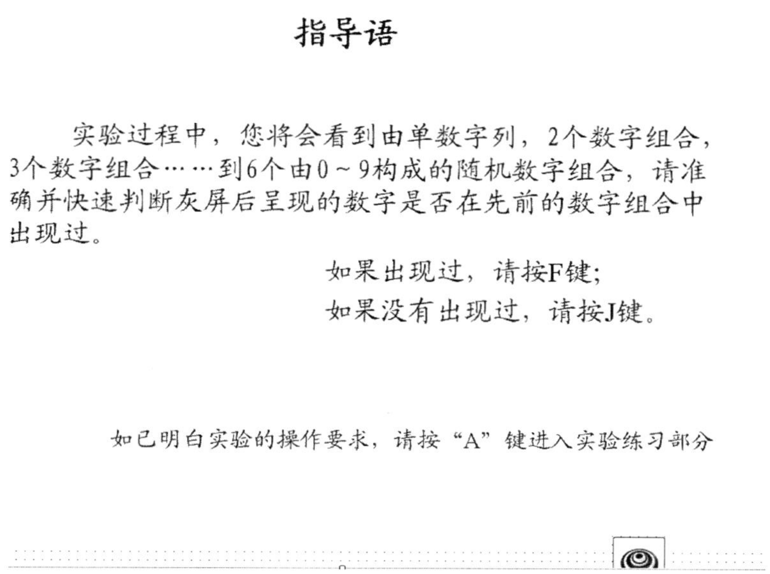

◇ Block 列表

双击“练习 1”，进行编辑，添加流程列表

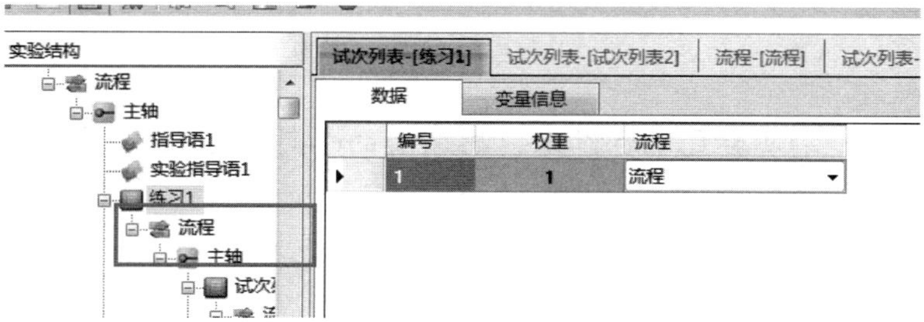

◇ 休息

用“刺激”控件呈现休息界面。

用“图片”控件呈现指导语的内容。

用“按钮”控件结束指导语界面的呈现。示意图如下。

休息片刻……

您可以根据自身状态选择休息时间

按“B”键继续实验

◇ 结束

用“刺激”控件呈现结束界面，呈现时长3000ms。

实验结束

本实验已全部结束，感谢您的参与，再见！

Step2：核心 Block

◇ 准备

用“刺激”控件呈现“指导语”。

用“图片”控件呈现指导语的内容，用“按钮”控件结束指导语界面的呈现。

设置页面呈现时间为“－1”，结束条件为按键。

◇ 探测刺激、掩蔽刺激、目标刺激

呈现词语：使用“文本”控件，从“试次列表”中引用“刺激”变量内容。

将F键的返回值设为“1”，J键的返回值设为“2”。

从“试次列表”引用“正确反应”，这样系统可以判断被试按键的正误。

编号	权重	流程	启动类型	启动刺激	目标刺激	正确反应
1	1	流程	1	5	5	2
2	1	流程	1	6	6	2
3	1	流程	1	3	3	2
4	1	流程	1	1	7	1
5	1	流程	1	0	5	1
6	1	流程	1	4	9	1
7	1	流程	1	8	0	1
8	1	流程	1	2	3	1
9	1	流程	1	1	6	1
10	1	流程	1	7	5	1
11	1	流程	2	01	0	2
12	1	流程	2	56	6	2

目标刺激：要记录反应时数据，由于“反应键”默认的“计时起点”是实验开始的时间，所以要设置“计时起点”为“目标刺激”开始的时间。

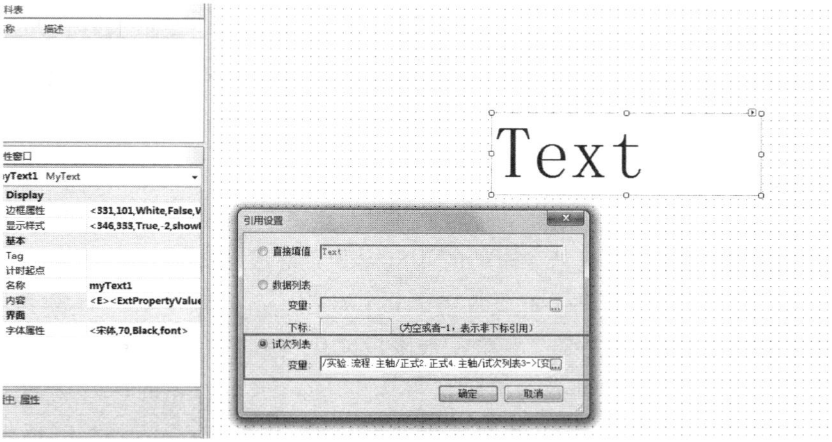

◇　正式实验

实现过程与“练习 Block”一致，其中练习 Block 包含 3 个小部分共 36 个 trail；正式实验部分包括 3 个子实验部分共 180 个 trail。

◇　设置结果记录

在“实验”菜单中打开“设置结果记录”，勾选“正式实验”Block 中“目标刺激”界面下需要记录的数据。

注意事项

在利用“图片”控件添加图片时，注意设置“图片”属性与原图片大小一致，边框颜色与背景图片一致。设置好后，图片位置居中，这样可以得到最佳的呈现效果。

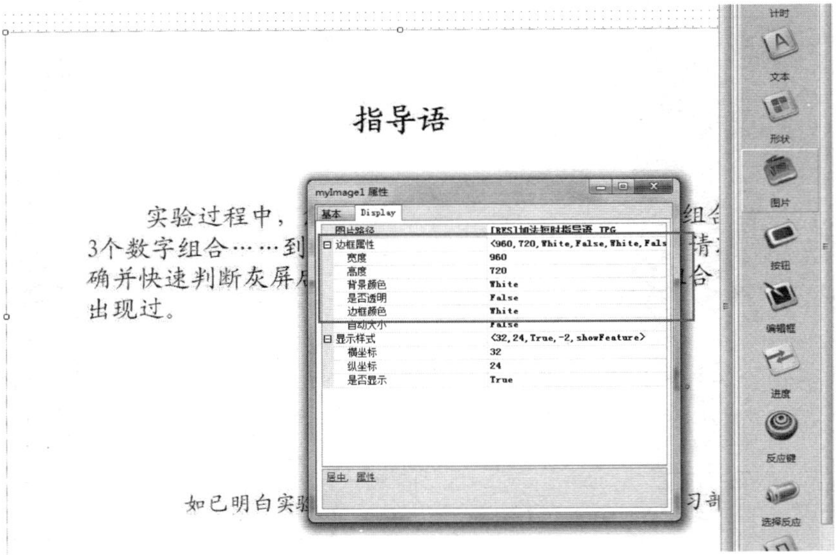

实验材料

实验材料由 1～6 个从 0～9 的 10 个数字组成的 6 种数字个数组合，如：单个数字、2 个数字、3 个数字、4 个数字、5 个数字、6 个数字；每种组合随机包括 10 组数字；实验三个阶段使用的刺激材料大致相同，不同在于：子实验 1 的探测刺激的出现概率为 50%；子实验 2 的探测刺激数字图片用图片编辑软件进行过 20 次模糊处理；子实验 3 的探测刺激的出现概率为 30%。

实验步骤

（1）实验时，要求被试端坐在计算机前，双眼平视计算机，双手放至计算机键盘位置。

（2）实验指导语内容是：实验中，您将会看到由单数字列，2 个数字组合，3 个数字组合……到 6 个由 0～9 构成的随机数字组合，请准确并快速判断灰屏后呈现的数字是否在先前的数字组合中出现过；如果出现过，请按 F 键；如果没有出现过，请按 J 键。

（3）使用 E-prime 软件进行实验，有练习和正式实验两部分。练习的目的在于使被试明确实验要求和操作方法，练习结束后，进入正式试验。数字组合项目呈现 1000ms 后，出现 2000ms 的灰屏，出现探测刺激，此时需被试进行按键判断。实验分为 3 个子实验（实验条件）：探测刺激出现在先前数字组合中的概率为 50%；探测刺激经过模糊处理；探测刺激出现在先前数字组合中的概率为 30%。3 个子实验之间的休息时间可由被试自行掌握。

（4）为解决被试左右手因素可能带来的双键判断的影响，故在实验中增加了交替按键进行判断的环节。练习、正式实验的材料不变，只对换“有”和“没有”正确反应所对应的按键，要求被试再进行一轮实验。两轮实验之间间隔 1 分钟。

实验流程：

实验阶段分为 4 个 Block，前两个 Block 和后两个 Block 分别是为均衡左右手按键反应设计，并分别包括练习 Block 和正式实验 Block，其中练习 Block 包含 3 个小部分共 36 个 trial；正式实验部分包括 3 个子实验部分共 180 个 trial，每个子实验间及 4 个 Block 之间的间歇均有休息时间安排。

正式实验阶段的 trial 流程如下：

统计方法

（1）测试项目的质量（优质的或低劣的）

分别计算经过 20 次模糊处理的探测刺激和正常的探测刺激的反应时间，比较差异。同时，如果发现对一个残缺、模糊的刺激进行编码比对一个完整、清晰的刺激所花的时间更长，而且该因素对不同大小记忆表的影响相似，即记忆表的大小仅改变 Y 截距，而不改变直线的斜率，表明系列比较阶段之前存在一个独立的编码阶段。

（2）识记项目的数量

分别计算不同记忆表大小的反应时间，如果之间存在线性关系，则证实系列比较阶段的存在。斯腾伯格假定对应于不同大小记忆表的余下三个阶段的反应时间是不变的。斯腾伯格将斜线向左延伸至 Y 轴，Y 轴上的点提供了系列比较为 0 时的反应时间，实际上就是编码刺激做两份决定和组织反应共花的时间。

（3）反应类型（肯定的或否定的）

分别计算 Y 反应（肯定反应）与 N 反应（否定反应），比较二者的差异，如果发现对不同大小的记忆表，都是 N 反应时长于 Y 反应时，则表明了两种决定阶段的存在，即在系列比较之后，有一个被试选择反应种类的阶段，而且产生 N 反应比产生 Y 反应难。

（4）每个反应类型的相对频率

分别计算 30％、50％出现频率的探测刺激下，某一种类反应（Y 或 N）的反应时间，如果发现对两类反应产生同样的影响，即提高任一类反应的出现频率，都会使这类反应的组织更为容易，从而使反应时下降。表明反应选择之后存在一个独立的反应组织阶段。

参考文献

[1] Saul Sternberg. Separate Modi? Ability, Mental Modules, and the Use of Pure and Composite Measures to Reveal Them. *Acta Psychologica*, 2001, 106, 147-246.

[2] Saul Sternberg. Two Invariances in Retrieval of Contextual Information from Memory. Paper presented at the Eastern Psychological Association meeting, April, 1969.

[3] Saul Sternberg. Memory-scanning Mental Processes Revealed by Reaction-time Experiments. *American Scientist*, 1969, 57 (4), 421-457.

词干补笔范式

实验目的与功能

词干补笔（Word-fragment Completion）任务是具有知觉特征的启动任务，也是测量启动效应常用的范式。此外，词干补笔是测量再认和内隐记忆的良好范式。

在英文的补笔任务中，让被试学习一系列单词后，再把一些缺少字母的缺笔字填上适当的字母，组成有意义的单字。如把“_ ys _ _ ry”，补笔后成为“mystery”。而中文的补笔任务中，则先让被试学习一系列汉字，再要求他把一些缺少部首或只有部分笔画的汉字，补全为一个完整的字。如把“云”，补笔为“动”。词干补笔任务中的启动效应，往往表现为学习过的汉字的补笔正确率显著高于未学习过的汉字。

实验来源与范式选择依据

1984 年 Graf Squire 和 Mandler 研究健忘症病人与正常人的词干补笔，实验中词干的补笔有多种可能的形式，结果两组被试的启动效应随时间逐渐下降，学习单字后立即测验时启动效应为 32%，两小时后已降至机遇水平；Graf 和 Schacter（1985）报告了词干补笔测验的启动由于学习和测验之间感觉通道的改变而降低了，但线索回忆任务的成绩却未受到这种影响；朱滢等（1989）证实了汉字词干补笔的启动效应随时间逐渐下降，另外，他们的实验发现启动效应与再认无关，它们可能各属于不同的记忆系统；Manuel 等（1999）比较了残图补全、物体确定和自由回忆任务。通道匹配条件是学习与测验阶段均呈现熟悉物体的图片，不匹配条件是学习阶段呈现可视的或可触摸的物体，测验阶段呈现它们的图片。发现两种内隐任务的启动均因通道转换而下降，而外显任务的成绩则因通道转换而提高。相似的结构描述调节着视觉和触觉中的物体启动。Blum 等检验了五种知觉性内隐记忆任务是否受通道转换影响，发现有相当大比例的被试报告他们在测验中采取了外显提取策略，而那些报告测验阶段没有使用外显提取加工的被试在词干补笔和知觉识别中产生了通道效应，但在残词补笔中没有产生这种效应。视觉性残词补笔是很特别的，只依赖于知觉记忆过程，其他的任务部分依赖于非知觉记忆过程。总之，词干补笔任务能够很好地考察个体在知觉记忆，特别是知觉的内隐记忆中的特点及差异。同时，词干补笔的正确率受到一些因素的影响，故本研究考察学习与补笔的时间间隔、汉字的熟悉度对补笔正确率的影响。

实验逻辑

本研究预期：①学习过的汉字应比未学习过的汉字补笔正确率高，这是由学习效应带来的，人们基于经验来提取知识的。②随着学习与测验的间隔时间增长，对旧字的补笔正确率下降，同时对新字的补笔正确率提高。这反映了随时间延长，对学习阶段材料的记忆痕迹更加淡薄，因此测验阶段受到学习经验的影响也随之减小。

新旧字补笔正确率间的差异反应假设一，而两次补笔正确率的差异可验证假设二。

实验设计

程序中采用 2（测验的项目类型—未学过的新字 vs 学习过的旧字）×2（学习与测验的间隔—立即测验 vs 两小时后测验）的两因素重复测量实验设计。两个自变量均为被试内因素，每个处理水平结合上每位被试重复测量。

因变量为词干补笔的正确率。正确率＝正确补笔的数量/测验的总数。其中，正确补笔指把缺笔字补成的汉字是原来缺笔字对应的汉字，补笔成为其他汉字或没能补成汉字均算错误。因此，新字的正确率为将其缺笔字补笔为对应新字的概率，这个概率为随机猜测概率。而旧字的正确率反映了学习带来的启动效用。

实验流程图

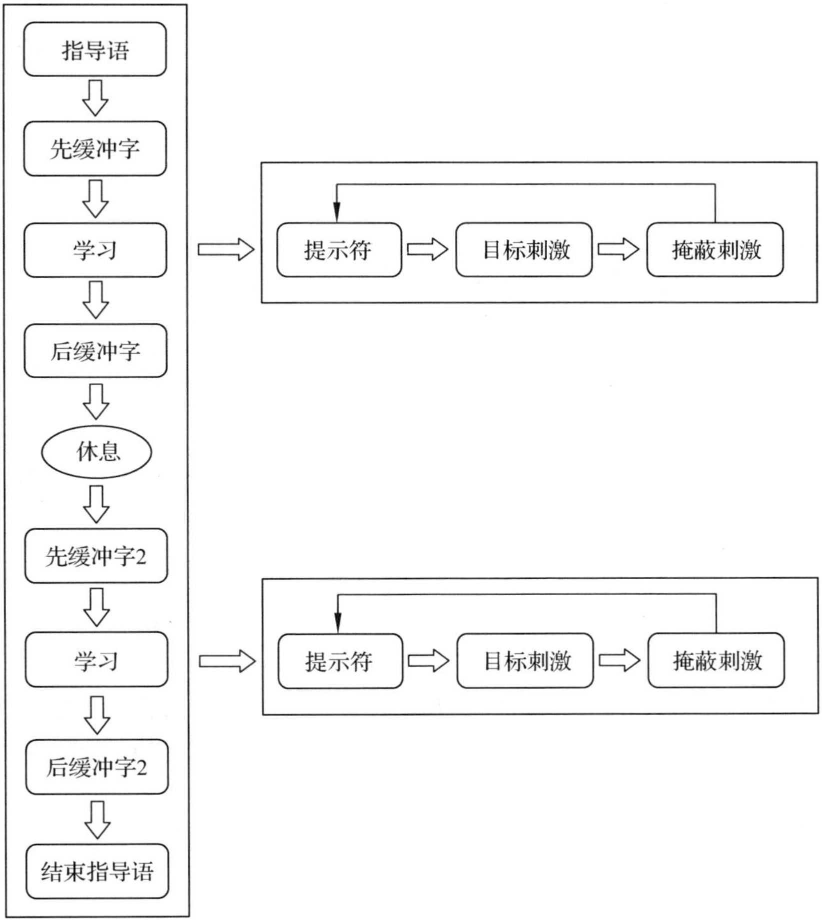

实验过程

Step1：建立实验外层框架

Step2：设置每个控件

◇ 指导语

用“刺激”控件呈现“指导语”。

用“图片”控件呈现指导语的内容，用“反应键”控件结束指导语界面的呈现。

◇ 先缓冲字

1. 双击“先缓冲字”列表，写入如下信息。

数据　变量信息

编号	权重	流程	文本框	时间
1	1	流程	蹦	500
2	1	流程	甩	740
3	1	流程	嗖	840
4	1	流程	捅	1300
5	1	流程	湍	1500

2. “取样方式”设为“无放回取样”。

3. 列表的主轴上，放上提示符、目标刺激、掩蔽刺激，全部用“刺激”控件呈现。

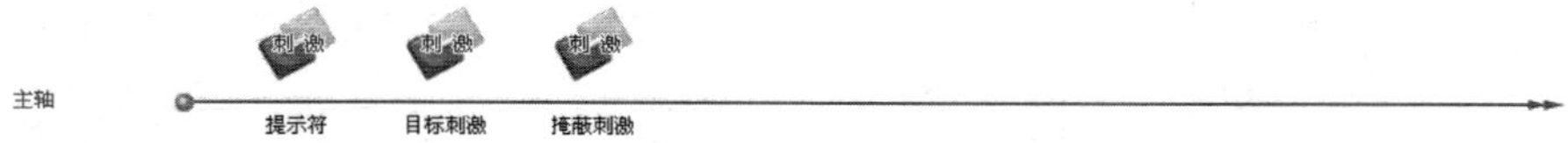

用“文本”控件呈现提示符的内容，呈现时长 500ms。

用“文本”控件呈现目标刺激，内容从试次列表中引用“文本框”变量，呈现时长 3000ms。

掩蔽刺激为空屏，持续时间从试次列表中引用“时间”变量。

◇ 学习

1. 双击“学习”列表，写入如下信息。

数据 变量信息

编号	权重	流程	时间	文本框
1	1	流程	1000	苯
2	1	流程	1100	贬
3	1	流程	1200	缤
4	1	流程	1300	睬
5	1	流程	1400	厕
6	1	流程	1500	钞
7	1	流程	510	炽
8	1	流程	520	忡
9	1	流程	530	啜
10	1	流程	540	赐
11	1	流程	550	啐
12	1	流程	560	眈
13	1	流程	570	惮
14	1	流程	580	噎
15	1	流程	590	谍
16	1	流程	610	仃
17	1	流程	620	涵
18	1	流程	630	妒
19	1	流程	640	饵
20	1	流程	650	彷
21	1	流程	670	翡
22	1	流程	680	烽
23	1	流程	690	腹
24	1	流程	700	丐
25	1	流程	920	埂
26	1	流程	940	轱
27	1	流程	960	倌
28	1	流程	980	龟
29	1	流程	730	刽
30	1	流程	710	骇
31	1	流程	750	涵
32	1	流程	770	悍
33	1	流程	790	虹
34	1	流程	820	涣
35	1	流程	840	枷
36	1	流程	880	绛
37	1	流程	870	饺
38	1	流程	850	炬
39	1	流程	1210	踞
40	1	流程	1350	抉

2. “取样方式”设为“无放回取样”。

3. 列表的主轴上，放上提示符、目标刺激、掩蔽刺激，全部用“刺激”控件呈现。

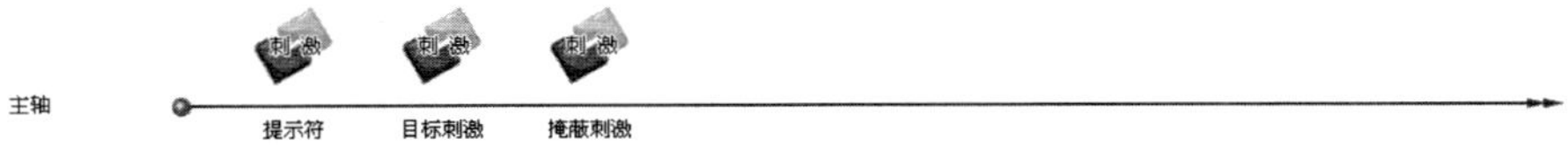

用“文本”控件呈现提示符的内容，呈现时长500ms。

用“文本”控件呈现目标刺激，内容从试次列表中引用“文本框”变量，呈现时长3000ms。

掩蔽刺激为空屏，持续时间从试次列表中引用“时间”变量。

◇ 后缓冲字

1. 双击“后缓冲字”列表，写入如下信息。

数据 | 变量信息

编号	权重	流程	文本框	时间
1	1	流程	蜕	500
2	1	流程	饨	700
3	1	流程	豚	900
4	1	流程	喔	1100
5	1	流程	蜗	1400

2. “取样方式”设为“无放回取样”。

3. 列表的主轴上，放上提示符、目标刺激、掩蔽刺激，全部用“刺激”控件呈现。

用“文本”控件呈现提示符的内容，呈现时长500ms。

用“文本”控件呈现目标刺激，内容从试次列表中引用“文本框”变量，呈现时长3000ms。

掩蔽刺激为空屏，持续时间从试次列表中引用“时间”变量。

◇ 休息指导语

设置同“指导语”。

◇ 先缓冲字 2

1. 双击“先缓冲字 2”列表，写入如下信息。

数据 | 变量信息

编号	权重	流程	文本框	时间
1	1	流程	鸲	600
2	1	流程	妩	800
3	1	流程	梧	1100
4	1	流程	暇	1400
5	1	流程	辖	1500

2. “取样方式”设为“无放回取样”。

3. 列表的主轴上，放上提示符、目标刺激、掩蔽刺激，全部用“刺激”控件呈现。

用“文本”控件呈现提示符的内容，呈现时长 500ms。

用“文本”控件呈现目标刺激，内容从试次列表中引用“文本框”变量，呈现时长 3000ms。

掩蔽刺激为空屏，持续时间从试次列表中引用“时间”变量。

◇ 学习 2

1. 双击“学习 2”列表，写入如下信息。

数据 | 变量信息

编号	权重	流程	时间	文本框
1	1	流程	880	钧
2	1	流程	920	竣
3	1	流程	680	楷
4	1	流程	830	苛
5	1	流程	730	稞
6	1	流程	1160	坤
7	1	流程	1240	佬
8	1	流程	1390	涝
9	1	流程	1470	肋
10	1	流程	1280	踉
11	1	流程	500	洌
12	1	流程	600	拎
13	1	流程	700	抡
14	1	流程	800	莫
15	1	流程	900	玫
16	1	流程	1000	腼
17	1	流程	1100	牡
18	1	流程	1200	妞
19	1	流程	1300	脓
20	1	流程	1400	佩
21	1	流程	1500	啤
22	1	流程	510	粕
23	1	流程	520	洽
24	1	流程	540	樵
25	1	流程	560	俏
26	1	流程	580	抒
27	1	流程	620	祖
28	1	流程	625	唐
29	1	流程	650	恬
30	1	流程	670	豌
31	1	流程	680	峋
32	1	流程	695	胭
33	1	流程	730	贻
34	1	流程	760	垠
35	1	流程	790	咏
36	1	流程	820	铮
37	1	流程	850	跋
38	1	流程	890	肮
39	1	流程	930	拙
40	1	流程	990	谤

2.“取样方式”设为“无放回取样”。

3. 列表的主轴上，放上提示符、目标刺激、掩蔽刺激，全部用“刺激”控件呈现。

用“文本”控件呈现提示符的内容，呈现时长 500ms。

用“文本”控件呈现目标刺激，内容从试次列表中引用“文本框”变量，呈现时长 3000ms。

掩蔽刺激为空屏，持续时间从试次列表中引用“时间”变量。

◇　后缓冲字 2

1. 双击“后缓冲字 2”列表，写入如下信息。

数据　变量信息

编号	权重	流程	文本框	时间
1	1	流程	馅	700
2	1	流程	淆	900
3	1	流程	卸	1300
4	1	流程	玄	1400
5	1	流程	坪	500

2. “取样方式”设为“无放回取样”。

3. 列表的主轴上，放上提示符、目标刺激、掩蔽刺激，全部用“刺激”控件呈现。

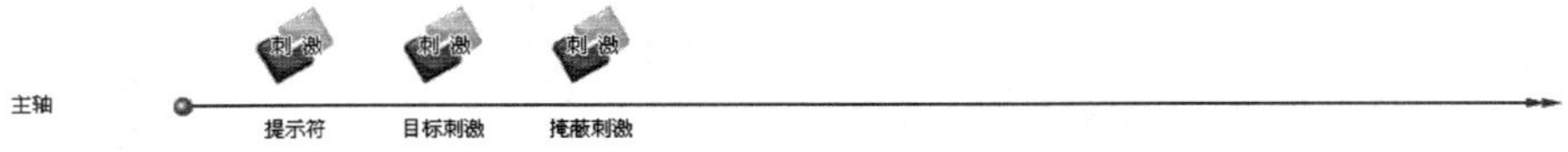

用“文本”控件呈现提示符的内容，呈现时长 500ms。

用“文本”控件呈现目标刺激，内容从试次列表中引用“文本框”变量，呈现时长 3000ms。

掩蔽刺激为空屏，持续时间从试次列表中引用“时间”变量。

◇　结束指导语

用“刺激”控件呈现结束界面，用“图片”控件呈现指导语内容，用“反应键”控件结束语界面的呈现。

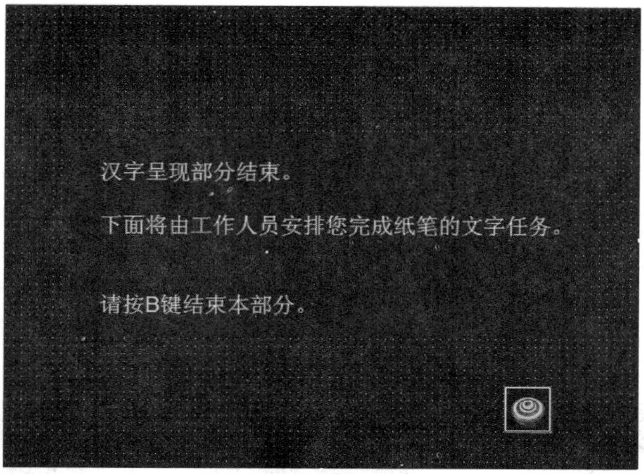

Step3：设置结果记录

无。

注意事项

1. 每个试次列表中的掩蔽刺激，呈现时长随机。
2. 目标刺激呈现顺序随机。

实验材料

实验材料为140个汉字。其笔画数在8～17画之间，字频为0.000002～0.000026之间，参照《现代汉语频率词典》（北京语言学院出版社，1986年版）进行选择，并且一个目标字中不能同时包含两个或两个以上实验用词干。

140个汉字中，80个汉字为学习阶段呈现的汉字，并从这80个学习过的汉字中，随机抽取出40个，以其缺笔字的形式在测验阶段让被试进行补笔作业。40个汉字为未向被试呈现过，但会以其缺笔字形式出现在测验阶段，作为补笔时猜测概率测量的新字，这些汉字的任一部分均与学习过的汉字的部首或缺笔字是不相同的。另外20个汉字用作平衡序列位置效应的缓冲字。

实验步骤

实验步骤为学习阶段～测验阶段。

学习阶段

学习阶段分为两个Block，每个Block中50个trial，其中40个为学习材料，10个为缓冲字。每个被试先学习5个缓冲字，然后学习40个单字，再学习5个缓冲字。休息5分钟后进入第二个Block，程序同第一部分。这样共使用20个缓冲字和80个学习用字。缓冲字对每个被试均相同。使用缓冲字是为了避免系列位置效应，它们不包括在测验阶段的单字内。学习阶段为了保证被试对汉字的加工，要求被试看到每一个汉字后，都立即大声朗读出来。

学习阶段的trial流程示意如下：

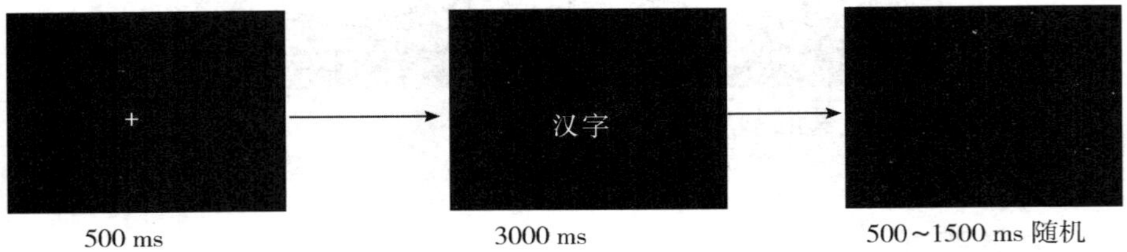

测验阶段

在学习阶段完成后，立即进行测验。测验阶段使用纸笔测验的形式，让被试进行新、旧字的词干补笔。呈现引诱80个残缺字的卡片，其中40个新字、40个旧字，要求被试把他首先想到的汉字，直接在卡片上的残缺字上填写完整，补笔顺序可由被试从易到难自己选择，限定30分钟完成。2个小时后，再次要求被试完成一份同样的纸笔测验。

统计方法

在SPSS中，对补笔的正确率进行2×2的重复测量方差分析，分别对测验的项目类型进行主效应分析，测验的间隔进行主效应分析，并对项目类型×测验间隔进行交互作用分析。

参考文献

[1] Reales, Jose Manuel, Ballesteros, Soledad. Implicit and Explicit Memory for Visual and Haptic Objects: Cross-modal Priming Depends on Structural Descriptions. *Journal of Experimental Psychology: Learning, Memory, and Cognition*, 1999, 25 (3): 644-663.

[2] Blum, Diana, Yonelinas, Andrew P.. Transfer Across Modality in Perceptual Implicit Memory. *Psychonomic Bulletin and Review*, 2001, 8 (1): 147-154.

[3] Graf P., Schacter DL. J.. Selective Effects of Interference on Implicit and Explicit Memory for New Associations. *Experimental Psychology: Learning, Memory and Cognition*, 1987, 13(1):45-53.

[4] 朱滢，黎天骋，周治金，肖莉. 词干补笔与速示器辨认的启动效应保持过程的比较. 心理学报，1989，2：122-129.

知觉辨认范式

实验目的与功能

知觉辨认（perceptual identification）是测量记忆的一种间接方法，通常用于对项目启动效应、内隐记忆等的测量。

知觉辨认是指在实验中，被试首先学习一系列单字，然后要求在速示条件下（如 30ms）对学过的单字以及另外一些未学过的单字进行辨认。通常的结果是，被试对学过单字的辨认率显著高于未学过的。通过采用知觉辨认方法，可以探讨在无意识回想条件下是否可以形成新异联系。测试中汉字以被试辨认正确率较低的时间快速呈现，使他们没有足够的时间回想所学习的汉字，减少有意识回想的可能性。此外，知觉辨认的另一种变式为模糊字辨认（word fragment identification），是指在测验时通过一些将汉字模糊的技术使所呈现的单字变得很模糊，要求被试辨认是什么字。

实验来源与范式选择依据

知觉辨认最早由雅各比（1983）使用，他采用再认和知觉辨认两种方法进行了实验，再认为直接测量，而知觉辨认为间接测量。他发现直接测量方法和间接测量方法所得到的实验结果是正好相反的，并就此提出了知觉辨认这种对内隐记忆的测量方式。Gabrieli（1997）等采用知觉辨认方法的实验证实了在辨认快速呈现的材料时，显著的项目启动效应。Graf 和 Schacter（1985）采用词干补笔的实验表明，只有在精细编码的情况下才有对非相关词对的启动效应，并且与外显记忆相分离。杨炯炯等（1999）采用过程分离方法和知觉辨认方法探讨不同加工水平和词对类型在新异联系形成中的作用。结果表明，深加工是形成非相关词对间联想启动的条件之一。另外，具体词对的联想启动没有表现出加工水平效应，出现了内隐和外显记忆的分离现象，提示不同的词对类型与加工水平间存在着交互作用，当联系程度较紧时，并不一定需要语义加工，而联系程度不紧时，语义加工则是必要的。因此，知觉辨认中的启动效应是受到一系列任务特征影响的，只有在精致编码，快速呈现等条件下才能产生。同时，启动效应通常对刺激呈现时间敏感。综上，本研究采用知觉辨认范式，使用对汉字材料的深加工任务，以不同长度的呈现时间为自变量，考察呈现时间的不同对汉字深加工下启动效应的影响。

实验逻辑

样例实验在测试阶段中，汉字以被试辨认正确率不同的时间呈现，呈现时间越短，被试越没有足够的时间回想所学习的汉字材料，以减少有意识回想的可能性。通过考察对不同呈现时间的反应差异，来探讨有意识回忆和无意识回忆的趋势不同，造成被试的对学习过材料的辨认正确率差异，从而探究个体的内隐记忆机制。

实验设计

样例程序为单因素重复测量实验设计，以知觉辨认的呈现时间为自变量，选取 50ms、100ms、150ms、200ms 四种呈现时间，所有被试均接受该四种水平的处理。因变量为知觉辨认的正确率，在知觉辨认的测验阶段，主试记录被试对每一个汉字朗读的对错，以此计算被试辨认的正确率。

在本实验的学习阶段，即第一部分，要求被试看到屏幕中呈现的汉字后，迅速判断该汉字是否是左右结构，以达到深加工的效果。

实验流程图

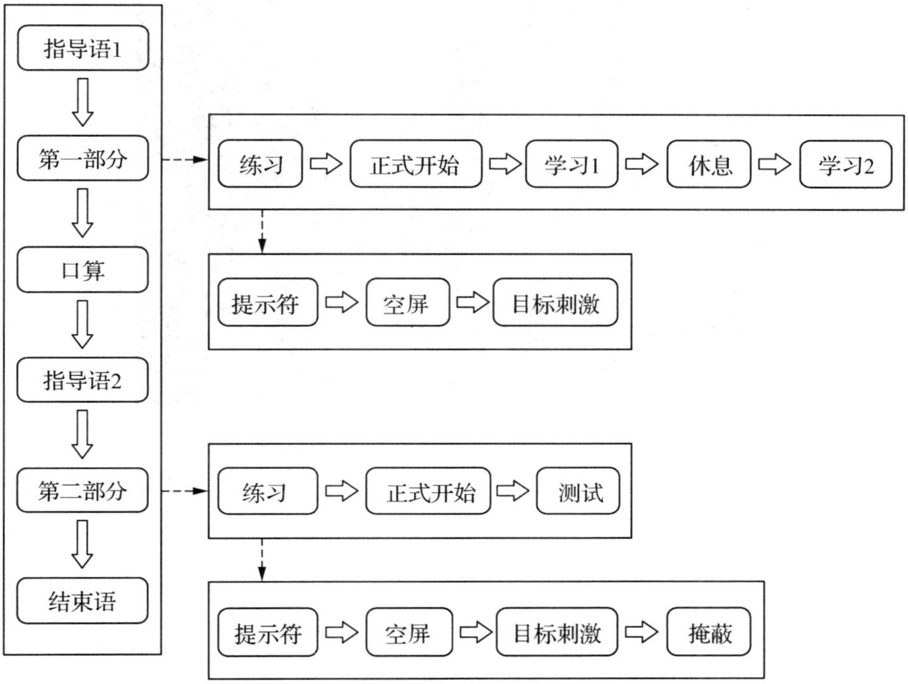

实验过程

Step1：建立实验外层框架

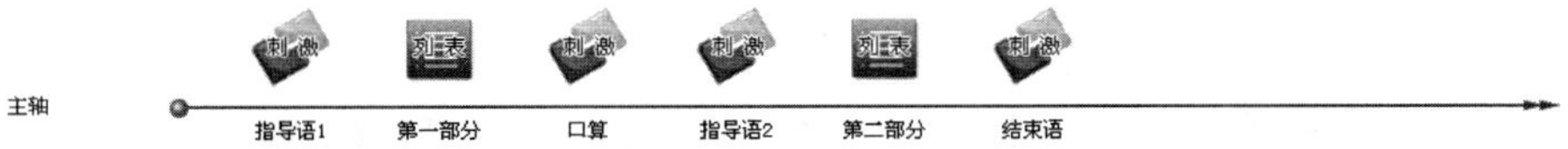

◇ 指导语 1

用“刺激”控件呈现“指导语”。

用“图片”控件呈现指导语的内容，用“按钮”控件结束指导语界面的呈现。

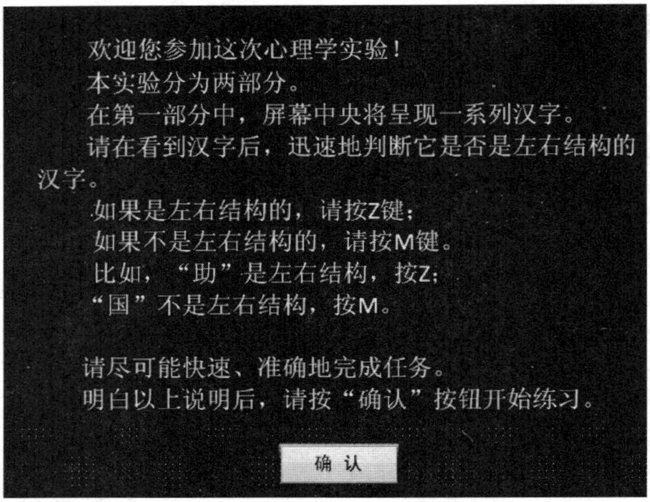

◇ 第一部分

在“第一部分”试次列表下新建一个流程，添加一行数据。在下一步，我们将在这个流程上放置学习阶段的 Block。

◇ 口算

被试在本界面进行口算。

呈现内容：使用“图片”控件呈现提示。

持续时间：300000ms，即 5 分钟。

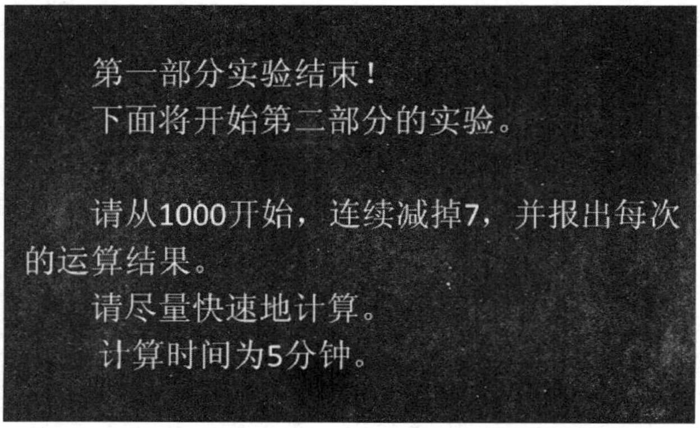

◇ 指导语 2

用“刺激”控件呈现“指导语”。

用“图片”控件呈现指导语的内容，用“反应键”控件结束指导语界面的呈现。

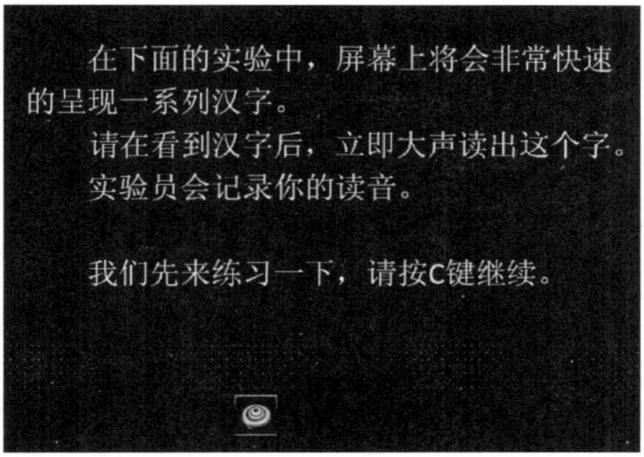

◇ 第二部分

在“第二部分”试次列表下新建一个流程，添加一行数据。在下一步，我们将在这个流程上放置测试阶段的 Block。

◇ 结束语

用“刺激”控件呈现结束界面。

呈现内容：见示意图。

结束方式：“持续时间”2000ms。

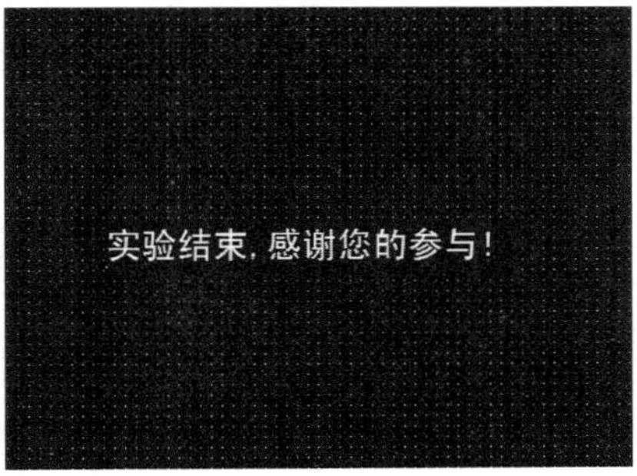

Step2：建立“第一部分”Block框架

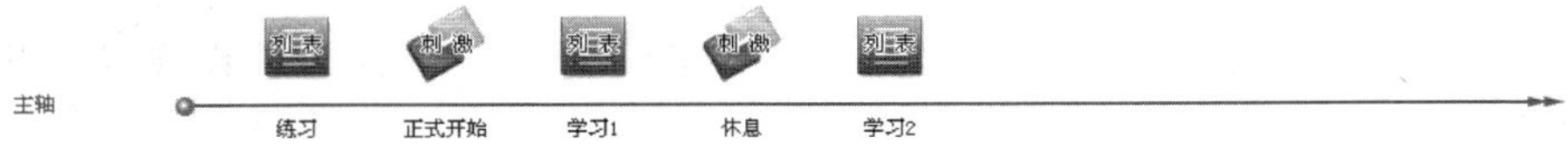

◇　练习

在“练习”试次列表中，写入本Block中所需的“目标刺激”，如下图所示。

数据　变量信息

编号	权重	流程	目标刺激
1	1	流程	迂
2	1	流程	绽
3	1	流程	铮
4	1	流程	肘
5	1	流程	拙

◇　正式开始

用“图片”控件呈现提示，用“反应键”控件结束本界面的呈现。

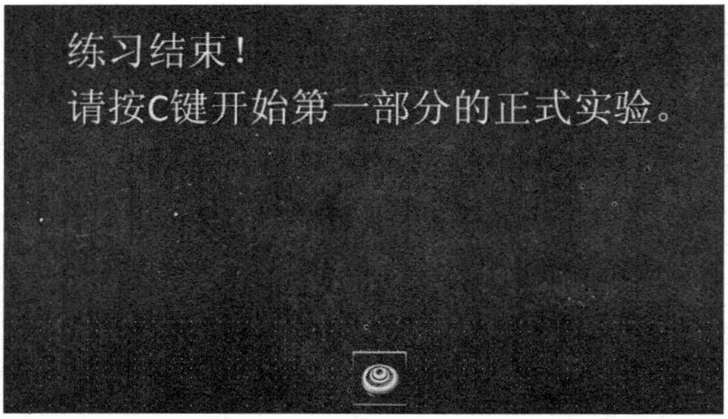

◇　学习1

在“学习1”试次列表中，写入本Block中所需的“目标刺激”。

◇　休息

被试在本界面进行休息。

用“图片”控件呈现提示，用“反应键”控件结束本界面的呈现。

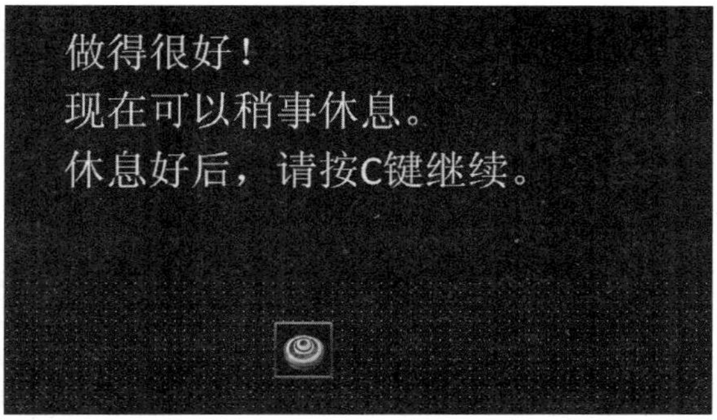

◇ 学习 2

在“学习 2”试次列表中，写入本 Block 中所需的“目标刺激”。

Step3：“练习”核心流程

◇ 提示符

呈现内容：呈现“＋”。

持续时间：500ms。

◇ 空屏

呈现内容：无。

持续时间：1000ms。

◇ 目标刺激

呈现内容：使用“文本”控件呈现目标刺激，内容从试次列表引用。

持续时间：设为“－1”。

结束方式：被试按 Z 或 M 键结束。

Step4：“学习 1”和“学习 2”

“学习 1”和“学习 2”的实现方法同“练习”一样。

Step5：建立“第二部分”Block 框架

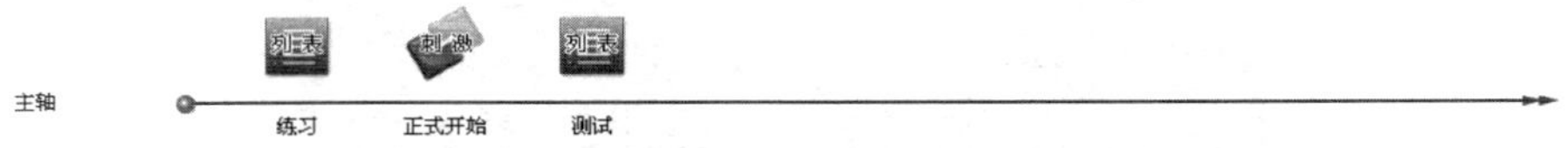

◇ 练习

在“练习”试次列表中，写入本 Block 中所需的“目标刺激”，设置好“目标刺激时长”，如下图所示。

编号	权重	流程	目标刺激	目标刺激时长
1	1	流程	啃	150
2	1	流程	韵	100
3	1	流程	贩	50
4	1	流程	锥	150
5	1	流程	籽	50

◇ 正式开始

用“图片”控件呈现提示，用“反应键”控件结束本界面的呈现。

◇ 测试

在“测试”试次列表中，写入本 Block 中所需的“目标刺激”，设置好“目标刺激时长”。

Step6：“练习”核心流程

◇ 提示符

呈现内容：呈现“+”。

持续时间：500ms。

◇ 空屏

呈现内容：无。

持续时间：1000ms。

◇ 目标刺激

呈现内容：使用“文本”控件呈现目标刺激，内容从试次列表引用。

持续时间：从试次列表引用。

◇ 掩蔽

呈现内容：使用“文本”控件呈现无意义字符。

持续时间：4000ms。

Step7：“测试”

“测试”的实现方法同“练习”一样。

请注意听被试对每个字的朗读，如果读音正确，则在该字后的格内打“√”，若不正确则打“×”。

肮		悍		俏	
跋		虹		蹒	
谤		涣		抒	
苯		枷		甩	
贬		绛		嗖	
缤		饺		袒	
睬		炬		唐	
厕		踞		恬	
钞		抉		捅	
炽		钧		湍	
忡		竣		蜕	
啜		楷		饨	
赐		苛		豚	
啐		稞		豌	
眈		坤		喔	
惮		佬		蜗	
噔		涝		钨	
谍		肋		梧	
仃		踉		妩	
睹		冽		暇	
妒		拎		辖	
饵		抡		馅	

续表

彷		蔓		淆	
翡		玫		卸	
烽		腼		玄	
腹		牡		炫	
丐		妞		峋	
埂		脓		胭	
钴		佩		延	
倌		啤		贻	
龟		坪		垠	
刽		粕		咏	
骇		洽			
涵		樵			

实验材料

实验材料为110个汉字。其笔画数在8～17画之间，字频为0.000002～0.000026之间，参照《现代汉语频率词典》（北京语言学院出版社，1986年版）进行选择。

其中100个为学习阶段和知觉辨认测验阶段的正式材料，5个为学习阶段的练习材料，5个为知觉辨认测验阶段的练习材料。实验结果以被试对100个正式材料知觉辨认的正确率计算。

实验步骤

汉字学习阶段

学习阶段分为三个Block，第一个为练习Block，包含5个练习trial。第二和第三个Block均为正式实验，每个包含50个trial。在后两个Block之间，允许被试休息一次。

由于杨炯炯等（1999）发现知觉辨认中没有发现加工水平的效应，因此在本样例程序的学习阶段，全部要求被试对汉字进行深加工。即要求被试看到屏幕中呈现的汉字后，迅速判断该汉字是否是左右结构，如果是左右结构（如“助”）的按“Z”键，不是左右结构（如“国”）的按“M”键。

学习阶段的实验流程如下：

500 ms　　500~1500 ms 随机　　3000 ms

干扰任务阶段

学习阶段完成后，要求被试进行 5 分钟的连续减 7 任务，即要求他从 1000 开始，连续往下减去 7，并报出每次的计算结果。该计算任务用于防止被试进行有意识的记忆。

测验阶段

测验阶段分为两个 Block，第一个为练习 Block，包含 5 个练习 trial。第二个 Block 为正式实验，包含 100 个 trial。在每个 trial 中，分别以 50ms、100ms、150ms、200ms 呈现学习过的所有汉字，这些汉字随机分到自变量的四种水平上，即每种时间条件下，包含 25 个 trial。要求被试在看到汉字后，便立即大声地朗读出来，主试记录朗读是否正确。此外汉字之后立即呈现由符号组成的掩蔽。

知觉辨认的实验流程如下：

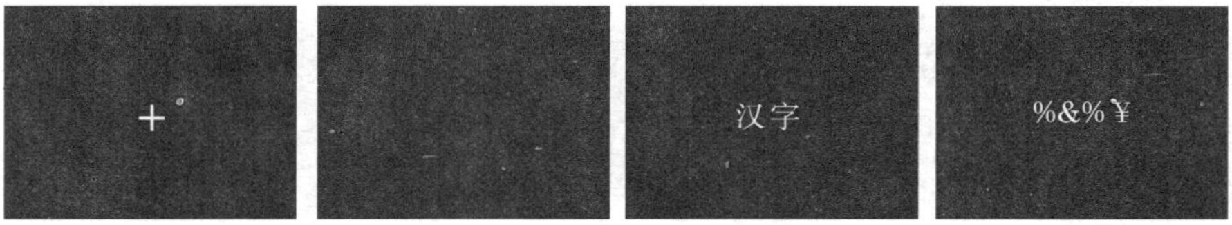

500 ms　　300~1000 ms　　50ms、100ms、150ms 或 200ms　　4000 ms

统计方法

以被试知觉辨认的正确率为因变量，知觉辨认正确率＝正确辨认的个数/学习的总数。进行单因素的方差分析。

参考文献

[1] Gabrieli D E, Keane M M, Zarella M M, Poldrack R A. Preservation of Implicit Memory for New Associations in Global Amnesia. *Psychological*

Science，1997，8，326-329.
[2] Graf P，Schacter D L. Implicit and Explicit Memory for New Associations in Normal and Amnesic Subjects. *Journal of Experimental Psychology Learning*，*Memory*，*and Cognition*，1985，11，501-518.
[3] 杨炯炯，翁旭初，管林初，匡培梓．加工水平及词对类型在新异联系形成中的作用．心理学报，1999，3，257-265.

加工分离范式

实验目的与功能

加工分离范式（Process Dissociation Procedure，PDP）主要是为了将内隐记忆和外显记忆区分开来，在此基础上建构两者的不同指标，并进而考察实验条件对内隐、外显记忆的不同影响。

它的功能是找到某些指标对应于内隐记忆，另外一些指标对应于外显记忆。

实验来源与范式选择依据

加工分离程序的思想，最早是从对再认的双加工模型建构框架中发展起来的。它是由心理学家Jacoby针对任务分离程序所测得的内隐记忆与外显记忆数据不纯净的问题于1991年提出的（Jacoby等，1991）。成功地使得意识加工和无意识加工成分得以在一个简单的记忆任务中分离，有助于在可比较的条件下更确切地估计内隐与外显记忆的作用，是更为先进的测量方法。

范式选择依赖以下3个假设：①意识性提取和自动提取是彼此独立的加工过程；②意识性提取和自动提取在包含和排除测验中的性质是一样的；③意识性提取的操作表现为全或无（要么能再认，要么不能再认），而自动提取则是有对有错的。

综上，本样例采用加工分离范式，使用对汉字材料的视觉加工、听觉加工以及变位词排序加工任务，通过记录测验阶段的情况，考察意识性和自动提取完成任务的情况。

实验逻辑

加工分离程序设计两种不同的指导语来进行两种测验——包含测验（Inclusion test）和排除测验（Exclusion test）——从而分离意识加工和无意识加工。

在包含测验中，要求被试用先前学习过的项目完成测验，如果回忆不起来，也可以用其他任何适合的信息，即在包含测验中，被试利用有意识提取和无意识熟悉性两种加工来完成任务。

而在排除测验中，要求被试用首先想到的，但又不能是先前学习过的项目来完成测验，即排除测验反映的是排除意识加工之后的无意识熟悉性的作用。通过这样的两个测验，可以成功地分离意识加工和无意识加工。

意识过程与无意识过程的“协同”条件（包含测验条件），以及意识过程与无意识过程的“对抗”条件（排除测验条件），通过计算二者的正确率，就能够将混合于各种任务之中的意识成分和无意识成分分离出来。加工分离程序在体现了对抗逻辑的思想的同时，为分离自动的和意识控制的记忆加工提供了一个有效途径。

实验设计

样例程序选取包含测验和排除测验两种测验条件，一组被试接受包含测验；另一组被试接受排除测验。计算意识性和自动提取完成测验任务的概率，在测验阶段，记录被试的按键反应盒正确率，以此计算被试完成任务的概率。

实验流程图

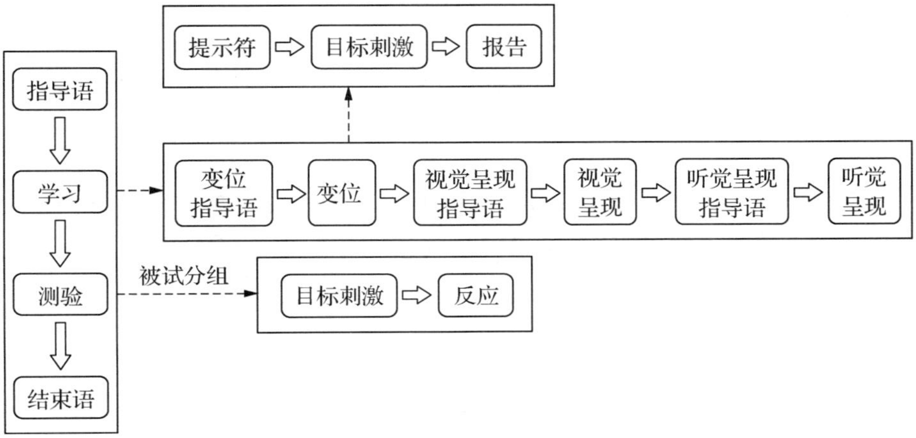

实验过程

Step1：建立实验外层框架

◇　指导语 1

用“刺激”控件呈现“指导语”。

用“图片”控件呈现指导语的内容，用“按钮”控件结束指导语界面的呈现。

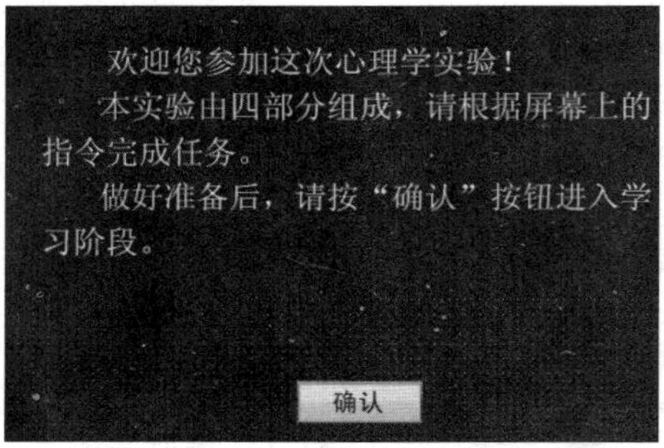

◇　学习

在“学习”试次列表下新建一个流程，添加一行数据。在下一步，我们将在这个流程上放置学习阶段的 Block。

◇　测验

在“测验”试次列表下新建一个流程，添加一行数据。在下一步，我们将在这个流程上放置测验阶段的 Block。

◇　结束

用“刺激”控件呈现结束界面。

呈现内容：见示意图。

结束方式：“持续时间”2000ms。

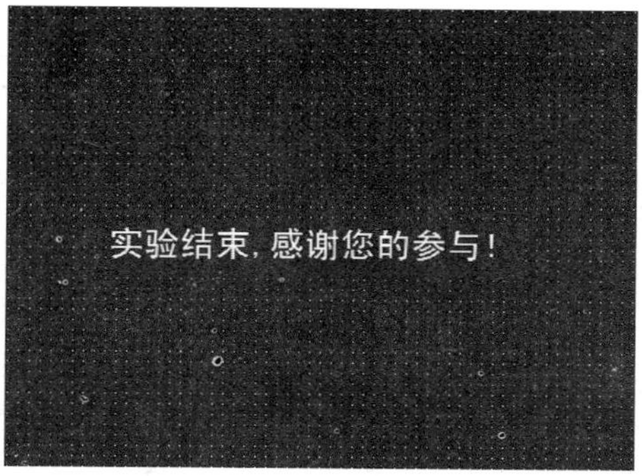

Step2：建立“学习”Block 框架

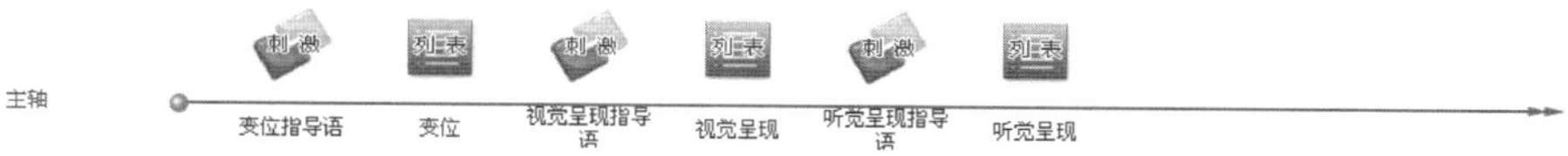

◇ 变位指导语

用“刺激”控件呈现“指导语”。

用“图片”控件呈现指导语的内容，用“按钮”控件结束指导语界面的呈现。

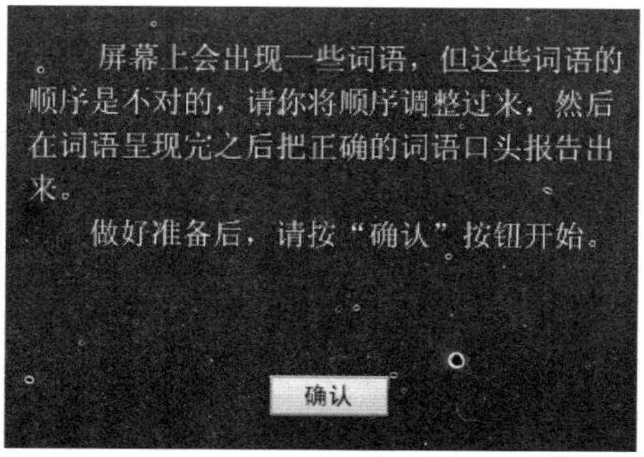

◇ 变位

在“变位”试次列表中，写入本 Block 中所需要呈现的词语，如下图所示。

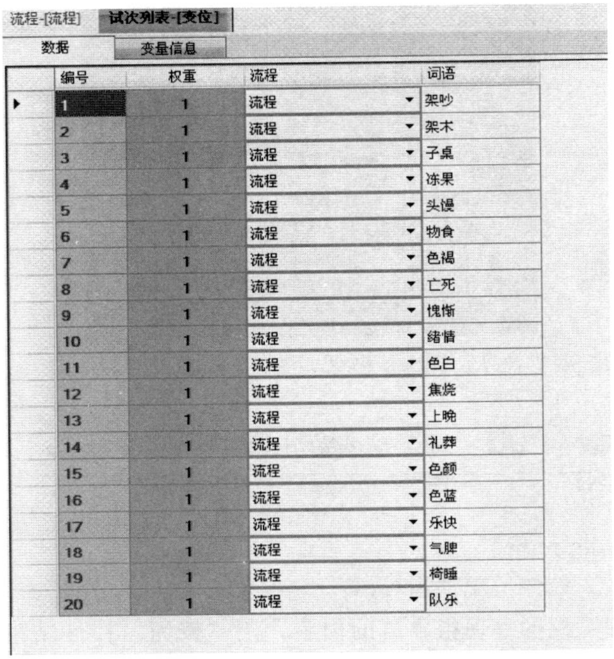

	编号	权重	流程	词语
▶	1	1	流程	架吵
	2	1	流程	架木
	3	1	流程	子桌
	4	1	流程	冻果
	5	1	流程	头馒
	6	1	流程	物食
	7	1	流程	色褐
	8	1	流程	亡死
	9	1	流程	愧惭
	10	1	流程	绪情
	11	1	流程	色白
	12	1	流程	焦烧
	13	1	流程	上晚
	14	1	流程	礼葬
	15	1	流程	色颜
	16	1	流程	色蓝
	17	1	流程	乐快
	18	1	流程	气脾
	19	1	流程	椅睡
	20	1	流程	队乐

◇ 视觉呈现指导语

用来呈现“视觉呈现”Block的指导语。

◇ 视觉呈现

在“视觉呈现”试次列表中，写入本Block中所需要呈现的词语。

◇ 听觉呈现指导语

用来呈现“听觉呈现”Block的指导语。

◇ 听觉呈现

在“听觉呈现”试次列表中，存入本Block中所需要呈现的听觉刺激。

Step3：“听觉呈现”Block核心过程

“学习”包括3个Block，流程基本一致，下面以“听觉呈现”Block为例说明。

◇ 提示符

呈现内容：呈现“+”。

持续时间：3000ms。

◇ 目标刺激

呈现内容：在本界面，使用“声音”控件呈现听觉刺激，所用到的音频文件从试次列表引用。

持续时间：3000ms。

◇ 朗读

呈现内容：用“文本”控件呈现提示“请朗读”。

持续时间：5000ms。

◇ 播放目标刺激

由于“声音”控件不会自动播放，所以使用“动作”控件在“目标刺激”界面开始的时候播放它。

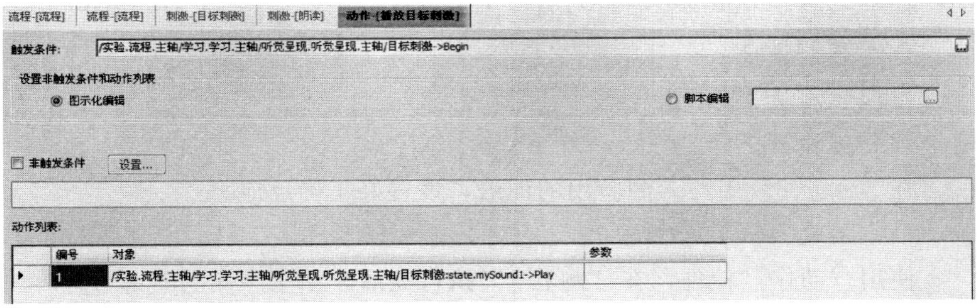

Step4：建立“测验”Block框架

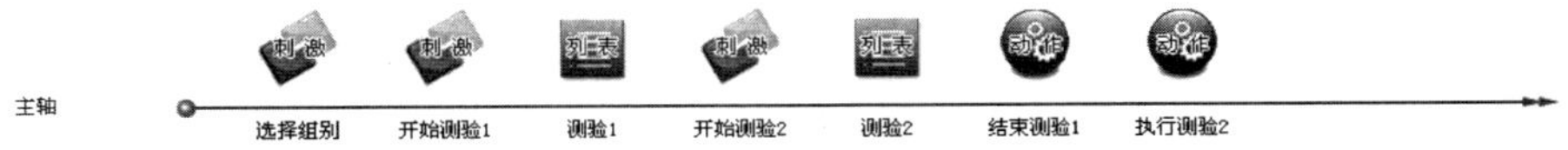

◇ 选择组别

在本界面，由主试选择被试的测验任务。

使用“图片”控件呈现提示，使用“选择反应”控件进行选择。

当用户选择之后，结束本界面的呈现。

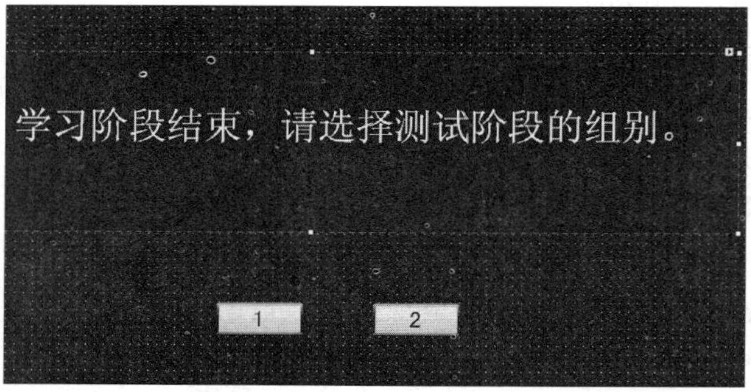

◇ 开始测验 1

呈现“测验 1”的指导语。

◇ 测验 1

在“测验 1”中写入测验用的词语，设置好正确反应。

◇ 开始测验 2

呈现“测验 2”的指导语。

◇ 测验 2

在“测验 2”中写入测验用的词语，设置好正确反应。

◇ 结束测验 1

使用“动作”控件，在“测验 1”执行完后，结束“测验”部分。

◇ 执行测验 2

使用“动作”控件，在选择第二组测验的情况下，跳过“测验 1”，执行“测验 2”。

Step5：“测验 1”Block 核心过程

“测验”包括 2 个 Block，流程基本一致，下面以“测验 1”Block 为例说明。

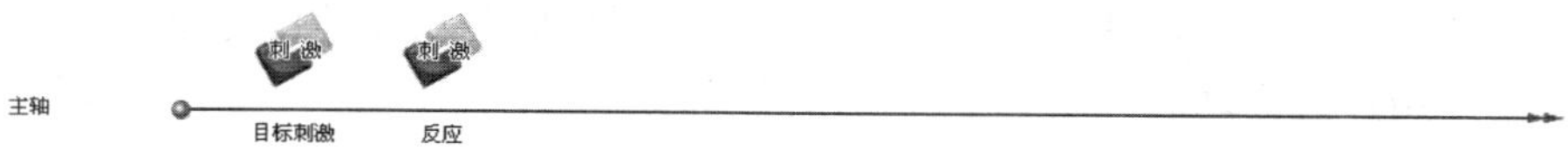

◇ 目标刺激

呈现内容：用“文本”控件呈现词语，内容从试次列表引用。

持续时间：2000ms。

◇ 反应

呈现内容：用“图片”控件呈现提示。

持续时间：设为“－1”。

结束方式：当被试按下 P 或 Q 键时，结束本界面的呈现。

反应键的“正确反应”从试次列表引用，“计时起点”设为“反应”界面开始的时间。

Step6：设置结果记录

记录“测验 1”和“测验 2”两个 Block 中，被试按键的“是否正确”、“返回值”、“反应时间”三个数据。

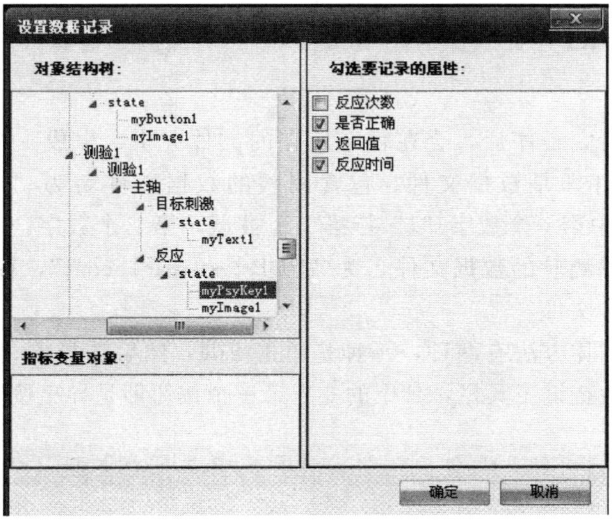

实验材料

样例程序参照最初的实验范式，采用双字词语，其中 20 个是视觉呈现词，20 个是变位词，60 个是听觉呈现词，还有 30 个是仅在测验阶段出现的新词。

实验步骤

学习阶段

第一阶段：呈现一些词要求被试阅读，并呈现一些变位词，要求被试重新排列以组合成词。

第二阶段：以听觉形式呈现一组单词，要求被试在听到单词后大声读出来，并努力记住以备后来的再认测验。

测试阶段

进行再认测验，测验材料包含学习阶段的变位字、视觉呈现词、听觉呈现词以及新词。共有两种测验条件：包含测验条件下，要求被试对学习阶段的变位字、视觉呈现词、听觉呈现词均进行“新”或“旧”的再认判断；而在排除测验条件下，被试被要求仅仅对听觉呈现词进行积极的再认判断，即在这种条件下，要求被试将变位字和视觉呈现词作为没有学习的项目加以排除（即判断为“新”）。

统计方法

数据导出

完整运行完程序后，会在程序所在的文件夹中，生成一个 E-DataAid 文件，该文件即是数据文件。包含测验的数据文件名为“PDP-test-c-1-1. edat”，其中第一个数字“1”指第 1 个被试，第二个数字“1”指第 1 个 session。排除测验的数据文件名为“PDP-test-d-1-1. edat”，直接双击打开该 E-DataAid 文件。

导出的具体方法有两种，一种是单击 File，然后选择 Export；第二种是直接单击快捷键工具栏，其中的左起第三个按钮即是导出按钮。

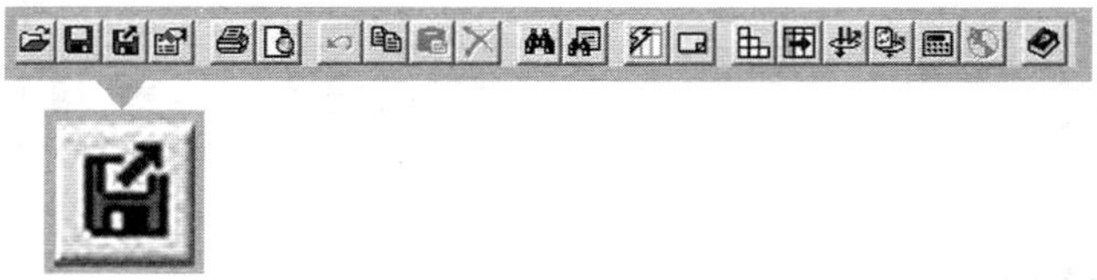

单击下拉菜单，即可选择需要导成的文件。我们选择“StatView and SPSS”，单击“OK”，即可弹出一个保存窗口：输入希望保存的文件名，

选择想保存的位置。

打开 SPSS，将保存的数据文件（.txt 格式）导入。具体操作如下图：

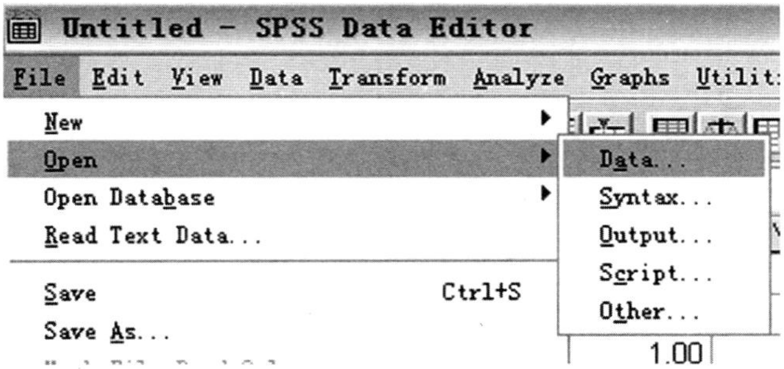

在弹出的“Open Data”对话框中，文件类型选择“＊.txt”，再选择已经保存的文件即可。

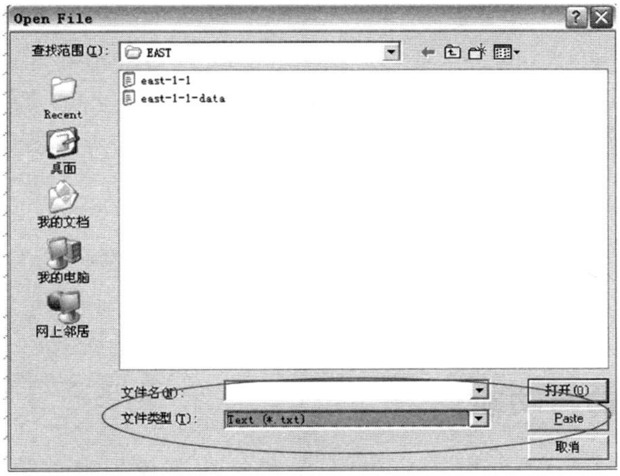

根据 SPSS 对话框指导，完成导入数据的 6 个步骤。注意：为导入 SPSS 方便起见，编程时，变量名中尽量不要出现空格。

命名数据中的变量名，变量名的具体内容可以参照已导出数据的第一行内容。命名完毕后，将第一行内容删掉。

统计方法

记录被试的按键反应与正确率。

在包含测验中，被试用意识性提取和自动提取两种提取机制来完成对主项目（学习阶段的变位字、视觉呈现词）的再认判断任务。在包含测验中，将主项目判断为“旧”的概率为：P（“旧”｜包含）＝R＋A（1－R）。

在排除测验中，包含这样一种逻辑，测试指导语对自动提取不起作用，自动提取仍将主项目判断为“旧”，而意识性提取起相反的作用，将主项目判断为“新”。在排除测验中，将主项目判断为“旧”的概率为：P（“旧”｜排除）＝A（1－R）。通过简单计算，得出

R＝P（“旧”｜包含）－P（“旧”｜排除）

A＝P（“旧”排除）/（1－R）。

其中，R表示意识性提取完成测验任务的概率，A表示自动提取完成测验任务的概率。

参考文献

[1] 徐扬，恽晓平. 采用加工分离程序进行内隐记忆测验的信度研究. 中国临床心理学杂志，2007，15（3）：253-255.

[2] Jacoby，Larry L.. A Process Dissociation Framework：Separating Automatic from Intentional Uses of Memory. *Journal of Memory and Language*，1991，30（5）：513.

人工语法范式

实验目的与功能

人工语法（Artificial Grammar）最早被用来模拟自然语言的形成。后来，Reber（1967）首次设计并使用了人工语法来研究内隐学习。人工语法范式是内隐学习的主要研究范式，它一直推动着内隐学习研究的进展。

人工语法范式的核心在于一套人工编制出的复杂的语法规则。这种语法相当复杂，被试不可能在短时间内有意识地学会它。首先，让被试记忆一些由人工语法生成的字母串，在被试学习了大量符合语法的字母串之后，研究者告诉被试这些字母串是遵循一种限定字母顺序的复杂规则的，并要求被试对一些新的字母串（既有符合语法的字母串，又有不符合语法的字母串）进行语法/非语法的判断，即语法分类任务。如果被试对字母串的正确判断高于随机水平，就可认为他们已经无意识地获得了一定的人工语法规则，即发生了内隐学习。

实验来源与范式选择依据

1967 年，美国心理学家 A. S. Reber 首次设计和使用了人工语法，开创了内隐学习这一崭新的研究领域。Reber 及其同事在人工语法学习实验中发现，被试能够在无意识中习得概念的规则，他将这种学习称为内隐学习。内隐学习是无意识地获得关于刺激环境的复杂知识的过程。Reber 认为，内隐学习不仅是存在的，而且至少在一定条件下复杂材料的加工中内隐学习效果优于外显学习，这种现象被称为内隐学习效应。

人工语法范式一般采用两类人工语法规则，即限定状态语法与双条件语法。Reber（1967）所用的学习材料就是限定状态语法，又称 Reber 语法，是由 P、T、V、S、X 5 个字母组成的长度为 3～8 个字母的字母串，字母串的顺序遵循一个框图结构规则。双条件语法是一种非限定状态语法，学习材料一般采用 6 个原始字母 X、T、P、C、S、V 组成的字母串，每个字母串都包含 8 个字母和一个间隔符号，间隔符号两侧各有 4 个字母。双条件语法范式较限定状态语法范式，可以避免样例的重复性和长度不等的弊端。本实验采用经典的限定状态语法。

在人工语法研究范式中，可通过控制指导语来对内隐和外显学习进行分离。内隐指导语要求被试记忆字母串，使被试的意识仅仅停留在记忆这一任务上，并不深入探究各个字母串的内在规则；外显学习指导语则是规则发现指导语，要引导被试将注意力集中在呈现的语法字母串的内在规则上，并努力进行各种逻辑思维，不断地提出假设的语法规则，忽视对字母串的记忆。有关人工语法内隐学习中指导语效应的研究发现，接受外显指导语的被试在对字母串的记忆要差一些，习得的内在结构规则要少一些，并往往倾向于创造出一些并未表现字母串本质特征的规则（Reber & Squire，1994）。张翔和杨治良（1992）的实验也支持了这一发现。这与 Reber 等人在内隐学习指导语效应方面的研究结果一致（Reber，1967）。

综上，本研究采用人工语法范式，使用限定状态语法，以不同的学习类型（内隐和外显指导语）为自变量，考察学习类型对人工语法规则学习的影响。

实验逻辑

本程序样例中，与内隐学习指导语相比，接受外显学习指导语的被试在学习阶段可能将注意力集中在符合语法规则的字母串所反映的规则上，试图提出一个假设的语法规则，最终在测验阶段习得的内在结构规则要少一些，成绩可能比内隐指导语组要差一些。通过考察不同学习类型下被试在测验阶段对字母串进行语法分类判断的正确率是否存在差异，来探讨内隐和外显两种学习类型对人工语法规则的学习效果有何不同。

实验设计

样例为两个程序：内隐学习和外显学习。实验为单因素被时间设计，自变量为学习类型，包含内隐学习和外显学习两个水平。因变量为测验阶段分类判断的正确率。

实验流程图

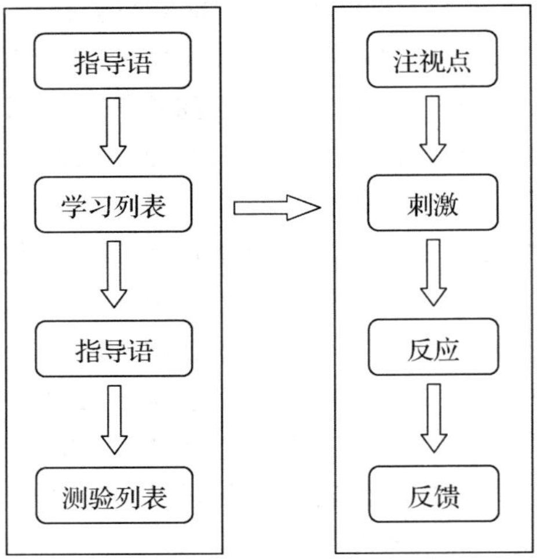

实验过程

Step1：建立实验外部框架

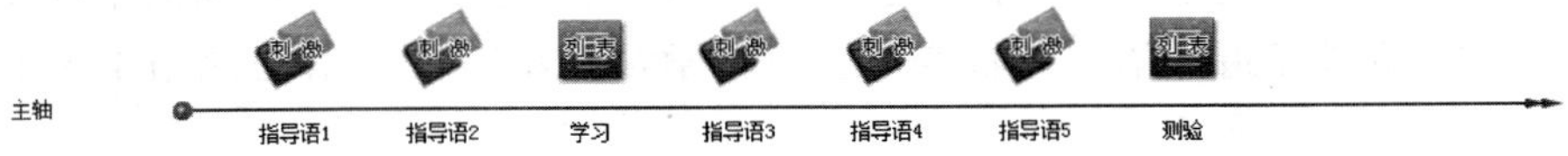

◇　指导语：

用“刺激”控件呈现“指导语”。

用“图片”控件呈现指导语的内容。

用界面的“时间属性”控制指导语界面的呈现时间。

◇ Block 列表

本实验有学习和测验两个 Block，用“试次列表”控件来管理。

试次列表写入如下信息：

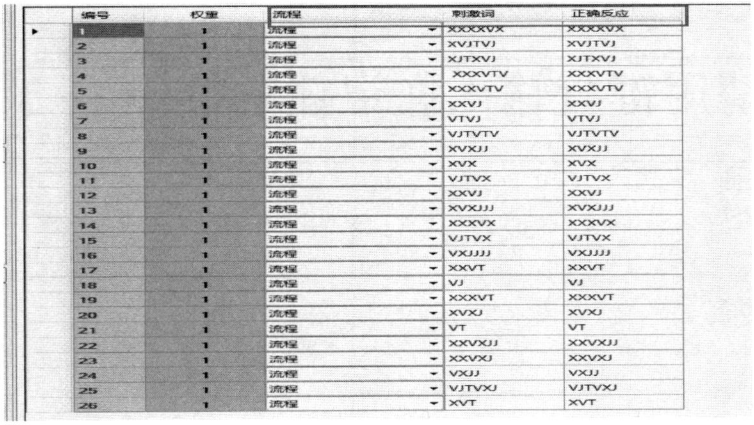

编号	权重	流程	刺激词	正确反应
1	1	流程	XXXXVX	XXXXVX
2	1	流程	XVJTVJ	XVJTVJ
3	1	流程	XJTXVJ	XJTXVJ
4	1	流程	XXXVTV	XXXVTV
5	1	流程	XXXVTV	XXXVTV
6	1	流程	XXVJ	XXVJ
7	1	流程	VTVJ	VTVJ
8	1	流程	VJTVTV	VJTVTV
9	1	流程	XVXJJ	XVXJJ
10	1	流程	XVX	XVX
11	1	流程	VJTVX	VJTVX
12	1	流程	XXVJ	XXVJ
13	1	流程	XVXJJJ	XVXJJJ
14	1	流程	XXXVX	XXXVX
15	1	流程	VJTVX	VJTVX
16	1	流程	VXJJJJ	VXJJJJ
17	1	流程	XXVT	XXVT
18	1	流程	VJ	VJ
19	1	流程	XXXVT	XXXVT
20	1	流程	XVXJ	XVXJ
21	1	流程	VT	VT
22	1	流程	XXVXJJ	XXVXJJ
23	1	流程	XXVXJ	XXVXJ
24	1	流程	VXJJ	VXJJ
25	1	流程	VJTVXJ	VJTVXJ
26	1	流程	XVT	XVT

Step2：核心 Block

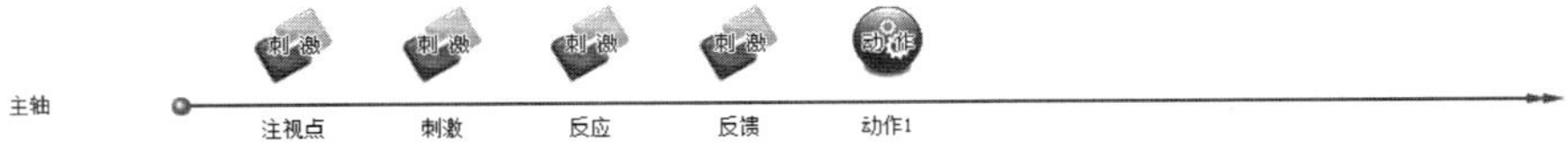

◇ 注视点

用“刺激”控件呈现“注视点”。

用“文本”控件呈现“注视点”的内容“+”。

◇ 刺激

用“刺激”控件呈现“刺激”。

用“文本”控件呈现“刺激”的内容：从试次列表中调取。

◇ 反应

用“刺激”控件呈现“反应”。

用“文本”控件呈现文字的内容。

用“编辑框”控件控制被试输入反应。

用“按钮”控件控制界面的结束。

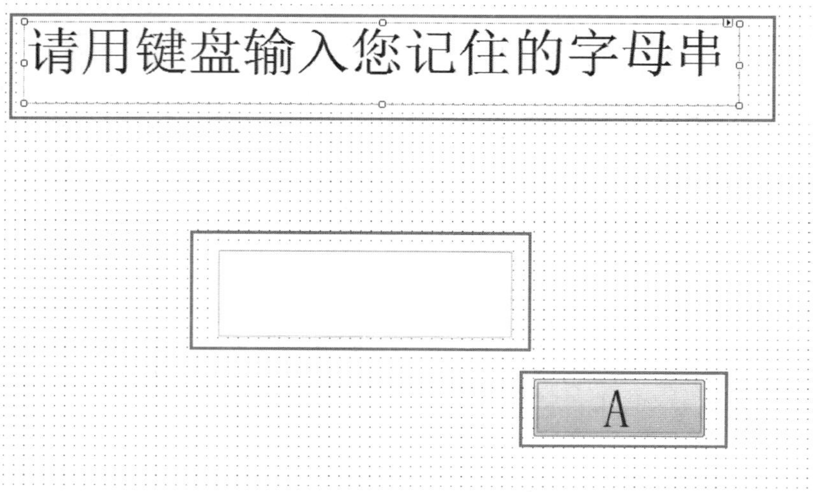

◇ 反馈

用“刺激”控件呈现“反馈”。

由 state1 和 state2 构成：

分别用用“文本”控件呈现文字的内容：反应正确、反应错误。

使用“刺激”控件。

被试按键正确时，呈现“反应正确”反馈；被试按键错误时，呈现“反应错误”反馈。

双击“刺激”打开，在右键菜单中点击“添加状态页”，在这个新状态页上呈现“反应错误”反馈。

调用错误反馈：

在“反馈”界面有两个状态页，第一个状态页是空屏，第二个状态页是错误反馈。在没有其他条件的情况下，程序默认执行状态页 1，那么我们需要做的是在被试按键错误的时候，显示状态页 2.

使用“动作”控件调用错误反馈。

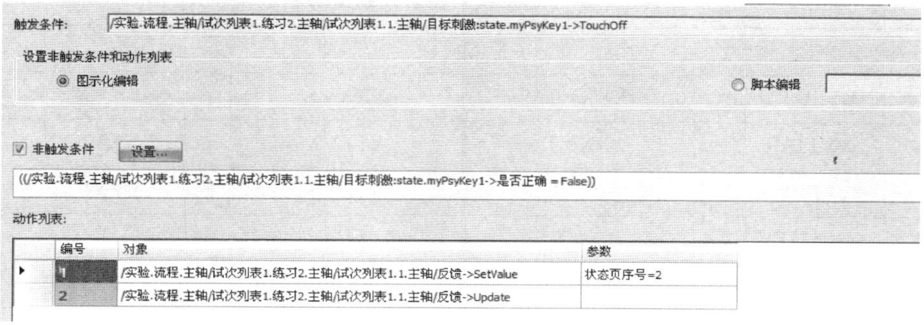

◇　动作

控制反馈界面的呈现。

分别设置：触发条件、非触发条件、动作列表。

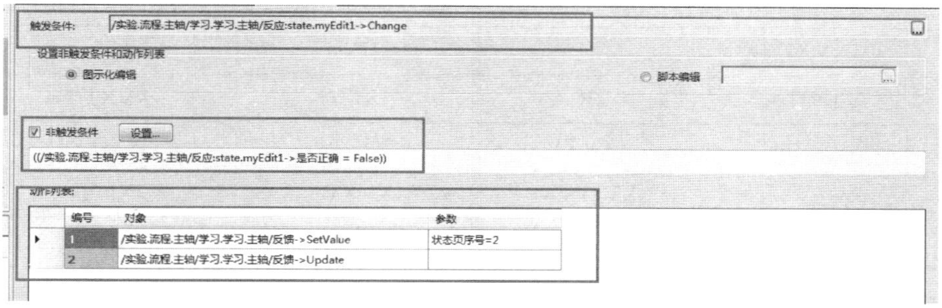

注：

外显反应程序与内隐反应程序基本流程相同，不同之处在于“指导语2”中呈现的指导语内容不同。

实验材料

本实验采用由 Abrams & Reber (1989) 使用的有限状态 Markovian 规则系统（如下图所示）来产生语法字母串。所有字母串的长度为 2～6 个字母，字母串中只由 X，J，V，T 4 个字母组成。语法字母串的产生是由“IN”开始按照箭头的方向选取字母，直到“OUT”结束。测验阶段所用非语法字母串的产生是通过打破语法字母串某一位置的规则实现的。

实验最终选取的刺激材料为 42 个语法字母串和 16 个非语法字母串。训练阶段从 42 个语法字母串中选取 26 个。测验阶段则使用 16 个语法字母串和 16 个非语法字母串。具体材料见下表。

表　学习阶段和测验阶段刺激材料

学习阶段			
VJTVTV	XXXVTV	XXXVX	VJ
XVJTVJ	XXVT	VJTVX	XXXVT
VJTXVJ	XVXJJ	VXJJJJ	XVXJ
XXXVTV	XVX	XVT	VT
XXVJ	VJTVX	VJTVXJ	XXVXJJ
VTVJ	XXVJ	VXJJ	XXVXJ
XXXXVX	XVXJJJ		
测验阶段			
语法字母串		非语法字母串	
XXVXJ	XVTV	VJJXVT	VJTV
VTVJJ	VXJ	XXV	XVXT
XVTVJ	XXVTV	XVXV	XXJJ
XVTVJ	XVJTVX	XVXVJ	VXJTJ
VTV	XXVTVJ	XXVJJJ	XXVVJJ
XVJTVT	VJTXVX	XJJ	JXVT
VTVJJ	VJTVT	VXVJ	XXTX
VTVJ	VX	TVJ	VXJJX

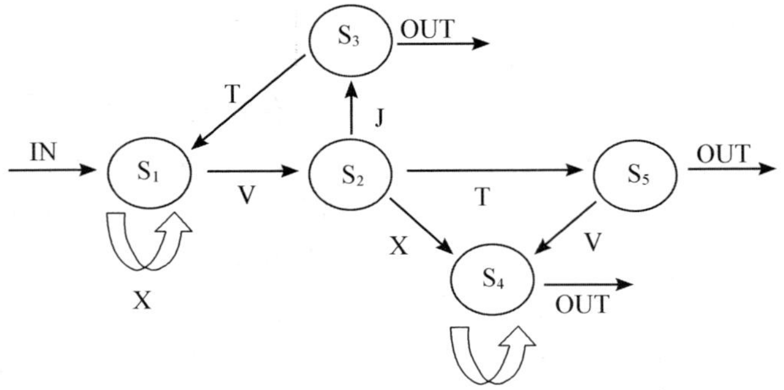

图　用以产生语法字母串的限定状态语法（Abrams & Reber，1989）

实验步骤

学习阶段

即短时记忆任务。内隐学习类型下，26 个语法字母串依次在屏幕中央呈现，其顺序是随机的。每个字母串呈现 3000ms 后消失。要求被试在键盘上重现这些字母串（依次将字母打出来）。指导语中不告知被试这些字母串存在一定的规则，而只告诉他们这是一个短时记忆任务。每个 trial 中被试按键反应后，都给予正误反馈（“回答正确”或“回答错误”）。如果被试反应正确，则屏幕上继续出现下一个字母串；如果反应错误，则再次呈现同一字母串，最多有三次重复机会。

外显学习类型下，程序与内隐学习类型基本相同，不同之处在于，指导语中告知被试字母串是按照一定的规则产生的，让被试在记忆字母串的同时，尽量去发现其中的规则。

测验阶段

即分类任务。训练阶段结束 5 分钟后，开始进行分类任务。告诉被试，在训练阶段记忆的字母串都是遵循某种复杂规则的，让被试判断一些新项目是否符合这种规则，符合就在键盘上按 Y 键，不符合就按 N 键。所有的被试都被强调做出的决定应该是凭借他们的直觉。分类任务都属于是/否任务，32 个字母串依次在屏幕中央呈现，顺序随机，每个字母串呈现 3000ms，字母串消失后，要求被试在 2000ms 内做出反应，超过 2000ms 则视为未做反应，开始下一个判断。分类任务过程中并不给被试任何反馈。32 个字母串会重复出现 2 次，即被试需做 64 次语法分类判断。

统计方法

统计检验方法

以内隐和外显学习类型为自变量，被试分类任务的正确率为因变量，进行 t 检验，比较内隐和外显学习类型下，被试语法分类正确率是否存在差异。

数据导出到 SPSS

完整运行完程序后，会在程序所在的文件夹中，生成一个 E-DataAid 文件，该文件即是数据文件。本案例中，内隐学习类型下的数据文件名为“人工语法（内隐）-1-1. edat”，外显学习类型下的数据文件名为“人工语法（外显）-1-1. edat”，其中第一个数字“1”指第 1 个被试，第二个数字“1”指第 1 个 session。

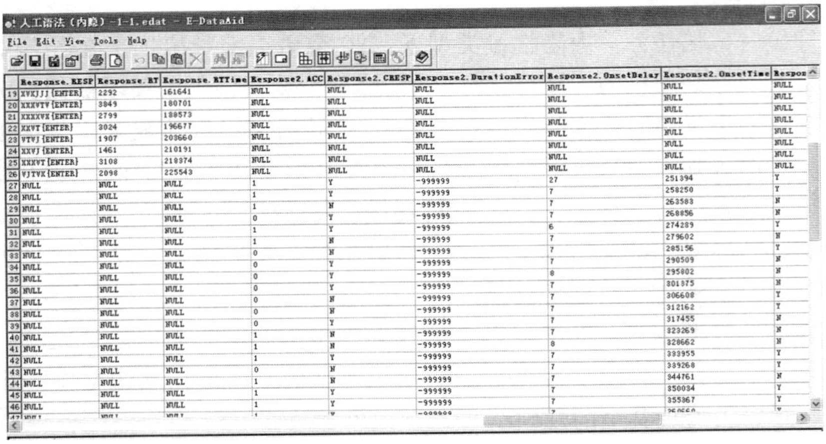

以内隐学习类型为例，数据文件名为“人工语法（内隐）-1-1. edat”。直接双击打开该 E-DataAid 文件，打开看到如上图所示的数据文件。

该文件中全面记录了被试的所有信息。

为了进一步分析数据，将该数据文件导出为 SPSS 或 Excel 文件。由于直接导出 SPSS 时，在 SPSS 软件中打开常有问题，而且对单个被试的数据处理也不是很方便，因此，本案例将先导出 Excel，对每个被试的数据进行处理得到需要的数据后，再输入到 SPSS 中。导出 Excel 的具体方法有两种，一种是单击“File”，然后选择“Export”；第二种是直接单击快捷键工具栏中左起第三个按钮，即“Export”按钮。单击导出按钮后，弹出如右图所示窗口：

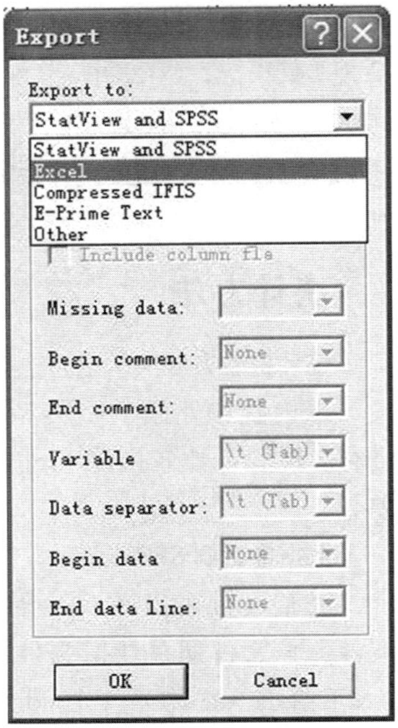

单击下拉菜单，即可选择需要导成的文件。我们选择“Excel”，单击“OK”，即可弹出一个保存窗口：输入希望保存的文件名，选择想保存的位置。然后关闭这份 E-DataAid 文件。

在你选择导出 Excel 数据的文件夹中，可看到一个“. txt”的文本文档，右击该文档，在“打开方式”中，选择 Excel 为打开方式，将其打开。

在该 Excel 文档中，可以看到与在 E-DataAid 文件中完全一样的被试信息。其中“Response2. ACC”一列就是被试在测验阶段每次反应正确与否的数据，1 表示反应正确。0 表示反应错误。本案例中，将“Response2. ACC”列求和，得到被试语法分类判断的正确数目，再除以项目总数 64，即为语法分类判断的正确率。

用同样的方法将外显学习类型下的数据导出，并计算语法分类判断正确率。

将内隐学习条件的语法分类正确率和外显学习条件下的语法分类正确率连同被试的年龄、性别、组别等信息一起输入到 SPSS 中，对内隐学习和外显学习两种条件下的语法分类正确率进行独立样本 t 检验。

参考文献

[1] Reber A S. Implicit Learning of Artificial Grammars. *Journal of Verbal Learning and Verbal Behavior*，1967，6（2）：317-327.

[2] Reber P J，Squire L R. Parallel Brain Systems for Learning with and without Awareness. *Learning and Memory*，1994，1（1）：217-229.

[3] Abrams，Reber A S. Implicit Learning：Robustness in the Face of Psychiatric Disorders. *Journal of Psycholinguistic Research*，1989，17（5）：425-439.

[4] 张翔，杨治良．内隐学习与外显学习的比较研究．心理科学，1992，15（4）：11-16.

前瞻记忆中迁移恰当加工效应范式

实验目的与功能

前瞻记忆中的迁移恰当加工（Transfer Appropriate Processing）是测量前瞻记忆的一种方法。

迁移恰当加工效应（以下简称 TAP 效应）是指在前瞻记忆实验中，进行中任务（Ongoing Tasks）和前瞻记忆任务的关系影响前瞻记忆任务的成绩，一般来说进行中任务和前瞻记忆任务均可分为语义（Semantic）和知觉（Perceptual）两种加工类型，语义型任务要求被试对所涉及的字词进行语义判断和加工，知觉型任务要求被试对所涉及的字词进行外在知觉特征判断和加工。研究者认为，当进行中任务和前瞻记忆任务加工类型一致时，前瞻记忆任务的绩效优于两种任务不一致的条件，这种现象称为前瞻记忆中的 TAP 效应。

实验来源与范式选择依据

Einstein 和 McDaniel 于 1990 年创立了前瞻记忆研究的实验范式，思路是给予被试双重任务：实验开始时告诉被试短时记忆任务（回溯记忆或工作记忆任务），即首要任务或进行中任务，接着告知被试前瞻记忆任务，即在完成一系列进行中任务时若碰到某个特定的刺激（靶事件）就按下反应键。

Maylor 于 1996 年提出了任务的迁移恰当加工理论。一般来说进行中任务和前瞻记忆任务均可分为语义和知觉两种加工类型，语义型任务要求被试对所涉及的字词进行语义判断和加工，知觉型任务要求被试对所涉及的字词进行外在知觉特征判断和加工。于是，实验设计上，进行中任务和前瞻记忆任务就有四种组合情况，即语义—语义，知觉—知觉，语义—知觉，知觉—语义。一些研究表明，前两种情况，即进行中任务和前瞻记忆任务加工类型一致时，前瞻记忆任务的绩效优于后两种实验条件下，这种现象称为前瞻记忆中的迁移恰当加工效应（以下简称 TAP 效应）。

Brunfaut（2000）深入研究了前瞻记忆的并行加工重叠，在实验中，他让被试进行两种进行中的任务，一项任务要求被试判断单词中字母的个数，即感觉性质的任务；另一项要求被试报告单词的语义，即语义性质的任务。同时，前瞻记忆的任务也有两种；一项是当被试看到 5 个字母组成的单词时反应；一项是当被试看到表示动物的单词时反应。结果显示当前瞻记忆的任务是感觉性质的（对字母个数反应），进行中任务的加工性质对前瞻记忆影响很小，而当前瞻记忆的任务是语义性质的（对动物反应），进行中任务的加工性质对前瞻记忆影响相对大，也就是说当前瞻记忆的任务是概念驱动的时候，前瞻记忆的 TAP 效应出现。而 Meier 等（2000）、赵晋全（2002）的实验显示不论前瞻记忆的任务是概念驱动还是材料驱动，前瞻记忆的 TAP 效应都存在。综上，本研究采用前瞻记忆双重实验范式，通过控制进行中任务和前瞻记忆任务加工类型一致性，从而探究进行中任务和前瞻记忆任务关系对前瞻记忆绩效的影响机制。

实验逻辑

样例实验中，进行中任务和前瞻记忆任务的加工类型不一致时，需要耗费更多的心理资源，从而影响前瞻记忆任务的完成，即正确率降低或者反应时增加。然而，当进行中任务和前瞻记忆任务加工类型一致时，前瞻记忆任务的绩效将会有所提高。

实验设计

样例实验在测试阶段中，采用基于双重任务范式的单因素被试内设计，进行中的任务不变，即要求被试判断词语中的汉字是否具有封闭结果，只改变前瞻任务重的种类，包括语义或结构，语义任务是让被试判断词语是否是表示动物；结构任务是判断双字词中的汉字是否具有“犭”偏旁。

本实验所要收集的数据时被试对目标刺激判断的正确性。

实验流程图

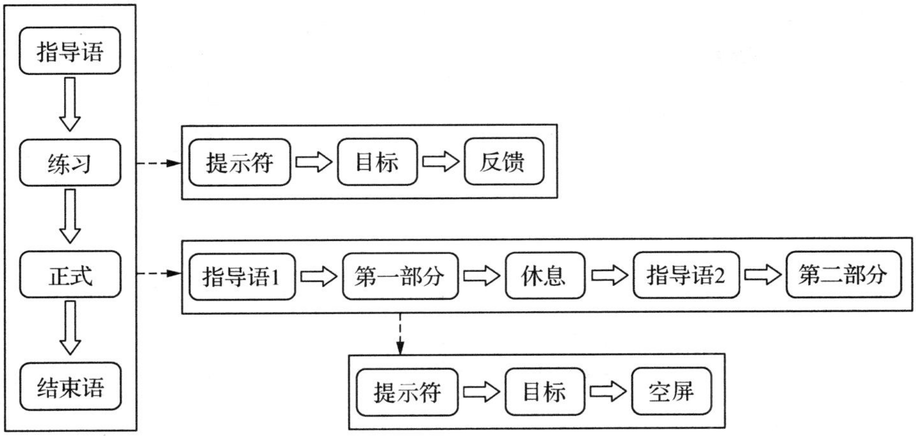

实验过程

Step1：建立实验外层框架

◇ 指导语

用“刺激”控件呈现“指导语”。

呈现内容：用“文本”控件或“图片”控件呈现指导语的内容，如下图所示。

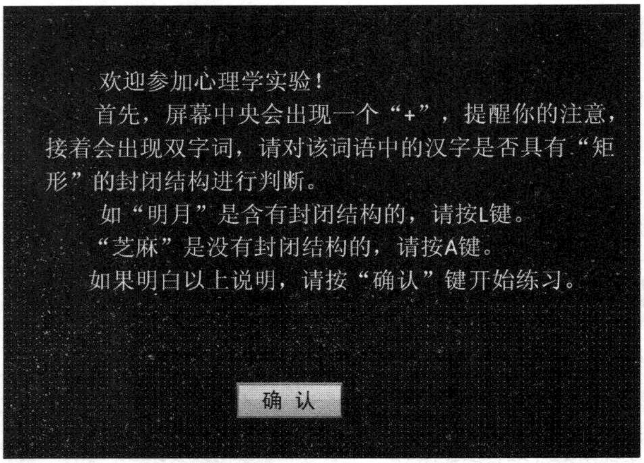

结束方式：用“按钮”控件结束指导语界面的呈现。

◇　练习（编辑“练习”试次列表）

建立一个新流程，再添加三列变量，分别是：目标刺激、正确反应、刺激类型。如下图所示。

数据　变量信息

编号	权重	流程	目标刺激	正确反应	刺激类型
1	1	流程	河床	1	封闭
2	1	流程	恒星	1	封闭
3	1	流程	芝麻	2	非封闭
4	1	流程	荠菜	2	非封闭

◇　正式（试次列表）

添加一行流程，如下图所示。

流程-[流程]　试次列表-[练习]　试次列表-[正式实验]

数据　变量信息

编号	权重	流程
1	1	流程

◇　结束语

用刺激控件呈现结束界面。

呈现内容：见示意图。

结束方式：“持续时间”2000ms。

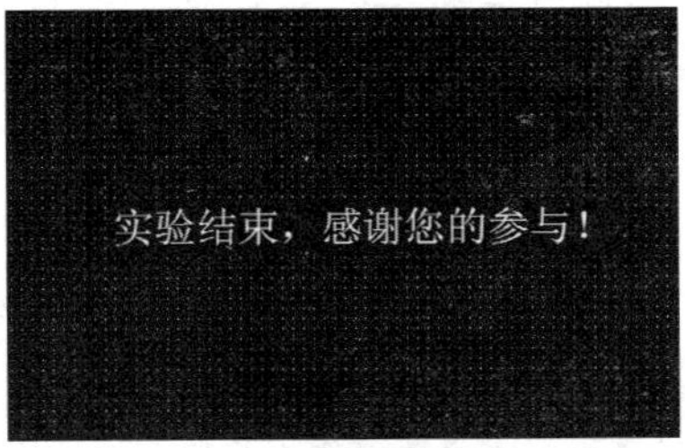

Step2：练习

编辑“练习”核心流程。

◇　提示符

呈现内容：呈现“＋”，使用“文本”控件实现。

结束方式：“持续时间”设为500ms。

◇　目标

呈现内容：使用“文本”控件呈现目标刺激。文本内容从“练习”试次列表中调用。

结束方式：“持续时间”设为“－1”。

使用“反应键”来接收被试反应：

L的返回值设为“1”，A的返回值设为“2”；

“正确反应”从“练习”试次列表读入；

当被试按键后，结束“目标”界面的呈现。

◇　反馈

在“练习”阶段，需要给被试反馈，让被试知道他是否做出了正确的反应。

拖曳一个“刺激”控件到主轴上，重命名为“反馈”。

在“反馈”中建立两个状态页，“状态页 1”用于呈现正确反馈，“状态页 2”用于呈现错误反馈。

◇　状态页 1

呈现内容：使用“文本”控件呈现正确反馈，示意图如下。

结束方式：“持续时间”设为“1500”（ms）。

◇　状态页 2

呈现内容：使用“文本”控件呈现错误反馈，示意图如下。

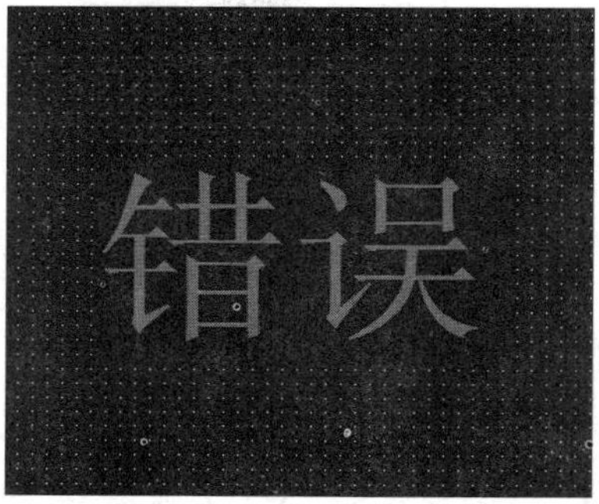

结束方式：“持续时间”设为“1500”（ms）。

◇　调用错误反馈

一个“刺激”可以拥有多个状态页，但每次只会执行一个状态页。如果没有特殊设置，系统会默认执行“状态页 1”。

假设被试的按键是正确的，那么在“反馈”界面，呈现正确反馈信息的“状态页 1”被默认执行，这个逻辑没有问题。

但如果被试的按键是错误的，那么执行“状态页 1”显然是不对的。

所以，我们需要做的工作是：在被试按键错误的情况下，使“状态页 2”被执行。

我们使用“动作”控件来完成这个任务。

"动作"控件可以理解为一个进行条件判断的工具，当满足某个条件后，就执行指定任务。

拖曳一个"动作"控件到主轴上，双击打开，按如下步骤进行编辑：

1. 设置"触发条件"。

"触发条件"的意思就是突然发生了什么事件，一般有三种：一个刺激开始呈现了（Begin）；一个刺激结束呈现了（End）；一个按钮或键盘按键被触发了（TouchOff）。

在这个实验中，我们把"触发条件"设为被试在"目标"界面按下了按键。

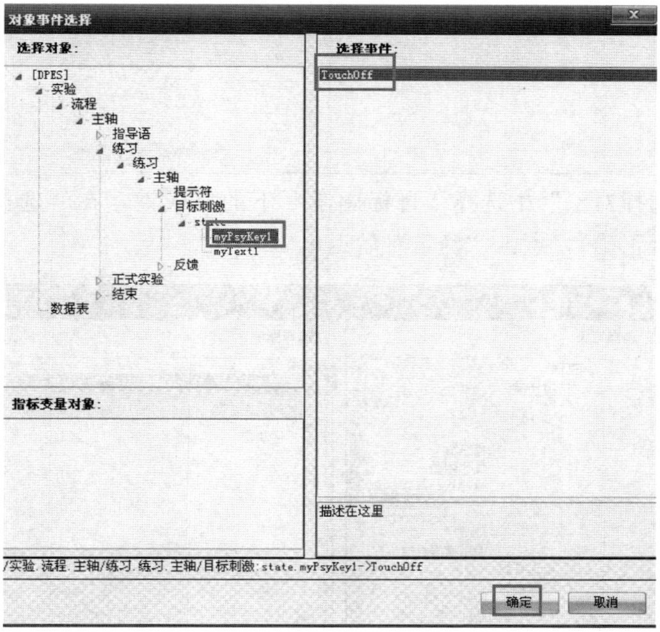

2. 设置"非触发条件"

"非触发条件"是指"触发条件"中发生的事件具有的某个特点。在这个实验中，就是被试按下了错误的按键。

勾选"非触发条件"，然后点击"设置"按钮。

点击“基本条件”中的编辑按钮。

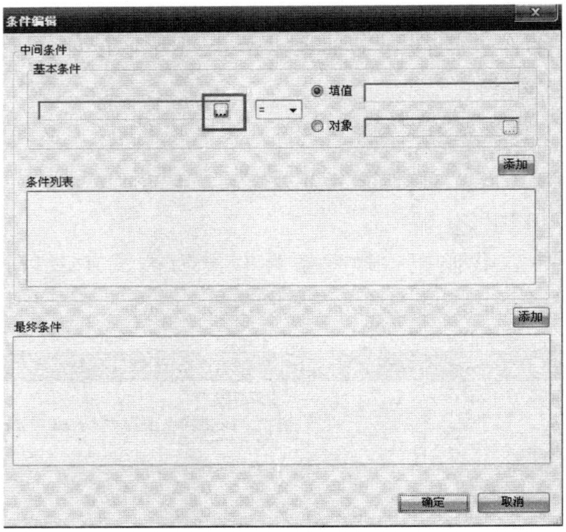

在“选择对象”中选择“目标刺激”下的反应键，在“选择属性”中选择“是否正确”，点击“确定”后退出。

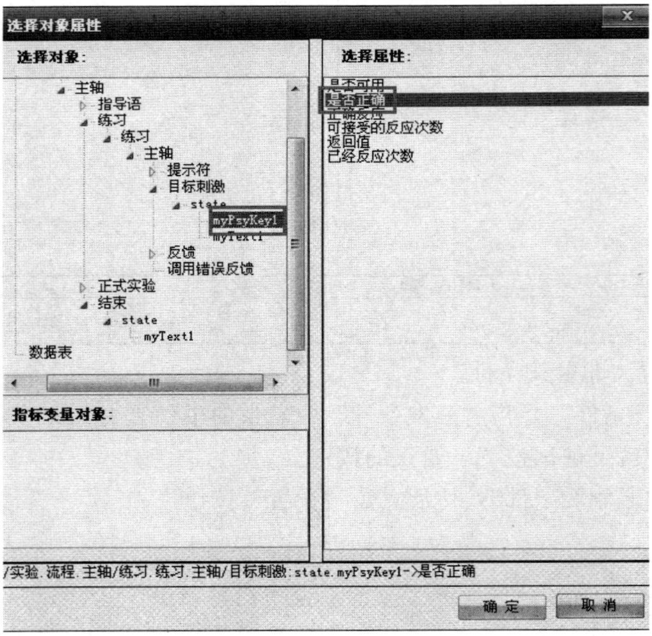

在“填值”中选择“False”。

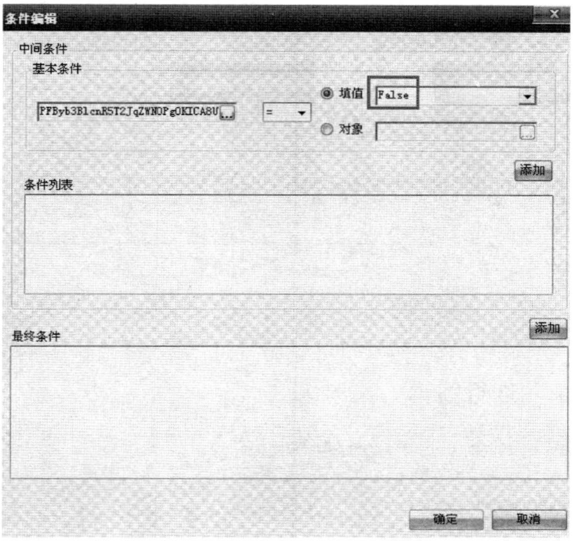

然后，经过两步“添加”，点击“确定”后退出。

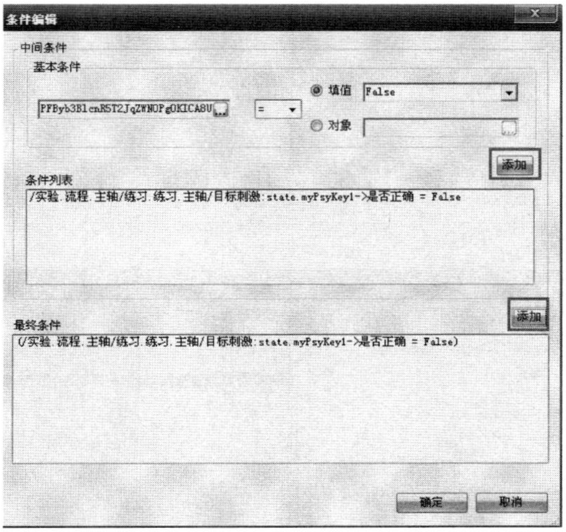

3. 编辑“动作列表”

在刚才的操作中，我们设置好了“动作”的前提条件，现在来指定其要执行的任务。

在“动作列表”的空白处，点右键，选择“添加动作”。

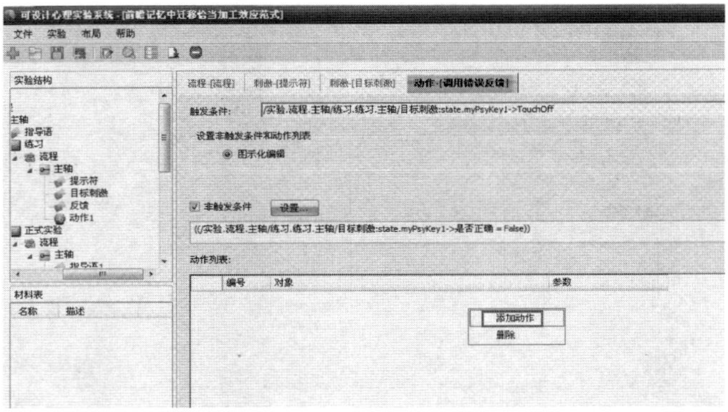

单击“对象”进行编辑。

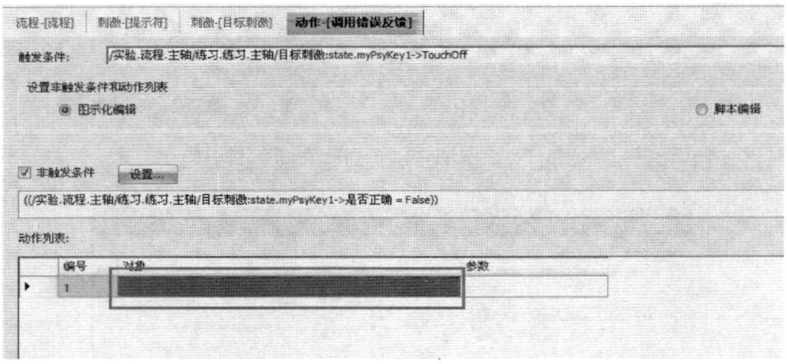

在“选择对象”中选择“反馈”，在“选择事件”中选择“SetValue”，点击“确定”后退出。

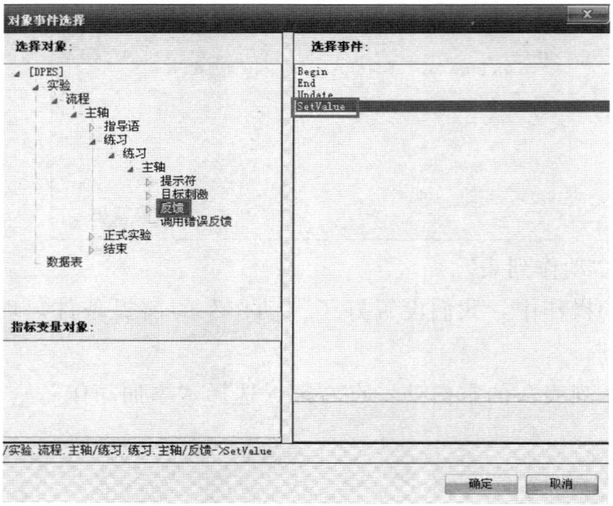

单击“参数”进行编辑。

动作列表:

	编号	对象	参数
▸	1	/实验.流程.主轴/练习.练习.主轴/反馈->SetValue	

将“状态页序号”的值设为“2”。

再添加一行，设置如下图所示。

	编号	对象	参数
	1	/实验.流程.主轴/练习.练习.主轴/反馈->SetValue	状态页序号=2
▸	2	/实验.流程.主轴/练习.练习.主轴/反馈->Update	

在这里需要说明的是，如果使用“动作”控件改变了某个控件 SetValue 中的值，那么就需要使用 Update 来刷新，使改动生效。

Step3：正式

建立“正式”流程

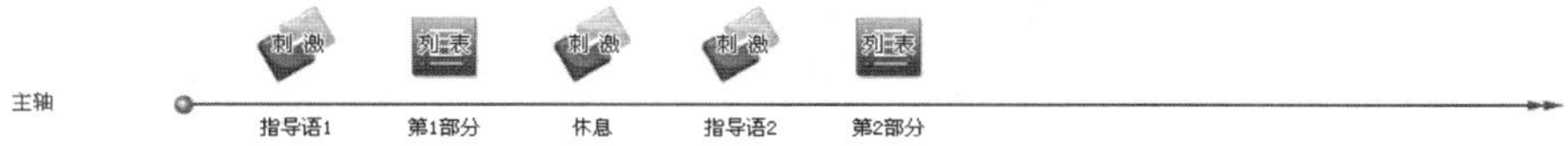

◇ 指导语 1

拖曳一个“刺激”控件到主轴上，重命名为“指导语 1”。

呈现内容：使用“文本”控件呈现指导语，内容如下图所示。

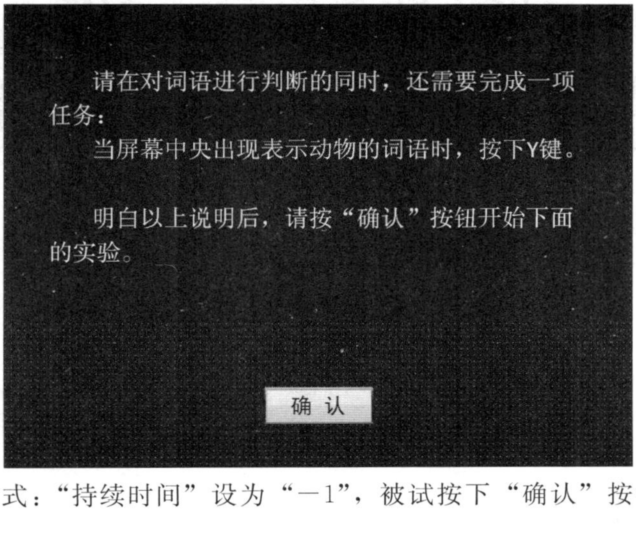

结束方式：“持续时间”设为“－1”，被试按下“确认”按钮后，结束

“指导语 1”的呈现。

◇　第一部分（编辑“第一部分”试次列表）

1. 给“第一部分”建立一个流程。

2. 编辑列表。

建立三列变量，分别是：目标刺激、刺激类型、正确反应。如下图所示。

编号	权重	流程	目标刺激	刺激类型	正确反应
1	1	流程	机床	非封闭	1
2	1	流程	桥牌	封闭	2
3	1	流程	汽油	封闭	2
4	1	流程	黄瓜	封闭	2
5	1	流程	火箭	封闭	2
6	1	流程	沥青	非封闭	1
7	1	流程	石榴	封闭	2
8	1	流程	水獭	动物	3
9	1	流程	玉米	非封闭	1
10	1	流程	帆布	非封闭	1
11	1	流程	牙齿	非封闭	1
12	1	流程	榆树	封闭	2
13	1	流程	太阳	封闭	2
14	1	流程	涂料	非封闭	1
15	1	流程	野狼	动物	3
16	1	流程	泉水	封闭	2
17	1	流程	眼睛	封闭	2
18	1	流程	天鹅	非封闭	1
19	1	流程	飞机	非封闭	1
20	1	流程	白菜	封闭	2

“第一部分”共有 86 个 trail，详细内容见工程文件夹中的 Word 文档。

◇　休息

呈现内容：使用“文本”控件呈现提示信息，如下图所示。

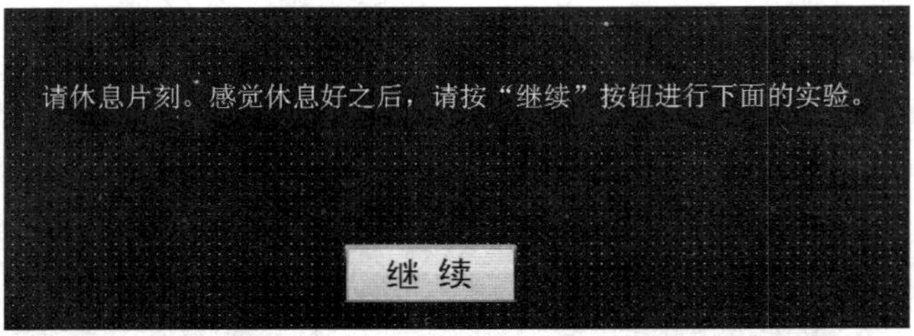

结束方式：“持续时间”设为“－1”，被试按下“继续”按钮后，结束“休息”的呈现。

◇　指导语 2

呈现内容：使用“文本”控件呈现指导语，内容如下图所示。

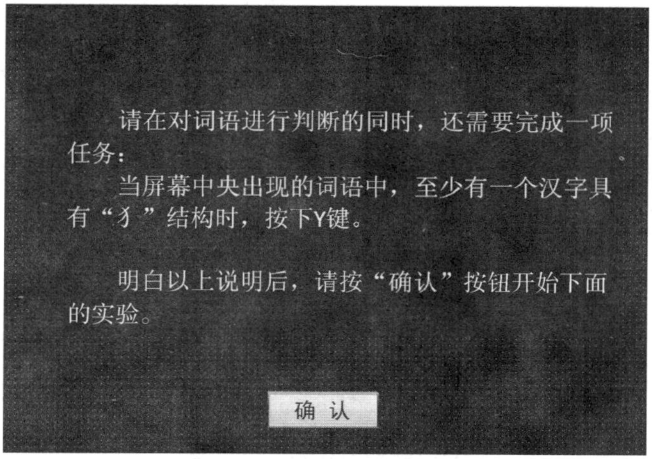

结束方式：“持续时间”设为“－1”，被试按下“确认”按钮后，结束“指导语 2”的呈现。

◇ 第二部分（编辑“第二部分”试次列表）

1. 给“第二部分”建立一个流程。

2. 编辑列表。

建立三列变量，分别是：目标刺激、刺激类型、正确反应。如下图所示。

编号	权重	流程	目标刺激	正确反应	刺激类型
1	1	流程	芍药	1	非封闭
2	1	流程	绿豆	2	封闭
3	1	流程	麻将	1	非封闭
4	1	流程	平原	2	封闭
5	1	流程	纱布	1	非封闭
6	1	流程	电灯	2	封闭
7	1	流程	山芋	1	非封闭
8	1	流程	瀑布	2	封闭
9	1	流程	猞猁	3	犭
10	1	流程	圆规	2	封闭
11	1	流程	爆竹	2	封闭
12	1	流程	梧桐	2	封闭
13	1	流程	河床	2	封闭
14	1	流程	棉花	2	封闭
15	1	流程	红松	1	非封闭
16	1	流程	湖泊	2	封闭
17	1	流程	胶布	2	封闭
18	1	流程	温泉	2	封闭
19	1	流程	猴子	3	犭
20	1	流程	花生	1	非封闭

“第二部分”共有 86 个 trail，详细内容见工程文件夹中的 Word 文档。

Step4：编辑“第一部分”的核心流程

双击“第一部分”的流程，放置好下图中所示的三个界面。

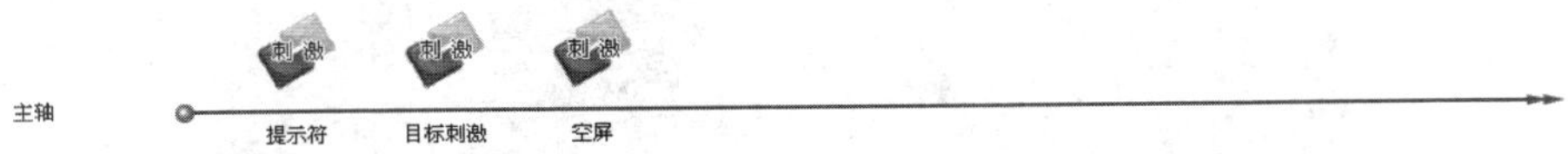

◇ 提示符

呈现内容：呈现“+”，使用“文本”控件实现。

结束方式：“持续时间”设为500ms。

◇ 目标

呈现内容：使用“文本”控件，内容引用“第一部分”试次列表中的“目标刺激”。

结束方式：“持续时间”设为“−1”，“结束条件”设为按下“反应键”结束本界面的呈现。

1. 将“反应键”的返回值设为：A=1，L=2，Y=3。

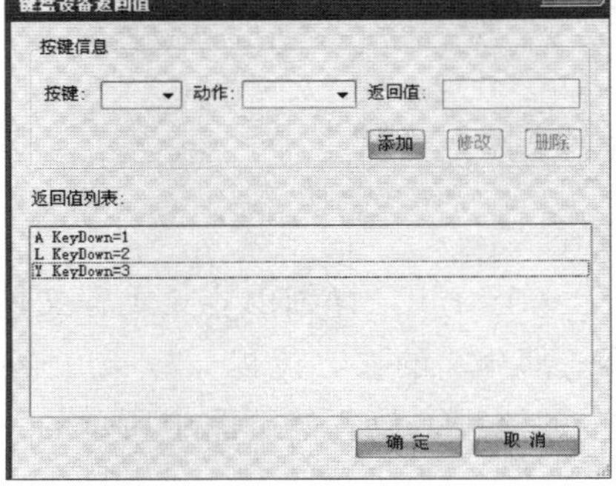

2. “正确反应”引用“第一部分”试次列表中的“正确反应”。

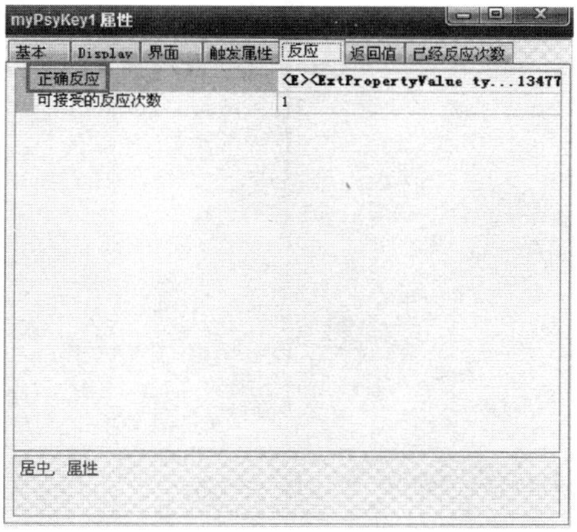

3. 将“反应键”的“计时起点”设为“目标刺激”开始的时间。

◇　空屏

放置一个“刺激”控件在主轴上即可。

Step5：设置结果记录

◇　点击“实验”菜单，选择“设置结果记录”

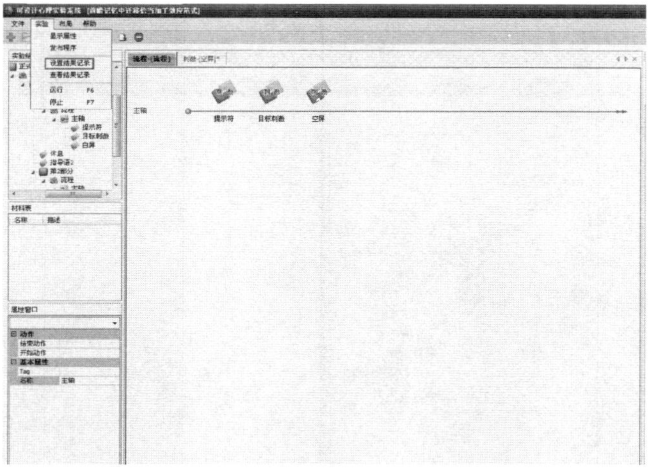

◇　在树形结构中找到“第一部分”的“目标刺激”页面，勾选需要记录的数据

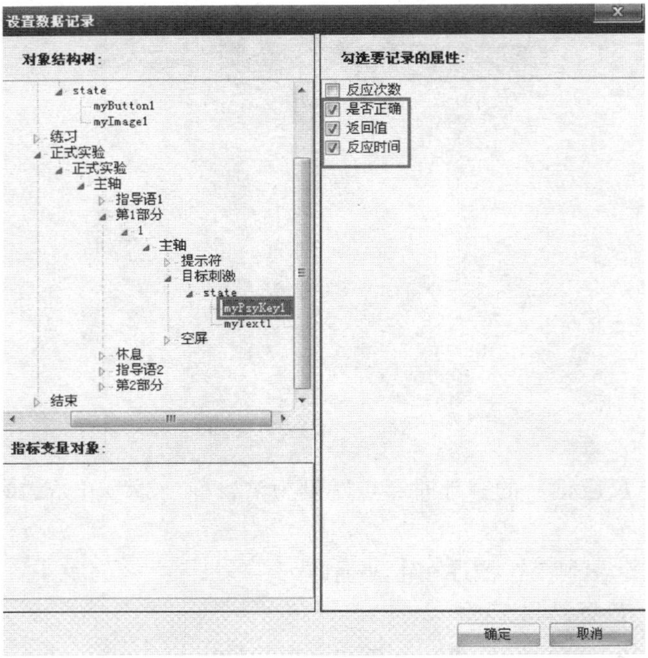

◇ 在树形结构中找到“第二部分”的“目标刺激”页面，勾选需要记录的数据

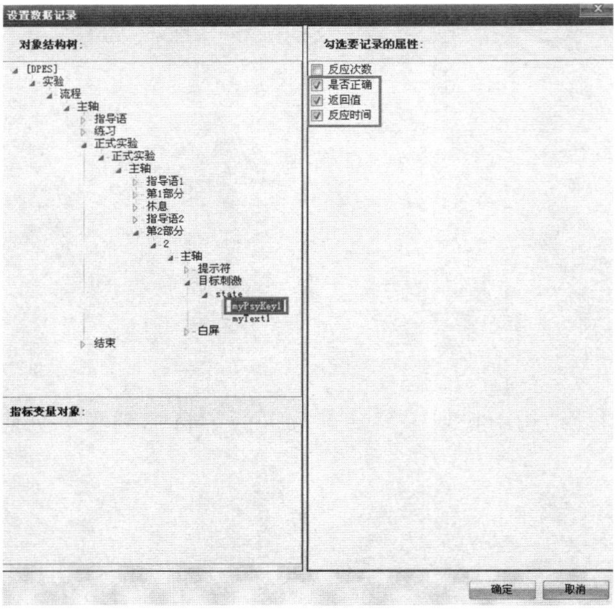

实验材料

样例实验程序中的进行中任务是结构加工任务，要求判断双字词中是否包含有一长方形的封闭结构，共有160个双字词，共分为两组，每组80个，其中40个具有长方形封闭结构，如“口、日、目、田、中、有、身、西、兵”等，以及包含这些结构的字，不具有长方形的封闭结构的字如“大、下、八、力、工、师、到、及、夕、在、枣、书、又、女、推、冬”等，选字时排除那些不容易判断的字如“舟、户、丹”等。前瞻记忆任务也有两种，语义任务需要完成的是当动物词出现时按下反应键；结构任务是双字词中有汉字是“犭”偏旁时按下反应键。语义任务和结构任务的进行中任务完全相同，靶词实际上也相同，都是“獐鹿、熊猫、刺猬、狍子、水獭、野狼、猞猁、兔狲、山狐、猴子、狮子、小狗”。语义任务取前6个，结构任务取后6个。

实验步骤

实验安排每一个被试在一个安静的房间单独进行，全部实验在一台计算机上完成。开始先练习进行中任务，解释什么是长方形的封闭结构，如果屏幕中央出现的词语有长方形的封闭结构则按L键，没有长方形的封闭结构则按A键，并做四个练习。之后告诉被试他们对未来执行某件预定计划的记忆能力也是实验感兴趣的内容，对执行语义任务和结构任务的被试分别讲解靶线索，语义任务需要完成的是当屏幕中央出现表示动物的词语时按Y键；结构任务是当屏幕中央出现的词语有“犭”偏旁的汉字则按N键。在被试按下反应键后计算机自动呈现下一个词语。确定被试完全理解。所有被试都要完成语义任务和结构任务，在进行实验时，一半被试先执行语义任务，一半被试先执行结构任务。鼓励被试尽可能快而准地做出反应。练习后实验正式开始，不再提示前瞻记忆任务。屏幕中央出现“现在开始作词语判断任务，请准备……”3秒钟后，双字词开始按照随机顺序呈现，语义任务Block中在第8、第15、第27、第33、第44、第66 trial出现一个靶词；结构任务Block中在第9、第19、第31、第35、第66、第74 trial出现一个靶词。计算机自动记录被试按键情况。前瞻记忆的分数是被试对动物词或“犭”偏旁词的正确反应个数，取值范围0～6分。

实验预期

当进行中任务和前瞻记忆任务加工类型一致时，前瞻记忆的正确率较高，或者反应时较短；而当进行中任务和前瞻记忆任务加工类型不一致时，前瞻记忆的正确率较低，或者反应时较长。

统计方法

数据导出

完整运行完程序后，会在程序所在的文件夹中，生成一个 E-DataAid 文件，该文件即是数据文件。数据文件名为“TAP effect-1-1. edat”，其中第一个数字“1”指第 1 个被试，第二个数字“1”指第 1 个 session。

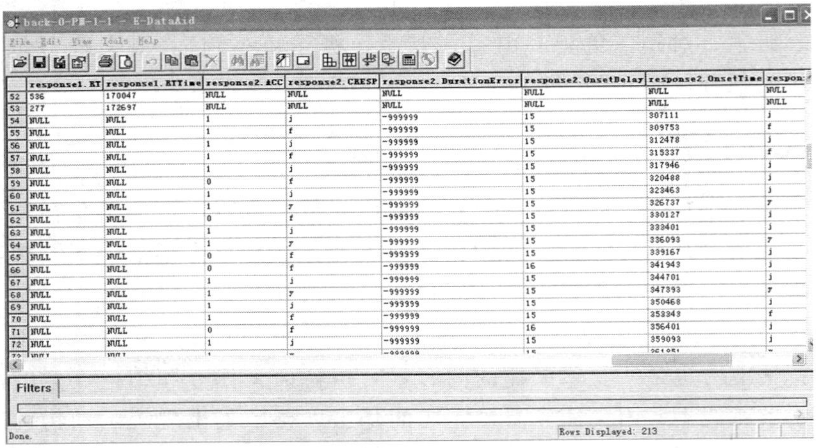

直接双击打开该 E-DataAid 文件，打开看到如上图所示的数据文件。

该文件中全面地记录了被试的所有信息。

为了进一步分析数据，将该数据文件导出为 SPSS 或 Excel 文件。由于数据需要筛选出前瞻记忆任务数据，因而最好最先导入到 Excel 文件，筛选平均之后再导入到 SPSS。首先，将数据导出到 Excel 的具体方法有两种，一种是单击“File”，然后选择“Export”；第二种是直接单击快捷键工具栏（即如下右图所示的横条工具栏），其中的左起第三个按钮即是导出按钮（下图中放大了的按钮，软盘上带一格蓝色箭头的图标）。

单击导出键后，弹出（如下左图）所示窗口。

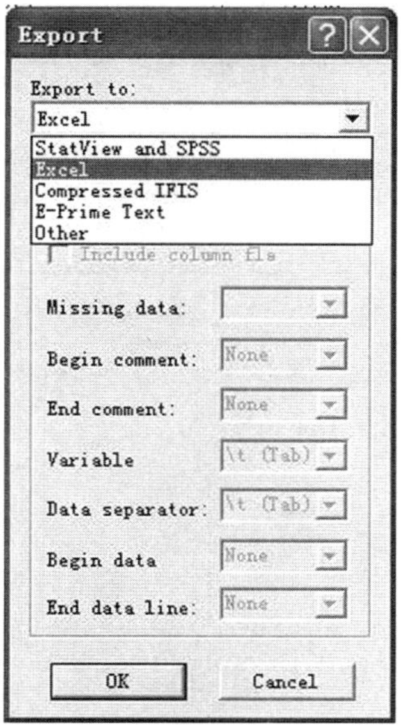

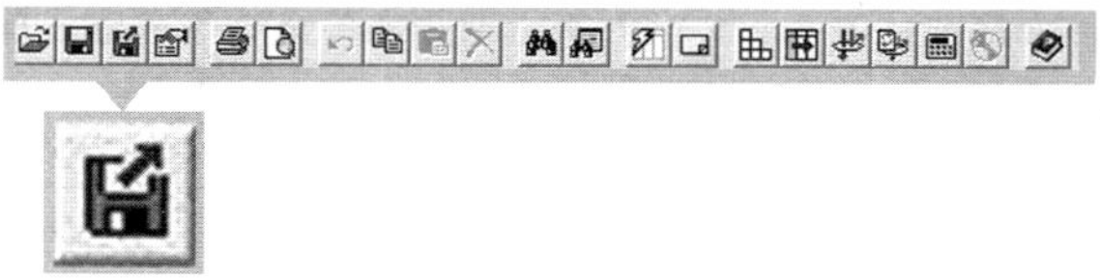

单击下拉菜单，即可选择需要导成的文件。我们选择“Excel”，单击“OK”，即可弹出一个保存窗口：输入希望保存的文件名，选择想保存的位置。然后关闭这份 E-DataAid 文件。

在你选择导出 Excel 数据的文件夹中，可看到一个“. txt”的文本文档，右击该文档，在“打开方式”中，选择 Excel 为打开方式，将其打开。

在该 Excel 文档中，可以看到与在 E-DataAid 文件中完全一样的被试信息。其中“stimulus1. ACC”“stimulus2. ACC”列，分别是被试在进行中任务与前瞻记忆任务加工类型不一致（结构—语义）和一致（结构—结构）条件下每次反应是否正确的数据，1 为正确反应，0 为错误反应。将代码为 pm1 和 pm2 的数据筛选出来平均，即可知道被试在两种条件下的正确率。以及“stimulus1. RT”、“stimulus2. RT”列，分别是被试在两种任务加工类型不一致和一致条件下每次反应的反应时，以毫秒为单位，将代码为 pm1 和 pm2 的数据筛选出来平均，即可知道被试在两种条件下的平均反应时。求正确率的具体方法：选中该列中所有数据，单击“自动求和”快捷键的下拉按钮，单击其中的“平均值”，所得的即为该被试的正确率。求反应时的具体方法：首先，选中该列的所有数据，单击“自动求和”快捷键的下拉按钮，单击其中的“平均值”，即在该列数据最下方生成被试在正式实验中的平均反应时。

其次，将 Excel 简单处理后的正确率和反应时输入到 SPSS 中，从而对其作进一步分析处理。

对所收集的数据用信号检测论（Signal Detection Theory，SDT）和信息论对每个被试的数据进行整理后，对实验结果进行 t 检验。数据分析结果可参见下表。

表 两种实验处理下前瞻任务的差异

	均数之差	t	Df	Sig
d'	−0.4636	−2.206	22	0.038*
β	1.4536	1.661	22	0.111
传递效率	−0.1119	−2.274	22	0.033*

资料来源：朱磊，孙里宁．前瞻记忆的字形、语音 TAP 效应研究．心理科学，2004，27（5）：1124-1126

参考文献

[1] Einstein G O, McDaniel M A. Normal Aging and Prospective Memory. *Journal of experimental Psychology: Learning, Memory, and Cognition*, 1990, 16, 717-726.

[2] Maylor E A. Age-related Impairment in an Event-based Prospective Memory Task. *Psychology and Aging*, 1996, 11, 74-78.

[3] Meier G. Transfer Appropriate Processing for Prospective Memory Tests. *Applied cognitive psychology*, 2000, 14, S11-S27.

[4] 朱磊，孙里宁．前瞻记忆的字形、语音 TAP 效应研究．心理科学，2004，27（5）：1124-1126.

视觉及空间工作记忆负荷对事件性前瞻记忆加工机制的影响

实验目的与功能

前瞻记忆实验程序目的是考察不同负荷的空间（或者视觉）工作记忆负荷是否对前瞻记忆的顺利完成具有不同的影响。

前瞻记忆实验通常采用双重任务范式，它是指在实验中，被试在完成进行中任务（一般采用工作记忆任务或者短时记忆任务）的同时，还被要求完成前瞻记忆任务。一般而言，进行中任务会占用被试一定的认知资源，从而会对前瞻记忆任务的完成产生影响，进行中任务占用的认知资源越多，对完成前瞻记忆任务的影响也越大。

实验来源与范式选择依据

前瞻记忆是有关人们如何产生、保持并在一定的延时后执行意图行为（延迟意图）的领域，这种功能不是被单独的一个结构所支持，有很多不同类型的情境涉及前瞻记忆。它是一种特殊的长时记忆，是指对预定事件或未来要执行的行为的记忆，即对于将来的某种意向和计划的记忆。它反映了将来的情况，使人们记得要去做某事，例如，记住 15 分钟后给朋友打电话、记住回家途中经过超市买牙膏、记住离开家之前关好门窗，等等。

空间（视觉）工作记忆负荷对前瞻记忆影响的实验思想源于双重任务范式，双重任务范式最初由 Einstein 和 McDaniel（1990）设计的一种较为完善的前瞻记忆的实验室研究方法，对无关变量提供了更多的控制。该方法为：先告诉被试将要完成一个任务，使被试认为这个任务是实验的基本任务（实际为进行中任务）。前瞻记忆任务安插在这个持续的进行中任务之中，这符合现实世界的前瞻记忆任务，即一般人们必须在某个时刻中断一个正在进行的活动而去执行前瞻记忆活动。在进行中任务的指导语后，给被试前瞻记忆任务的指导语，一般是要求被试在进行中任务中如果看见某些特别的目标事件（Target Event），就完成某个任务（如按某键），前瞻记忆指导语后，呈现一个或多个干扰任务，以便使被试对前瞻记忆产生足够的遗忘，最后呈现进行中任务，被试在完成进行中任务的过程中完成前瞻记忆任务，被试对目标词做出反应（即执行前瞻记忆任务）的正确率为测量的因变量。

其后的实验研究大都采用这种范式，并在此基础上根据实验目的和要求对前瞻记忆任务，干扰任务，靶事件及所嵌入的回溯记忆任务的形式和内容做出适当的调整和改变。West 等人（2001，2006）为了探索工作记忆与前瞻记忆关系问题，以 N-back 的工作记忆任务作为进行中任务，将前瞻记忆任务嵌入其中，从而对进行中任务的不同认知需求水平是否影响前瞻记忆进行研究。综上，本研究采用前瞻记忆的双重任务范式，选取可以反映不同认知负荷的视觉/空间工作记忆任务作为进行中任务，考察不同视觉或者空间工作记忆负荷条件下前瞻记忆任务的完成情况。

实验逻辑

样例实验在实验过程中，相比于 0-back 视觉/空间工作记忆任务时，被试在完成 2-back 视觉/空间工作记忆的进行中任务时，需要耗费更多的心理资源，从而影响到前瞻记忆任务的完成，导致前瞻记忆任务的正确率下降，或者反应时增加，从而探究个体的前瞻记忆的加工机制。

实验设计

样例实验采用 2（工作记忆类型：视觉、空间）×2（工作记忆负荷：0-back、2-back）重复测量实验设计，共有四种条件，嵌有前瞻记忆任务的 0-back 视觉工作记忆、2-back 视觉工作记忆、0-back 空间工作记忆、2-back空间工作记忆。

N-back 任务是指要求被试判断当前出现的项目是否与连续出现的测验的项目系列中倒数 n 个项目匹配，n 一般被认为反映记忆容量，如果 n=0（常用作对照），即要求被试判断当前刺激与前一个刺激是否相同做出反应。该任务更强调工作记忆的储存和复述功能的作用，当然也需要如知觉编码和反应等一般性的操作过程。

实验流程图

本实验包含四个子实验，流程和实现方法大致相同，下面以 0-back 视觉任务为例说明实验的编写方法。

对于 2-back 视觉任务，在核心流程上多一个启动刺激。

对于空间任务，区别在于实验材料不同。

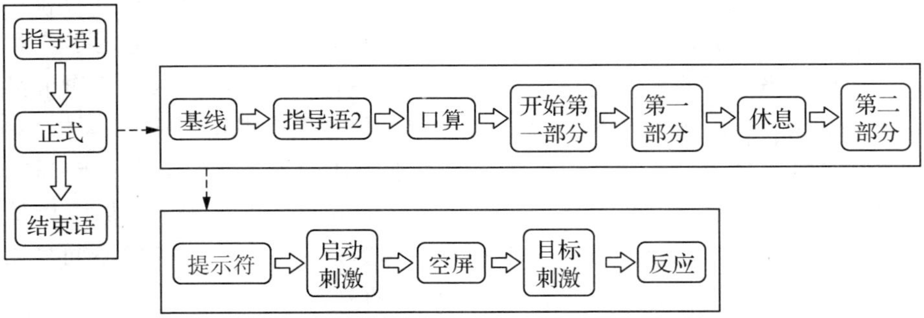

实验过程

Step1：建立实验外层框架

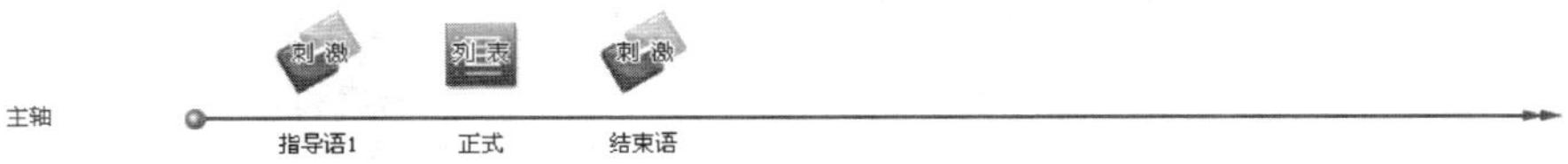

◇ 指导语 1

用“刺激”控件呈现“指导语”。

用“图片”控件呈现指导语的内容，用“按钮”控件结束指导语界面的呈现。

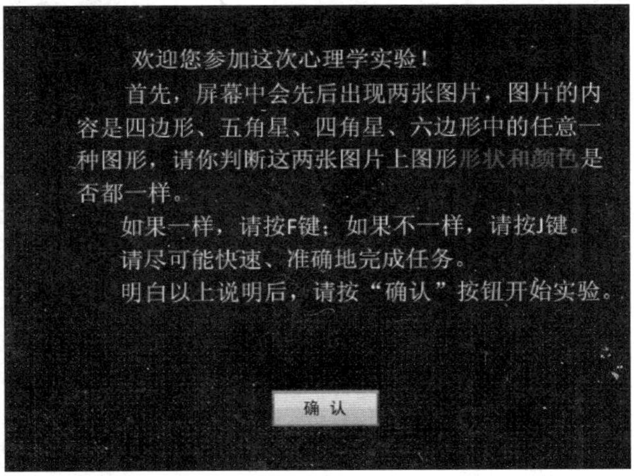

◇ 正式

在“正式”试次列表下新建一个流程，添加一行数据。在下一步，我们将在这个流程上放置 Block。

数据　变量信息

	编号	权重	流程
▶	1	1	流程

◇ 结束语

用“刺激”控件呈现结束界面。

呈现内容：见示意图。

结束方式：“持续时间”2000ms。

Step2：建立 Block 框架

在“正式”试次列表下的流程上依次放置如图所示的控件。

◇ 基线

在“基线”试次列表中，读入本 Block 中所需的“启动刺激”图片、“目标刺激”图片，定义好每个试次的正确反应，如下图所示。

编号	权重	流程	启动刺激	目标刺激	正确反应
1	1	流程	[RES]62.bmp	[RES]62.bmp	1
2	1	流程	[RES]24.bmp	[RES]24.bmp	1
3	1	流程	[RES]14.bmp	[RES]14.bmp	1
4	1	流程	[RES]41.bmp	[RES]41.bmp	1
5	1	流程	[RES]42.bmp	[RES]42.bmp	1
6	1	流程	[RES]52.bmp	[RES]52.bmp	1
7	1	流程	[RES]51.bmp	[RES]51.bmp	1
8	1	流程	[RES]61.bmp	[RES]61.bmp	1
9	1	流程	[RES]62.bmp	[RES]51.bmp	2
10	1	流程	[RES]24.bmp	[RES]61.bmp	2
11	1	流程	[RES]14.bmp	[RES]62.bmp	2
12	1	流程	[RES]41.bmp	[RES]24.bmp	2
13	1	流程	[RES]42.bmp	[RES]14.bmp	2
14	1	流程	[RES]52.bmp	[RES]41.bmp	2
15	1	流程	[RES]51.bmp	[RES]42.bmp	2
16	1	流程	[RES]61.bmp	[RES]52.bmp	2

◇ 指导语 2

用“刺激”控件呈现“指导语”。

用“图片”控件呈现指导语的内容，用“按钮”控件结束指导语界面的呈现。

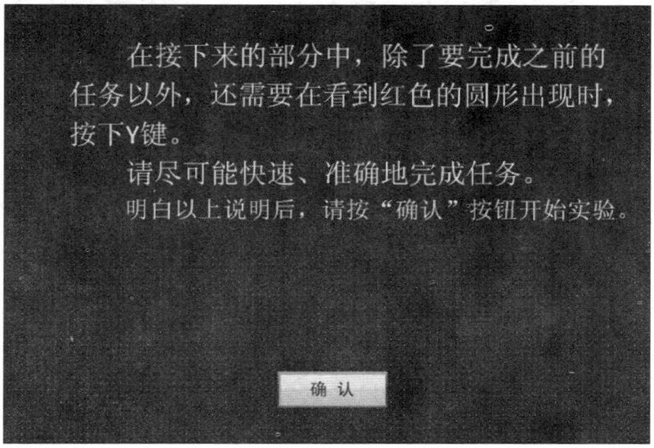

◇ 口算

被试在本界面进行口算，用“图片”控件呈现提示。

使用“进度条”控件，呈现时间提示。

将本界面的“持续时间”设为“120000”ms。

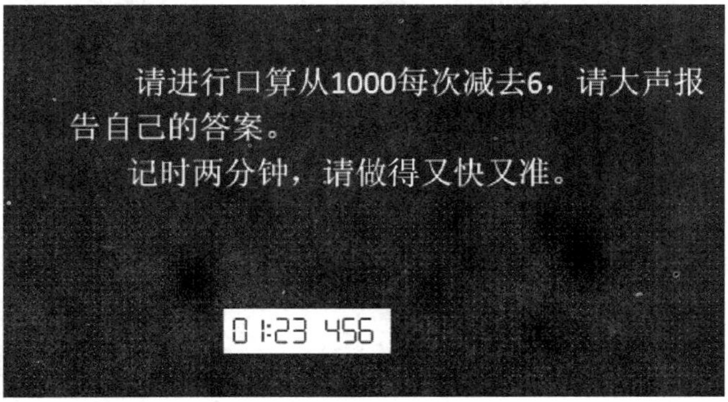

◇ 开始第一部分

用“图片”控件呈现提示，用“按钮”控件结束本界面的呈现。

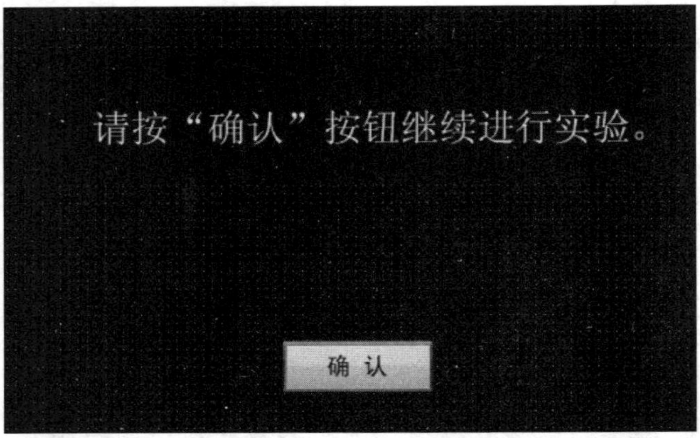

◇ 第一部分

在“第一部分”试次列表中，读入本 Block 中所需的“启动刺激”图片、“目标刺激”图片，定义好每个试次的正确反应。

◇ 休息

被试在本界面进行休息。

用“图片”控件呈现提示，用“按钮”控件结束本界面的呈现。

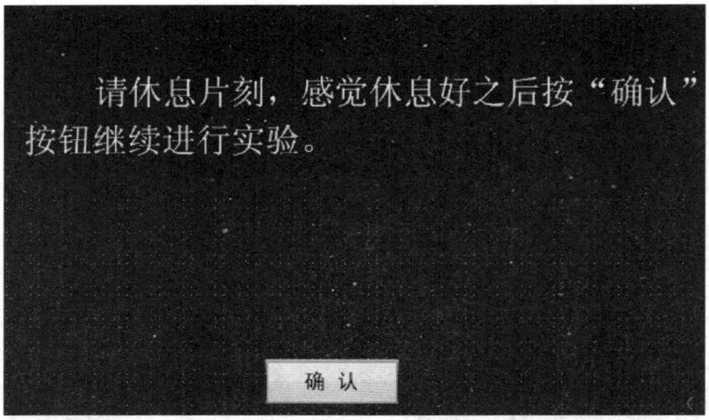

◇ 第二部分

在“第二部分”试次列表中，读入本 Block 中所需的“启动刺激”图片、“目标刺激”图片，定义好每个试次的正确反应。

Step3：“基线”的核心流程

◇　提示符

呈现内容：呈现“＋”。

持续时间：500ms。

◇　启动刺激

呈现内容：使用“图片”控件，从试次列表读入变量“启动刺激”。

持续时间：200ms。

◇　空屏

呈现内容：无。

持续时间：1100ms。

◇　目标刺激

呈现内容：使用“图片”控件，从试次列表读入变量“目标刺激”。

持续时间：500ms。

◇　反应

呈现内容：使用“图片”控件，提示被试按键反应。

持续时间：设为“－1”

结束方式：使用“反应键”结束本界面的呈现。

“反应键”设置：

返回值，F＝1，J＝2，Y＝3。

正确反应，从试次列表引用。

计时起点，设为“反应”界面开始的时间。

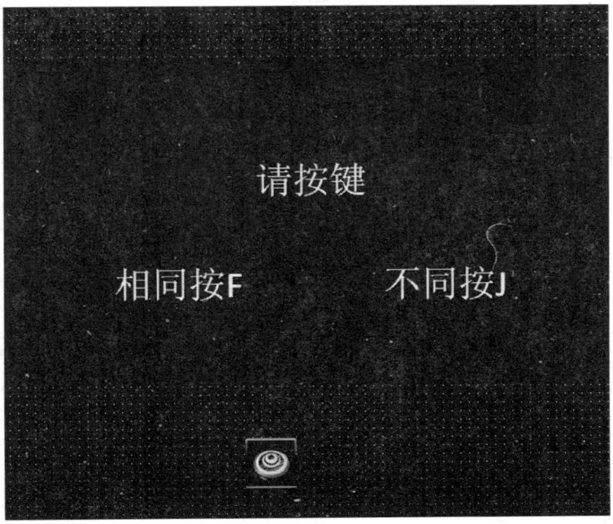

Step4：数据记录

记录“基线”、“第一部分”、“第二部分”中被试在“反应”界面的“是否正确”、“返回值”、“反应时间”三个数据。

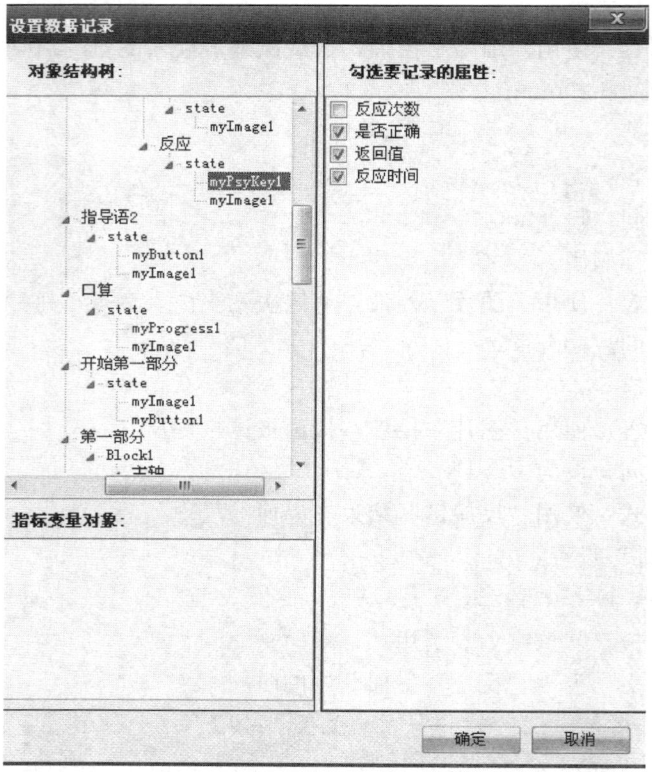

实验材料

视觉工作记忆 N-back 实验材料包括五角星、四角星、平行四边形、正六边形四类图形，每一类图形有红色和蓝色两种，共 8 张图片；前瞻记忆任务实验材料有红色圆形和蓝色圆形 2 张图片；每一张图片都居中呈现。

空间工作记忆 N-back 实验材料包括五角星、四角星、平行四边形、正六边形四类图形，每类图形有红色和蓝色两种，每张图片分别在上、下、左、右四个位置呈现，所以共有 32 张图片；前瞻记忆任务实验材料为在上、下、左、右四个位置的红色圆形和蓝色圆形，共有 8 张。

实验步骤

0-back 条件下实验程序：告诉被试进行中任务（即不含有前瞻记忆任务的 0-back 空间或者视觉工作记忆任务）的指导语，被试理解后开始练习，5 个 trial 的练习结束后开始 48 个 trial 的正式实验，该部分为基线条件。实验条件是将前瞻记忆任务嵌入到进行中任务当中，先告诉被试指导语，让其在完成进行中任务的同时完成前瞻记忆任务，被试理解后是 2 分钟的心算任务作为干扰任务，以避免前瞻记忆任务保持在工作记忆当中，2 分钟结束后，被试开始执行两个 Block 的正式实验，即含有前瞻记忆任务的进行中任务，每个 Block 包含 80 个 trial，前瞻记忆靶线索占 20%。

2-back 条件下实验程序：告诉被试进行中任务（即不含有前瞻记忆任务的 2-back 空间或者视觉工作记忆任务）的指导语，被试理解后开始练习，5 个 trial 的练习结束后开始 48 个 trial 的正式实验，该部分为基线条件。实验条件是将前瞻记忆任务嵌入到进行中任务当中，先告诉被试指导语，让其在完成进行中任务的同时完成前瞻记忆任务，被试理解后是 2 分钟的心算任务作为干扰任务，以避免前瞻记忆任务保持在工作记忆当中，2 分钟结束后，被试开始执行两个 Block 的正式实验，即含有前瞻记忆任务的进行中任务，每个 Block 包含 80 个 trial，前瞻记忆靶线索占 20%。

实验预期

在低负荷工作记忆条件下，被试在前瞻记忆任务上的正确率高或者反应时更短；而在高负荷工作记忆条件下，被试在前瞻记忆任务上的正确率低或者反应时更长。

统计方法

数据导出

完整运行完程序后，会在程序所在的文件夹中，生成一个 E-DataAid 文件，该文件即是数据文件。视觉工作记忆 0-back 条件下的数据文件名为“back-0-PM-1-1. edat”，2-back 条件下的数据文件名为“back-2-PM-1-1. edat”，其中第一个数字“1”指第 1 个被试，第二个数字“1”指第 1 个 session。同样的，空间工作记忆 0-back 条件下的数据文件名为“PM-0-back-1-1. edat”，2-back 条件下的数据文件名为“PM-2-back-1-1. edat”。

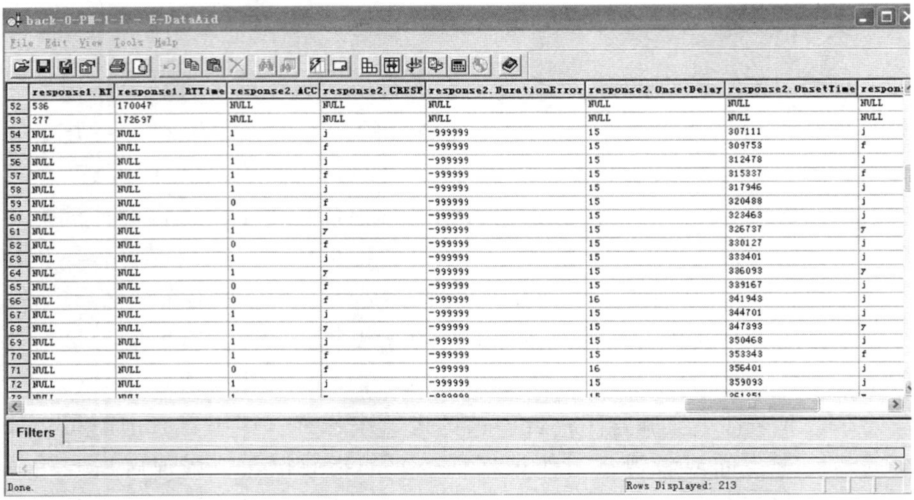

直接双击打开该 E-DataAid 文件，打开看到如上图所示的数据文件。该文件中全面的记录了被试的所有信息。

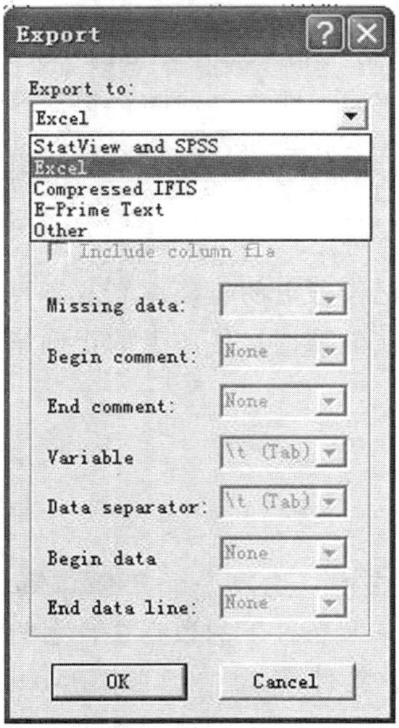

为了进一步分析数据，将该数据文件导出为 SPSS 或 Excel 文件。由于数据需要筛选出前瞻记忆任务数据，因而最好最先导入到 Excel 文件，筛选平均之后再导入到 SPSS。首先，将数据导入到 Excel 文件。导出的具体方法有两种，一种是单击“File”，然后选择“Export”；第二种是直接单击快捷键工具栏（即如上图所示的横条工具栏），其中的左起第三个按钮即是导出按钮（上图中放大了的按钮，软盘上带一格蓝色箭头的图标）。

单击导出键后，弹出如左图所示窗口。

单击下拉菜单，即可选择需要导出的文件。我们选择“Excel”，单击“OK”，即可弹出一个保存窗口：输入希望保存的文件名，选择想保存的位置。然后关闭这份 E-DataAid 文件。

在你选择导出 Excel 数据的文件夹中，可看到一个“. txt”的文本文档，右击该文档，在“打开方式”中，选择Excel为打开方式，将其打开。

在该Excel文档中，可以看到与在E-DataAid文件中完全一样的被试信息。其中“response1. ACC”、“response2. ACC”列，分别是被试在基线条件下和实验条件下每次反应是否正确的数据，1为正确反应，0为错误反应。将该列求平均即可知道被试在测验阶段的正确率。以及“response1. RT”、“response2. RT”列，分别是被试在基线条件下和实验条件下每次反应的反应时，以ms为单位，注意其中为0的，代表被试没有及时做出反应，应将其视为漏报的数据，计算平均反应时的时候，不应计算在内，将该列求平均即可知道被试在测验阶段的平均反应时。求正确率的具体方法：选中“response1. ACC”列中所有数据，单击“自动求和”快捷键的下拉按钮，单击其中的“平均值”，所得的即为该被试在基线条件下的正确率。将“response2. ACC”列按照target. bmp筛选出来的数据求平均即为被试在前瞻记忆任务上的正确率，而除去target. bmp对应的数据则为实验条件下被试在工作记忆任务上的正确率。求反应时的具体方法：首先，选中该列的所有数据，单击“编辑”，选择其中的“替换”，“查找内容”中写0，“替换为”为空。然后按照求正确率的方式筛选求平均反应时。

其次，将所有被试的反应时或正确率输入SPSS中，即可对不同负荷的视觉工作记忆或者空间工作记忆条件下的前瞻记忆成绩进行t检验、方差分析等检验。

本实验程序目的是考察不同负荷的空间（或者视觉）工作记忆负荷是否对前瞻记忆的顺利完成具有不同的影响，因而可以将不同条件下的前瞻记忆完成的正确率和反应时作为因变量指标。另外，人的认知资源是有限的，维持前瞻记忆意图也将会对进行中任务的完成起到一定的干扰作用，这可以通过分析基线条件（只有进行中任务）与实验条件（进行中任务嵌有前瞻记忆任务）下的反应时和正确率作比较。

参考文献

[1] Einstein G O, McDaniel M A. Normal Aging and Prospective Memory. *Journal of Experimental Psychology: Learning, Memory and Cognition*, 1990, 16 (4): 717-726.

[2] West R, Herndon R W, Crewdson S J. Neural Activity Associated with the Realization of a Delayed Intention. *Cognitive Brain Research*,

2001，12，19.

[3] West R, Bowry R, Krompinger J. The Effects of Working Memory Demands on the Neural Correlates of Prospective Memory. *Neuropsychologia*, 2006, 44 (2): 197-207.

[4] 陈幼贞，任国防，袁宏，黄希庭，陈有国，岳彩镇．事件性前瞻记忆的加工机制：来自 ERP 的证据．心理学报，2007，39 (6): 994-1001.

第五章 其 他

爱荷华赌博范式

实验目的与功能

爱荷华赌博范式（the Iowa gambling Task，IGT）常用来考察在简单决策情景下，被试的行为倾向。

该范式能够反映出特质人群与决策倾向的相关。例如 vmPFC 损伤者，以及药物成瘾者在决策任务中倾向于采取选择当前利益更大的选项，而不顾及长远收益的决策模式。

实验来源与范式选择依据

IGT 由 Damasio 和 Bechara 等人合作设计，考察在简单经济决策情景下的被试行为倾向，涉及风险采择和概率学习两个因素。两人发明这一范式主要是为了证明 Damasio 等人提出的躯体标示假说（SMH：Somatic Maker Hypothesis）：被试在得到决策的反馈时，会被诱发相应的皮肤电反应。而在被试积累了一定程度的任务体验后，在决策前就会产生皮肤电反应，这种内感受上的变化会成为他们决策的依据。但是 vmPFC 损伤者失去了在躯体反应和结果预期之间建立联系的能力，因此，他们无法学会避免那些当前效益较大但长远效益较差的选择。

IGT 范式提供了这样一种决策情景：某些选项（A 和 B）的即时回报比较丰厚，但潜在的风险也较大；而某些选项（C 和 D）则相反。因此，从被试在任务中的决策策略变化，就可以检验他是否习得了哪些选项对他是真正有利的。根据 SMH 假说，vmPFC 损伤者很难掌握这一点。表现在任务中，他们会持续地选择 A 和 B，这种选择倾向受负性反馈的影响较弱。

在下面介绍的任务中，主要操作选项的胜负概率与奖惩效价，考察被试在赌博任务中的学习过程以及决策倾向。

实验逻辑

在IGT任务的每个trial里，被试任意在四种选项（A、B、C和D）中选取其中之一，然后程序给出胜负反馈。其中A与B赌注较大，赢钱的概率较小；C与D赌注小而赢面大，长远来说是有利的选择。

但是在任务开始之前，被试完全不知道每种选项对应的赌注数额和获胜概率，是在完成任务的过程中逐渐掌握的。也就是说IGT任务同时包含了决策和学习两种因素。从Bechara等人的实验报告来看，正常被试在大约20个trial之后就能够习得每种选项的风险程度。因此，如果研究者希望分析的是被试的风险采择倾向，可以将前20个trial的数据去掉后再进行统计。

具体任务指导语写在程序内。主试应当要求被试尽力将自己的所得最大化。注意不要告诉被试任务的trial总数。

普通人起初往往被纸牌A和B提供的更大获益所吸引，但经历了更多的惩罚之后，就学会选择纸牌C和D，因为它们可以提供更好的长远利益。然而，一些决策能力有缺陷的人在实验中却无法学会选择效益更大的纸牌（C和D），而往往是只从纸牌A和B中做出选择，而不考虑纸牌C和D。

实验设计

样例程序为单因素重复测量实验设计，以选项的类型为自变量，分为长期高效用价值和长期低效用价值两种水平。因变量为选择两种选项的次数。

实验要求被试在四副纸牌（A、B、C和D）中任意选择纸牌以赢得点数。在绝大多数情况下，纸牌A和B确保能赢100点，而纸牌C和D确保能赢50点。但是，所有的纸牌都可能带来偶然的、不可预测的损失（比如说，大多数情况下，抽取A中的纸牌都能赢100点，但抽取A中的纸牌偶尔也会损失点数）。纸牌A和B的损失大于纸牌C和D，以至于总的来说，纸牌C和D的效用价值高于纸牌A和B。但纸牌A和B也是略有不同的，其中的一个的可能损失要大于另一个的，但它出现的几率也较少（比如A比B的损失更大，但A出现损失的情况比B少）。这样，A、B的效用价值还是相同的。纸牌C和D的差别与A和B类似。

实验流程图

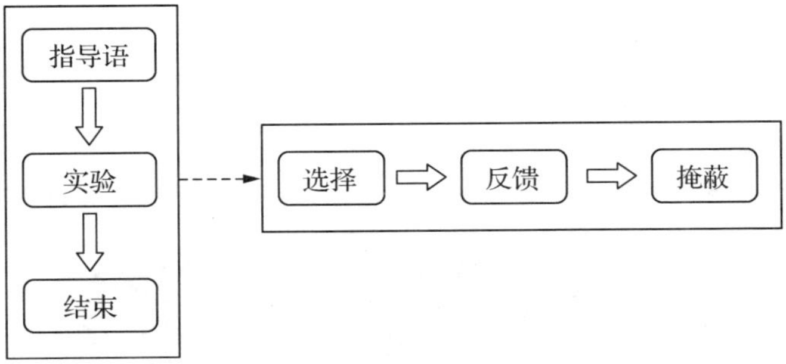

实验过程

Step1：建立实验外层框架

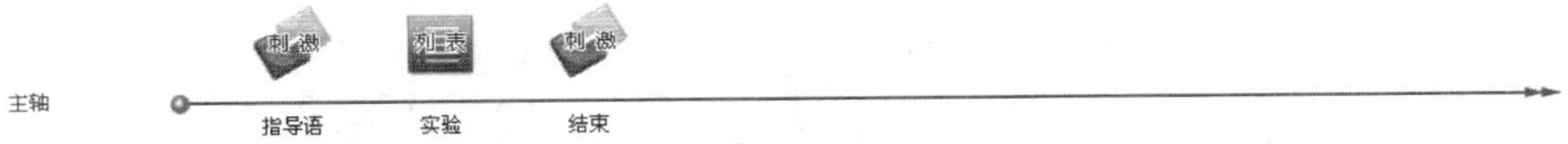

◇　指导语

用“刺激”控件呈现“指导语”。

用“图片”控件呈现指导语的内容，用“按钮”控件结束指导语界面的呈现。

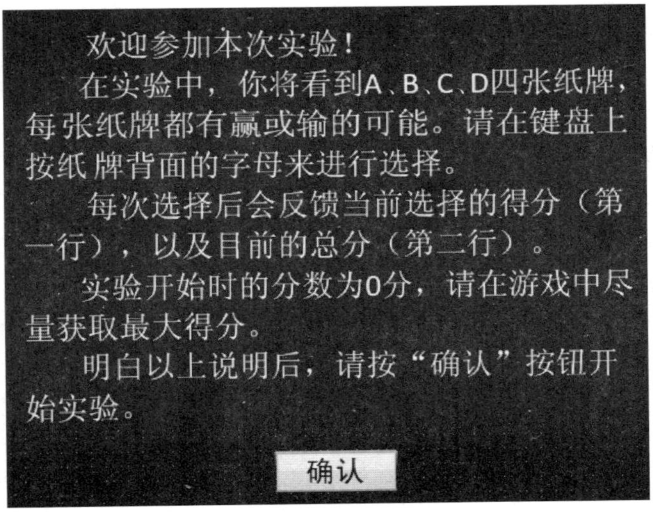

◇ 实验

本实验有 150 个 trial，在“实验”试次列表中，写入每个 trial 中每张纸牌的分值。

◇ 结束

用“刺激”控件呈现结束界面

呈现内容：见示意图。

结束方式：“持续时间”2000ms。

Step2：“实验”核心流程

◇ 选择

呈现内容：用“图片”控件呈现纸牌。

持续时间：设为“−1”。

结束方式：被试按下 A、B、C 或 D 键结束。

◇ 反馈

呈现内容：被试本 trial 的得分和当前的总分。使用两个“文本”控件。

持续时间：1500ms。

呈现位置：屏幕正中。

示意图：第一行呈现当前选择的得分，第二行呈现总分。

◇ 掩蔽

呈现内容：无。

持续时间：1000ms。

◇ 计分

使用一个“动作”控件来记录被试的得分。

Step3：设置结果记录

本实验需要记录的数据是被试在每个 trial 中选择的是哪一张纸牌。

刺激材料样例

实验材料

为被试提供A、B、C、D四个选项，供其进行选择（如上图，图片无特殊要求，可自制）。

E-prime软件、计算机、实验室。

实验步骤

向被试讲解指导语，要求被试在实验中寻找适当的策略，尽力将自己的所得最大化。

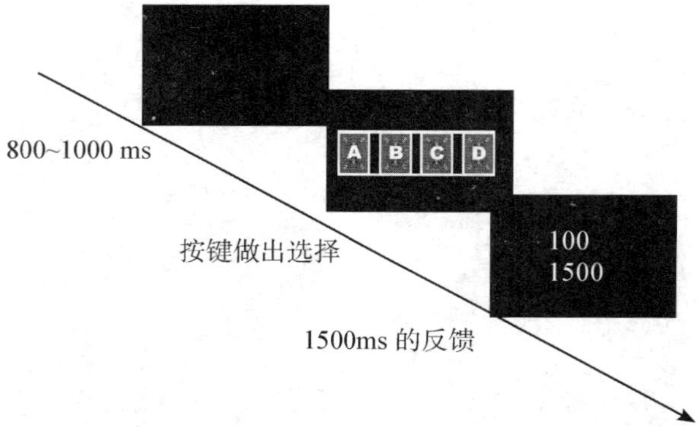

实验流程

实验的呈现流程如上图所示。每个trial前会有800～1000ms随机的空屏。之后出现四个选项，被试按相应的键做出选择。之后出现1500ms的反馈，上面一行代表当前这个trial的得分，下面一行代表当前总共的得分。

确定被试明白实验内容后开始正式实验。

注意不要将以下内容告知被试：（1）实验的trial总数；（2）每个选项对应的胜负概率。

统计方法

由于任务与概率学习有关，因此需要将任务过程划分为不同的时间段来统计结果，一般以 15 个 trial 为一段，然后对被试的选择倾向变化展开横向比较。如果只对被试的风险采择倾向感兴趣而不关心学习因素的话，可以在统计时忽略前 30 个 trial 的结果，因为被试在任务开始阶段未习得与各选项对应的奖惩程度大小。具体操作可因实验设计的需要而异。在本篇所介绍的任务中，只需对每个人后 120 个 trial 的数据进行统计，分别算出其选择 A 和 B 的次数，与选择 C 和 D 的次数，之后做配对 T 检验即可看出被试的行为倾向。

数据导出：

完整运行完程序后，会在程序所在的文件夹中，生成一个 E-DataAid 文件，该文件即是数据文件。一般第一个被试数据的文件名为“IGT-1-1. edat”，其中第一个数字“1”指第 1 个被试，第二个数字“1”指第 1 个 session。

直接双击打开该 E-DataAid 文件，打开看到如图所示的数据文件。

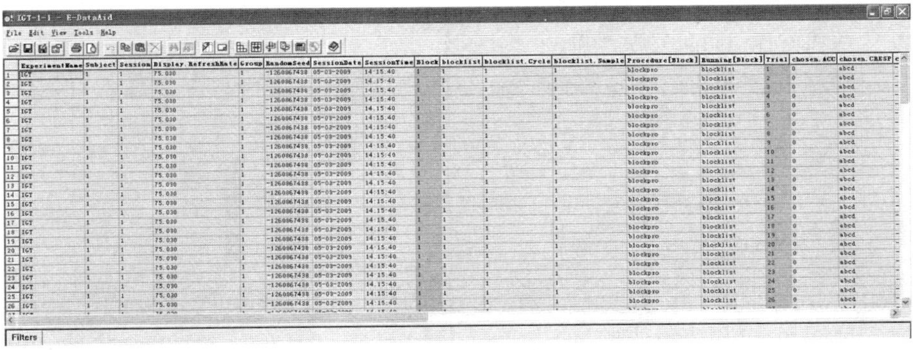

该文件中全面的记录了被试的所有信息。

为了进一步分析数据，将该数据文件导出为 SPSS 或 Excel 文件。导出的具体方法有两种，一种是单击“File”，然后选择“Export”；第二种是直接单击快捷键工具栏（即如下图所示的横条工具栏），其中的左起第三个按钮即是导出按钮（下图中放大了的按钮，软盘上带一个蓝色箭头的图标）。单击导出键后，弹出如下左图所示窗口。

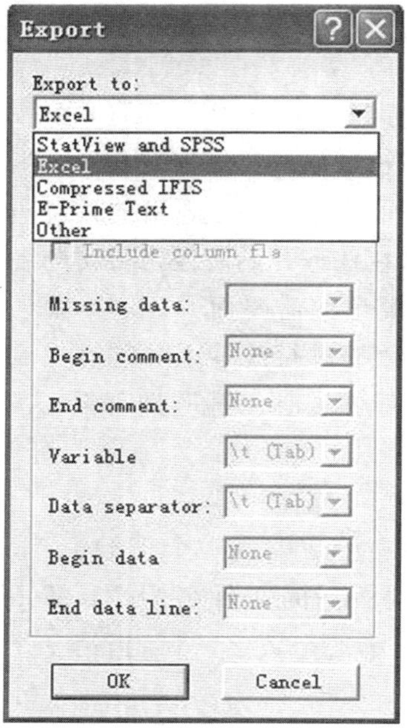

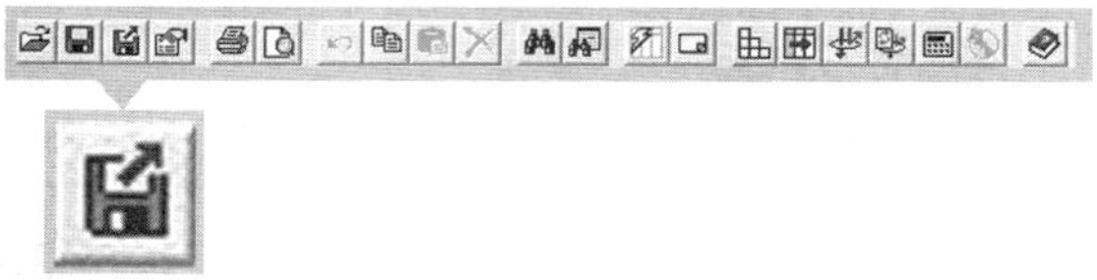

单击下拉菜单，即可选择需要导成的文件。我们选择“Excel”，单击“OK”，即可弹出一个保存窗口：输入希望保存的文件名，选择想保存的位置。然后关闭这份 E-DataAid 文件。

在你选择导出 Excel 数据的文件夹中，可看到一个“. txt”的文本文档，右键单击该文档，在“打开方式”中，选择 Excel 为打开方式，将其打开。

在该 Excel 文档中，可以看到与在 E-DataAid 文件中完全一样的被试信息。其中“chosen. RESP”列，是被试在每个 trial 中所做出的具体选择。统计一下后 120 个 trial 中，选择 A 和 B 的次数之和，以及选择 C 和 D 的次数之和。

将每个被试的两种选择倾向输入到 SPSS 中，再进行配对样本 T 检验即可。

参考文献

[1] Bechara A. The Role of Emotion in Decision-making: Evidence from Neurological Patients with Orbitofrontal Damage. *Brain and Cognition*, 2004, 55 (1): 30-40.

[2] Bechara A, Damasio H, Damasio A R. Emotion, Decision Making and the Orbitofrontal Cortex. *Cerebral Cortex*, 2000, 10 (3): 295-307.

[3] Naqvi N, Shiv B, Bechara A. The Role of Emotion in Decision Making: A Cognitive Neuroscience Perspective. *Current Directions in Psychological Science*, 2006, 15 (5): 260-264.